£19-50

CW01572255

Richard Parkes
5 Raymond Buildings
Gray's Inn
London WC1R 5BP

0171-242-2902

Στην Άννα και στον Ιάσωνα

THE GREEK BOOKSHOP
Zeno Booksellers
6 Denmark Street
LONDON WC2H 8LP
TEL (0171) 240 1968
TEL & FAX (0171) 836 2522

Επικοινωνήστε Ελληνικά

Σύγχρονη μέδοδος εκμάθησης ελληνικών για ξενόγλωσσους

Κλεάνθης Αρβανιτάκης
Φρόσω Αρβανιτάκη

Σκίτσα : Πάνος Λαμπίρης

Επικοινωνήστε Ελληνικά 2

© Copyright 1989, Κλεάνθης Αρβανιτάκης και Φρόσω Αρβανιτάκη

Απαγορεύεται η ανατύπωση ή αναπαραγωγή μέρους ή όλου του έργου σε οποιαδήποτε μορφή και με οποιοδήποτε μέσο ή τρόπο, χωρίς προηγούμενη γραπτή άδεια του κατόχου του copyright.

Πρώτη Έκδοση 1989
Δεύτερη Έκδοση 1992 - Ανατύπωση 1995
Τρίτη Έκδοση 1997

ISBN 960-8464-00-5

Εκδόσεις ΔΕΛΤΟΣ
Σολωμού 34, 10682 Αθήνα
τηλ/FAX 01- 3813986, 3847592, 3821691

© Copyright 1989 by Kleanthes Arvanitakis and Frosso Arvanitaki

No part of this publication may be reproduced or transmitted in any form or by any means, electronic or mechanical including photocopy, recording, or any information or storage or retrieval system, without the prior permission in writing from the copyright owner.

First published 1989
Revised edition 1992 - Second printing 1995
Third edition 1997

DELTOS Publications
38 Solomou street, 10682 Athens, Greece
tel/fax 01- 3813986, 3847592, 3821691

Ευχαριστίες

Οι συγγραφείς επιθυμούν να ευχαριστήσουν όλους όσους συνέβαλαν σ' αυτή τους την εργασία με οποιονδήποτε τρόπο. Ειδικότερα, τις: Mariangela Rapacciuolo, Μαρία Σταματοπούλου-Blümlein και Ελένη Χαρατσή για τη μετάφραση του λεξιλογίου στα ιταλικά, στα γερμανικά και στα ισπανικά, αντίστοιχα.

Περιεχόμενα

Περιεχόμενα

Για τον καθηγητή

Α. ΕΙΣΑΓΩΓΗ

Γενικές αντιλήψεις

Η σειρά *Επικοινωνήστε Ελληνικά* έχει σχεδιαστεί ειδικά για να διδάξει στους ξενόγλωσσους σπουδαστές των ελληνικών πώς να επικοινωνούν αποτελεσματικά και σωστά στα ελληνικά, τόσο προφορικά, όσο και γραπτά.

Γράφοντας αυτή τη σειρά, ήμασταν επηρεασμένοι από δύο χωριστές προσεγγίσεις στις οποίες βασίζεται η διδασκαλία διαφόρων ευρωπαϊκών γλωσσών ως ξένων γλωσσών τα τελευταία χρόνια. Η μία - πιο παραδοσιακή - υποστηρίζει ότι η γραμματική ακρίβεια είναι η βασικότερη προϋπόθεση για την εκμάθηση μιας γλώσσας και, επομένως, επιμένει στον αυστηρό λεξικό και γραμματικό έλεγχο ανά πάσαν στιγμήν, έστω και εις βάρος του ρεαλισμού. Η άλλη δίνει έμφαση στις ψυχολογικές συνιστώσες της ανθρώπινης επικοινωνίας και κατά συνέπεια απαιτεί ενεργό συνεχή συμμετοχή των μαθητών, έστω και εις βάρος της γραμματικής ακρίβειας. Πολλοί σήμερα, μεταξύ των οποίων και εμείς, πιστεύουν ότι οι δύο αυτές προσεγγίσεις δεν είναι ασυμβίβαστες. Στη σειρά αυτή, το "πάντρεμα" των δύο τάσεων υλοποιείται με τον ακόλουθο τρόπο: ενώ τα βιβλία που αποτελούν τη σειρά έχουν ως κορμό τη γραμματική (κι αυτό κυρίως γιατί τα περισσότερα μέρη του λόγου στην ελληνική είναι κλιτά, η αλληλουχία με την οποία παρουσιάζονται τα γραμματικά φαινόμενα καθορίζεται μάλλον από τις επικοινωνιακές ανάγκες του μαθητή (ιδιαίτερα στους πρώτους δύο τόμους), παρά από οποιεσδήποτε προκαταλήψεις σχετικά με το ποια είναι η πιο "λογική" ή συνηθισμένη σειρά παρουσίασής τους. Έτσι, η αιτιατική μετά από κάποιες προθέσεις εμφανίζεται πριν από την ονομαστική, ενώ το *θα ήθελα* εισάγεται προς χρήσιν πολύ πριν παρουσιαστεί ως γραμματικό θέμα (δυνητική).

Με δυο λόγια, εκείνο που επιχειρεί αυτή η σειρά, ιδιαίτερα στους δύο πρώτους τόμους, είναι να βοηθήσει τον καθηγητή που διδάσκει ελληνικά στην Ελλάδα ή στην αλλοδαπή, να δώσει τη δυνατότητα στους μαθητές του να καταλάβουν, να μιλήσουν, να διαβάσουν και να γράψουν αυτά που χρειάζονται στα ελληνικά, όσο πιο σωστά γίνεται. Κύριοι στόχοι του τρίτου τόμου είναι η κάλυψη πιο σύνθετων ή λιγότερο συχνών γραμματικών φαινομένων, ο εμπλουτισμός του λεξιλογίου και η παραπέρα εξάσκηση στον προφορικό λόγο.

Σε ό,τι αφορά την εργασία που γίνεται μέσα στην τάξη, εκείνο για το οποίο οι περισσότεροι έμπειροι συνάδελφοι φαίνεται να συμφωνούν σήμερα είναι η ανάγκη των μαθητών να επικοινωνήσουν προφορικά στη γλώσσα-στόχο για θέματα που τους ενδιαφέρουν, είτε αναφορικά με τη χώρα και τον πολιτισμό της χώρας όπου καταρχήν μιλιέται η γλώσσα-στόχος (για την ελληνική γλώσσα, θέματα που έχουν σχέση με την Ελλάδα), είτε γενικότερης φύσεως (π.χ. η ρύπανση του περιβάλλοντος, το κυκλοφοριακό πρόβλημα, το κάπνισμα). Γι' αυτό και η σειρά περιέχει πολλές ασκήσεις προφορικής επικοινωνίας, μέσα από ρεαλιστικές, κατά το δυνατόν, περιστάσεις: από τις πιο απλές και αυστηρά ελεγχόμενες ασκήσεις προφορικής επικοινωνίας, ώς εκείνες που παρέχουν στον μαθητή αρκετή ελευθερία για κάποιους αυτοσχεδιασμούς. Ακόμα, οι διάλογοι και τα κείμενα που έχουν γραφτεί καλύπτουν καθημερινές περιστάσεις, θέματα που αφορούν τον ελληνικό πολιτισμό, αλλά και θέματα που απασχολούν τον περισσότερο κόσμο σήμερα.

Μια άλλη ανάγκη φαίνεται να είναι η εναλλαγή και η ποικιλία, πράγμα που επιχειρείται τόσο με τη χρησιμοποίηση διαφόρων τύπων ασκήσεων, προφορικών και γραπτών, όσο και με τη χρησιμοποίηση πολλών γραμματοσειρών, σκίτσων κ.ά.

Οι τεχνικές αυτές όχι μόνο παρέχουν τη δυνατότητα για ενεργό εξάσκηση και συμμετοχή, αλλά συγχρόνως ετοιμάζουν τον μαθητή να επικοινωνήσει αποτελεσματικά με τους Έλληνες που θα συναντήσει στην πραγματική ζωή. Αυτός άλλωστε είναι ο απώτατος στόχος, το τελικό "τεστ" οποιουδήποτε παρόμοιου εγχειρήματος.

Βασικοί στόχοι

Με βάση τις πιο πάνω γενικές αντιλήψεις, μπορούμε να πούμε ότι οι βασικοί στόχοι αυτής της σειράς είναι τρεις:

(α) Να δείξει στον μαθητή πώς μπορεί να επικοινωνήσει στα ελληνικά μέσα σε ένα ευρύ φάσμα περιστάσεων.

(β) Να βοηθήσει τον μαθητή να μιλάει απλά και όσο γίνεται σωστά, και να αναπτύξει την ακουστική του αντίληψη, την αναγνωστική του αντίληψη, καθώς και την ικανότητά του να γράφει σωστά.

(γ) Να τονώσει τον ενθουσιασμό του μαθητή, δείχνοντάς του ότι μαθαίνει και λέει χρήσιμα πράγματα από την αρχή.

Διάρθρωση της ύλης

Οι δύο πρώτοι τόμοι της σειράς *Επικοινωνήστε Ελληνικά* αποτελούνται από ένα προκαταρκτικό μάθημα, είκοσι τέσσερα κυρίως μαθήματα, ανακεφαλαιωτικούς πίνακες γραμματικής, πίνακα ρημάτων, λύσεις ασκήσεων, και γλωσσάρι.

Τα Μαθήματα 6, 12, 18 και 24 είναι ανακεφαλαιωτικά της ύλης των προηγούμενων πέντε μαθημάτων κατά περίπτωση. Ο τρίτος τόμος περιέχει δώδεκα μαθήματα, από τα οποία τα Μαθήματα 6 και 12 είναι ανακεφαλαιωτικά. Επίσης, περιέχει, όπως και οι προηγούμενοι δύο τόμοι, ανακεφαλαιωτικούς πίνακες γραμματικής, πίνακα ρημάτων, λύσεις ασκήσεων, και γλωσσάρι.

Τα γραμματικά φαινόμενα και οι λειτουργίες της γλώσσας παρουσιάζονται μέσα από διαλόγους ή μέσα από κείμενα. Τους διαλόγους και τα κείμενα ακολουθούν πάντα είτε ερωτήσεις κάτω από τον τίτλο *Ρωτήστε και Απαντήστε* είτε προτάσεις κάτω από τον τίτλο *Σωστό ή Λάθος*, που καταρχήν ελέγχουν πόσα κατάλαβαν οι μαθητές από αυτά που άκουσαν και διάβασαν. Εν συνεχεία συνήθως ακολουθούν ένας ή περισσότεροι πίνακες με τίτλο *Γραμματική*, όπου αναλύονται τα γραμματικά φαινόμενα που καλύπτει ο διάλογος ή το κείμενο. Κάτω από τον τίτλο *Κοιτάξτε* θα βρείτε κάποια επέκταση ή συμπλήρωση γραμματικού ή άλλου φαινομένου το οποίο έχει ήδη παρουσιαστεί. Η εκμάθηση του κάθε καινούριου γλωσσικού σημείου που παρουσιάζεται, συνεχίζεται με ελεγχόμενες προφορικές ασκήσεις διαφόρων τύπων και με γραπτές ασκήσεις. Σε πολλά μαθήματα των πρώτων δύο τόμων θα βρείτε έναν τύπο ασκήσεως κάτω από τον τίτλο *Ακούστε τις ερωτήσεις χωρίς να τις βλέπετε, και διαλέξτε τις σωστές απαντήσεις,* που δοκιμάζει την ακουστική κατανόηση του μαθητή, Ο τρίτος τόμος, περιέχει πιο εκτενείς ασκήσεις ακουστικής κατανόησης, όπως συνεντεύξεις, αποσπάσματα από ομιλίες κ.ά. Η ύλη ακόμα περιέχει λιγότερο ελεγχόμενες προφορικές ασκήσεις (π.χ. παίγνια ρόλων), σταυρόλεξα, καθώς και ασκήσεις για πιο δημιουργικό γράψιμο. Στο τρίτο τόμο θα βρείτε επιπλέον και μια σειρά από φωτογραφίες που μπορούν να αξιοποιηθούν ποικιλοτρόπως.

Σ' αυτό ίσως το σημείο θα πρέπει να υπογραμμιστεί ότι το βιβλίο που έχετε στα χέρια σας, όπως και οποιοδήποτε παρόμοιο βιβλίο για την εκμάθηση της ελληνικής ή κάποιας άλλης γλώσσας ως ξένης, αποτελεί απλώς βοήθημα για τον καθηγητή. Δεν είναι πανάκεια. Εσείς θα πρέπει να προσαρμόσετε την ύλη καθως και τις ιδέες που παρατίθενται εδώ, στη συγκεκριμένη ομάδα που έχετε να διδάξετε, κάνοντας χρήση των γνώσεων που διαθέτετε όσον αφορά τις μαθησιακές ανάγκεςτων μαθητών σας, τα ενδιαφέροντά τους, τον επαγγελματικό και κοινωνικό τους περίγυρο, τα ήθη και τα έθιμά τους, έτσι ώστε να τους βοηθήσετε να εκφραστούν όσο πιο άνετα γίνεται.

Β. ΤΡΟΠΟΣ ΔΙΔΑΣΚΑΛΙΑΣ

Ο ρόλος του καθηγητή στην τάξη

Για να διδάξει αποτελεσματικά μέσα από την ύλη αυτής της σειράς, ο καθηγητής καλείται να παίξει τέσσερις διαφορετικούς ρόλους.

Ο πρώτος είναι ο γνωστός, παραδοσιακός ρόλος του διδασκάλου ξένης γλώσσας. Ο καθηγητής παρουσιάζει και εξηγεί την καινούρια ύλη, εποπτεύει την πρακτική εξάσκηση, αξιολογεί και διορθώνει την απόδοση των μαθητών. Ο ισχυρός αυτός ρόλος του δασκάλου που δεσπόζει με τις ενέργειές του μέσα στην τάξη είναι απαραίτητος σε ορισμένα στάδια του μαθήματος, όπως η εξήγηση κάποιου γραμματικού φαινομένου ή η διεξαγωγή κάποιας προφορικής άσκησης όπου παρέχεται αρκετή ελευθερία και οι μαθητές χρειάζονται καθοδήγηση.

Ο δεύτερος ρόλος είναι ο ρόλος του "*μάνατζερ*", με τη σύγχρονη έννοια του όρου. Ο καθηγητής, σε σύμπραξη με το βιβλίο, επιλέγει και συντονίζει τις δραστηριότητες που χρειάζονται για τη διεξαγωγή ενός ολοκληρωμένου μαθήματος, το οποίο χαρακτηρίζεται από ειρμό και συνοχή. Επιπλέον, οργανώνει και επιβλέπει την προφορική εξάσκηση ανά ζεύγη ή ομάδες, παρεμβαίνοντας και παρέχοντας βοήθεια όπου και όταν χρειάζεται.

Ο τρίτος ρόλος είναι αυτός του *σιωπηλού παρατηρητή*. Ο καθηγητής αφού οργανώσει κάποια εργασία που θα γίνει στην τάξη, επιτρέπει στους μαθητές να την διεξαγάγουν χωρίς καμιά παρέμβαση από την πλευρά του. Ο μη συμμετοχικός αυτός ρόλος του καθηγητή δίνει τη δυνατότητα στους μαθητές να λειτουργήσουν ελεύθερα, να αυτοσχεδιάσουν, να αναπτύξουν τις δικές τους μαθησιακές στρατηγικές. Παράλληλα, όμως, απαιτεί από τον καθηγητή να βρίσκεται σε συνεχή επιφυλακή και να ελέγχει τη διεξαγωγή της εργασίας, σημειώνοντας τυχόν αδυναμίες στις οποίες θα πρέπει να επανέλθει σε κάποιο μελλοντικό μάθημα.

Ο τέταρτος, εξίσου ουσιαστικός, ρόλος είναι ο ρόλος του *ισότιμου μέλους* της ομάδας. Εδώ ο καθηγητής συμμετέχει στη διεξαγωγή διαφόρων εργασιών επί ίσης βάσεως. Με τον τρόπο αυτό ο καθηγητής συμβάλλει στη δημιουργία κλίματος άνεσης και συνεργασίας, ενώ παράλληλα, με τη συμμετοχή του μπορεί να ανεβάσει το επίπεδο της συγκεκριμένης εργασίας.

Η αποδοχή και η υλοποίηση και των τεσσάρων αυτών ρόλων από τον καθηγητή θα συμβάλλουν, χωρίς αμφιβολία, στην καλύτερη δυνατή αξιοποίηση, τόσο των προσπαθειών που καταβάλλει, όσο και της ύλης που θα χρησιμοποιήσει από τη σειρά αυτή. Θυμίζουμε, πάντως, ότι οι τέσσερις αυτοί ρόλοι συνιστούν αυξομειούμενα και αλληλοεπικαλυπτόμενα μέρη της ίδιας ακέραιης προσωπικότητας του εκπαιδευτικού.

Γλώσσα 1

Ένα ζήτημα για το οποίο έχουν γραφτεί πολλά, και για το οποίο εξακολουθούν να υπάρχουν αντικρουόμενες ώς ένα βαθμό αντιλήψεις και θέσεις, είναι η χρησιμοποίηση (ή μη) κάποιας κοινής γλώσσας για την εξήγηση διαφόρων θεμάτων από τον καθηγητή. Στην περίπτωση που οι μαθητές μιας τάξης έχουν την ίδια εθνικότητα, η κοινή γλώσσα (ας την ονομάσουμε Γλώσσα 1) θα είναι βεβαίως η μητρική, ενώ στην περίπτωση που οι μαθητές δεν έχουν την ίδια μητρική γλώσσα, η Γλώσσα 1 θα είναι η γλώσσα στην οποία μπορούν να συνεννοηθούν οι περισσότεροι τουλάχιστον μαθητές.

Τα τελευταία χρόνια η τάση είναι υπέρ της χρησιμοποίησης της Γλώσσας 1 σε τάξεις αρχαρίων, όταν ο καθηγητής πρέπει να δώσει οδηγίες για τη διεξαγωγή κάποιας άσκησης, όταν αναλύει κάποιο γλωσσικό φαινόμενο ή όταν εξηγεί κάποια αφηρημένη έννοια ή ένα πολιτισμικό σημείο. Κι αυτό , για να εξοικονομηθεί χρόνος που μπορεί να αναλωθεί σε πιο χρήσιμες δραστηριότητες (π.χ. εντατική εξάσκηση στον προφορικό λόγο).

Από την άλλη πλευρά, το όφελος που αποκομίζει ο μαθητής ακούγοντας όσο περισσότερα ελληνικά γίνεται, σε σχέση με διάφορες περιστάσεις, είναι, χωρίς αμφιβολία, τεράστιο. Γι' αυτό θα πρέπει *(α) η όποια χρησιμοποίηση της Γώσσας 1 να γίνεται με φειδώ και (β) ο καθηγητής να έχει ως στόχο τη σταδιακή εγκατάλειψή της ως μέσο επικοινωνίας με τους μαθητές το γρηγορότερο δυνατό, αντικαθιστώντας την με απλές και μικρές προτάσεις και χρησιμοποιώντας λεξιλόγιο και γραμματικές δομές που οι μαθητές έχουν ήδη μάθει.*

Τα κύρια στάδια ενός μαθήματος

Αν θέλετε να αξιοποιήσετε σωστά την ύλη αυτής της σειράς, είναι σκόπιμο να τηρήσετε την παρακάτω δοκιμασμένη διαδικασία, στον βαθμό που αυτή ταιριάζει στο "ύφος σας" και στον βαθμό που η ύλη την οποία έχετε να καλύψετε κάθε φορά προσφέρεται για τη διεξαγωγή όλων των σταδίων της διαδικασίας.

(α) Παρουσιάζετε την καινούρια γλώσσα (γραμματικό φαινόμενο, λειτουργία της γλώσσας, λεξιλόγιο) με τη βοήθεια κάποιου διαλόγου ή κάποιου κειμένου.

(β) Οι μαθητές εξασκούνται σ' αυτό που έμαθαν, με τη βοήθεια των ασκήσεων ελεγχόμενης προφορικής επικοινωνίας.

(γ) Εξηγείτε αναλυτικότερα το γλωσσικό φαινόμενο.

(δ) Οι μαθητές κάνουν στην τάξη κάποια γραπτή άσκηση (ή έστω ένα μέρος της άσκησης) πάνω στο θέμα που εξηγήσατε, για παραπέρα εμπέδωση.

(ε) Οι μαθητές κάνουν τις άλλες ασκήσεις πιο ελεύθερης προφορικής επικοινωνίας.

(ζ) Κάνετε, εφόσον υπάρχει, την άσκηση ακουστικής κατανόησης.

(η) Οι μαθητές κάνουν τις υπόλοιπες γραπτές ασκήσεις στην τάξη ή στο σπίτι, κατά την κρίση σας.

Διάλογοι

Με τους διαλόγους εισάγονται, πρώτον, ένα ή περισσότερα γλωσσικά φαινόμενα, και, δεύτερον, νέο λεξιλόγιο. Η διαδικασία που προτείνεται πιο κάτω είναι μια από μερικές από τις παραλλαγές που μπορείτε να χρησιμοποιήσετε.

1. Αν έχετε την κασέτα

(α) Βάζετε τους μαθητές στο κλίμα του διαλόγου, κάνοντάς τους δυο ή τρεις προκαταρκτικές ερωτήσεις.

(β) Παρουσιάζετε τις καινούριες λέξεις ή εκφράσεις που θα μπορούσαν να δημιουργήσουν δυσκολίες στους μαθητές σας και τους εξηγείτε τα πολιτισμικά σημεία που μπορεί να υπάρχουν στον διάλογο.

(γ) Ζητάτε από τους μαθητές να κοιτάξουν τις ερωτήσεις κάτω από τον τίτλο *Ρωτήστε και απαντήστε* ή τις προτάσεις κάτω από τον τίτλο *Σωστό ή λάθος*που ακολουθούν τον διάλογο.

(δ) Παίζετε τον διάλογο στην κασέτα μια φορά. Αν ο διάλογος είναι μάλλον μακρύς, σταματήστε την κασέτα σε δύο ή τρία σημεία, καλύπτοντας κάθε φορά τη διαδικασία που περιγράφεται στο στάδιο (ε).

(ε) Οι μαθητές απαντούν στις ερωτήσεις *(Ρωτήστε και απαντήστε)* ή χαρακτηρίζουν τις προτάσεις *(Σωστό ή λάθος)*. Η εργασία αυτή μπορεί είτε να γίνει ανάμεσα σε σάς και τους μαθητές είτε να την κάνουν οι μαθητές μεταξύ τους. Εφόσον το θεωρήσετε σκόπιμο, μπορείτε να αναφερθείτε πάλι στον διάλογο εξηγώντας δύσκολες λέξεις ή εκφράσεις που δεν έγιναν απόλυτα κατανοητές στο στάδιο (β).

(ζ) Ξαναπαίζετε ολόκληρο τον διάλογο στην κασέτα.

(η) Παίζετε πάλι τον διάλογο σταματώντας στο τέλος κάθε πρότασης, ώστε οι μαθητές να ακούσουν και να επαναλάβουν "εν χορώ".

(θ) Οι μαθητές διαβάζουν τον διάλογο "εν χορώ".

(ι) Ζητάτε από δύο ή τρεις (ανάλογα με τον αριθμό των προσώπων που εμφανίζονται στον διάλογο) "καλούς" μαθητές να πουν τον διάλογο, ενώ οι υπόλοιποι ακούνε.

(κ) Οι μαθητές λένε τον διάλογο μεταξύ τους, ενώ εσείς πηγαίνετε γύρω γύρω επιβλέποντας και διορθώνοντας διακριτικά όπου χρειάζεται.

2. Αν δεν έχετε την κασέτα

(α) Όπως πιο πάνω.

(β) Όπως πιο πάνω.

(γ) Όπως πιο πάνω.

(δ) Διαβάζετε τον διάλογο όσο πιο εκφραστικά μπορείτε. (Μια καλή ιδέα εδώ είναι να σχεδιάσετε στον πίνακα απλές φιγούρες για τα πρόσωπα που εμφανίζονται στον διάλογο και να δείχνετε κάθε φορά με το χέρι ή με τον χάρακα τη φιγούρα που αντιστοιχεί στο πρόσωπο που μιλάει).

(ε) Όπως πιο πάνω.

(ζ) Ξαναδιαβάζετε τον διάλογο.

(η) Διαβάζετε τον διάλογο πρόταση πρόταση και οι μαθητές επαναλαμβάνουν "εν χορώ".

(θ) Όπως πιο πάνω.

(ι) Όπως πιο πάνω.

(κ) Όπως πιο πάνω.

Αν το θέμα του διαλόγου έχει καθημερινή χρησιμότητα, μπορείτε να ζητήσετε από τους μαθητές σας να τον αποστηθίσουν για το επόμενο μάθημα.

Κείμενα

Όπως έχει γίνει με τους διαλόγους, έτσι και τα κείμενα που θα βρείτε στη σειρά *Επικοινωνήστε Ελληνικά* έχουν γραφτεί για να εισάγουν κάθε φορά ένα ή περισσότερα γραμματικά φαινόμενα, κάποια ή κάποιες λειτουργίες της γλώσσας και καινούριο λεξιλόγιο. Κι εδώ η προτεινόμενη διαδικασία αποτελεί μία από μερικές από τις παραλλαγές που μπορείτε να χρησιμοποιήσετε.

1. Αν έχετε την κασέτα

(α) Βάζετε τους μαθητές στο κλίμα του κειμένου, κάνοντάς τους δυο ή τρεις προκαταρκτικές ερωτήσεις.

(β) Παρουσιάζετε τις καινούριες λέξεις ή εκφράσεις που θα μπορούσαν να δημιουργήσουν δυσκολίες στους μαθητές σας και τους εξηγείτε τα πολιτισμικά σημεία που μπορεί να υπάρχουν στο κείμενο.

(γ) Ζητάτε από τους μαθητές να κοιτάξουν τις ερωτήσεις κάτω από τον τίτλο *Ρωτήστε και απαντήστε* ή τις προτάσεις κάτω από τον τίτλο *Σωστό ή λάθος* που ακολουθούν το κείμενο.

(δ) Παίζετε το κείμενο στην κασέτα μια φορά. Αν το κείμενο είναι μάλλον μακρύ, σταματήστε την κασέτα σε δύο ή τρία σημεία, καλύπτοντας κάθε φορά τη διαδικασία που περιγράφεται στο στάδιο (ε).

(ε) Οι μαθητές απαντούν στις ερωτήσεις *(Ρωτήστε και απαντήστε)* ή χαρακτηρίζουν τις προτάσεις *(Σωστό ή λάθος)*. Η εργασία αυτή μπορεί είτε να γίνει ανάμεσα σε σάς και τους μαθητές είτε να την κάνουν οι μαθητές μεταξύ τους. Εφόσον το θεωρήσετε σκόπιμο, μπορείτε να αναφερθείτε πάλι στο κείμενο εξηγώντας δύσκολες λέξεις ή εκφράσεις που δεν έγιναν απόλυτα κατανοητές στο στάδιο (β).

(ζ) Ξαναπαίζετε το κείμενο στην κασέτα. (Αυτό το στάδιο είναι προαιρετικό).

(η) Οι μαθητές διαβάζουν το κείμενο σιωπηλά.

(θ) Ζητάτε από μερικούς μαθητές (αρχίζετε πάντα από κάποιο καλό μαθητή) από δύο έως τρεις προτάσεις του κειμένου ο καθένας.

(ι) Εφόσον το επίπεδο της τάξης το επιτρέπει, κάντε μερικές πιο "απαιτητικές" ή γενικότερης φύσεως ερωτήσεις πάνω στο κείμενο.

2. Αν δεν έχετε την κασέτα

(α) Όπως πιο πάνω.

(β) Όπως πιο πάνω.

(γ) Όπως πιο πάνω.

(δ) Διαβάζετε το κείμενο μια φορά και οι μαθητές ακούνε.

(ε) Όπως πιο πάνω.

(ζ) Ξαναδιαβάζετε το κείμενο και οι μαθητές ακούνε (Αυτό το στάδιο είναι προαιρετικό).

(η) Όπως πιο πάνω.

(θ) Όπως πιο πάνω.

(ι) Όπως πιο πάνω.

Παρουσίαση νέου λεξιλογίου

Όπου το καινούριο λεξιλόγιο δεν συνοδεύεται από σχετικές εικόνες, μπορείτε να επιλέξετε οποιονδήποτε από τους πιο κάτω τρόπους για να διδάξετε τις νέες λέξεις ή εκφράσεις.

(α) Δείχνετε πραγματικά αντικείμενα.

(β) Σχεδιάζετε στον πίνακα ή χρησιμοποιείτε εικόνες από εφημερίδες και περιοδικά.

(γ) Εκφράζετε αυτό που θέλετε με μιμική.

(δ) Δίνετε παραδείγματα.

(ε) Εξηγείτε με απλά ελληνικά.

(ζ) Εξηγείτε σύντομα στη Γλώσσα 1.

(η) Παραπέμπετε στο Γλωσσάρι του βιβλίου ή σε κάποιο λεξικό.

(θ) Χρησιμοποιείτε ανάλογες ασκήσεις λεξιλογίου (Γ! τόμος).

Η επιλογή της μεθόδου που θα χρησιμοποιήσετε θα εξαρτηθεί από το είδος της λέξης που θέλετε να παρουσιάσετε. Αντικείμενα καθημερινής χρήσης, όπως *καρέκλα, παράθυρο, κλειδί, ποτήρι* κ.ά. μπορείτε να τα δείξετε, εφόσον υπάρχουν στην τάξη ή να τα έχετε μαζί σας ή να τα σχεδιάσετε με απλές γραμμές στον πίνακα ή, ακόμα, να τα δείξετε σε εικόνες από κάποιο περιοδικό ή εφημερίδα. Για επαγγέλματα χρησιμοποιήστε εικόνες. Για την παρουσίαση επιθέτων, όπως *μεγάλο, βαρύ, κόκκινο* κ..ά., μπορείτε να χρησιμοποιήσετε παραδείγματα ή μιμική. Αφηρημένες έννοιες και λέξεις ή εκφράσεις που έχουν συγκεκριμένη πολιτισμική σημασία, μπορείτε να τις εξηγήσετε ή να τις μεταφράσετε χρησιμοποιώντας την Γλώσσα 1. Γενικά, αποφεύγετε να βασίζεστε αποκλειστικά και μόνο στο Γλωσσάρι ή στο λεξικό για την παρουσίαση νέου λεξιλογίου, ιδιαίτερα σε επίπεδο αρχαρίων. Με τη χρησιμοποίηση οποιουδήποτε συνδυασμού των πιο πάνω μεθόδων θα κάνετε το μάθημα πιο ζωντανό και ευχάριστο.

Ασκήσεις προφορικής επικοινωνίας ανά ζεύγη

Η σειρά *Επικοινωνήστε Ελληνικά* περιέχει πολλές τέτοιες ασκήσεις (η συνήθης χαρακτηριστική οδηγία που δίνεται είναι *Μιλήστε στον διπλανό σας / στη διπλανή σας* ή *Μιλήστε μεταξύ σας*). Εδώ όλοι οι μαθητές δουλεύουν σε ζεύγη, ταυτοχρόνως. Το βασικό πλεονέκτημα αυτού του τρόπου είναι η δυνατότητα που παρέχεται σε όλους τους μαθητές για εκτεταμένη εξάσκηση μέσα σε μικρό χρονικό διάστημα. Ακόμα, η προφορική εξάσκηση ανά δύο απαλλάσσει τους μαθητές από την ανία που αναπόφευκτα αισθάνονται όταν είναι υποχρεωμένοι να ακούνε τους συμμαθητές τους να κάνουν την άσκηση ο ένας μετά τον άλλο ή με τον καθηγητή, περιμένοντας πότε θα έρθει - αν έρθει - η σειρά τους.

Η πιο συνηθισμένη διαδικασία είναι η εξής:

(α) Διαιρείτε τους μαθητές σας σε ζεύγη.

(β) Τους εξηγείτε λεπτομερώς τι ακριβώς χρειάζεται να κάνουν.

(γ) Βεβαιώνεστε ότι ξέρουν όλο το λεξιλόγιο που εμφανίζεται στην άσκηση.

(δ) Ζητάτε από κάποιο ζεύγος να κάνει προφορικά το παράδειγμα, για να ακούσουν οι υπόλοιποι.

(ε) Ένα άλλο ζεύγος (εδώ προτιμάτε δύο καλούς μαθητές) κάνει το πρώτο ή το δεύτερο κομμάτι της άσκησης για περισσότερη εξοικείωση όλων.

(ζ) Οι μαθητές δουλεύουν την άσκηση κομμάτι κομμάτι με τη σειρά Α-Β και μετά αλλάζοντας ρόλους με τη σειρά Β-Α. Όλα τα ζεύγη δουλεύουν ταυτοχρόνως.

Μόλις οι μαθητές αρχίζουν να δουλεύουν μόνοι τους, εσείς πηγαίνετε γύρω γύρω βοηθώντας και επιβλέποντας όσα ζεύγη μπορείτε. Αποφεύγετε να διορθώνετε κάθε φορά που ακούτε κάποιο λάθος. Η διόρθωση θα πρέπει να γίνεται επιλεκτικά και διακριτικά, έτσι ώστε να μην εμποδίζει (πρακτικά και ψυχολογικά) τους μαθητές που προσπαθούν να επικοινωνήσουν μεταξύ τους, έστω και μέσα σε προκαθορισμένα γλωσσικά πλαίσια, χρησιμοποιώντας καινούρια γλώσσα για πρώτη φορά.

Άλλες προφορικές ασκήσεις

Στη σειρά *Επικοινωνήστε Ελληνικά* θα συναντήσετε αρκετούς άλλους τύπους προφορικών ασκήσεων πάνω σε γραμματικά φαινόμενα ή λειτουργίες της γλώσσας, οι οποίες γίνονται ανά ζεύγη ή ομάδες των τριών ή τεσσάρων μαθητών. Για τις ασκήσεις αυτές δεν χρειάζεται να πούμε περισσότερα εδώ, αφού οι οδηγίες είναι αρκετά κατατοπιστικές για το τι πρέπει να γίνει. Η διαδικασία που θα ακολουθήσετε είναι αυτή που περιγράφεται πιο πάνω για τις Ασκήσεις Προφορικής Επικοινωνίας ανά Ζεύγη ή κάποια παρεμφερής διαδικασία που σας εξυπηρετεί καλύτερα.

Στο σημείο αυτό, θα πρέπει να επισημάνουμε δύο πράγματα σχετικά με τη διεξαγωγή προφορικών ασκήσεων είτε ανά ζεύγη είτε σε ομάδες περισσότερων ατόμων.

(α) Καλό είναι οι ομάδες ή τα ζεύγη να αποτελούνται, κατά το δυνατόν, τόσο από δυνατούς, όσο και από πιο αδύνατους μαθητές. Ωστόσο, θα πρέπει να αποφεύγει κανείς μεγάλες διακυμάνσεις ανά ομάδα ή ζεύγος σε ό,τι αφορά την ικανότητα ή την προηγούμενη γνώση της γλώσσας. Στους "καλούς" μαθητές συνήθως αρέσει να βοηθούν τους πιο αδύνατους, εφόσον δεν νοιώθουν ότι αυτό γίνεται εις βάρος της δικιάς τους προόδου. Οι πιο αδύνατοι, πάλι, δεν θα ωφεληθούν αν αισθανθούν πτοημένοι ή μειωμένοι από τις γνώσεις ή την ικανότητα των πιο δυνατών συνεργατών τους.

(β) Οι περισσότεροι άνθρωποι έχουν την περιέργεια να πληροφορηθούν διάφορα πράγματα για τους άλλους, κάτι που θα πρέπει να αξιοποιήσετε για να εθαρρύνετε τους μαθητές σας να επικοινωνούν, να αισθάνονται άνετα, και να αποκτήσουν την αίσθηση ότι όλοι ανήκουν σε μια φιλική ομάδα. Χρειάζεται προσοχή, ωστόσο, να μην ξεπεραστούν τα όρια κάποιας στοιχειώδους ευγένειας.

Παίγνια ρόλων

Ειδικά για τον τύπο αυτό δημιουργικής προφορικής εξάσκησης, θα πρέπει να υπογραμμιστούν (α) η ανάγκη για σαφείς και λεπτομερείς οδηγίες από σάς σχετικά με το τι πρέπει να κάνουν οι μαθητές, και (β) η ανεξαρτησία που απαιτείται να έχουν για να μπορέσουν να αυτοσχεδιάσουν ώς ένα βαθμό, πράγμα που σημαίνει ότι η εποπτεία σας θα πρέπει να είναι όσο πιο διακριτική και σιωπηλή γίνεται.

Κείμενα ανακεφαλαιωτικών μαθημάτων (Α! και Β! Τόμος)

Τα κείμενα που υπάρχουν στα ανακεφαλαιωτικά μαθήματα (6, 12, 18, 24) των πρώτων δύο τόμων γράφτηκαν με σκοπό (α) να εμφανίσουν μαζί γραμματικά φαινόμενα, λειτουργίες της γλώσσας και λεξιλόγιο από τα προηγούμενα πέντε μαθήματα, (β) να εισαγάγουν νέο λεξιλόγιο για ενεργητική ή παθητική χρήση, και (γ) να εξοικειώσουν τους μαθητές παραπέρα με τον γραπτό λόγο. Ακολουθήστε και γι ' αυτά τα κείμενα την ίδια διαδικασία που περιγράφεται πιο πάνω.

Όπως και τα άλλα κείμενα, έτσι και αυτά συνοδεύονται από ερωτήσεις ή άλλους τρόπους που ελέγχουν το πόσο οι μαθητές κατανόησαν αυτά που διάβασαν. Ακολουθούν προφορικές και γραπτές ασκήσεις που έχουν αντίστοιχα σκοπό (α) να δώσουν το έναυσμα για κάποια, απλή έστω, συνομιλία στην τάξη και (β) να εμπεδώσουν καλύτερα το νέο λεξιλόγιο. Πολλά από αυτά τα κείμενα μπορούν να χρησιμέψουν ως μοντέλα για γράψιμο.

Ασκήσεις ακουστικής κατανόησης

Α! και Β! Τόμος

Σε ορισμένα από τα μαθήματα των πρώτων δύο τόμων της σειράς *Επικονωνήστε Ελληνικά*, θα βρείτε έναν τύπο ασκήσεως ακουστικής κατανόησης με τίτλο *Ακούστε τις ερωτήσεις χωρίς να τις βλέπετε, και διαλέξτε τις σωστές απαντήσεις.* Οι μαθητές καλύπτουν με το χέρι ή κάποιο αντικείμενο τις ερωτήσεις (τις οποίες θα ακούσουν από την κασέτα ή από εσάς) και βλέπουν μόνο τις απαντήσεις. Αφού ακούσουν την πρώτη ερώτηση, έχουν λίγα δευτερόλεπτα στη διάθεσή τους για να διαλέξουν την πιο κατάλληλη από τις τρεις απαντήσεις που τους δίνονται, την οποία και σημειώνουν. Μετά προχωρείτε στη δεύτερη ερώτηση κ.ο.κ.

Εφόσον το κρίνετε απαραίτητο, επιτρέψτε στους μαθητές σας να διαβάσουν όλες τις απαντήσεις πριν αρχίσουν να ακούνε τις ερωτήσεις.

Γ! Τόμος

Τα μαθήματα του τρίτου τόμου περιλαμβάνουν και πιο "απαιτητικές" ασκήσεις ακουστικής κατανόησης, οι οποίες βασίζονται σε κάποιον διάλογο, σε κάποια συνέντευξη, σε κάποιο απόσπασμα ομιλίας κ.ά. Οι ασκήσεις αυτές είναι αμιγώς ακουστικές, με την έννοια ότι ο μαθητής δεν μπορεί να ελέγξει αυτά που άκουσε παρά μόνο ξανακούγοντας την κασέτα. Πριν παίξετε την κασέτα, κάνετε τις εισαγωγικές ασκήσεις που προηγούνται για να εξοικειωθούν οι μαθητές σας ώς ένα βαθμό με το θέμα και το λεξιλόγιο που θα συναντήσουν. Μετά, ακολουθείτε οποιαδήποτε παρεμφερή διαδικασία με αυτή που περιγράφεται πιο πάνω για τα Κείμενα και τους Διαλόγους. Τα κείμενα και τους διαλόγους που ακούγονται σ' αυτές τις ασκήσεις ακουστικής κατανόησης θα βρείτε στο τέλος του τρίτου τόμου κάτω από τον τίτλο *Κείμενα και Διάλογοι Ακουστικής Κατανόησης*.

Φωτογραφίες για συζήτηση

Στο τέλος του τρίτου τόμου της σειράς θα βρείτε δέκα φωτογραφίες κάτω από τον τίτλο *Φωτογραφίες για συζήτηση*. Κάθε μία από αυτές τις φωτογραφίες παρουσιάζει ένα θέμα και συνοδεύεται από υποδειγματικές ερωτήσεις. Το υλικό αυτό μπορείτε να αξιοποιήσετε επιλεκτικά και με διάφορους τρόπους για την παραγωγή συνομιλίας μέσα στην τάξη.

Διόρθωση γραπτής εργασίας

Μερικές ιδέες:

(α) Μαζεύετε τη γραπτή εργασία που οι μαθητές σας ετοίμασαν στο σπίτι, την διορθώνετε και τους την επιστρέφετε στο επόμενο μάθημα. Ένας πιο δημιουργικός τρόπος για να κάνετε τις διορθώσεις σας είναι να υπογραμμίσετε το σημείο όπου υπάρχει το λάθος και, παράλληλα, να σημειώσετε στο περιθώριο της αντίστοιχης γραμμής κάποιο σύμβολο που αντιπροσωπεύει τον τύπο του λάθους, π.χ. ορθ = ορθογραφικό λάθος, λεξ = λάθος λέξη, χρ = λάθος χρόνος κ.ο.κ. Με αυτόν τον τρόπο, ο μαθητής υποχρεώνεται να βασανίσει λίγο το μυαλό του σχετικά με τα λάθη που έκανε, πράγμα που μάλλον θα δεν θα κάνει αν του γράψετε τη σωστή απόδοση πάνω από το λάθος.

(β) Οι μαθητές ανταλλάσσουν τα γραπτά τους ανά δύο και διορθώνουν, όσο μπορούν, ο ένας την εργασία του άλλου, είτε γράφοντας τη σωστή απόδοση είτε χρησιμοποιώντας σύμβολα, όπως πιο πάνω. Τα διορθωμένα γραπτά επιστρέφονται κι εσείς πηγαίνετε γύρω γύρω βοηθώντας, όπου υπάρχει ανάγκη.

(γ) Ζητάτε από μερικούς μαθητές - προτιμάτε τους πιο καλούς - να διαβάσουν την εργασία τους δυνατά για τους υπόλοιπους, οι οποίοι ακούνε και διορθώνουν τα λάθη τους. Κανονικά, δεν θα πρέπει να υπάρχουν πολλά λάθη, εφόσον η εργασία που ορίσατε για το σπίτι έχει ήδη μισοετοιμαστεί στην τάξη. Εσείς, βέβαια, θα πρέπει στο τέλος να βεβαιωθείτε ότι έγιναν όλες οι διορθώσεις από όλους.

(δ) Οι σωστές απαντήσεις ασκήσεων του τύπου *Συμπληρώστε τα κενά* μπορούν να ελεγχθούν προφορικά στην τάξη. Οι μαθητές διαβάζουν αλυσιδωτά από μία απάντηση ο καθένας και οι άλλοι διορθώνουν ή σχολιάζουν. Εσείς παρεμβαίνετε, εφόσον υπάρχει ανάγκη.

Υπαγόρευση προτάσεων για ορθογραφία

Κατά καιρούς, είναι σκόπιμο να υπαγορεύετε δύο έως τρεις προτάσεις από γνωστή ύλη στους μαθητές σας. Το όφελος είναι πολλαπλό: σας δίνει την ευκαιρία να ελέγξετε αδυναμίες στην ορθογραφία ώστε να προγραμματίσετε κάποια επανάληψη, ενεργεί σαν άσκηση ακουστικής κατανόησης, και προσφέρει μια αλλαγή στον ρυθμό και στο "κλίμα" του μαθήματος.

Επανάληψη ρημάτων

Οι χρόνοι των ρημάτων θα πρέπει να επαναλαμβάνονται συχνά. Μη διστάζετε κάθε τόσο να ζητάτε από τους μαθητές σας να κλίνουν, είτε "εν χορώ" είτε ένας ένας χωριστά, κάποια ρήματα στον αόριστο, στον μέλλοντα κτλ. και μετά να τα γράφουν. Ένας άλλος τρόπος, εφόσον έχετε καλύψει τουλάχιστον τρεις βασικούς χρόνους (π.χ. ενεστώτα, απλό μέλλοντα και αόριστο), είναι ο εξής. Γράφετε στον πίνακα μερικές προτάσεις στον ενεστώτα με ρήματα που θέλετε να επαναλάβετε. Φροντίστε τα ρήματα να είναι, τόσο στον ενικό, όσο και στον πληθυντικό, και σε περισσότερα από ένα πρόσωπα. Σε καρτέλες ή στον πίνακα έχετε γράψει με ευκρινή στοιχεία υποβοηθητικές φρασούλες, χαρακτηριστικές για τον καθένα από τους χρόνους που σας ενδιαφέρουν, όπως "κάθε πρωί", "αύριο το απόγευμα", "χθες το βράδυ", κ.λπ. Ζητάτε από κάποιο μαθητή να διαβάσει την πρώτη πρόταση από τον πίνακα. Μετά, δείχνοντας τη φράση-κλειδί στην καρτέλα ή στον πίνακα, ζητάτε από έναν άλλο μαθητή να ξαναπεί την πρόταση με τις απαραίτητες αλλαγές. Προχωρήστε με τον τρόπο αυτό και στους υπόλοιπους μαθητές της τάξης.

Γ. ΓΕΝΙΚΕΣ ΠΑΡΑΤΗΡΗΣΕΙΣ ΓΙΑ ΤΗΝ ΠΡΩΤΗ ΣΥΝΑΝΤΗΣΗ

Εξοικείωση με το βιβλίο

Αφήστε τους μαθητές σας να ξεφυλλίσουν το βιβλίο τους, για να πάρουν μια πρώτη γεύση. Ύστερα, αναφερθείτε στον πίνακα περιεχομένων, δίνοντάς τους μερικά παραδείγματα της γλώσσας που θα καλύψουν τις πρώτες δύο ή τρεις εβδομάδες.

Κάποιοι μαθητές θα θέλουν να ξέρουν πού θα βρουν τη γραμματική που θα πρέπει να μάθουν. Δείξτε τους τα κομμάτια της Γραμματικής, όπως εμφανίζονται σε κάθε μάθημα μέσα σε πλαίσιο, καθώς και τους Πίνακες Γραμματικής και τον Πίνακα Ρημάτων στο τέλος του βιβλίου.

Σε ό,τι αφορά το Γλωσσάρι, εξηγήστε τους ότι η εννοιολογική απόδοση των λέξεων περιορίζεται, κατά κανόνα, στη σημασία που έχει η κάθε λέξη μέσα στη φράση ή στις φράσεις που υπάρχουν στο βιβλίο.

Όσο για τις λύσεις των ασκήσεων, συμβουλέψτε τους να αναφέρονται σ' αυτές μόνο εφόσον θέλουν να βεβαιωθούν για κάποιο σημείο, και αφού έχουν προσπαθήσει πρώτα να κάνουν όλη την άσκηση.

Πώς θα καθίσουν οι μαθητές σας στην τάξη

Ένα από τα πρώτα και πιο βασικά μελήματα του καθηγητή κατά την πρώτη συνάντηση, είναι το πώς θα καθίσουν σωστά οι μαθητές στην τάξη. Για μικρές τάξεις (6-15 μαθητές), ο καλύτερος τρόπος είναι να καθίσουν σε ομάδες 3-6 ατόμων, γύρω από χωριστά τραπέζια. Αν δεν υπάρχουν τραπέζια, ένας αρκετά αποτελεσματικός τρόπος είναι να τοποθετήσετε τις καρέκελες σε σχήμα πετάλου. Έτσι, έχετε την άνεση να κινείστε μπροστά στους μαθητές σας (και πίσω τους, αν χρειάζεται), ενώ εκείνοι μπορούν να βλέπουν ο ένας τον άλλο καθώς και τον πίνακα. Αν πρέπει να διδάξετε σε μεγάλες τάξεις (πάνω από 15 μαθητές), βεβαιωθείτε ότι οι μαθητές σας κάθονται σε ζεύγη, και ότι όλοι μπορούν να βλέπουν χωρίς δυσκολία εσάς και τον πίνακα και να ακούνε το κασετόφωνο, εφόσον θα χρησιμοποιήσετε κάποια κασέτα.

Δύο παρατηρήσεις

(α) Αν δεν τους έχετε υποδείξει εσείς τις θέσεις τους, είναι πολύ πιθανόν οι μαθητές σας να επιλέξουν να καθίσουν δίπλα σε άτομα της προτίμησής τους. Αυτό είναι κάτι που συμβάλλει στην καλύτερη επικοινωνία, και θα πρέπει να το αξιοποιήσετε ανάλογα μόλις γίνει φανερό.

(β) Μαθητές που διαφέρουν φανερά μεταξύ τους, π.χ. ως προς την ηλικία, την ενδυμασία, την κοινωνική τάξη, καλό είναι να τους βάλετε να καθίσουν χωριστά, εκτός αν αποφασίσουν οι ίδιοι ότι θέλουν να καθίσουν μαζί.

📼 Μαρίνα, θα ήθελα να σου συστήσω έναν καλό φίλο

18

1 *Ταιριάξτε τις ερωτήσεις με τις απαντήσεις*

1. Από πού είστε;
2. Τι είδος μουσική σας αρέσει;
3. Παίζετε πιάνο;
4. Πού μένεις τώρα;
5. Έχεις αδέλφια;
6. Γιατί μαθαίνετε ελληνικά;
7. Παίζεις τένις;
8. Θέλετε να σας δώσω το τηλέφωνό μου;
9. Πού δουλεύεις τώρα;
10. Πόσες φορές την εβδομάδα έχετε μάθημα;
11. Πού μαθαίνεις ελληνικά;
12. Πόσον καιρό έχεις στην Ελλάδα;

α. Στη Νέα Σμύρνη, κοντά στην πλατεία.
β. Ναι, έχω δύο αδελφές κι έναν αδελφό.
γ. Κάνω ιδιαίτερα μαθήματα.
δ. Ναι, βεβαίως. Μήπως έχετε μολύβι;
ε. Γιατί τα χρειάζομαι στη δουλειά μου.
στ. Σε μια ελληνική εφημερίδα.
ζ. Από την Ολλανδία.
η. Πέντε μήνες.
θ. Η τζαζ.
ι. Ναι, αρκετά συχνά. Εσύ;
κ. Όχι, δεν παίζω κανένα μουσικό όργανο.
λ. Τρεις.

2 *Να μερικές απαντήσεις. Μπορείτε να βρείτε ποιες ήταν οι ερωτήσεις;*

1. Κάρλος Πένια.
2. Από την Αυστραλία.
3. Έχω δικηγορικό γραφείο.
4. Είμαι δεκαεννιά.
5. Έχω μια αδελφή κι έναν αδελφό.
6. Σ' ένα σπιτάκι έξω από τη Θεσσαλονίκη.
7. Πολύ λίγο αλλά μιλάω γαλλικά.
8. Όχι πολύ αλλά μ' αρέσει η μπίρα.
9. Δύο φορές την εβδομάδα.

3 *Γράψτε κι άλλες ερωτήσεις για τους συμμαθητές σας.*
Αν δεν ξέρετε κάποια λέξη, ρωτήστε:

"Πώς λέτε/λέμε στα ελληνικά 'married';"
"Τι σημαίνει η λέξη 'ιδιαίτερο';"
"Αυτό είναι σωστό;"

4 *Πάρτε μια συνέντευξη από την καθηγήτριά σας.*
Μάθετε όσα περισσότερα μπορείτε γι' αυτήν

5 *Πάρτε μια συνέντευξη από τον διπλανό σας /*
τη διπλανή σας. Μετά πέστε στην τάξη τι μάθατε

6 *Σας αρέσουν αυτά τα πράγματα; Γράψτε τα κατά σειρά προτίμησης.*
Ύστερα κοιτάξτε αν κάποιος άλλος στην τάξη τα έβαλε στην ίδια σειρά

ο χορός	τα μαθηματικά	τα σκυλιά
τα μωρά	οι σοκολάτες	τα φίδια
η ρετσίνα	το μαγείρεμα	ο ύπνος

7 *Τώρα συμπληρώστε αυτόν τον πίνακα με πράγματα που σας αρέσουν ή δεν σας αρέσουν*

Μ' αρέσει πολύ _____

Μ' αρέσουν πολύ _____

Μ' αρέσει αρκετά _____

Μ' αρέσουν αρκετά _____

Δε μ' αρέσει πολύ _____

Δε μ' αρέσουν πολύ _____

Δε μ' αρέσει καθόλου _____

Δε μ' αρέσουν καθόλου _____

Αν κάτι δεν μας αρέσει καθόλου, μπορούμε να χρησιμοποιήσουμε το ρήμα "απεχθάνομαι".
Έτσι, λέμε: *Απεχθάνομαι τα φίδια και τις κατσαρίδες.*

8 *Μαντέψτε ποιος είναι!*
Παίξτε με τον διπλανό σας / τη διπλανή σας.
Περιγράψτε κάποιο συμμαθητή σας ή κάποια συμμαθήτριά σας στην τάξη όπως
τα πιο κάτω παραδείγματα. Ο διπλανός σας / η διπλανή σας πρέπει να μαντέψει
για ποιον/ποιαν μιλάτε

Είναι ψηλή και λεπτή.
Έχει καστανά μαλλιά και γαλάζια μάτια.
Φοράει σκούρα πράσινη μπλούζα με μαύρη φούστα.
Ποια είναι;

Είναι μάλλον κοντός και γεμάτος.
Έχει γκρίζα μαλλιά και καστανά μάτια.
Φοράει κόκκινο πουκάμισο και ανοιχτό μπλε τζιν.
Ποιος είναι;

Κοιτάξτε!

Τα μαλλιά μας μπορεί να είναι:
μαύρα / καστανά / κόκκινα / ξανθά / γκρίζα / άσπρα και, ακόμα, μπορεί να είναι ίσια ή σγουρά.

Τα μάτια μας μπορεί να είναι:
μαύρα / καστανά / γαλανά / γκρίζα / πράσινα (ή... κόκκινα από το πολύ κρασί)

9 *Γράψτε μια σύντομη περιγραφή κάποιου μέλους της οικογένειάς σας*
ή της πιο αγαπημένης φίλης σας (ή του πιο αγαπημένου φίλου σας)

Ο φίλος μου ο Νίκος
είναι μάλλον κοντός, με καστανά
μαλλιά και μαύρα μάτια.
Τα πόδια του είναι λίγο μεγάλα
αλλά νομίζω ότι είναι αρκετά
συμπαθητικός. Του αρέσει
πολύ ο χορός και το μπάσκετ

🔲 Πόσοι Αθηναίοι έχουν αυτοκίνητο;

Ξέρετε πόσοι Αθηναίοι έχουν αυτοκίνητο σήμερα; Ένας στους πέντε.
Αρκετοί, θα πείτε.
Και όμως είναι πολλοί. Οι δρόμοι της Αθήνας δεν είναι για τόσα αυτοκίνητα.
Πόσα τροχαία ατυχήματα νομίζετε ότι γίνονται τη μέρα; Γύρω στα διακόσια.
Πολλά, θα πείτε.
Και όμως είναι σχετικά λίγα, αν δείτε πόσα αυτοκίνητα κυκλοφορούν στους δρόμους της Αθήνας.

ΓΡΑΜΜΑΤΙΚΗ

Ερωτηματικές και αόριστες αντωνυμίες

Ονομαστική

αρσενικό   Πόσοι δίσκοι υπάρχουν; Υπάρχουν πολλοί / αρκετοί / μερικοί / λίγοι.
θηλυκό   Πόσες ζώνες υπάρχουν; Υπάρχουν πολλές / αρκετές / μερικές / λίγες.
ουδέτερο   Πόσα βιβλία υπάρχουν; Υπάρχουν πολλά / αρκετά / μερικά / λίγα.

Αιτιατική

αρσενικό   Πόσους φίλους έχεις; Έχω πολλούς / αρκετούς / μερικούς / λίγους.
θηλυκό   Πόσες φίλες έχεις; Έχω πολλές / αρκετές / μερικές / λίγες.
ουδέτερο   Πόσα λεφτά έχεις; Έχω πολλά / αρκετά / μερικά / λίγα.

1 *Κοιτάξτε τις τέσσερις στήλες και μιλήστε με τον διπλανό σας / τη διπλανή σας*

π.χ.   Α: Πόσες γυναίκες υπάρχουν στην πρώτη στήλη;
       Β: Υπάρχουν πολλές γυναίκες στην πρώτη στήλη.

2 *Τώρα ρωτήστε*   π.χ.   Α: Πόσες γυναίκες ακριβώς βλέπεις στην πρώτη στήλη;
                               Β: Βλέπω δεκατρείς γυναίκες.

Α   Β   Γ   Δ

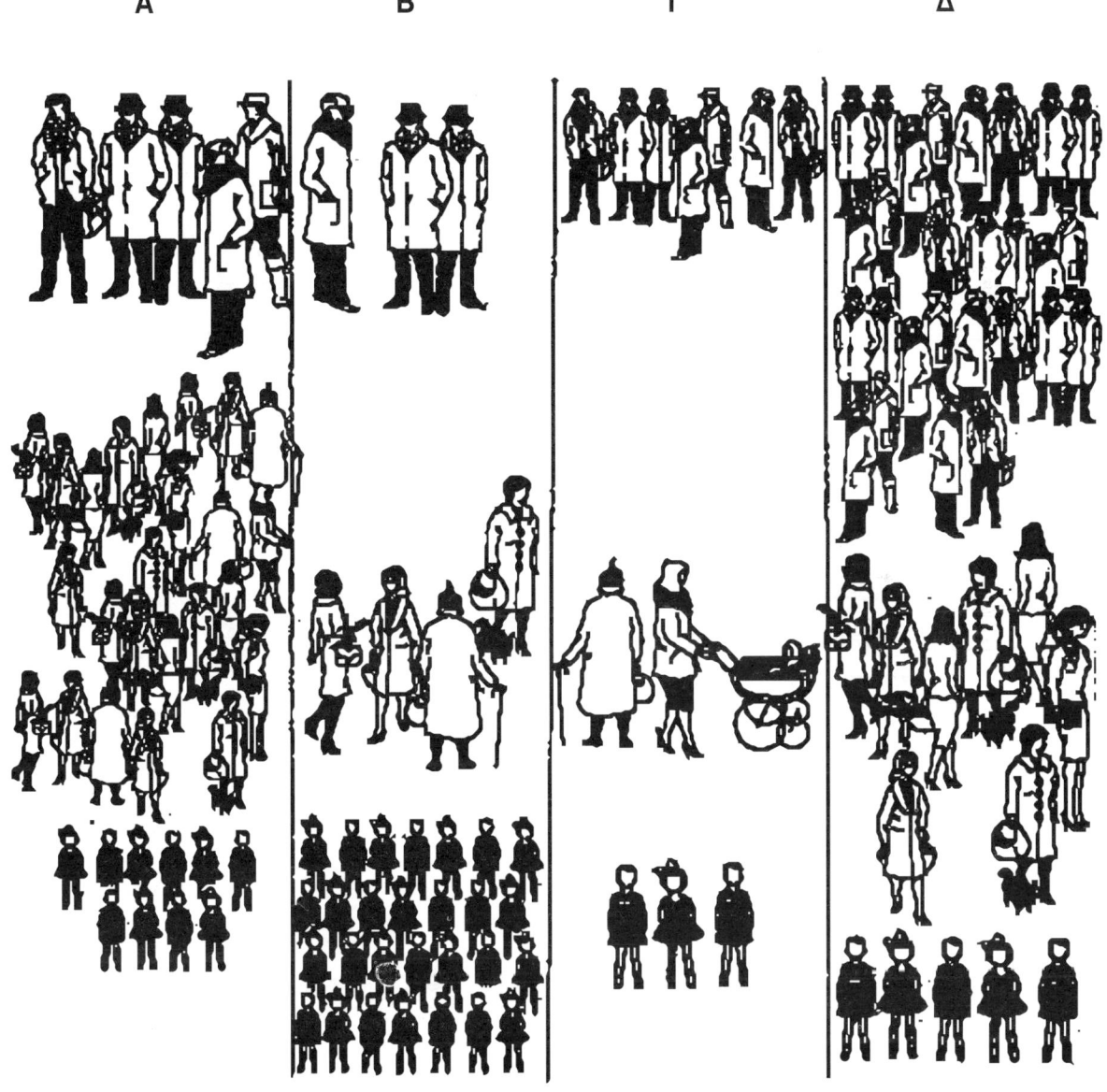

3 *Μιλήστε με τον διπλανό σας / τη διπλανή σας*

π.χ. Α: Πόσα παντελόνια έχεις;
   Β: Έχω πέντε παντελόνια, νομίζω. Εσύ;
   Α: Εγώ έχω έξι.

Ρωτήστε για:

χαρτοφύλακες / αναπτήρες / δίσκους / φίλους
ομπρέλες / τσάντες / γραβάτες / φούστες / μπλούζες
παντελόνια / πουλόβερ / πουκάμισα / ζευγάρια παπούτσια

Αν δεν έχετε κάτι από αυτά, χρησιμοποιήστε:

δεν έχω κανένα(ν)... / καμιά... / κανένα...

4 *Συμπληρώστε τα κενά με τα "πόσοι"/"πόσους", "πόσες", "πόσα", ανάλογα*

1. _____ πολυθρόνες υπάρχουν στο σαλόνι;
2. _____ αυτοκίνητα έχετε, δεσποινίς;
3. _____ καθρέφτες υπάρχουν στο κομμωτήριο;
4. _____ τράπεζες είναι ανοιχτές σήμερα;
5. _____ υπάλληλοι μένουν κοντά στην εταιρεία;
6. _____ μπλούζες έχει η Μαρία;
7. _____ δίσκους θέλεις;
8. _____ μαθήματα έχουμε να διαβάσουμε για το τεστ;
9. _____ πίνακες είναι όλοι μαζί;
10. _____ παντελόνια υπάρχουν στην ντουλάπα;
11. _____ καθηγητές ξέρεις στο σχολείο;

Εσωτερικοί Χώροι

Το σαλόνι

Το υπνοδωμάτιο

5 *Κοιτάξτε τις λέξεις που είναι στα πλαίσια και βρείτε πώς λέγονται διάφορα μέρη και αντικείμενα που υπάρχουν μέσα σ' ένα σπίτι*

ένα τραπεζάκι	ένας πίνακας	ένα βάζο
μία πολυθρόνα	ένα λαμπατέρ	ένας καναπές

ένα κρεβάτι	μία κουρτίνα	ένα παράθυρο
μία πόρτα	ένα γραφείο	ένα κομοδίνο
ένα μαξιλάρι	ένα πορτατίφ	ένα φωτιστικό
ένα κάδρο	μία κουβέρτα	

▣ Το τασάκι είναι πάνω στο τραπέζι

Το τασάκι είναι **πάνω** στο τραπέζι.
Τα ψάρια είναι **μέσα σ**τη γιάλα.
Ο καναπές είναι **ανάμεσα σ**τα δύο λαμπατέρ.

Το χαμηλό τραπέζι είναι **μπροστά από** τον καναπέ.
Ο καναπές είναι **πίσω από** το χαμηλό τραπέζι.
Ο πίνακας με τα τρία κεφάλια είναι **πάνω από** το ψηλό τραπέζι.
Η γιάλα με τα ψάρια είναι **κάτω από** τον πίνακα με τα τρία κεφάλια.
Η γλάστρα με το φυτό είναι στη γωνία, **μπροστά από** την κουρτίνα.

6 *Πέστε στον διπλανό σας / τη διπλανή σας να κοιτάξει προσεκτικά την εικόνα στην προηγούμενη σελίδα για 10 δευτερόλεπτα. Μετά πέστε του/της να κλείσει το βιβλίο και να απαντήσει σωστά στις πιο κάτω ερωτήσεις. Αν απαντήσει σωστά σε πάνω από πέντε ερωτήσεις, τότε είναι πολύ παρατηρητικός/ή*

Πού είναι η καρέκλα;   Πού είναι το βάζο με τα λουλούδια;
Πού είναι η γιάλα με τα ψάρια;   Πού είναι ο καθρέφτης;
Πού είναι το βιβλίο;   Τι υπάρχει πάνω στο πιάνο εκτός από το βάζο με τα λουλούδια;
Πού είναι οι δύο μικροί πίνακες;   Τι υπάρχει ανάμεσα στα δύο λαμπατέρ;

7 *Κοιτάξτε το σαλόνι και το υπνοδωμάτιο, πιο πίσω, και ρωτήστε τον διπλανό σας τη διπλανή σας πού βρίσκονται διάφορα πράγματα*

π.χ. Πού βρίσκεται το πορτατίφ;

8 *Περιγράψτε ένα ή δύο δωμάτια του σπιτιού σας. Πέστε πού βρίσκονται διάφορα έπιπλα και άλλα αντικείμενα*

—— *Στην τραπεζαρία του ξενοδοχείου* ——

9 *Κοιτάξτε την παραπάνω εικόνα και ρωτήστε τον διπλανό / τη διπλανή σας*

Πόσα / Πόσες / Πόσα ... βλέπεις στην τραπεζαρία του ξενοδοχείου;

Ρωτήστε για :

τραπέζια/καρέκλες/λαμπατέρ/βάζα/τασάκια/παράθυρα/πόρτες/πίνακες/κουρτίνες - πελάτες/σερβιτόρους

▣ Περάστε, καθίστε

Μονίκ	Καλημέρα σας.
Γραμματέας	Καλημέρα. Ορίστε, παρακαλώ.
Μονίκ	Θα ήθελα να δω τον κύριο Οικονόμου.
Γραμματέας	Πώς λέγεστε;
Μονίκ	Μονίκ Ντελακρουά.
Γραμματέας	Μονίκ Ντελακρουά... Περάστε, παρακαλώ. Καθίστε.
Μονίκ	Ευχαριστώ.
Γραμματέας	Περιμένετε ένα λεπτό να κοιτάξω τι ώρα μπορεί να σας δει.

ΓΡΑΜΜΑΤΙΚΗ

Προστακτική
Ενεργητική Φωνή
Ρήματα Τύπων Α, Β1 και Β2

Ενεστώτας	Μέλλοντας	Θέμα Μέλλοντα	Προστακτική Ενικού	Πληθυντικού
μαγειρεύω	θα μαγειρέψω	μαγειρεψ-	μαγείρεψε	μαγειρέψτε
ανοίγω	θα ανοίξω	ανοιξ-	άνοιξε	ανοίξτε
μιλάω	θα μιλήσω	μιλησ- + ε	μίλησε	μιλήστε
οδηγώ	θα οδηγήσω	οδηγησ-	οδήγησε	οδηγήστε
παίζω	θα παίξω	παιξ-	παίξε	παίξτε
δίνω	θα δώσω	δωσ- + τε	δώσε	δώστε
ζω	θα ζήσω	ζησ-	ζήσε	ζήστε

Προστακτική

Προσέξτε αυτά τα ρήματα :		Ενικού	Πληθυντικού
πάω (πηγαίνω)	θα πάω	πήγαινε	πηγαίνετε
περιμένω	θα περιμένω	περίμενε	περιμένετε
μένω	θα μείνω	μείνε	μείνετε
φεύγω	θα φύγω	φύγε / φεύγα	φύγετε / φευγάτε
βλέπω	θα δω	δες	δείτε / δέστε
λέω	θα πω	πες	πείτε / πέστε
πίνω	θα πιω	πιες	πιείτε / πιέστε
βρίσκω	θα βρω	βρες	βρείτε / βρέστε
μπαίνω	θα μπω	μπες / έμπα	μπείτε / μπέστε
βγαίνω	θα βγω	βγες / έβγα	βγείτε / βγέστε
αφήνω	θα αφήσω	άφησε / άσε	αφήστε / άστε
έρχομαι	θα έρθω/έλθω	έλα	ελάτε
κάθομαι	θα καθίσω/κάτσω	κάθισε / κάτσε	καθίστε

10 Διαλέξτε το σωστό ρήμα

> ακούστε - πάρε - ελάτε - φάτε - πιες - απαντήστε - δείτε - γράψε - περιμένετε - βγες - κάτσε - πήγαινε - πείτε

1. Μαίρη, _____ αυτά τα δύο γράμματα στη μηχανή τώρα. Εντάξει;
2. _____ , σας παρακαλώ, τον διάλογο στο κασετόφωνο και _____ στις ερωτήσεις.
3. Αν θέλετε, _____ στο γραφείο μου στις 6. Θα είμαι ελεύθερος.
4. _____ στο μαγαζί του τώρα, γιατί σε λίγο θα φύγει. Έτσι, Δημήτρη μου;
5. _____ πρώτα τις τυρόπιτες και μετά τα πορτοκάλια. Καταλάβατε;
6. "Πού να καθίσω;" " _____ όπου θέλεις."
7. Θέλετε τον κύριο Βενιέρη; _____ ένα λεπτό, παρακαλώ.
8. _____ τι γράφει το γράμμα και μετά _____ στον Πέτρο τι να κάνει.
9. Πρέπει να μιλήσω με την αδερφή σου. _____ από το δωμάτιο, σε παρακαλώ.
10. _____ το γάλα σου, παιδί μου. Το γάλα κάνει καλό.
11. Μάνο, _____ τα παπούτσια σου από το σαλόνι αμέσως. Κατάλαβες;

11 Γράψτε στα κενά την προστακτική των ρημάτων που είναι στην παρένθεση

1. _____ αυτό το γράμμα, σας παρακαλώ. (γράφω)
2. _____ και τις δύο μπίρες, αν θέλετε. (πίνω)
3. _____ αυτό το κασετόφωνο, Κώστα. Είναι το πιο καλό απ' όλα. (αγοράζω)
4. _____ στην Τασία να έρθει, σας παρακαλώ. (λέω)
5. _____ τα σάντουϊτς σου τώρα. Κατάλαβες; (τρώω)
6. _____ αυτή την κασέτα. Νομίζω ότι θα σου αρέσει. (ακούω)
7. _____ την τσάντα σας, σας παρακαλώ. (ανοίγω)
8. _____ λίγο πιάνο για τους φίλους μας, δεσποινίς Παύλου. (παίζω)
9. _____ αύριο κατά τις οχτώ, Γιώργο. Θα είμαι σπίτι. (έρχομαι)
10. _____ στο σπίτι αμέσως, σας παρακαλώ. Υπάρχει κάποιο πρόβλημα. (πάω)
11. _____ εκείνο το βιβλίο στον Πέτρο, κυρία Σταμάτη. (δίνω)
12. _____ αυτά τα λεφτά, Γιάννη. Είναι για τον κομπιούτερ. (παίρνω)

🔲 Τι ώρα γύρισες στο σπίτι χθες το βράδυ;

Η Νίκη μένει με τον πατέρα της. Χθες το βράδυ βγήκε έξω και γύρισε κάπως αργά. Ο πατέρας της θέλει να ξέρει τι ώρα γύρισε στο σπίτι, πού πήγε κτλ.

Πατέρας	Λοιπόν; Τι ώρα γύρισες σπίτι χθες το βράδυ;
Νίκη	Δε θυμάμαι ακριβώς. Κατά τις δωδεκάμισι, νομίζω.
Πατέρας	Δωδεκάμισι; Δε σε άκουσα.
Νίκη	Μπήκα πολύ σιγά. Δεν ήθελα να σε ξυπνήσω.
Πατέρας	Δε φαντάζομαι να πήγες σ' εκείνη την καταραμένη ντίσκο, ε;
Νίκη	Ποια ντίσκο, καλέ μπαμπά; Το ξέρεις ότι δε μ' αρέσει η δυνατή μουσική.
	Πήγαμε σε μια συναυλία λαϊκής μουσικής με την Αλίκη και την Ηρώ. Ήταν καταπληκτική.
Πατέρας	Γιατί ήρθες τόσο αργά; Τι ώρα τελείωσε η συναυλία;
Νίκη	Μετά τη συναυλία πήγαμε στο σπίτι της Ηρώς για καφέ και πιάσαμε την κουβέντα.
	Ο φίλος της είναι πολύ ενδιαφέρων τύπος.

1 *Ταιριάξτε τον ενεστώτα με τον αόριστο αυτών των ρημάτων*

έρχεται   πηγαίνεις   περνάτε   χορεύουμε   μπαίνω   γυρίζεις   κάνει

έκανε   μπήκα   ήρθε   γύρισες   πήγες   χορέψαμε   περάσατε

ΓΡΑΜΜΑΤΙΚΗ

Αόριστος - Ρήματα Τύπου Α

Για να σχηματίσουμε τον αόριστο, παίρνουμε το θέμα του μέλλοντα και προσθέτουμε τις καταλήξεις του αορίστου. Στον ενικό, ο τόνος πάει μια συλλαβή πίσω. Έτσι, έχουμε:

Ενεστώτας	Μέλλοντας	Θέμα Μέλλοντα	Αόριστος	
αγοράζω	θα αγοράσω	αγορασ-	αγόρας	α
				ες
				ε
			αγοράσ	αμε
				ατε
				ανε (αγόρασαν)

Με τον ίδιο τρόπο σχηματίζεται ο αόριστος πολλών ρημάτων, όπως:
καπνίζω, ψωνίζω, μαγειρεύω, δουλεύω, περιμένω, πληρώνω, προσέχω, τελειώνω κ.ά.

Τον αόριστο χρησιμοποιούμε για ενέργειες που έγιναν και τελείωσαν στο παρελθόν. Οι ενέργειες αυτές παρουσιάζονται συνοπτικά και συνήθως αναφέρονται σε κάποια συγκεκριμένη χρονική στιγμή.
Έτσι, λέμε:
Την περασμένη Κυριακή μαγείρεψα εγώ. / Ποιος πλήρωσε τον λογαριασμό;

Για να σχηματίσουμε τον ενικό του αορίστου δισύλλαβων ρημάτων (π.χ. γράφω, παίζω) προσθέτουμε ένα "ε" μπροστά από το θέμα του μέλλοντα για να δεχτεί τον τόνο. Έτσι, έχουμε:

Ενεστώτας	Μέλλοντας	Θέμα Μέλλοντα	Αόριστος
γράφω	θα γράψω	γραψ--	

έγραψ	α
	ες
	ε
γράψ	αμε
	ατε
	ανε (έγραψαν)

Με τον ίδιο τρόπο σχηματίζεται ο αόριστος πολλών ρημάτων, όπως:

κάνω, παίζω, δίνω, στέλνω, πλένω, κλείνω, φτάνω, φτιάχνω, κ.ά.

Προσέξτε αυτά τα ρήματα: **Αόριστος**

πάω (πηγαίνω)	θα πάω	πήγα
παίρνω	θα πάρω	πήρα
έχω	θα έχω	είχα
λέω	θα πω	είπα
πίνω	θα πιω	ήπια
βλέπω	θα δω	είδα
μπαίνω	θα μπω	μπήκα
βγαίνω	θα βγω	βγήκα
τρώω	θα φάω	έφαγα
έρχομαι	θα έρθω	ήρθα

Αόριστος - Ρήματα Τύπων Β1 και Β2

μίλ**ησα**	πείν**ασα**	πόν**εσα**
μίλ**ησες**	πείν**ασες**	πόν**εσες**
μίλ**ησε**	πείν**ασε**	πόν**εσε**
μιλ**ήσαμε**	πειν**άσαμε**	πον**έσαμε**
μιλ**ήσατε**	πειν**άσατε**	πον**έσατε**
μιλ**ήσανε** (μίλ**ησαν**)	πειν**άσανε** (πείν**ασαν**)	πον**έσανε** (πόν**εσαν**)

1. Τα ρήματα *μιλάω, απαντάω, τηλεφωνώ, αργώ, οδηγώ, ζω* κ.ά. σχηματίζουν τον αόριστο σε **-ησα**.

2. Τα ρήματα *πεινάω, διψάω, ξεχνάω, περνάω, γελάω* κ.ά. σχηματίζουν τον αόριστο σε **-ασα**.

3. Τα ρήματα *πονάω, μπορώ, παρακαλώ* κ.ά. σχηματίζουν τον αόριστο σε **-εσα**.

2 *Βάλτε τα ρήματα στον αόριστο*

1. Χθες η Μαρία _____ στο σινεμά.
   (πάω)

2. Την Τρίτη εμείς _____ καλαμαράκια.
   (τρώω)

3. Προχθές τα παιδιά _____ πολύ νωρίς.
   (ξυπνάω)

4. Σήμερα εγώ δεν _____ καθόλου.
   (καπνίζω)

5. Την περασμένη εβδομάδα εσύ _____ τένις;
   (παίζεις)

6. Το Σάββατο η Άννα και η Στέλα _____ παπούτσια.
   (αγοράζω)

7. Εμείς τον περασμένο μήνα _____ στη Φλωρεντία.
   (πάω)

8. Κώστα, _____ τα αυγά σου ή όχι;
   (τρώω)

9. Χθες το πρωί ο πατέρας μου _____ στις δέκα το πρωί.
   (ξυπνάω)

10. Παιδιά, _____ μπάσκετ προχθές;
    (παίζω)

11. Το Σάββατο στο πάρτι οι γονείς μου _____ πολλά τσιγάρα.
    (καπνίζω)

12. Εγώ πέρσι _____ καινούριο αυτοκίνητο.
    (αγοράζω)

13. Τελικά την Παρασκευή εμείς _____ στο σπίτι, ξέρεις.
    (μένω)

14. Χθες το βράδυ η γυναίκα μου _____ μια ομιλία στο ραδιόφωνο.
    (ακούω)

1

2
Δευτέρα

μέχρι τις 7.00 μμ.
στο γραφείο

3
Τρίτη

με τον Πέτρο σινεμά

4
Τετάρτη

βραδινό στο εστιατόριο
"ΠΛΑΖΑ" με την Άννα

5
Πέμπτη

ένα δίσκο για τον Πέτρο

6
Παρασκευή

μπάσκετ στον αθλητικό
σύλλογο

7
Σάββατο

6.30 μ.μ. για να
πάω στο αεροδρόμιο

8
Κυριακή

γράμμα στην μητέρα μου

3 *Κοιτάξτε το ημερολόγιο της Κατερίνας και μιλήστε με τον διπλανό σας. Χρησιμοποιήστε τα ρήματα που είναι στο πλαίσιο στον αόριστο*

A: Τι έκανε την Τρίτη η Κατερίνα;
B: Πήγε στο σινεμά με τον Πέτρο.

είμαι - πάω - τρώω - μένω - παίζω - αγοράζω - γράφω - ξυπνάω

4 *Κοιτάξτε τον διάλογο στην αρχή του μαθήματος. Μετά διαβάστε τι έγραψε η Νίκη στο ημερολόγιό της και βρέστε τις διαφορές*

π.χ. Η Νίκη είπε στον πατέρα της ότι πήγε σε μια συναυλία ενώ πήγε στην ντίσκο.

ΣΕΠΤΕΜΒΡΙΟΣ

26 ΔΕΥΤΕΡΑ

Πέρασα υπέροχα με τον Αντώνη στη ντίσκο. Χορέψαμε μέχρι τη μιάμιση και μετά πήγαμε στο σπίτι του να πιούμε κάτι. Με φίλησε αρκετές φορές. Τον φίλησα κι εγώ. Αυτός ήθελε περισσότερα αλλά εγώ του είπα ότι δεν τον ξέρω αρκετά ακόμα. Γύρισα σπίτι κατά τις 3 το πρωί. Ευτυχώς ο μπαμπάς δε με άκουσε. Σήμερα το πρωί αισθάνομαι πολύ κουρασμένη. Ο μπαμπάς μού έκανε διάφορες ανόητες ερωτήσεις, όπως συνήθως.

5 Διαλέξτε το σωστό ρήμα και συμπληρώστε τα κενά

πήρες - αγοράσατε - έφαγα - έδωσα - άκουσαν - πήρε - ήρθανε -
περίμενα - έφαγε - είχαμε - έδωσες - ήρθα - είδες - ήρθε - έδωσε -
πήγαν - καταλάβαμε - ήρθατε - ακούσαμε - πήρα - είδα - αγοράσαμε

1. Ο Κώστας _____ το βιβλίο της και το _____ στην Ελένη.
2. _____ την Άννα μισή ώρα αλλά τελικά αυτή δεν _____ .
3. Εσείς _____ αυτούς τους δίσκους; Ναι, εμείς τους _____ .
4. Η Στέλα και η Μάρω _____ κλασική μουσική όλο το βράδυ.
5. Μήπως _____ το πουλόβερ μου; Όχι, δεν το _____ .
6. Εγώ _____ πρώτος. Οι άλλοι _____ μετά.
7. Εσύ _____ το βάζο από το τραπέζι; Ναι, εγώ το _____ .
8. _____ το τηλέφωνό σου στον Πέτρο; Ναι, το _____ .
9. Γιατί _____ τόσο αργά; Γιατί _____ δουλειά.
10. Τα παιδιά _____ στο σινεμά με τη θεία τους.
11. _____ όλη την ομιλία αλλά δεν _____ τίποτα.
12. Ποιος _____ το παγωτό μου; Εγώ το _____ . Πειράζει;

6 Γράψτε προτάσεις με τα παρακάτω ρήματα στον αόριστο

έρχομαι - βλέπω - περιμένω - ακούω - παίρνω

7 Συμπληρώστε τον διάλογο με τις κατάλληλες λέξεις

Περικλής Λοιπόν, τι κάνατε το σαββατοκύριακο;

Νίκος Να σου πω. Το Σάββατο _____ πρωί πήγαμε στο κέντρο για ψώνια. Το _____ ξαπλώσαμε λίγο. Μετά η Καίτη _____ τένις κι εγώ έκανα τζόγκινγκ _____ πάρκο.

Περικλής Το βράδυ _____ πουθενά;

Νίκος Όχι. Ήταν να πάμε στο _____ αλλά τελικά μείναμε στο _____ . Πιο καλά. Ήπιαμε τα κρασάκια μας, _____ πιάνο, τραγουδήσαμε, χορέψαμε...

Περικλής Όλα αυτά οι δυο σας;

Νίκος Ναι, οι δυο μας. Περάσαμε θαυμάσια. Στις δέκα είδαμε μια ταινία του Αγγελόπουλου στην _____ .

Περικλής Την Κυριακή _____ πήγατε;

Νίκος Την Κυριακή το πρωί η Καίτη έγραψε _____ γράμματα κι εγώ πήρα τον μικρό και _____ μια βόλτα _____ πλατεία. Το βράδυ _____ στο σπίτι κάτι φίλοι μας _____ τη Νέα Ζηλανδία.

Περικλής Εγώ τους _____ ;

Νίκος Δε νομίζω. Έρχονται για πρώτη φορά στην _____ .

8 *Αν λύσετε το σταυρόλεξο σωστά, στο κουτί θα έχετε το όνομα ενός φίλου.*
Όλα τα ρήματα είναι στον αόριστο

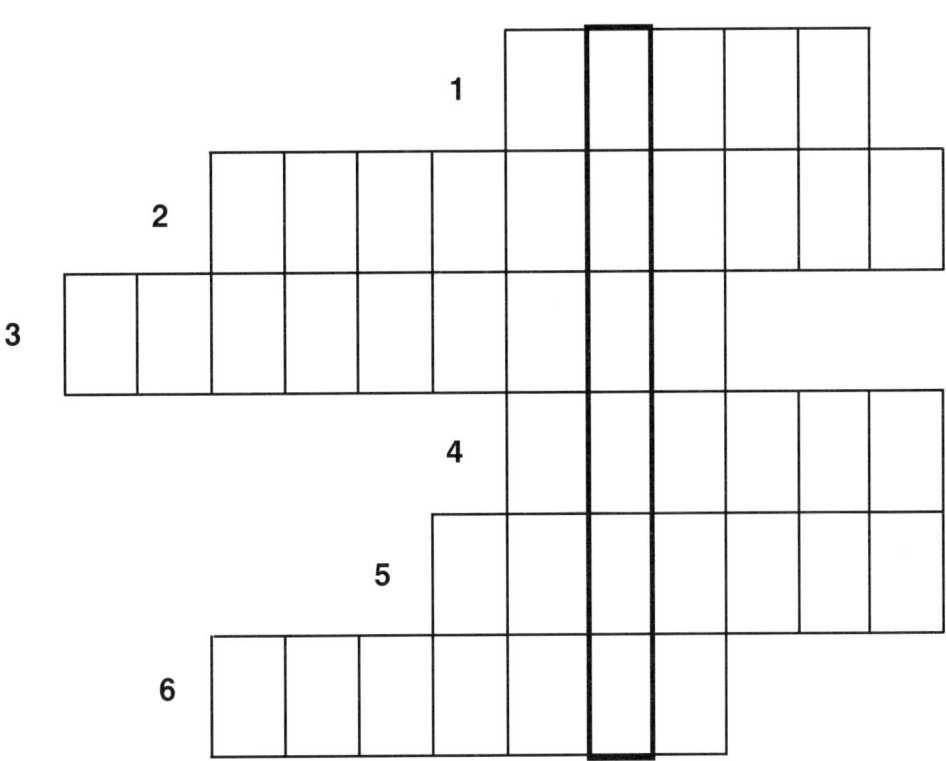

1. Αλέξανδρε, εσύ _____ το κρασί μου;

2. Σας _____ χθες το βράδυ στο σπίτι μας. Γιατί δεν ήρθατε;

3. Παιδιά, πόσα τσιγάρα _____ σήμερα;

4. Η Αφροδίτη και η Άρτεμις _____ με το ταξί από το σινεμά γιατί ήταν πολύ αργά.

5. Δεν νομίζω ότι η Άννα _____ αυτό τον δίσκο. Αυτή δεν αγοράζει ποτέ δίσκους
   κλασικής μουσικής.

6. Εγώ σήμερα _____ πολύ νωρίς. Ήπια έναν καφέ κι έφυγα αμέσως για τη δουλειά.

🔲 Τη βρήκα σε καλή τιμή

Παύλος	Με γειά! Δεν το ήξερα. Πότε την πήρες;
Κατρίν	Συγνώμη αλλά δε σε καταλαβαίνω όταν μιλάς γρήγορα.
Παύλος	Όταν μιλάω έτσι με καταλαβαίνεις;
Κατρίν	Ναι, τώρα σε καταλαβαίνω πιο καλά.
Παύλος	Λοιπόν, πότε πήρες αυτή τη μηχανή;
Κατρίν	Την αγόρασα την περασμένη εβδομάδα.
Παύλος	Είναι ακριβή;
Κατρίν	Τη βρήκα σε πολύ καλή τιμή. Ο Πέτρος αγόρασε μια ίδια και έδωσε είκοσι χιλιάδες περισσότερο από μένα.
Παύλος	Ποιος Πέτρος; Ο Γιαννόπουλος;
Κατρίν	Ναι, ήταν εδώ πριν από λίγη ώρα. Δεν τον είδες;
Παύλος	Όχι, δεν τον είδα.

9 *Ρωτήστε και απαντήστε*

1. Πότε η Κατρίν δεν καταλαβαίνει τον Παύλο;
2. Πότε αγόρασε τη μηχανή η Κατρίν;
3. Την πήρε σε πιο καλή τιμή από τον Πέτρο;
4. Πόσο πλήρωσε ο Πέτρος για την ίδια μηχανή;
5. Ο Παύλος είδε τον Πέτρο;

ΓΡΑΜΜΑΤΙΚΗ

Προσωπικές αντωνυμίες

Ονομαστική	Αιτιατική (Άμεσο αντικείμενο - αδύνατος τύπος)
εγώ	με
εσύ	σε
αυτός/αυτή/αυτό	τον/την/το
εμείς	μας
εσείς	σας
αυτοί/αυτές/αυτά	τους/τις/τα

Σημείωση Στον μέλλοντα η ἀντωνυμία πάει ανάμεσα στο "θα" και το ρήμα (π.χ. Θα σε περιμένω).
Το ίδιο γίνεται και στην υποτακτική: η αντωνυμία πάει μετά το "να" και πριν από το ρήμα
(π.χ. Δεν μπορούν να τον δουν τώρα).

10 *Συμπληρώστε τα κενά με τη σωστή αντωνυμία στην αιτιατική*

1. Α: _____ βλέπεις καλά τώρα;
   Β: Ναι, σε βλέπω καλά.

2. Α: Ποια είναι εκείνη η κοπέλα;
   Β: Δεν _____ ξέρεις; Είναι η Πηνελόπη.

3. Α: Θα _____ περιμένουμε απόψε.
   Β: Δυστυχώς, δεν μπορούμε να έρθουμε.

4. Α: Καταλαβαίνεις τον Πέτρο όταν μιλάει;
   Β: Όχι, δεν _____ καταλαβαίνω πολύ καλά.

5. Α: Ποιος έφαγε τα τυροπιτάκια;
   Β: _____ έφαγε όλα η Αθηνά.

6. Α: _____ θέλει ο διευθυντής.
   Β: Μας θέλει τώρα αμέσως;

7. Α: Πότε αγόρασες αυτούς τους αναπτήρες;
   Β: _____ αγόρασα προχθές.

8. Α: Θα περιμένουμε τις αδελφές σου;
   Β: Ναι, πρέπει να _____ περιμένουμε.

11 *Γράψτε πέντε μικροδιαλόγους όπως οι παραπάνω*

🔲 Η οικογένεια Παπαδάκη

Η κυρία Παπαδάκη είναι η μητέρα του Γιώργου και της Ελένης.
Ο κύριος Παπαδάκης είναι ο πατέρας τους.
Ο Γιώργος και η Ελένη είναι παιδιά της κυρίας και του κυρίου Παπαδάκη.
Δηλαδή ο Γιώργος και η Ελένη είναι αδέλφια.
Ο Γιώργος είναι παντρεμένος με την Άννα και η Ελένη με τον Διονύση.
Ο κύριος Παπαδάκης είναι παππούς της Μάρως, του Μηνά και της Πόπης.
Η κυρία Παπαδάκη είναι η γιαγιά τους.
Έτσι η Μάρω, ο Μηνάς και η Πόπη είναι εγγόνια του κυρίου και της κυρίας Παπαδάκη.
Η Μάρω είναι εγγονή της κυρίας και του κυρίου Παπαδάκη.
Το ίδιο και η Πόπη, ενώ ο Μηνάς είναι εγγονός τους.
Η Άννα είναι θεία του Μηνά και της Πόπης.
Ο Διονύσης είναι θείος της Μάρως.
Ο Μηνάς είναι ανιψιός του Γιώργου και της Άννας
ενώ η Μάρω είναι ανιψιά της Ελένης και του Διονύση.
Η Πόπη και ο Μηνάς είναι ανίψια της Άννας και του Γιώργου.
Ο Μηνάς είναι εξάδελφος της Μάρως και η Μάρω είναι εξαδέλφη της Πόπης.
Ο Μηνάς και η Μάρω είναι ξαδέλφια. Ξαδέλφια είναι επίσης η Μάρω και η Πόπη.

1 *Κοιτάξτε το οικογενειακό δέντρο και ρωτήστε τον διπλανό σας / τη διπλανή σας*

1. Ποιανού κόρη είναι η Ελένη;
2. Ποιανού γιος είναι ο Μηνάς;
3. Ποιανής θείος είναι ο Γιώργος;
4. Ποιανού παππούς είναι ο κύριος Παπαδάκης;
5. Ποιανού ανιψιά είναι η Πόπη;
6. Ποιανού εγγονή είναι η Μάρω;
7. Ποιανής θεία είναι η Ελένη;
8. Ποιανού αδελφή είναι η Πόπη;
9. Ποιανής κόρη είναι η Ελένη;

ο κύριος Παπαδάκης — η κυρία Παπαδάκη

η Άννα — ο Γιώργος — η Ελένη — ο Διονύσης

η Μάρω — η Πόπη — ο Μηνάς

Κοιτάξτε!

Λέμε: αδελφός ή αδε**ρ**φός και αδε**λ**φή ή αδε**ρ**φή

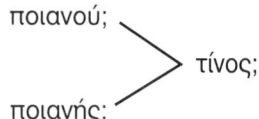

ποιανού;
ποιανής; 〉 τίνος;

ΓΡΑΜΜΑΤΙΚΗ

Γενική Ουσιαστικών
Αρσενικά και Θηλυκά

ο		του	
	Διονύσ**ης**		Διονύσ**η**
	Μην**άς**		Μην**ά**
	Γιώργ**ος**		Γιώργ**ου**
	Αλέξανδρ**ος**		Αλέξανδρ**ου**
	καθρέφτ**ης**		καθρέφτ**η**
	πίνακ**ας**		πίνακ**α**
	δίσκ**ος**		δίσκ**ου**
	άνθρωπ**ος**		ανθρώπ**ου**

η		της	
	Ελέν**η**		Ελέν**ης**
	Άνν**α**		Άνν**ας**
	Μάρ**ω**		Μάρ**ως**
	ζών**η**		ζών**ης**
	ταβέρν**α**		ταβέρν**ας**

Γενική Επωνύμων

ο κύριος Παπαδάκ**ης**		του κυρίου Παπαδάκ**η**
ο κύριος Φωκ**άς**		του κυρίου Φωκ**ά**
ο κύριος Σαραντάκ**ος**		του κυρίου Σαραντάκ**ου**
ο κύριος Ζαχαρί**ου**		του κυρίου Ζαχαρί**ου**
η κυρία Παπαδάκ**η**		της κυρίας Παπαδάκ**η**
η κυρία Φωκ**ά**		της κυρίας Φωκ**ά**
η κυρία Σαραντάκ**ου**		της κυρίας Σαραντάκ**ου**
η κυρία Ζαχαρί**ου**		της κυρίας Ζαχαρί**ου**

κύριος Αρσένης
επιχειρηματίας

Πανδώρα
φωτομοντέλο

Μηνάς
οικοδόμος

τα μοντέρνα
γυαλιά

το πούρο

η τσάντα

οι φτηνές μπότες

το μπλουτζίν

η μηχανή

το ακριβό άρωμα

οι ακριβές μπότες

ο χαρτοφύλακας

το σπορ αυτοκίνητο

2 *Κοιτάξτε τις εικόνες και μιλήστε με τον διπλανό σας / τη διπλανή σας*

π.χ.　A:　Ποιανού είναι οι φτηνές μπότες.
　　　B:　Πρέπει να είναι του ... / της ...

3 *Συμπληρώστε τα κενά με τα ουσιαστικά στη γενική*

1. Αυτή η μηχανή είναι _____ . (η Μαρία)

2. Ο αναπτήρας είναι _____ . (ο καθηγητής)

3. Η φούστα πρέπει να είναι _____ . (η Ελένη)

4. Τα λουλούδια νομίζω είναι _____ . (ο κύριος Κανάκης)

5. Η γραφομηχανή εκείνη είναι _____ . (η Μάρω)

6. Το βιβλίο της Φυσικής είναι _____ . (ο φοιτητής)

7. Αυτές οι βαλίτσες είναι _____ . (η κυρία Μανούσου)

8. Το αυτοκίνητο αυτό είναι _____ . (ο φίλος μου)

9. Η πράσινη τσάντα είναι _____ . (η εξαδέλφη της)

4 *Ακούστε τις ερωτήσεις χωρίς να τις βλέπετε, και διαλέξτε τις σωστές απαντήσεις*

1. Ποιανού είναι αυτός ο δίσκος;	(α) Είναι του Θανάση. (β) Είναι κλασικός. (γ) Είναι η Άννα.
2. Τι κάνατε χθες το βράδυ;	(α) Πολύ καλά, ευχαριστώ. (β) Πήγαμε σε μια έκθεση. (γ) Πρέπει να μείνουμε εδώ.
3. Πώς ήταν το έργο;	(α) Καταπληκτικός. (β) Πολύ ενδιαφέρουσα. (γ) Αρκετά καλό.
4. Πού είναι η καρέκλα;	(α) Το πιάνο είναι δίπλα. (β) Είναι μπροστά από το πιάνο. (γ) Είναι κοντά το πιάνο.
5. Αυτό το αυτοκίνητο δεν είναι τόσο καινούριο όσο εκείνο.	(α) Ναι, είναι πιο παλιό. (β) Λάθος, είναι πιο παλιό. (γ) Ναι, είναι πιο καινούριο.

Δική σας είναι αυτή η εφημερίδα;

Άλντο	Συγνώμη. δική σας είναι αυτή η εφημερίδα;
Ένας κύριος	Α. ναι. Δική μου είναι.
Άλντο	Ορίστε.
Ένας κύριος	Ευχαριστώ.
Άλντο	Και αυτά τα γυαλιά; Είναι δικά σας;
Ένας κύριος	Όχι. δεν είναι δικά μου.
Άλντο	Μήπως ξέρετε τίνος είναι;
Ένας κύριος	Δεν έχω ιδέα.

ΓΡΑΜΜΑΤΙΚΗ

Κτητική αντωνυμία
"δικός μου / δική μου / δικό μου"

Ενικός

Αρσενικό	Ονομ.	δικός	
	Αιτιατ.	δικό	
Θηλυκό	Ονομ.	δική (δικιά)	
	Αιτιατ.	δική (δικιά)	μου / σου / του / της / του / μας / σας / τους
Ουδέτερο	Ονομ.	δικό	
	Αιτιατ.	δικό	

Πληθυντικός

Αρσενικό	Ονομ.	δικοί	
	Αιτιατ.	δικούς	
Θηλυκό	Ονομ.	δικές	
	Αιτιατ.	δικές	μου / σου / του / της / του / μας / σας / τους
Ουδέτερο	Ονομ.	δικά	
	Αιτιατι.	δικά	

---

1. Η αντωνυμία αυτή κλίνεται όπως τα επίθετα σε -ος, -η(-ια), -ο. Για τη γενική, κοιτάξτε τους πίνακες στη σελ.170.

2. Λέμε: Αυτός ο δίσκος είναι *δικός μου*.
   Θέλω **τη** *δική μου* ομπρέλα.
   Το *δικό μου* **(το)** αυτοκίνητο είναι γιαπωνέζικο.

5 Μιλήστε με τον διπλανό σας / την διπλανή σας

Παράδειγμα

(α) εφημερίδα; / ναι

Α: Δική σου είναι αυτή η εφημερίδα;
Β: Ναι, δική μου είναι. Ευχαριστώ.

(β) μολύβι; / όχι

Α: Δικό σου είναι αυτό το μολύβι;
Β: Όχι, δεν είναι δικό μου.

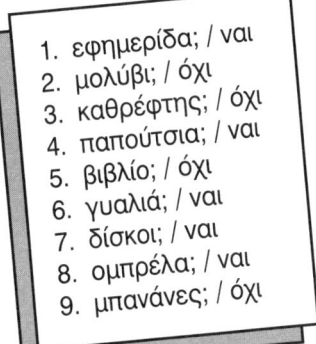

1. εφημερίδα; / ναι
2. μολύβι; / όχι
3. καθρέφτης; / όχι
4. παπούτσια; / ναι
5. βιβλίο; / όχι
6. γυαλιά; / ναι
7. δίσκοι; / ναι
8. ομπρέλα; / ναι
9. μπανάνες; / όχι

6 Κοιτάξτε τις εικόνες και μιλήστε με τον διπλανό σας / την διπλανή σας

π.χ. Α: Αυτή η τσάντα είναι δικιά σου;
       Β: Όχι, δεν είναι δικιά μου. Είναι της Μαίρης.
       Α: Μάλλον έχεις δίκιο.

Άννα

Φρόσω

Ελένη   Αντώνης

Κώστας

Γιώργος

Στέλα

Μαίρη

Νικόλας

Πόπη

Αλέκος

Άκης

7 Ανταλλάξτε διάφορα προσωπικά αντικείμενα με δύο άλλους συμμαθητές σας και μιλήστε

π.χ. Α: Δικά σου είναι αυτά τα τσιγάρα;
       Β: Όχι, δεν είναι δικά μου. Είναι του Θωμά.

8 Γράψτε τρεις διαλόγους σαν αυτούς που είπατε στην παραπάνω άσκηση

📼 Θέλεις να φάμε έξω μαζί;

Διάλογος 1

Άλντο Είσαι ελεύθερη απόψε;
Μαρία Ναι.
Άλντο Θέλεις να φάμε έξω μαζί;
Μαρία Ναι, βεβαίως. Πού λες να πάμε;
Άλντο Λέω να πάμε σε κανένα ταβερνάκι κοντά στη θάλασσα.
Μαρία Σύμφωνοι.

Διάλογος 2

Στέλα Θέλεις να πάμε στο θέατρο;
Πέτρος Δυστυχώς δεν μπορώ.
Στέλα Γιατί;
Πέτρος Γιατί περιμένω ένα τηλεφώνημα από το Βερολίνο.
Στέλα Εντάξει. Μια άλλη φορά τότε.
Πέτρος Σίγουρα. Όποτε θέλεις.

Διάλογος 3

Γιάννης Θέλεις να πάμε στο σινεμά απόψε;
Στέλα Παίζει κανένα καλό έργο;
Γιάννης Ναι, παίζει το "Φάννη και Αλέξανδρος" του Μπέργκμαν στο ΑΣΤΟΡ.
Στέλα Ωραία, πάμε. Τι ώρα θα συναντηθούμε;
Γιάννης Το έργο αρχίζει στις εννιά ακριβώς. Θέλεις να συναντηθούμε στις οχτώ και μισή έξω από το τοστάδικο που είναι απέναντι από το σινεμά;
Στέλα Εντάξει. Μήπως ξέρεις τι ώρα τελειώνει η ταινία;
Γιάννης Δεν ξέρω ακριβώς.

Έτσι προτείνουμε κάτι σε κάποιον

- Θέλεις να πάμε για έναν καφέ;
- Θέλεις να πάμε έξω μαζί;
- Θέλεις να πάμε μια βόλτα με το αυτοκίνητο / στα μαγαζιά;
- Θέλεις να πάμε να φάμε σε κανένα ταβερνάκι;
- Θέλεις να χορέψουμε;
- Θέλεις να έρθεις στο σπίτι μου ν' ακούσουμε δίσκους;
- Θέλεις να φύγουμε;

Έτσι δεχόμαστε μια πρόσκληση από κάποιον

Γιατί όχι; / Εντάξει. / Και δεν πάμε; / Πολύ καλή ιδέα.

Έτσι αρνιόμαστε μια πρόσκληση από κάποιον

Δυστυχώς δεν μπορώ. / Ευχαριστώ αλλά δεν μπορώ. / Δε γίνεται.

Αιτίες για τις οποίες δεν μπορούμε να δεχτούμε μια πρόσκληση

- Γιατί είμαι κουρασμένος/η.
- Γιατί έχω δουλειά/δουλειές.
- Γιατί έχω ένα ραντεβού.
- Γιατί πρέπει να πάω / να μείνω στο γραφείο.
- Γιατί περιμένω ένα τηλεφώνημα.

1 *Μιλήστε με τον διπλανό σας / τη διπλανή σας.*
Ο ένας προτείνει να κάνετε κάτι μαζί και ο άλλος δέχεται ή αρνείται

2 *Τώρα γράψτε δύο τέτοιους διαλόγους. Στον ένα διάλογο, ο ένας προτείνει*
και ο άλλος δέχεται. Στον άλλο, ο ένας προτείνει και ο άλλος δεν δέχεται

Θα στρίψετε αριστερά στα δεύτερα φανάρια

Άρης Με συγχωρείτε, πώς μπορώ να πάω από 'δώ στον κινηματογράφο ΡΕΞ;
Μια κυρία Θα προχωρήσετε ευθεία, θα περάσετε τα πρώτα φανάρια, θα περάσετε και το μουσείο και
στα δεύτερα φανάρια θα στρίψετε αριστερά. Το ΡΕΞ είναι στο αριστερό σας χέρι, δίπλα στο...

3 *Τώρα κοιτάξτε το σχεδιάγραμμα και ρωτήστε τον διπλανό σας / τη διπλανή σας*
πώς να πάτε

- στην Εθνική Τράπεζα - στο εστιατόριο "Το Στέκι".
- στο Δημοτικό Μουσείο - στο νοσοκομείο "Αγία Άννα" - στην ντισκοτέκ "Σταρ"

Μπορείτε να χρησιμοποιήσετε τα παρακάτω

- θα προχωρήσετε ευθεία
- θα περάσετε τα πρώτα φανάρια / το μουσείο / την οδό ...
- θα στρίψετε αριστερά στην οδό ... / στο ανθοπωλείο / στα δεύτερα φανάρια
- στο αριστερό / δεξιό σας χέρι / στη γωνία ...
- αμέσως πριν/μετά από τα φανάρια

4 *Μια φίλη σας θέλει να πάει στο εστιατόριο "Το Στέκι".*
Γράψτε της ένα σημείωμα με οδηγίες για το πώς μπορεί να πάει εκεί
από το ζαχαροπλαστείο "Ελίτ"

5 *Συμπληρώστε τα κενά με τις σωσές λέξεις*

Σάλλι   Αλήθεια, προχθές δεν ήσουν στο μάθημα. Γιατί;

Χουάν   Δεν _____ πολύ καλά.

Σάλλι   Είσαι καλά τώρα;

Χουάν   Ναι, αρκετά καλά.

Σάλλι   Θα _____ μαζί σας στην ταβέρνα απόψε;

Χουάν   Ναι. Τι ώρα _____ πάτε;

Σάλλι   Κατά _____ οχτώμισι.

Χουάν   Εγώ θα έρθω λίγο _____ αργά. Πού ακριβώς _____ η ταβέρνα;

Σάλλι   Ξέρεις την πλατεία Ανδρούτσου;

Χουάν   Ναι, _____ ξέρω.

Σάλλι   Ωραία. Από την πλατεία Ανδρούτσου θα πάρεις την οδό Καραϊσκάκη. Θα _____ ευθεία, θα _____ τα πρώτα φανάρια και θα _____ δεξιά στον πρώτο δρόμο, που λέγεται Τζαβέλα. Στη γωνία _____ ένα πάρκινγκ. Η ταβέρνα είναι περίπου εκατό μέτρα μέσα, στο αριστερό σου _____ και λέγεται "Το Γερό Πιρούνι". Κατάλαβες;

Χουάν   Ναι, ναι, κατάλαβα. Θα τα πούμε το βράδυ.

6 *Σωστό ή λάθος;*

1. Ο Χουάν δεν ήταν στο μάθημα σήμερα.
2. Η Σάλλι και οι άλλοι θα πάνε στην ταβέρνα κατά τις 8.30.
3. Ο Χουάν θα πάει πιο νωρίς.
4. Ο Χουάν πρέπει να περάσει τα πρώτα φανάρια και να στρίψει αριστερά στο πάρκιγκ.
5. Η ταβέρνα είναι στην οδό Τζαβέλα.

📼 Χρόνια πολλά!

Στην Ελλάδα, όταν έχεις τη γιορτή σου ή τα γενέθλιά σου, οι φίλοι σου και οι γνωστοί σου σού λένε "χρόνια πολλά". Καμιά φορά σου προσφέρουν και κάποιο δώρο. Κι εσύ, αν θέλεις, τους προσφέρεις ένα γλυκό ή ένα ποτό.

Στέλα   Καλησπέρα, κύριε Δημήτρη. Χρόνια πολλά.
κ. Δημήτρης   Ευχαριστώ, Στέλα μου.
Στέλα   Αυτό είναι ένα μικρό δώρο για σάς.
κ. Δημήτρης   Για μένα; Σ' ευχαριστώ πολύ. Να το ανοίξω;
Στέλα   Βέβαια. Ανοίξτε το.
κ. Δημήτρης   Μια κόκκινη γραβάτα!
Στέλα   Νομίζω ότι ταιριάζει ωραία με το γκρίζο σας κοστούμι.
κ. Δημήτρης   Σωστά. Είναι πάρα πολύ ωραία. Και πάλι σ' ευχαριστώ, κορίτσι μου. Πες μου τώρα
                 τι θέλεις να πιεις. Έχω λικέρ, κονιάκ, ούζο και γλυκό κρασί από τη Σάμο.
Στέλα   Θα πιω λίγο κρασί σαμιώτικο... Λοιπόν, στην υγειά σας και πάλι χρόνια πολλά.
κ. Δημήτρης   Στην υγειά σου, Στέλα μου. Κι εσύ ό,τι επιθυμείς.

7 *Σωστό ή λάθος;*

1. Ο κ. Δημήτρης είναι μάλλον πιο μεγάλος από τη Στέλα.
2. Η Στέλα πήρε ένα δώρο από τον κ. Δημήτρη.
3. Η Στέλα πιστεύει ότι το κόκκινο πάει με το γκρίζο.
4. Ο κ. Δημήτρης έχει μόνο κρασί να προσφέρει στη Στέλα.
5. Η Στέλα προτιμάει να πιεί λίγο κρασί.

ΓΡΑΜΜΑΤΙΚΗ

Προσωπικές αντωνυμίες

Ονομαστική	Αιτιατική	
	(αδύνατος τύπος)	(δυνατός τύπος)
εγώ	με	εμένα
εσύ	σε	εσένα
αυτός/αυτή/αυτό	τον/την/το	αυτόν/αυτή(ν)/αυτό
εμείς	μας	εμάς
εσείς	σας	εσάς
αυτοί/αυτές/αυτά	τους/τις/τα	αυτούς/αυτές/αυτά

1. Τον δυνατό τύπο της προσωπικής αντωνυμίας χρησιμοποιούμε: (α) για έμφαση μαζί με τον αδύνατό τύπο, (β) όταν η αντωνυμία είναι μόνη της, και (γ) μετά από πρόθεση.

2. Τα εμένα, εσένα, εμάς και εσάς μετά από τις προθέσεις από, σε, για και με γίνονται αντίστοιχα μένα, σένα, μάς και σάς.

8 *Ανταλλάξτε "δώρα" με τους συμμαθητές σας στην τάξη. Χρησιμοποιήστε διάφορα προσωπικά αντικείμενα ή αντικείμενα που υπάρχουν στην τάξη*

π.χ. Α: Χρόνια πολλά, Σιμόν. Αυτό είναι ένα μικρό δώρο για σένα.

Β: Για μένα;

Α: Ναι, για σένα. Από μένα και από τον/την...

9 *Βάλτε στα κενά τη σωστή αντωνυμία στην αιτιατική*

1. "Εσένα θέλουν για καθηγήτρια σ' αυτήν την τάξη;" "Ναι, _____ . Γιατί; Πειράζει;"

2. "Θέλετε να μιλήσουμε για το μοντέρνο γραφείο;" "Ναι, να μιλήσουμε γι' _____ . "

3. "Με ποιους υπαλλήλους θα δουλέψετε;" "Μ' _____ ."

4. "Μίλησε για μένα και την Κατερίνα;" "Όχι, τελικά δε μίλησε καθόλου για _____ ."

5. "Μπορείς να κάνεις μια χάρη στην Ελένη;" "Σ' _____ ; Ποτέ!"

6. "Ποιες κουρτίνες προτιμάτε;" "_____ ."

7. "Θα βγεις με _____ ή με την Ελένη;" "Θα βγω με σένα."

8. "Ποιους είδε πρώτα; Αυτούς ή εσάς;" "Σίγουρα _____ είδε πρώτα. _____ τους είδε μετά."

9. "Νομίζω ότι ο Παύλος σ' αγαπάει." "Ποιαν ; _____ ; Αστειεύεσαι!"

10. "Όχι, δε με ξέρει προσωπικά. _____ σε ξέρει;"

11. "_____ , πάντως, σας αγαπάει πάρα πολύ ο Γιώργος."

10 *Ακούστε τις ερωτήσεις χωρίς να τις βλέπετε, και διαλέξτε τις σωστές απαντήσεις*

1. Θέλεις να πάμε για έναν καφέ;	(α) Δεν μπορώ να φάω τίποτε.
	(β) Εντάξει, χθες το βράδυ.
	(γ) Γιατί όχι; Πάμε.
2. Πότε θα με πάρει τηλέφωνο;	(α) Θα σε πάρει μεθαύριο.
	(β) Θα σε πάρω αύριο.
	(γ) Θα με πάρει σήμερα.
3. Δικά σας είναι αυτά τα πράγματα;	(α) Ναι, δικά μου είναι.
	(β) Όχι, δεν είναι δικά σας.
	(γ) Ναι, είναι δικά της.
4. Πηγαίνετε στο σπίτι τώρα, παρακαλώ.	(α) Σύμφωνοι. Θα πάτε εσείς;
	(β) Γιατί πρέπει να πάω τώρα;
	(γ) Δεν θέλω να πάτε τώρα.
5. Ποιους καθηγητές προτιμάτε;	(α) Προτιμώ αυτούς.
	(β) Προτιμώ αυτές.
	(γ) Προτιμώ αυτοί.
6. Με συγχωρείτε, πώς μπορώ να πάω στο Μουσείο της Ακρόπολης;	(α) Θα προχωρήσετε ευθεία και θα στρίψετε.
	(β) Θα στρίψετε δεξιά στα πρώτα φανάρια και θα προχωρήσετε άλλα 100 μέτρα.
	(γ) Θέλετε να πάω εγώ;

📼 Κι εσύ τι του απάντησες;

Τασία	Ναι;
Στέλα	Την Τασία, παρακαλώ.
Τασία	Έλα, Τασία. Η Στέλα είμαι.
Τασία	Γεια σου, Στέλα. Πώς πάει;
Στέλα	Μια χαρά.
Τασία	Ήξερα ότι θα με πάρεις. Λοιπόν, τι έγινε με τον Αντρέα; Σου έστειλε μήνυμα;
Στέλα	Ναι, μου έστειλε.
Τασία	Και τι σου γράφει;
Στέλα	Μου γράφει πως πρέπει να βγούμε μαζί ένα βράδυ.
Τασία	Ωραία. Κι εσύ τι του απάντησες;
Στέλα	Τον πήρα τηλέφωνο.
Τασία	Πού βρήκες τον αριθμό του;
Στέλα	Τον έγραψε στο μήνυμα που μου έστειλε.
Τασία	Θαυμάσια. Και τι του είπες;
Στέλα	Του είπα εντάξει, φυσικά. Μάλιστα μου ζήτησε και το δικό μου τηλέφωνο για να μου τηλεφωνήσει.
Τασία	Όλα πάνε καλά, δηλαδή. Χαίρομαι πολύ που το ακούω.
Στέλα	Έχω κι άλλα νέα να σου πω...

1 *Σωστό ή λάθος;*

1. Η Τασία παίρνει τηλέφωνο την Στέλα.
2. Οι δύο κοπέλες μιλάνε για τον Αντρέα.
3. Η Στέλα φαίνεται ότι ενδιαφέρεται για τον Αντρέα.
4. Ο Αντρέας έστειλε μήνυμα στη Στέλα.
5. Η Στέλα δεν του απάντησε.
6. Ο Αντρέας της ζήτησε τον αριθμό του τηλεφώνου της.
7. Η Τασία δεν είναι πολύ ευχαριστημένη από τα νέα της Στέλας.

Προσέξτε!

Λέμε: *τον/την παίρνω τηλέφωνο* **αλλά** *του/της τηλεφωνώ*

Κοιτάξτε!

Ότι = πως
Μου γράφει **ότι** πρέπει να βγούμε = Μου γράφει **πως** πρέπει να βγούμε.

ΓΡΑΜΜΑΤΙΚΗ

Προσωπικές Αντωνυμίες
Γενική - Έμμεσο αντικείμενο

Ονομαστική	Αιτιατική (άμεσο αντικείμενο)	Γενική (έμμεσο αντικείμενο)
εγώ	με	μου
εσύ	σε	σου
αυτός/αυτή/αυτό	τον/την/το	του/της/του
εμείς	μας	μας
εσείς	σας	σας
αυτοί/αυτές/αυτά	τους/τις/τα	τους

*Τι θα πεις **στην Ελένη** για τη δουλειά σου; Θα **της** πω την αλήθεια.*
*Τι αγόρασες **για τον** Κώστα; **Του** αγόρασα ένα δίσκο.*
*Τι ζήτησες **από τους** μαθητές; **Τους** ζήτησα να μου γράψουν ένα γράμμα.*

2 *Μιλήστε με τους διπλανούς σας. Δουλέψτε σε ομάδες των τριών.*
Ο πρώτος λέει στον δεύτερο κάτι κρυφά. Ο δεύτερος του απαντάει πάλι κρυφά.
Ο τρίτος ρωτάει τον δεύτερο τι του είπε ο πρώτος. Ο δεύτερος του λέει.
Μετά ο τρίτος ρωτάει πάλι τον δεύτερο τι είπε στον πρώτο. Ο δεύτερος του λέει

Α : Κάνει κρύο σήμερα.
Β : Όχι, δεν κάνει κρύο σήμερα.
Γ : Τι σου είπε ο/η...;
Β : Μου είπε "κάνει κρύο σήμερα".
Γ : Κι εσύ τι του/της είπες;
Β : Εγώ του/της είπα "όχι, δεν κάνει κρύο σήμερα".

3 *Μιλήστε με τον διπλανό σας / τη διπλανή σας. Αντικαταστήστε τις υπογραμμισμένες*
λέξεις με τη σωστή αντωνυμία στη γενική

Παράδειγμα Θα γράψει ένα μήνυμα <u>στην κόρη του</u>; / ναι
　　　　　　　　 Α: Θα γράψει ένα μήνυμα στην κόρη του;
　　　　　　　　 Β: Ναι, θα της γράψει ένα μήνυμα.

1. Θα γράψει ένα μήνυμα <u>για την γραμματέα του</u>; / ναι
2. Πόσα κιλά πορτοκάλια δώσαμε <u>στον Κώστα</u>; / δύο
3. Διαβάσανε το παραμύθι <u>για τα παιδιά</u>; / όχι
4. Τι ζήτησες από <u>τις μαθήτριες</u>; / να φέρουν από ένα ρολόι
5. Ποιος θα μιλήσει <u>στον διευθυντή</u> για το πρόβλημα; / εγώ
6. Πόσες πάστες αγοράσατε <u>για τους φίλους σας</u>; / δώδεκα
7. Θα στείλεις κάτι <u>στη θεία σου</u>; / όχι
8. Είπες <u>στη γυναίκα σου</u> να πάει; / ναι - αύριο

4 *Αντικαταστήστε τις υπογραμμισμένες λέξεις με τη σωστή αντωνυμία στη γενική*

1. Θα πάρει ένα μπουκέτο λουλούδια <u>στη γυναίκα του</u>.

_____

2. Δεν θέλω να δώσω τη γραφομηχανή μου <u>σε σένα</u>.

_____

3. Μπορείτε ν' ανοίξετε την πόρτα <u>στην Άννα</u>;

_____

4. Είπατε <u>στα παιδιά</u> πού είναι τα γλυκά;

_____

5. Ποιος έγραψε αυτό το γράμμα <u>σε σάς</u>;

_____

6. Εσείς αγοράσατε αυτό το βιβλίο <u>για τον Πέτρο</u>;

_____

7. Θα αγοράσεις αυτό τον δίσκο <u>για μένα</u>;

_____

8. Εσύ τηλεφώνησες <u>στις αδελφές μου</u>;

_____

 Μπορείτε να μου χαλάσετε ένα χιλιάρικο;

Έλσα	Μπορείτε να μου χαλάσετε ένα χιλιάρικο;
Περιπτεράς	Δυστυχώς δεν έχω καθόλου ψιλά.

Άλντο	Έχετε να μου χαλάσετε ένα πεντοχίλιαρο;
Ταμίας	Ναι, βεβαίως. Ορίστε τέσσερα χιλιάρικα και δύο πεντακοσάρικα.

Κοιτάξτε!

2	δραχμές =	ένα δίφραγκο
5	δραχμές =	ένα τάλιρο
10	δραχμές =	ένα δεκάρικο
20	δραχμές =	ένα εικοσάρικο
50	δραχμές =	ένα πενηντάρικο
100	δραχμές =	ένα (ε)κατοστάρικο
500	δραχμές =	ένα πεντακοσάρικο
1.000	δραχμές =	ένα χιλιάρικο
5.000	δραχμές =	ένα πεντοχίλιαρο
10.000	δραχμές =	ένα δεκοχίλιαρο

5 *Τώρα ρωτήστε τον διπλανό σας / τη διπλανή σας*

1. Πόσα τάλιρα έχει ένα κατοστάρικο;
2. Πόσα πενηντάρικα έχει ένα πεντακοσάρικο;
3. Πόσα δεκάρικα έχει ένα χιλιάρικο;
4. Πόσα κατοστάρικα έχει ένα πεντοχίλιαρο;
5. Πόσα πεντακοσάρικα έχει ένα χιλιάρικο;
6. Πόσα εικοσάρικα έχει ένα πεντοχίλιαρο;
7. Πόσα κατοστάρικα έχει ένα δεκοχίλιαρο;

📼 Πόσες του μηνός έχουμε σήμερα;

Πέτρος	Γεια και καλό μήνα.
Ηλίας	Γιατί; Πόσες του μηνός έχουμε σήμερα;
Πέτρος	Έχουμε πρώτη του μηνός, κύριε.
Ηλίας	Κιόλας; Πόσο γρήγορα περνάει ο καιρός, βρε παιδί μου.
Πέτρος	Σήμερα μάλιστα, έχω και τα γενέθλιά μου.
Ηλίας	Αλήθεια; Χρόνια πολλά. Και δε μου λες; Πότε γεννήθηκες;
Πέτρος	Την πρώτη Μαΐου.
Ηλίας	Ποιο χρόνο;
Πέτρος	Το εβδομήντα ένα.
Ηλίας	Το χίλια οχτακόσια εβδομήντα ένα; Και δε φαίνεσαι τόσο μεγάλος.
Πέτρος	Πολύ αστείο. Χα! Χα!

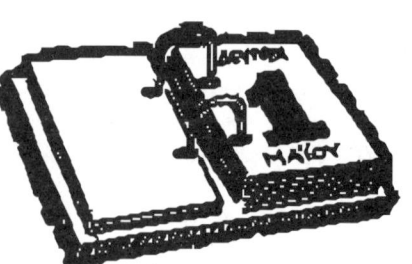

Κοιτάξτε! ☎️☎️

Σήμερα έχουμε	πρώτη δύο τρεις/τέσσερις δεκατρείς/ δεκατέσσερις είκοσι μία είκοσι τρεις/τέσσερις τριάντα μία	του μηνός/μήνα

Λέμε: **Στις** δύο/τρεις κ.λπ. του μήνα/μηνός αλλά **την** πρώτη του μήνα/μηνός

Το 1821 : το χίλια οχτακόσια είκοσι ένα
Το 1945 : το χίλια εννιακόσια σαράντα πέντε

Λέμε : Ήρθαμε στην Ελλάδα **το** 1990.

---

6 Μιλήστε με τον διπλανό σας / τη διπλανή σας

Παράδειγμα

(α) ήρθε / Τερέζα / σε / Ελλάδα; // 22.6.87
  Α: Πότε ήρθε η Τερέζα στην Ελλάδα;
  Β: Ήρθε στις είκοσι δύο Ιουνίου
    του ογδόντα εφτά.

(β) έφυγε / Παύλος / για / Καναδά; // 14.9.95
  Α: Πότε έφυγε ο Παύλος για τον Καναδά;
  Β: Έφυγε στις δεκατέσσερις Σεπτεμβρίου
    του ενενήντα πέντε.

1. ήρθε / Τερέζα / σε / Ελλάδα; // 22.6.87
2. έφυγε / Παύλος / για / Καναδά; // 14.9.95
3. έφυγε / κ. Καραμάνος / για / Ιταλία; // 13.1.91
4. ήρθε / δ. Μπρελ / από / Βέλγιο; // 21.5.89
5. ήρθε / Όλαφ / από / Νορβηγία; // 8.1.97
6. έφυγε / Πήτερ / για / Ισραήλ; // 31.7.92
7. ήρθε / κ. Πετρίδη / σε / Ελλάδα; // 19.8.88

7 *Ρωτήστε τον διπλανό σας / τη διπλανή σας:*

πότε είναι τα γενέθλια	του/της
πότε είναι τα γενέθλια	της γυναίκας του / του άντρα της
	της αδελφής του / της
	του αδελφού του / της
	κτλ.

| πόσες του μήνα | έχουμε σήμερα |
| | είχαμε χθες |

πότε είχαμε / έχουμε Πάσχα εφέτος
πότε είναι τα Χριστούγεννα / η Πρωτοχρονιά
πότε άρχισε και πότε τελείωσε ο δεύτερος παγκόσμιος πόλεμος

Ένα γράμμα

Αθήνα 1η Νοεμβρίου 19...

Αγαπητή μου Ελένη, καλό μήνα!
Σου γράφω δυο λόγια απ' την Αθήνα.
Ελπίζω τα ελληνικά μου να είναι λίγο πιο καλά τώρα
απ' την τελευταία φορά.
Προχθές, είδα τον Πίτερ. Πήγαμε μαζί για έναν καφέ
και μου είπε πως σε σκέφτεται πολύ. Χμ! Χμ!
Έχω πολλά να σου πω όταν σε δω το καλοκαίρι.
Σου δίνω την καινούρια μου διεύθυνση.
Είναι: Ομήρου 10Β, Νέα Σμύρνη - 471 22 Αθήνα.

Γράψε μου πώς περνάς στη Μαδρίτη
Σε φιλώ
Σάλλι

8 *Κοιτάξτε το γράμμα και γράψτε κι εσείς ένα σ' έναν φίλο σας ή σε μια φίλη σας*

Ανακεφαλαίωση Μαθημάτων 1-5

	ΔΕΥΤΕΡΑ	ΤΡΙΤΗ	ΤΕΤΑΡΤΗ	ΠΕΜΠΤΗ	ΠΑΡΑΣΚΕΥΗ
6 π.μ.	Γιώργος Πάρλας	Μάρθα Πετρίδη	Μάρθα Πετρίδη	Γεωργία Δημητρίου	Γεωργία Δημητρίου
2 μ.μ.	Γεωργία Δημητρίου	Γιώργος Πάρλας	Γιώργος Πάρλας	Μάρθα Πετρίδη	Μάρθα Πετρίδη
10 μ.μ.	Μάρθα Πετρίδη	Γεωργία Δημητρίου	Γεωργία Δημητρίου	Γιώργος Πάρλας	Γιώργος Πάρλας

1 *Αυτό είναι το εβδομαδιαίο πρόγραμμα τριών εργατών που δουλεύουν σ' ένα εργοστάσιο. Το εργοστάσιο δουλεύει είκοσι τέσσερις ώρες το εικοσιτετράωρο με τρεις οχτάωρες βάρδιες. Κοιτάξτε προσεκτικά τις πληροφορίες που σας δίνονται και μιλήστε με τον διπλανό σας / τη διπλανή σας. Χρησιμοποιήστε "έφυγε" ή "δεν ήρθε ακόμα", ανάλογα*

π.χ. Τρίτη / 3 μ.μ. / Πετρίδη

    Α: Η Πετρίδη είναι εδώ;

    Β: Όχι, έφυγε.

    Α: Έφυγε; Τι ώρα έρχεται την Τρίτη;

    Β: Την Τρίτη έρχεται στις έξι το πρωί και φεύγει στις δύο το μεσημέρι.

    Α: Τι ώρα θα έρθει αύριο;

    Β: Αύριο θα έρθει...

---

1. Τρίτη / 3 μ.μ. / Πετρίδη

2. Δευτέρα / 11 π.μ. / Δημητρίου

3. Πέμπτη / 11 π.μ. / Πάρλας

4. Παρασκευή / 10 π.μ. / Πετρίδη

5. Τετάρτη / 11 μ.μ. / Πάρλας

2 *Αντικαταστήστε τις υπογραμμισμένες λέξεις με τη σωστή αντωνυμία στον αδύνατο τύπο*

Ο Παύλος θα δει εμένα την Τρίτη.
Ο Παύλος θα με δει την Τρίτη.

Τι θα πεις στους μαθητές;
Τι θα τους πεις;

1. Ο Παύλος θα δει <u>εμένα</u> την Τρίτη.

2. Τι θα πεις <u>στους μαθητές</u>;

3. Ο διευθυντής θέλει <u>τις εργάτριες</u> αμέσως.

4. Πότε θέλετε να πιείτε <u>την πορτοκαλάδα σας</u>;

5. Για ποιο πράγμα μίλησε <u>σε σάς</u>;

6. Διάβασες την ιστορία <u>στο παιδί</u>;

7. Δεν βλέπω <u>εσένα</u> συχνά στο σχολείο.

8. Έστειλε τα δώρα <u>στις αδελφές του</u>.

9. Δεν είδε <u>εμένα κι εσένα</u> στο σινεμά χθες το βράδυ.

10. Μπορεί να φάει τώρα <u>το φαγητό του</u>.

11. Γιατί δεν πήρες <u>την Άννα</u> τηλέφωνο σήμερα;

12. Θα προσφέρει <u>σε μάς</u> τους δίσκους.

13. Θα δώσουν <u>σε σάς</u> τα πακέτα;

14. Προτιμάει <u>αυτόν</u> από τον άλλο.

15. Είπε <u>στα παιδιά</u> να πάρουν τον πατέρα τους από το γραφείο.

3 *Τώρα γράψτε μερικές από τις παραπάνω προτάσεις, όπως τις είπατε*

4 *Κοιτάξτε τις εικόνες και μιλήστε με τον διπλανό σας / τη διπλανή σας*

Πόσοι σκύλοι υπάρχουν ...
Πόσες γάτες υπάρχουν ...
Πόσα ποντίκια υπάρχουν ...

Πόσους σκύλους βλέπεις ...
Πόσες γάτες βλέπεις ...
Πόσα ποντίκια βλέπεις ...

Χρησιμοποιήστε

"πολλοί", "πολλούς", "πολλές", "πολλά"
"αρκετοί", "αρκετούς", "αρκετές", "αρκετά"
"μερικοί", "μερικούς", "μερικές", "μερικά"
"λίγοι", "λίγους", "λίγες", "λίγα"

ένα τετράγωνο

ένας κύκλος

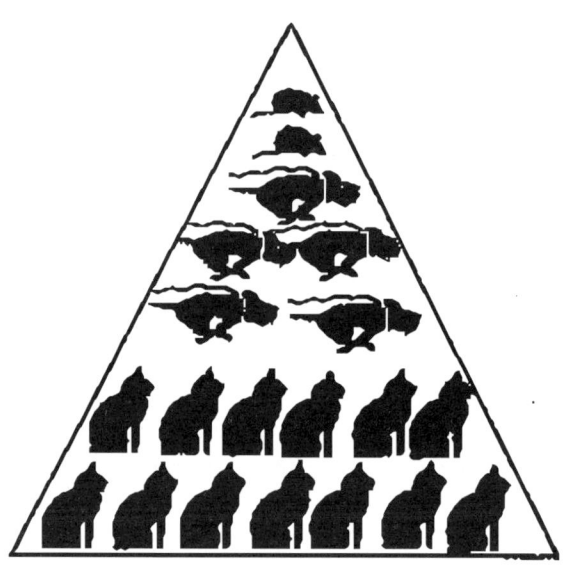

ένα τρίγωνο

5 *Κοιτάξτε την εικόνα και λύστε το σταυρόλεξο*

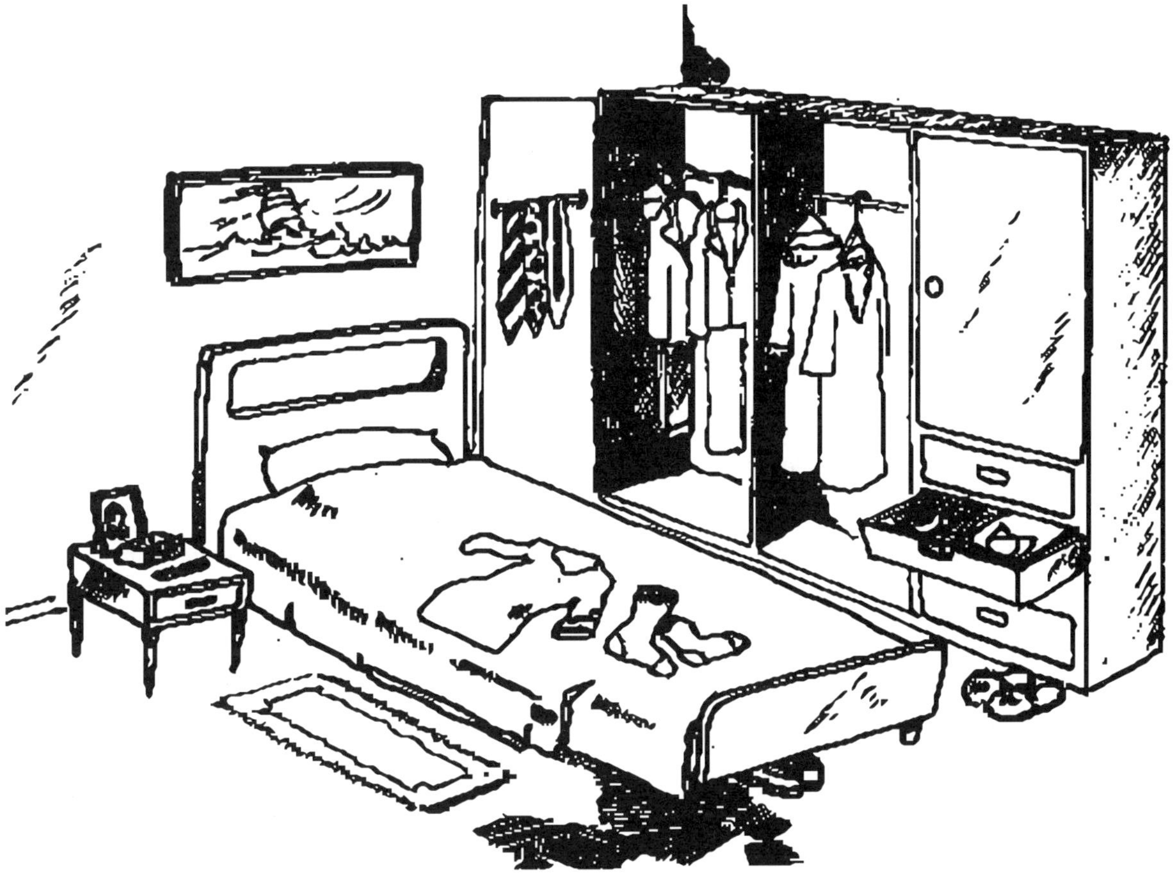

Οριζόντια

1. Τα _____ είναι κάτω από το κρεβάτι.
2. Οι _____ είναι δίπλα στην μπλούζα.
3. Τα _____ είναι στην ντουλάπα.

Κάθετα

1. Τα _____ είναι μέσα στο συρτάρι.
2. Οι _____ είναι στην ντουλάπα.
3. Οι _____ είναι μπροστά από την ντουλάπα.

6 *Μιλήστε με τον διπλανό σας / τη διπλανή σας για την εικόνα που είναι στην προηγούμενη σελίδα. Αυτός που απαντάει δεν βλέπει την εικόνα*

π.χ. Α: Μήπως θυμάσαι πού είναι η μπλούζα;
     Β: Νομίζω ότι είναι πάνω στο κρεβάτι.
     Α: Σωστά. / Λάθος.

7 *Συμπληρώστε τα κενά με τον σωστό τύπο της προσωπικής αντωνυμίας "αυτός/αυτή/αυτό"*

1. _____ παπούτσια είναι ιταλικά.

6. Δεν είναι καλές _____ κάλτσες.

2. Δεν ξέρω _____ κυρία καθόλου.

7. Μήπως ξέρεις _____ φοιτητές;

3. Πότε αγοράσατε _____ τσάντες;

8. _____ εβδομάδα θα δουλέψω στο σπίτι.

4. Ο Πέτρος θα πάρει _____ πίνακα.

9. Συγνώμη, _____ δίσκοι είναι δικοί μου.

5. _____ γυναίκα μ' αρέσει πολύ.

10. _____ εβδομάδα ήταν πολύ ζεστή.

8 *Συμπληρώστε τα κενά με το ρήμα στην προστακτική και τον μέλλοντα και μιλήστε με τον διπλανό σας / την διπλανή σας*

1. (γράφω) Α: _____ το γράμμα τώρα, σας παρακαλώ.
           Β: Εντάξει. Θα το _____ .

2. (αγοράζω) Α: _____ αυτούς τους φακέλους, Πέτρο.
             Β: Σύμφωνοι. Θα τους _____ .

3. (ακούω) Α: _____ τη μητέρα σας. Ξέρει τι λέει.
          Β: Καλά. Θα την _____ .

4. (ανοίγω) Α: _____ το παράθυρο, σε παρακαλώ. Κάνει πολλή ζέστη.
           Β: Εντάξει. Θα το _____ αμέσως.

5. (πάω) Α: _____ να δείτε ποιος είναι στην πόρτα.
        Β: Καλά. Θα _____ .

6. (πίνω) Α: _____ το γάλα σας τώρα που είναι ζεστό.
        Β: Εντάξει. Θα το _____ .

7. (διαβάζω) Α: _____ αυτές τις εφημερίδες, Δήμητρα, σε παρακαλώ.
           Β: Σύμφωνοι. Θα τις _____ σε λίγο.

8. (κλείνω) Α: _____ όλες τις πόρτες. Θα γυρίσω σε δέκα λεπτά.
          Β: Εντάξει. Θα τις _____ όλες.

9. (περιμένω) Α: _____ εδώ, παιδί μου. Θα γυρίσω σε δέκα λεπτά.
            Β: Σύμφωνοι. Θα σας _____ .

10. (μιλάω) Α: _____ αγγλικά, κύριοι, αν προτιμάτε.
         Β: Δεν πειράζει. Θα _____ ελληνικά.

9 *Τώρα γράψτε πέντε προτάσεις-εντολές.*
Χρησιμοποιήστε τα ρήματα "ακούω", "έρχομαι", "κοιτάζω", "τρώω", "πάω"

10 *Ταξινομήστε αυτές τις λέξεις σε έξι ομάδες λέξεων που έχουν κάποια σχέση*
μεταξύ τους. Κάθε ομάδα έχει πέντε λέξεις

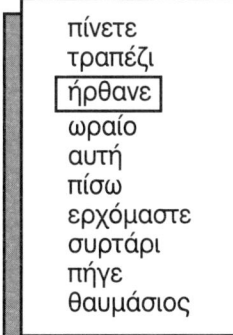

ήμουνα
καταπληκτικός
εσένα
κάτω
πάνε
κρεβάτι
φάγαμε
βαρετό
αυτούς
μπροστά

πίνετε
τραπέζι
ήρθανε
ωραίο
αυτή
πίσω
ερχόμαστε
συρτάρι
πήγε
θαυμάσιος

εμένα
ντουλάπα
ανοίγεις
πάνω
έστειλες
ενδιαφέρουσα
εμάς
ξυπνάω
πολυθρόνα
μέσα

11 *Συμπληρώστε τα κενά με τον σωστό χρόνο του ρήματος*

1. Την περασμένη Κυριακή εμείς _____ στο θέατρο. (πάω)
2. Χθες τα παιδιά _____ μακαρόνια με σάλτσα. (τρώω)
3. Μεθαύριο εγώ _____ για τη Θεσσαλονίκη. (φεύγω)
4. Τι ώρα πρέπει να _____ ο Γιάννης αύριο; (έρχομαι)
5. Μπορείς να _____ στις πέντε αύριο το πρωί; (ξυπνάω)
6. Το άλλο σαββατοκύριακο οι αδερφές μου _____ τένις. (παίζω)
7. Γιατί η Ειρήνη δεν _____ το λεωφορείο χθες το πρωί; (παίρνω)
8. Πότε μπορείτε να _____ το γράμμα; (γράφω)
9. Δεν θέλω να _____ τώρα, ευχαριστώ. (καπνίζω)
10. Θέλετε να _____ αυτό τον δίσκο; (ακούω)
11. Αλέκο, γιατί δεν _____ το ούζο σου ακόμα; (πίνω)
12. Να σου πω, εγώ προτιμώ να _____ το έργο αύριο. (βλέπω)

12 *Γράψτε τα αντίθετα*

1. ψηλός _____
2. φτωχή _____
3. πάνω _____
4. πέρσι _____
5. δεξιό _____

6. πίσω _____
7. νωρίς _____
8. δεν έχω ιδέα _____
9. βαρετό _____
10. την άλλη εβδομάδα _____

13 *Βρέστε τα λάθη και ξαναγράψτε τις προτάσεις*

1. Το βάζο είναι πάνω το τραπέζι.

_____

2. Χθες τα παιδιά πήγε στο σινεμά.

_____

3. Το βιβλίο αυτό είναι του Κώστας.

_____

4. Αυτές οι εφημερίδες είναι δικά μου.

_____

5. Αυτό το βιβλίο είναι από εμείς για σάς.

_____

6. Αυτή η τσάντα είναι της κυρίας Σταματάκης.

_____

7. Θα τηλεφωνήσω της αύριο το πρωί.

_____

8. Του ξερεις καλά;

_____

14 *Συμπληρώστε τα κενά με την κτητική αντωνυμία στον σωστό τύπο*

1. Αυτό το μολύβι είναι _____ μου.

2. Αυτή η εφημερίδα δεν είναι _____ του.

3. Μήπως είναι _____ σας εκείνος ο αναπτήρας;

4. _____ της είναι αυτές οι κασέτες;

5. Εκείνοι οι πίνακες είναι _____ σου.

6. Δεν είναι _____ μου αυτά τα τσιγάρα.

7. Εκείνη η μηχανή μήπως είναι _____ της;

8. Το διαμέρισμα δεν είναι _____ μας, ξέρετε.

9. _____ τους είναι ο καναπές.

🔲 Πότε γιορτάζεις;

Αν σε λένε Μαρία ή Δέσποινα, τότε η γιορτή σου είναι της Παναγίας, στις 15 Αυγούστου. Αν σε λένε Γιάννη, τότε γιορτάζεις του Αγίου Ιωάννη, στις 7 Ιανουαρίου. Αν όμως σε λένε Σοφοκλή ή Αγαμέμνονα, δηλαδή αν έχεις αρχαίο ελληνικό όνομα, τότε μάλλον δεν έχεις ονομαστική γιορτή. Έτσι, γιορτάζεις μόνο τα γενέθλιά σου.

Για τους Έλληνες - στην Ελλάδα τουλάχιστον - η ονομαστική γιορτή είναι πιο σημαντική από τα γενέθλια.

Όταν έχεις τη γιορτή σου, οι φίλοι σου σε παίρνουν τηλέφωνο και σου λένε "χρόνια πολλά". Εσύ τους προσκαλείς, αν θέλεις, στο σπίτι σου για ένα ποτό ή για ένα γλυκό ή και για φαγητό. Αυτοί που έρχονται σου φέρνουν συνήθως κάποιο προσωπικό δώρο, γλυκά ή ένα ποτό. Τις γνωστές γιορτές που γιορτάζουν πολλοί άνθρωποι με το ίδιο όνομα, τα ζαχαροπλαστεία, οι κάβες και τα ταξί κάνουν χρυσές δουλειές!

15 *Τι καταλάβατε;*

1. Σύμφωνα με το κείμενο αυτό μάλλον
   - (α) δεν υπάρχει Άγιος Σοφοκλής
   - (β) υπάρχει Άγιος Σοφοκλής

2. "πιο σημαντική" σημαίνει μάλλον
   - (α) πιο μικρή
   - (β) πιο μεγάλη

3. Αν σε λένε Γιάννη ή Ιωάννα, τότε μάλλον
   - (α) γιορτάζεις μόνο τα γενέθλιά σου
   - (β) γιορτάζεις στις 7 Ιανουαρίου

4. "τους προσκαλείς" σημαίνει μάλλον
   - (α) τους λες να έρθουν
   - (β) τους λες ότι δεν πρέπει να έρθουν

5. Όταν έχεις τη γιορτή σου, οι φίλοι σου και οι γνωστοί σου
   - (α) έρχονται πάντα χωρίς να τους πεις να έρθουν
   - (β) συνήθως έρχονται μόνο αν τους πεις να έρθουν

6. "κάνουν χρυσές δουλειές" σημαίνει μάλλον
   - (α) έχουν πολλή δουλειά
   - (β) έχουν λίγη δουλειά

16 *Ρωτήστε και απαντήστε.*
Αν δεν ξέρετε κάτι, ρωτήστε τον καθηγητή σας / την καθηγήτριά σας

1. Πότε γιορτάζεις αν λέγεσαι Γιάννης;
2. Αν το όνομά σου είναι Δέσποινα, γιορτάζεις στις 15 Αυγούστου;
3. Ο Νικόλας και η Νίκη γιορτάζουν την ίδια μέρα;
4. Στην Ελλάδα ποια μέρα είναι πιο σημαντική; Τα γενέθλιά σου ή η ονομαστική γιορτή;
5. Τι σου λένε οι φίλοι σου όταν έχεις την ονομαστική σου γιορτή;
6. Ποιοι κάνουν χρυσές δουλειές τις γιορτές που γιορτάζουν πολλοί άνθρωποι;
7. Αν έχεις αρχαίο ελληνικό όνομα, είναι σίγουρο ότι δεν έχεις ονομαστική γιορτή;

17 *Χρησιμοποιήστε τις πιο κάτω λέξεις/εκφράσεις και γράψτε προτάσεις*

προσκαλώ - γιορτάζω - τουλάχιστον - κάνω χρυσές δουλειές - δηλαδή - σημαντικό

18 *Ταιριάξτε τα δύο κομμάτια και κάντε λογικές προτάσεις*

1. Συνήθως ξυπνάει
2. Σήμερα έχει
3. Το βράδυ θέλω να δω
4. Η Σοφία θα μείνει
5. Δεν πίνω ποτέ
6. Οι φίλοι μας δεν μπορούν
7. Ο Κώστας αύριο
8. Τα καταστήματα είναι
9. Χθες το βράδυ

α. στο σπίτι αύριο όλη την ημέρα.
β. θα αγοράσει παπούτσια.
γ. νωρίς το πρωί.
δ. τηλεόραση.
ε. κλειστά το Σάββατο το απόγευμα.
στ. ήμουνα στο σινεμά.
ζ. πολύ αέρα.
η. κόκκινο κρασί.
θ. να παίξουν χαρτιά την Κυριακή.

19 *Εδώ υπάρχουν αρκετά ρήματα στον μέλλοντα.*
Αν βρείτε 12, είστε καλός.
Αν βρειτε 14, είστε πολύ καλός.
Αν βρείτε 16, είστε πάρα πολύ καλός.
Ψάξτε οριζόντια, κάθετα και διαγώνια.

	1	2	3	4	5	6	7	8	9	10
1	Π	Δ	Κ	Α	Π	Ν	Ι	Σ	Ω	Α
2	Α	Κ	Α	Ν	Ε	Ι	Λ	Ξ	Χ	Γ
3	Ρ	Τ	Υ	Μ	Δ	Ψ	Ι	Π	Γ	Ο
4	Ω	Ο	Υ	Ε	Φ	Α	Ω	Α	Υ	Ρ
5	Δ	Ο	Ε	Ι	Π	Α	Μ	Ε	Ρ	Α
6	Δ	Ψ	Χ	Ν	Λ	Τ	Ν	Ι	Ι	Σ
7	Ε	Ρ	Θ	Ε	Ι	Α	Χ	Τ	Σ	Ε
8	Ι	Λ	Δ	Ι	Φ	Α	Ε	Ι	Ω	Ι
9	Σ	Τ	Α	Κ	Ο	Υ	Σ	Ε	Ι	Σ

📼 Πού κάνει στάση το 166;

Η Μονίκ θέλει να πάει σε μια φίλη της που μένει στη Νέα Σμύρνη κοντά στο γήπεδο του Πανιωνίου αλλά δεν ξέρει πιο λεωφορείο να πάρει. Το μόνο που ξέρει είναι ότι το λεωφορείο κάνει στάση κάπου εκεί όπου βρίσκεται τώρα. Πλησιάζει μια κυρία που περιμένει σε κάποια στάση και την ρωτάει...

Μονίκ	Συγνώμη, μήπως ξέρετε ποιο λεωφορείο πάει στο γήπεδο του Πανιωνίου στη Νέα Σμύρνη;
Μια κυρία	Θα πάρετε το 166.
Μονίκ	Εδώ κάνει στάση το 166;
Μια κυρία	Όχι, η στάση είναι ένα δρόμο πιο πάνω, απέναντι από το βενζινάδικο.

Η στάση του 166 είναι, πραγματικά, ένα δρόμο πιο πάνω αλλά η Μονίκ χρειάζεται ακόμα μια πληροφορία ...

Μονίκ	Σας παρακαλώ, σε ποια στάση πρέπει να κατέβω για το γήπεδο του Πανιωνίου;
Ένας κύριος	Θα κατέβετε μια στάση μετά την πλατεία. Η πλατεία είναι πέντε ή έξι στάσεις από 'δώ. Καταλάβατε;
Μονίκ	Ναι, ναι, κατάλαβα. Ευχαριστώ πολύ.
Ένας κύριος	Είστε ξένη, έτσι δεν είναι;
Μονίκ	Μάλιστα, είμαι Βελγίδα.
Ένας κύριος	Πόσον καιρό έχετε στην Ελλάδα;
Μονίκ	Ένα χρόνο περίπου.
Ένας κύριος	Μιλάτε καλά ελληνικά. Μπράβο σας. Πού τα μάθατε;
Μονίκ	Α, να το λεωφορείο μου. Γεια σας.

1 Σωστό ή λάθος;

1. Η Μονίκ δεν ξέρει πού μένει η φίλη της.
2. Η Μονίκ δεν ξέρει ποιο λεωφορείο πρέπει να πάρει.
3. Η Μονίκ δεν ξέρει πού κάνει στάση το 166.
4. Η Μονίκ δεν είναι Ελληνίδα.
5. Η Μονίκ έχει περίπου μισό χρόνο στην Ελλάδα.
6. Η Μονίκ φεύγει από τη στάση πριν από τον κύριο.

2 Ρωτήστε τον διπλανό σας / τη διπλανή σας

1. Πού θέλει να πάει η Μονίκ;
2. Πού βρίσκεται η κυρία που ρωτάει η Μονίκ;
3. Πού είναι η στάση του 166;
4. Πόσες στάσεις μετά την πλατεία είναι η στάση της Μονίκ;
5. Γιατί ο κύριος ρωτάει τη Μονίκ αν είναι ξένη και πόσον καιρό έχει στην Ελλάδα;

3 *Μιλήστε με τον διπλανό σας / την διπλανή σας. Χρησιμοποιήστε:*
κοντά σ..., δίπλα σ..., απέναντι από, μπροστά από, πίσω από

Παράδειγμα

γήπεδο του Ολυμπιακού; / 132 / στάση; / δίπλα / περίπτερο

Α: Συγνώμη, μήπως ξέρετε ποιο λεωφορείο πάει στο γήπεδο του Ολυμπιακού;
Β: Θα πάρετε το 132.
Α: Που κάνει στάση το 132;
Β: Ένα δρόμο πιο κάτω/πάνω, δίπλα στο περίπτερο.

1. γήπεδο του Ολυμπιακού / 132 / στάση; / δίπλα / περίπτερο
2. Αρχαιολογικό Μουσείο; / 158 / στάση; / μπροστά / εκκλησία
3. Κηφισιά; / 538 / στάση; πίσω / ταχυδρομείο
4. γήπεδο του ΠΑΟ; / 213 / στάση; / κοντά / νοσοκομείο
5. Ολυμπιακό Στάδιο; / 322 / στάση / απέναντι / πιτσαρία
6. Καλλιθέα; / 194 / στάση; / δίπλα / γκαράζ
7. Μητρόπολη; / 345 / στάση; / πίσω / ρολόι
8. Πειραιά; / πράσινο / στάση; / απέναντι / σούπερ μάρκετ

4 *Τώρα ρωτήστε τον διπλανό σας / την διπλανή σας ποιο λεωφορείο πάει σε διάφορα*
γνωστά μέρη της πόλης σας. Αν χρειάζεται να πάρει κανείς και δεύτερο λεωφορείο ή
τρόλεϊ, απαντήστε ανάλογα

π.χ. ... θα κατέβεις στ... και μετά θα πάρεις το ... που κάνει στάση ...

5 *Γράψτε δύο από τους διάλογους που είπατε*

6 *Σχεδιάστε πρώτα την πορεία που ακολουθούν τα δύο λεωφορεία. Μετά μιλήστε με τον*
διπλανό σας / την διπλανή σας

π.χ. (α) Α: Το 224 περνάει από το Πανεπιστήμιο;   (β) Α: Το 132 περνάει από την Εθνική Πινακοθήκη;
         Β: Ναι, περνάει.   Β: Όχι, δεν περνάει.
         Α: Πού κάνει στάση;   Α: Το 224 περνάει;
         Β: Κάνει στάση κοντά στην κύρια είσοδο.   Β: Ναι, το 224 περνάει από εκεί.

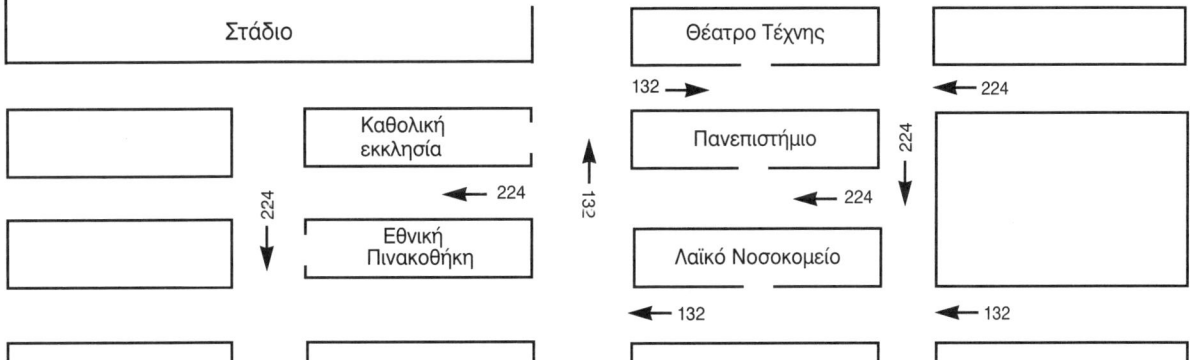

Μπράβο σας

Ένας κύριος	Πόσον καιρό έχετε στην Ελλάδα;
Μονίκ	Ένα χρόνο περίπου.
Ένας κύριος	Μιλάτε πολύ καλά ελληνικά. Μπράβο σας.
Μητέρα	Ξέρεις, η Ελένη έγραψε πολύ καλά στις εξετάσεις.
Πατέρας	Μπράβο της.

Κοιτάξτε!

Μπράβο	μου
	σου
	του/της/του
	μας
	σας
	τους

7 Βάλτε στα κενά τη σωστή αντωνυμία

1. Μιλάτε πολύ καλά ελληνικά. Μπράβο _____ .

2. Η Ασπασία θα γράψει όλα τα γράμματα; Μπράβο _____ .

3. Ήπιες όλο σου το γάλα. Μπράβο _____ .

4. Τα παιδιά διάβασαν τα μαθήματά τους. Μπράβο _____ .

5. Φτάσαμε πρώτοι. Μπράβο _____ .

6. Ο Γιάννης βοηθάει πολύ τη γυναίκα του στο σπίτι. Μπράβο _____ .

7. Η Ελένη έγραψε πολύ καλά στις εξετάσεις; Μπράβο _____ .

8. Δεν καπνίζετε καθόλου; Μπράβο _____ .

9. Τελικά, το αγοράσαμε σε πολύ καλή τιμή. Μπράβο _____ .

Θα πάω με το τρόλεϊ

Στέφανος	Θα πας με τα πόδια;
Έφη	Όχι, θα πάω με το τρόλεϊ. Είναι αρκετά μακριά.

Κοιτάξτε!

Πάω με	το	λεωφορείο τρόλεϊ ταξί αυτοκίνητο τρένο πλοίο αεροπλάνο
	τον	ηλεκτρικό
	τα	πόδια

8 *Κοιτάξτε τα σχέδια και μιλήστε με τον διπλανό σας / τη διπλανή σας*

Παράδειγμα

Α: Θα πας με το πλοίο;

Β: Όχι, θα πάω με το τρένο.

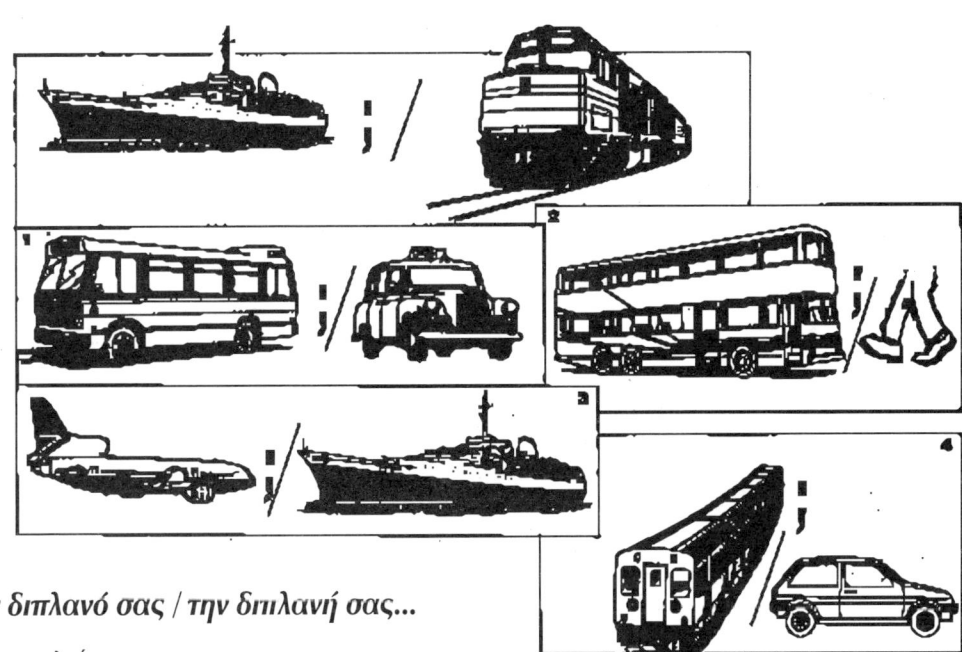

9 *Ρωτήστε τον διπλανό σας / την διπλανή σας...*

- πώς έρχεται στο σχολείο
- πώς πάει στη δουλειά του / της
  κτλ.

Να το λεωφορείο μου

Ειρήνη	Πού είναι το βιβλίο μου;
Μάριος	Να το βιβλίο σου.

Κόρη	Μήπως είδες την μπλούζα μου;
Μητέρα	Να η μπλούζα σου. Είναι πάνω στην καρέκλα.

10 *Μιλήστε με τον διπλανό σας / τη διπλανή σας*

Παράδειγμα

φούστα μου; // να / δίπλα / κάλτσες

Α: Μήπως είδες τη φούστα μου;
Β: Να η φούστα σου. Είναι δίπλα στις κάλτσες.

1. φούστα μου; // να / δίπλα / κάλτσες
2. χτένι μου; // να / πάνω / τραπέζι
3. παιδιά; // να / πάνω / δέντρο
4. κάλτσες μου; // να / κάτω / πολυθρόνα
5. Αντρέα; // να / έξω / κήπο
6. δίσκους μου; // να / δίπλα / πικάπ
7. Στέλα; // να / πίσω / ντουλάπα
8. αναπτήρα μου; // να / μέσα / συρτάρι

11 *Τώρα μιλήστε για διάφορους συμμαθητές σας, την καθηγήτριά σας και διάφορα αντικείμενα που βρίσκονται μέσα στην τάξη*

π.χ. Α: Πού είναι ο Μαρτσέλλο;
      Β: Να ο Μαρτσέλλο. Είναι δίπλα στην Άννα Μαρία.

Κοιτάξτε κάτι σχετικό! ॐ

A: Πού είναι το ρολόι μου;
B: Νάτο. Είναι πάνω στο κρεβάτι.

A: Μήπως είδες την καινούρια κασέτα;
B: Νάτη. Πάνω στο ράφι είναι.

Έτσι, έχουμε:

Ενικός	
αρσενικό	νάτος
θηλυκό	νάτη
ουδέτερο	νάτο
Πληθυντικός	
αρσενικό	νάτοι
θηλυκό	νάτες
ουδέτερο	νάτα

12 *Τώρα μιλήστε πάλι με τον διπλανό σας / τη διπλανή σας όπως στην άσκηση 10 χρησιμοποιώντας τα "νάτος", "νάτη" κτλ.*

π.χ. φούστα μου; // να / δίπλα / κάλτσες
    A: Μήπως είδες τη φούστα μου;
    B: Νάτη. Είναι δίπλα στις κάλτσες.

13 *Γράψτε στα κενά "νάτος", "νάτη", κτλ., ανάλογα*

π.χ. A: Πού είναι ο αναπτήρας μου;
    B: *Νάτος.* .

1. A: Πού είναι ο αναπτήρας μου;
    B: _____ .

2. A: Μήπως είδες την ομπρέλα μου;
    B: Ναι. _____ .

3. A: Ο Ντίνος και ο Παύλος είναι εδώ;
    B: Ναι. _____ .

4. A: Που είναι τα μανιτάρια;
    B: _____ .

5. A: Μήπως βρήκες εκείνες τις λάμπες;
    B: Ναι. _____ .

6. A: Το αυτοκίνητό μας είναι στο δρόμο;
    B: Ναι. _____ .

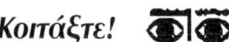 Ξέρεις πόση ώρα είμαι εδώ και περιμένω;

Ο Τάκης λέει στο φίλο του τον Αλέκο τι έγινε χθες το βράδυ.

"...Που λες, το ραντεβού με τη Μονίκ ήταν για τις έξι. Βλέπω ότι δεν μπορώ να είμαι στο ζαχαροπλαστείο όπου είχαμε το ραντεβού πριν από τις εξίμισι. Παίρνω τηλέφωνο από ένα περίπτερο και ζητάω μια κοπέλα μάλλον ψηλή, με καστανά μαλλιά και πράσινα μάτια, που φοράει ένα κόκκινο φόρεμα. Ευτυχώς τη βρίσκουν εύκολα. "Ξέρεις πόση ώρα είμαι εδώ;" με ρωτάει. "Όχι", της απαντάω. "Είκοσι λεπτά", μου λέει. "Λυπάμαι πολύ αλλά τι να κάνω;" της λέω. "Τα ταξί έχουν απεργία και δύο τρόλεϊ πέρασαν γεμάτα χωρίς να σταματήσουν. Κάνε λίγη υπομονή. Δε θ' αργήσω. Σ' ένα τέταρτο το πολύ θα είμαι εκεί." "Καλά θα σε περιμένω", μου λέει. Κλείνω, πληρώνω για το τηλεφώνημα και... ποια βλέπω; Τη Σοφία στο αυτοκίνητό της να περιμένει στα φανάρια. Τύχη βουνό, δηλαδή! Τρέχω σαν τρελός και ..."

14 *Ρωτήστε και απαντήστε*

1. Τι ώρα ήταν το ραντεβού του Τάκη με τη Μονίκ;
2. Πόση ώρα τον περίμενε η Μονίκ στο ζαχαροπλαστείο;
3. Η Μονίκ είναι κοντή;
4. Τι χρώμα είναι τα μαλλιά της;
5. Τα ταξί ή τα τρόλεϊ είχαν απεργία χθες;
6. Ποιαν είδε ο Τάκης στο αυτοκίνητό της;
7. Που ήταν η κοπέλα που είδε;
8. Πώς έτρεξε ο Τάκης;

Κοιτάξτε!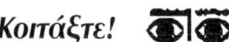

A: Πόσον καιρό | έχεις / είσαι στην Ελλάδα;
    dουλεύεις σ' αυτή την εταιρεία;
    περιμένεις γράμμα από τη γυναίκα σου;

B: Δύο χρόνια. / Πέντε μήνες / Τέσσερις εβδομάδες.
    Από τον περασμένο μήνα. / Από το 1996.

Αλλά...

A: Πόση ώρα | έχεις / είσαι εδώ;
    κοιμάσαι;
    περιμένεις την Ελένη;

B: Δύο ώρες. / Ένα τέταρτο.
    Από τις εννιά.

Προσέξτε!

Λέμε: δύο / τρία... χρόνια **αλλά** ένα χρόνο (ονομαστική: ένας χρόνος)

Πόσον καιρό ... ;

Πόση ώρα ... ;

15 *Μιλήστε με τον διπλανό σας / τη διπλανή σας*

Παράδειγμα

έχεις / Θεσσαλονίκη; // 3 χρόνια

Α: Πόσον καιρό έχεις στη Θεσσαλονίκη;

Β: Έχω τρία χρόνια.

1. έχεις / Θεσσαλονίκη; // 3 χρόνια
2. δουλεύεις / κουζίνα; // 1 ώρα
3. διαβάζεις / τις εξετάσεις; // 3 μέρες
4. ετοιμάζετε / ομιλία; // 2 εβδομάδες
5. φτιάχνουν / αυτοκίνητο; // 2 ώρες
6. παίζει μπάσκετ / Μιχάλης; // 1 τέταρτο
7. μαθαίνει ελληνικά / Σάλλι; // 6 μήνες
8. μιλάνε / τηλέφωνο; // 3 ώρες

16 *Ρωτήστε τον διπλανό σας / τη διπλανή σας:*

π.χ.	πόσον καιρό	έχει / είναι στην Ελλάδα μαθαίνει ελληνικά είναι παντρεμένος/η κτλ.
	πόση ώρα	είναι στην τάξη κάνει για να έρθει στο μάθημα από το σπίτι μιλάει στο τηλέφωνο κάθε μέρα κτλ.

17 *Γράψτε τρεις μικροδιαλόγους χρησιμοποιώντας "πόσον καιρό" και τρεις χρησιμοποιώντας "πόση ώρα"*

18 *Γράψτε προτάσεις με τις πιο κάτω λέξεις / εκφράσεις. Χρησιμοποιήστε τες σε όποιο πρόσωπο και χρόνο θέλετε*

ζητώ συγνώμη - ένα ραντεβού - βρίσκω - περνάω - αργώ - θα είμαι εκεί

📼 Πώς περνάς τη μέρα σου;

Η Ράνια Βενέτη είναι ένα από τα μεγαλύτερα αστέρια του ελληνικού κινηματογράφου. Ακούστε ένα μέρος από τη συνέντευξη που έδωσε πριν από λίγες μέρες στη ρεπόρτερ Μίνα Χαροκόπου για το δεύτερο κανάλι της τηλεόρασης.

Μίνα ... Και τώρα, Ράνια, κάτι άλλο. Πολλοί θαυμαστές σου θέλουν να ξέρουν πώς περνάς τη μέρα σου.

Ράνια Να σου πω. Αυτό τον καιρό δεν έχω πολλή δουλειά και η ζωή μου είναι μάλλον άνετη.

Μίνα Δηλαδή;

Ράνια Το πρωί ξυπνάω κατά τις οχτώ, οχτώ και μισή.

Μίνα Σηκώνεσαι τόσο νωρίς;

Ράνια Δεν κατάλαβες καλά. Είπα ότι ξυπνάω κατά τις οχτώ. Δεν είπα ότι σηκώνομαι την ίδια ώρα.

Μίνα Θέλεις να πεις ότι...

Ράνια Ακριβώς. Παίρνω το πρωινό μου στο κρεβάτι, ρίχνω μια ματιά στις εφημερίδες και μετά διαβάζω τα γράμματα που παίρνω.

Μίνα Αλήθεια, διαβάζεις όλα τα γράμματα που σου στέλνουν;

Ράνια Όλα. Είναι πολύ σημαντικό να ξέρεις τι νομίζουν οι άλλοι για σένα.

Μίνα Τελικά, τι ώρα σηκώνεσαι;

Ράνια Μμ... κατά τις δέκα. Μετά πάω στο μπάνιο, πλένομαι, χτενίζομαι, ντύνομαι και πάω μια βόλτα με τον Αλέξανδρο.

Μίνα Με τον Αλέξανδρο; Ποιος είναι ο Αλέξανδρος; Μήπως είναι το καινούριο σου φλερτ;

Ράνια Όχι, είναι ο σκύλος μου. Είναι πολύ όμορφος και πάρα πολύ έξυπνος.

Μίνα Το μεσημέρι τρως;

Ράνια Συνήθως, ναι. Κάπως αργά, βέβαια. Και δε θα το πιστέψεις. Το μεσημέρι ετοιμάζω εγώ το φαγητό μου. Συχνά φτιάχνω μια ομελέτα με τυρί και σαλάτα από φρέσκα λαχανικά.

Μίνα Μετά το φαγητό ξεκουράζεσαι;

Ράνια Συνήθως όχι.

Μίνα Τώρα πες μου κάτι άλλο, Ράνια. Ποιος κάνει τις δουλειές του σπιτιού; Με άλλα λόγια, ποιος πλένει τα πιάτα, ποιος σκουπίζει, ποιος ξεσκονίζει, ποιος στρώνει το κρεβάτι;

Ράνια Προτείνω να αφήσουμε αυτό το θέμα για μια άλλη φορά. Τώρα βιάζομαι λιγάκι. Εντάξει;

1 Σωστό ή λάθος;

1. Η Ράνια Βενέτη δίνει συνέντευξη για το ραδιόφωνο.
2. Η Μίνα Χαροκόπου δουλεύει σ' έναν ραδιοφωνικό σταθμό.
3. Η Ράνια είναι αστέρι του κινηματογράφου.
4. Το πρωί ξυπνάει κατά τις οχτώμιση αλλά δεν σηκώνεται αμέσως.
5. Η Ράνια έχει ένα γιο που τον λένε Αλέξανδρο.
6. Συνήθως τρώει μεσημεριανό.
7. Μετά το φαγητό σπάνια ξεκουράζεται.

ΓΡΑΜΜΑΤΙΚΗ

Ρήματα
Μέση Φωνή

Ενεστώτας

σηκών	ομαι	πλέν	ομαι	ντύν	ομαι
	εσαι		εσαι		εσαι
	εται		εται		εται
	όμαστε		**ό**μαστε		**ό**μαστε
	εστε		εστε		εστε
	ονται		ονται		ονται

1. Με τον ίδιο τρόπο κλίνονται τα ρήματα: ξυρίζομαι, χτενίζομαι, ξεκουράζομαι κ.ά.
2. Στο β' πρόσωπο του πληθυντιού μπορούμε επίσης να πούμε: σηκωνόσαστε, πλενόσαστε κτλ.

σηκώνομαι

πλένομαι

ντύνομαι

ξυρίζομαι

χτενίζομαι

ξεκουράζομαι

Δουλειές του σπιτιού

2 *Ρωτήστε τον διπλανό σας / τη διπλανή σας για τον Μάρκο.*
Ο διπλανός σας / η διπλανή σας θα σας ρωτήσει για τον Χάρη και τον Άρη.
Αρχίστε τις ερωτήσεις σας με: "τι ώρα;" ή "κάθε πότε;", ανάλογα

	Ο Μάρκος	Ο Χάρης και ο Άρης
	07.00	09.30
	κάθε πρωί	μέρα παρά μέρα
	κάθε βράδυ	3 φορές την εβδομάδα
	ποτέ	2 φορές τη μέρα
	07.30	10.00

3 *Βάλτε τα ρήματα στο σωστό πρόσωπο και πέστε την ιστορία.*
Μετά γράψτε τα ρήματα στα κενά

Ο αδελφός μου, ο Νίκος, κι εγώ *μένουμε* (μένω) μαζί. Ο Νίκος _____ (είμαι)

φοιτητής της ιατρικής και _____ (πάω) στο τέταρτο έτος. Εγώ _____ (είμαι)

λογιστής και _____ (δουλεύω) σε μια βιοτεχνία. Το πρωί εγώ _____

(σηκώνομαι) στις 6.30. _____ (πάω) στο μπάνιο, _____ (πλένομαι),

_____ (ξυρίζομαι), _____ (ντύνομαι) και ύστερα _____ (ετοιμάζω)

το πρωινό μας. Ο αδελφός μου _____ (σηκώνομαι) στις 7.15. _____ (πάω) στο

μπάνιο, _____ (πλένομαι), δεν _____ (ξυρίζομαι) γιατί έχει μούσι και

_____ (ντύνομαι). Οι δυο μας _____ (τρώω) φρυγανιές, βούτυρο και μέλι και

_____ (πίνω) γάλα. Στις 7.45 εγώ _____ (φεύγω) για τη δουλειά μου. Μετά ο

Νίκος _____ (πλένω) τα πιάτα, _____ (σκουπίζω), _____

(ξεσκονίζω), και _____ (στρώνω) τα κρεβάτια μας. Το Σάββατο και την Κυριακή ο Νίκος κι

εγώ _____ (σηκώνομαι) μαζί κατά τις 9.30.

4 *Ρωτήστε τον διπλανό σας / τη διπλανή σας:*

- τι ώρα σηκώνεται
- αν ξυρίζεται κάθε μέρα (μόνο αν είναι άντρας!)
- με τι σαπούνι πλένεται
- αν ντύνεται μοντέρνα

- ποιος σκουπίζει το σπίτι (και κάθε πότε)
- ποιος πλένει τα πιάτα
- ποιος στρώνει τα κρεβάτια
- ποιος ποτίζει τα λουλούδια
- κάθε πότε ξεσκονίζει

5 *Τώρα γράψτε μια μικρή παράγραφο για σας μόνο ή για σας και για τον/την ...*
Χρησιμοποιήστε οπωσδήποτε τα ρήματα:

> σηκώνομαι - πλένομαι - χτενίζομαι - ντύνομαι

6 *Χρησιμοποιήστε τις πιο κάτω λέξεις/εκφράσεις και γράψτε προτάσεις*

> δίνω συνέντευξη - πολύ σημαντικό - πάω βόλτα - κάπως αργά - μια άλλη φορά - βιάζομαι

ΓΡΑΜΜΑΤΙΚΗ

Η αναφορική αντωνυμία "που"

Αγόρασα ένα κασετόφωνο. Το κασετόφωνο είναι γιαπωνέζικο.
*Το κασετόφωνο **που** αγόρασα είναι γιαπωνέζικο.*

Η ζακέτα κοστίζει εξήντα χιλιάδες. Η ζακέτα είναι εδώ.
*Η ζακέτα **που** κοστίζει εξήντα χιλιάδες είναι εδώ.*

Είδαμε τους μηχανικούς. Οι μηχανικοί δουλεύουν στην Ελλάδα.
*Είδαμε τους μηχανικούς **που** δουλεύουν στην Ελλάδα.*

Η αναφορική αντωνυμία "που" καλύπτει:

- ενικό και πληθυντικό
- ονομαστική και αιτιατική
- αρσενικά, θηλυκά και ουδέτερα

7 Συνδέστε τις δύο προτάσεις χρησιμοποιώντας την αναφορική αντωνυμία "που"

Παράδειγμα

Θέλω να σου πω για τον φίλο. Θα τον δω απόψε.
Θέλω να σου πω για τον φίλο που θα δω απόψε.

1. Θέλω να σου πω για τον φίλο. Θα τον δω απόψε.
2. Μ' αρέσει το φαγητό. Το τρώμε σ' εκείνη την ταβέρνα.
3. Ο άνθρωπος έχει το μπλε Φίατ. Είναι ηθοποιός του θεάτρου.
4. Τα παπούτσια είναι ελληνικά. Τα αγόρασα από αυτό το μαγαζί.
5. Η ανιψιά μου ήρθε από το Τορόντο. Είναι κόρη του μικρού μου αδελφού.
6. Οι τρεις δίσκοι είναι κλασικοί. Τους πήρα για τη Στέλα.
7. Οι μπίρες δεν ήταν κρύες. Τις ήπιαμε.
8. Ο κύριος είναι διπλωμάτης. Μένει στον τρίτο όροφο.
9. Ξέρεις ποια είναι η δημοσιογράφος; Την περιμένω σήμερα.

8 Τώρα γράψτε πέντε προτάσεις χρησιμοποιώντας την αναφορική αντωνυμία "που"

π.χ. *Το κασετόφωνο που μου έδωσε ο Γιώργος ήταν χαλασμένο.*

9 Κοιτάξτε τις εικόνες και λύστε το σταυρόλεξο.
Αν το λύσετε σωστά, θα βρείτε το όνομα του φίλου που κάνει αυτά τα πράγματα

1. _____ το σαλόνι του κάθε Σάββατο
2. _____ κάθε πρωί στο γραφείο του.
3. _____ πάντα μοντέρνα.
4. _____ κάθε βράδυ.
5. _____ το πρωινό του ο ίδιος.
6. _____ πάντα στις 7 το πρωί.

Ποιο είναι καλύτερο;
Το φτηνότερο ή το ακριβότερο;

Πολλοί άνθρωποι δεν έχουν αρκετά χρήματα για να αγοράσουν καινούριο αυτοκίνητο κι έτσι αναγκάζονται να αγοράσουν μεταχειρισμένο. Στην Αθήνα υπάρχουν πολλά καταστήματα που πουλάνε και αγοράζουν μεταχειρισμένα αυτοκίνητα. Πολλά από αυτά τα λένε "μάντρες". Ο πίνακας που βλέπετε πιο κάτω, σας δίνει μερικές χρήσιμες πληροφορίες για τέσσερα μεταχειρισμένα αυτοκίνητα που βρίσκονται σε μια μάντρα.

	Κυβικά	Κατανάλωση	Θέσεις	Ηλικία	Χιλιόμετρα	Τιμή
Α	1.300	7 λ / 100 χ	5	3 ετών	55.000	++++
Β	650	4 λ / 100 χ	4	8 ετών	95.000	++
Γ	1.100	6 λ / 100 χ	5	5 ετών	80.000	+++
Δ	2.000	9 λ / 100 χ	2	2 ετών	70.000	+++++

Δηλαδή,

- Το αυτοκίνητο "Α" έχει δυνατότερη μηχανή από το αυτοκίνητο "Γ" και είναι ακριβότερο.

- Το αυτοκίνητο "Γ" είναι πιο οικονομικό από το "Δ" αλλά είναι παλιότερο και έχει κάνει περισσότερα χιλιόμετρα.

- Το αυτοκίνητο "Δ" έχει τη δυνατότερη μηχανή από τα τρία αλλά έχει τις λιγότερες θέσεις.

Κατανάλωση εδώ σημαίνει: λίτρα ανά εκατό χιλιόμετρα

ΓΡΑΜΜΑΤΙΚΗ

Επίθετα
Μονολεκτικά Παραθετικά

Πολλά επίθετα σχηματίζουν και μονολεκτικά παραθετικά (συγκριτικό και υπερθετικό). Έτσι, λέμε:

Συγκριτικός

(α) Αυτό το αυτοκίνητο είναι **πιο παλιό** από εκείνο.
(β) Αυτό το αυτοκίνητο είναι **παλιότερο** από εκείνο.

Υπερθετικός

(α) Αυτή η τσάντα είναι **η πιο φτηνή**
(β) Αυτή η τσάντα είναι **η φτηνότερη.**

---

1. Επίθετα σε -ος -ότερος

παλιός	παλιότερος
παλιά	παλιότερη
παλιό	παλιότερο
μικρός	μικρότερος
μικρή	μικρότερη
μικρό	μικρότερο

Με τον ίδιο τρόπο σχηματίζονται και επίθετα όπως τα:
ωραίος/α/ο και δυνατός/ή/ό, φτηνός/ή/ό, ακριβός/ή/ό κτλ.

---

2. Επίθετα σε -ος -ύτερος

καλός	καλύτερος
καλή	καλύτερη
καλό	καλύτερο

Με τον ίδιο τρόπο σχηματίζεται και το επίθετο μεγάλος/η/ο.

---

3. Ανώμαλα μονολεκτικά παραθετικά

κακός	χειρότερος
κακή (κακιά)	χειρότερη
κακό	χειρότερο
πολύς	περισσότερος
πολλή	περισσότερη
πολύ	περισσότερο

Υπάρχουν όμως και αρκετά επίθετα που δεν σχηματίζουν μονολεκτικά παραθετικά, όπως:

(α) τα επίθετα καινούριος/α/ο, κρύος/α/ο, αδύνατος/η/ο, περίεργος/η/ο και παράξενος/η/ο.
(β) τα επίθετα που δηλώνουν χρώμα.
(γ) πολλά επίθετα που αποτελούνται από 5 (ή περισσότερες) συλλαβές.

1 Κοιτάξτε τον πίνακα στην πρώτη σελίδα του Μαθήματος 9 και συγκρίνετε τα τέσσερα αυτοκίνητα. Χρησιμοποιήστε τον μονολεκτικό τύπο

1. Το "Β" είναι _____ από το "Γ".

2. Το "Δ" είναι _____ από το "Α".

3. Το "Δ" είναι _____ από όλα.

4. Το "Α" είναι _____ από το "Β".

5. Το "Γ" έχει κάνει _____ από το "Δ".

2 Μαντέψτε για ποιο αυτοκίνητο πρόκειται

1. Είναι πιο οικονομικό από το αυτοκίνητο "Γ". _____

2. Είναι μεγαλύτερο από το "Β" και πιο οικονομικό από το "Α". _____

3. Έχει δυνατότερη μηχανή από το "Γ" και έχει κάνει περισσότερα χιλιόμετρα από το "Α". _____

4. Έχει κάνει λιγότερα χιλιόμετρα από το "Δ" και έχει δυνατότερη μηχανή από το "Γ". _____

5. Έχει τις λιγότερες θέσεις απ' όλα. _____

3 Συμπληρώστε την πρώτη στήλη με τα στοιχεία του αυτοκινήτου σας.
Μετά ρωτήστε τον διπλανό σας / τη διπλανή σας για το αυτοκίνητό του/της
και συμπληρώστε τη δεύτερη στήλη. Ρωτήστε:

Πόσων ετών είναι;
Πόσα κυβικά είναι η μηχανή του;
Πόσες θέσεις έχει;
Πόσες πόρτες έχει;
Τι κατανάλωση έχει;
Πόσα χιλιόμετρα έχει κάνει;
Πόσο κάνει σήμερα (καινούριο ή/και μεταχειρισμένο);

Στοιχεία	Α	Β
Ηλικία		
Κυβικά		
Θέσεις		
Κατανάλωση		
Χιλιόμετρα		
Τιμή σήμερα		
Πόρτες		

4 *Τώρα συγκρίνετε το αυτοκίνητο του διπλανού σας με το αυτοκίνητό σας και γράψτε κάτι σχετικό. Αν δεν έχετε αυτοκίνητο κι έχετε μηχανή ή μηχανάκι, γράψτε κάτι ανάλογο*

π.χ.   Το αυτοκίνητο του / της είναι παλιότερο από το αυτοκίνητό μου αλλά είναι πιο οικονομικό κ.λπ.

5 *Ρωτήστε τον διπλανό σας / τη διπλανή σας για την οικογένειά του/της*

π.χ.   Ποιος είναι ψηλότερος / μεγαλύτερος / εξυπνότερος; Εσύ ή ο αδελφός σου;

6 *Συγκρίνετε τις τιμές διαφόρων πραγμάτων στις χώρες σας*

π.χ.   Α: Πόσο κάνει ένα ... στη χώρα σου;
         Β: Περίπου ...
         Α: Στην (Ισπανία) είναι αρκετά φτηνότερο. Κάνει...

ΓΡΑΜΜΑΤΙΚΗ

Θηλυκά ουσιαστικά σε -η, -εις

Τα περισσότερα θηλυκά ουσιαστικά που τελειώνουν σε **-η** σχηματίζουν τον πληθυντικό σε **-ες**.
π.χ. μία ζώνη, δύο ζώνες - μία μηχανή, τρεις μηχανές

Υπάρχουν όμως και αρκετά θηλυκά ουσιαστικά σε **-η** που σχηματίζουν τον πληθυντικό σε **-εις**.
Κατά κανόνα, τα ουσιαστικά αυτά στον ενικό τελειώνουν σε **-ση**, σε **-ξη** ή σε **-ψη** .

Μερικά από αυτά είναι:

η στάση, η λέξη, η τάξη, η σκέψη

η έκθεση, η διεύθυνση, η ερώτηση, η απάντηση,
η συζήτηση, η τηλεόραση, η εξέταση

η διάλεξη, η συνέντευξη

και *η πόλη*

Ενικός		
Ον.	η θέση	η πρόταση
Γεν.	της θέσης	της πρότασης
Αιτ.	τη(ν) θέση	την πρόταση
Πληθυντικός		
Ον.	οι θέσεις	οι προτάσεις
Γεν.	των θέσεων	των προτάσεων
Αιτ.	τις θέσεις	τις προτάσεις

---

7 *Γράψτε τον πληθυντικό των ουσιαστικών*

1. Αυτές οι δύο _____ σημαίνουν το ίδιο πράγμα. (λέξη)
2. Πόσες _____ αγόρασε εκείνο το κατάστημα; (γραφομηχανή)
3. Η αδελφή μου έχει οχτώ πράσινες _____ ! (ζώνη)
4. Η Ελλάδα δεν έχει πολλές μεγάλες _____ . (πόλη)
5. Ο καθηγητής Ζερβός δίνει τουλάχιστον έξι _____ το χρόνο. (συνέντευξη)
6. Τα αποτελέσματα των _____ δεν ήταν πολύ καλά. (εξέταση)
7. Αυτή η παράγραφος έχει πέντε _____ . (πρόταση)
8. Κοντά στο σπίτι μας υπάρχουν δύο _____ του τρόλεϊ. (στάση)
9. Η ομάδα μας έχει ήδη τέσσερις _____ . (νίκη)

🔲 Γράψτε τα σήμερα

Μαριάννα	Πότε θέλετε να γράψω αυτά τα γράμματα;
Διευθυντής	Γράψτε τα σήμερα, αν μπορείτε. Είναι βιαστικά.
Μαριάννα	Εντάξει, κύριε διευθυντά. Πρέπει να τα πάω στο ταχυδρομείο σήμερα;
Διευθυντής	Όχι. Ταχυδρομήστε τα αύριο.
Μαριάννα	Και τις παραγγελίες;
Διευθυντής	Στείλτε τες αύριο μαζί με τα γράμματα.

ΓΡΑΜΜΑΤΙΚΗ

Προστακτική πληθυντικού με προσωπική αντωνυμία

(α) Άμεσο αντικείμενο

Ξυπνήστε (εμένα) νωρίς.	→	Ξυπνήστε	**με**	νωρίς.
Κόψτε τον μαϊντανό σε λίγο.	→	Κόψτε	**τον**	σε λίγο.
Βάλτε την μπλούζα σας αμέσως.	→	Βάλτε	**την**	αμέσως.
Γράψτε το γράμμα το βράδυ.	→	Γράψτε	**το**	το βράδυ.
Πάρτε (εμάς) τηλέφωνο το πρωί.	→	Πάρτε	**μας**	τηλέφωνο το πρωί.
Ανοίξτε τους χαρτοφύλακες τώρα.	→	Ανοίξτε	**τους**	τώρα
Διαβάστε τις προτάσεις γρήγορα.	→	Διαβάστε	**τες (τις)**	γρήγορα.
Αγοράστε τα φιστίκια αύριο.	→	Αγοράστε	**τα**	αύριο.

8 *Μιλήστε με τον διπλανό σας / τη διπλανή σας*

Παράδειγμα

ετοιμάζω τη βαλίτσα; / τώρα.

Α: Πότε θέλετε να ετοιμάσω τη βαλίτσα;
Β: Ετοιμάστε την τώρα.

Πότε θέλετε να ετοιμάσω την βαλίτσα;

1. ετοιμάσω την βαλίτσα; / τώρα
2. ξυπνήσω τα παιδιά; / στις εφτά ακριβώς
3. αγοράσω τον καθρέφτη; / αύριο το απόγευμα
4. πλύνω τις πετσέτες; / το βράδυ
5. πάρω τηλέφωνο την Αλεξάνδρα; / σε μισή ώρα
6. ανοίξω το παράθυρο; / σε πέντε λεπτά
7. ακούσω τους δίσκους; / όποτε θέλετε

9 *Γράψτε τέσσερις από τους διάλογους που είπατε*

🔲 Βάλτε μου ένα κιλό

Υπάλληλος	Πόσο τυρί θέλετε;	**Δήμητρα**	Όχι. Μόνο γράψτε μου σ' ένα χαρτάκι την τιμή.
Δήμητρα	Βάλτε μου ένα κιλό.	**Υπάλληλος**	Την έγραψα πάνω στο πακέτο, μαντάμ.
Υπάλληλος	Από αυτό ή από εκείνο;		
Δήμητρα	Δώστε μου από εκείνο.		
Υπάλληλος	Τίποτε άλλο;		

ΓΡΑΜΜΑΤΙΚΗ

Προστακτική πληθυντικού με προσωπική αντωνυμία

(β) Έμμεσο αντικείμενο

Βάλτε (σ' εμένα) λίγα μακαρόνια.	→ Βάλτε	μου	λίγα μακαρόνια.
Πληρώστε στον ιδιοκτήτη το ενοίκιο.	→ Πληρώστε	του	το ενοίκιο.
Δώστε στην Ελένη το γράμμα.	→ Δώστε	της	το γράμμα.
Μιλήστε στο παιδί για τον παππού του.	→ Μιλήστε	του	για τον παππού του.
Διαβάστε (σ' εμάς) την ιστορία.	→ Διαβάστε	μας	την ιστορία.
Παίξτε σους φίλους σας τον δίσκο.	→ Παίξτε	τους	τον δίσκο
Προσφέρτε στις μαθήτριες αυτό.	→ Προσφέρτε	τους	αυτό.
Αγοράστε στα παιδιά κάτι.	→ Αγοράστε	τους	κάτι.

---

10 *Μιλήστε μεταξύ σας*

Παράδειγμα

βάλω στην Άννα; / λίγες πατάτες

Α: Τι άλλο θέλετε να βάλω στην Άννα;
Β: Βάλτε της λίγες πατάτες.

1. βάλω στην Άννα; / λίγες πατάτες
2. σας δώσω; / μια καθαρή πετσέτα
3. φτιάξω στον Αντώνη; / λίγα μακαρόνια
4. αγοράσω στα παιδιά; / από μία κασέτα
5. σας παίξω; / ένα βαλς του Σοπέν
6. πλύνω για την Ελένη; / δύο μπλούζες ακόμα
7. προσφέρω στους φίλους μας; / μερικές πάστες

11 *Γράψτε τέσσερις από τους διάλογους που είπατε*

12 *Ακούστε τις ερωτήσεις χωρίς να τις βλέπετε, και διαλέξτε τις σωστές απαντήσεις*

🔲

1. Αυτό το κασετόφωνο είναι καλύτερο;	(α) Δεν νομίζω. (β) Είναι καλά, ευχαριστώ. (γ) Όχι, είναι πιο καλό.
2. Κάθε πότε ξυρίζεσαι;	(α) Σήμερα το πρωί. (β) Βεβαίως. (γ) Κάθε πρωί.
3. Τι ώρα σηκώνεστε το πρωί;	(α) Σηκώνομαι νωρίς . (β) Σηκώνεσαι στις έξι. (γ) Σηκωνόμαστε τώρα.
4. Πόσον καιρό έχεις στην Αθήνα;	(α) Δεν θυμάσαι. (β) Δέκα μήνες. (γ) Την περασμένη εβδομάδα.

🔲 Πόση ζάχαρη χρειαζόμαστε;

Η Λίτσα και η Ντίνα είναι φοιτήτριες της ιατρικής και μένουν στο ίδιο διαμέρισμα. Σήμερα είναι η σειρά της Λίτσας να πάει να ψωνίσει από το μπακάλικο. Η Ντίνα κοιτάζει τι υπάρχει και τι δεν υπάρχει στο ντουλάπι και η Λίτσα σημειώνει τα πράγματα που χρειάζονται.

Λίτσα	Έχουμε καθόλου τσάι;
Ντίνα	Έχουμε λίγο μόνο.
Λίτσα	Πόσο τσάι χρειάζεται να πάρω;
Ντίνα	Πάρε δύο πακετάκια.
Λίτσα	Έγινε. Τι άλλο;
Ντίνα	Χρειαζόμαστε και ζάχαρη.
Λίτσα	Πόση ζάχαρη να πάρω;
Ντίνα	Αγόρασε δύο κιλά ζάχαρη.
Λίτσα	Εντάξει, το έγραψα. Καφές υπάρχει;
Ντίνα	Ναι, υπάρχει αρκετός. Α, ναι. Πρέπει να αγοράσεις και ρύζι.
Λίτσα	Δεν έχουμε καθόλου ρύζι;
Ντίνα	Καθόλου. Πάρε δύο μεγάλα πακέτα ρύζι.
Λίτσα	Σύμφωνοι. Λοιπόν, φεύγω.

1 Σωστό ή λάθος;

1. Η Λίτσα κάνει πάντα τα ψώνια.
2. Στο ντουλάπι υπάρχει πολύ τσάι.
3. Τα κορίτσια δεν έχουν πολλή ζάχαρη στο σπίτι.
4. Χρειάζονται μισό κιλό καφέ.
5. Δεν υπάρχει καθόλου ρύζι στο ντουλάπι της κουζίνας.

ΓΡΑΜΜΑΤΙΚΗ

Ερωτηματικές και αόριστες αντωνυμίες

Ονομαστική

αρσενικό	Α: Πόσος καφές υπάρχει;	Β: Υπάρχει πολύς / αρκετός / λίγος.
θηλυκό	Α: Πόση ζάχαρη υπάρχει;	Β: Υπάρχει πολλή / αρκετή / λίγη.
ουδέτερο	Α: Πόσο ρύζι υπάρχει;	Β: Υπάρχει πολύ / αρκετό / λίγο.

Αιτιατική

αρσενικό	Α: Πόσον καφέ θέλουμε;	Β: Θέλουμε πολύ / αρκετό / λίγο.
θηλυκό	Α: Πόση ζάχαρη θέλουμε;	Β: Θέλουμε πολλή / αρκετή / λίγη.
ουδέτερο	Α: Πόσο ρύζι θέλουμε;	Β: Θέλουμε πολύ / αρκετό / λίγο.

Ονομαστική	**Αιτιατική**
Α: Υπάρχει καθόλου καφές;/ζάχαρη;/ρύζι;	Α: Θέλουμε καθόλου καφέ;/ζάχαρη;/ρύζι;
Β: Ναι, υπάρχει. / Όχι, δεν υπάρχει καθόλου.	Β: Ναι, θέλουμε. / Όχι, δε θέλουμε (καθόλου).

2 *Κοιτάξτε τι υπάρχει στο ντουλάπι της κουζίνας*
και μιλήστε με τον διπλανό σας / τη διπλανή σας

π.χ.　Α: Πόση ζάχαρη υπάρχει;
　　　Β: Υπάρχει πολλή ζάχαρη.

3 *Κοιτάξτε τη λίστα με τα πράγματα που πρέπει να ψωνίσετε και*
μιλήστε με τον διπλανό σας / τη διπλανή σας

π.χ.　Α: Πόσο γάλα χρειαζόμαστε;
　　　Β: Τέσσερα μπουκάλια

4 *Διαλέξτε τη σωστή λέξη*

1. Α: *Πόση*＿＿＿ ζάχαρη υπάρχει; (πόσος/πόση/πόσο)
　 Β: Υπάρχει ＿＿＿＿＿ . (αρκετός/αρκετή/αρκετό)

2. Α: ＿＿＿＿＿ τσάι θέλουμε; (πόσος/πόση/πόσο)
　 Β: Θέλουμε ＿＿＿＿＿ . (λίγο/λίγη/λίγος)

3. Α: ＿＿＿＿＿ ψωμί υπάρχει; (πόσος/πόση/πόσο)
　 Β: Υπάρχει ＿＿＿＿＿ . (αρκετός/αρκετή/αρκετό)

4. Α: ＿＿＿＿＿ φέτα έχουμε; (πόσος/πόση/πόσο)
　 Β: Υπάρχει ＿＿＿＿＿ . (πολύς/πολλή/πολύ)

5. Α: ＿＿＿＿＿ καφές υπάρχει; (πόσος/πόση/πόσο)
　 Β: Υπάρχει ＿＿＿＿＿ . (πολύς/πολλή/πολύ)

6. Α: ＿＿＿＿＿ τυρί χρειαζόμαστε; (πόσος/πόση/πόσο)
　 Β: ＿＿＿＿＿ . (λίγος/λίγη/λίγο)

7. Α: ＿＿＿＿＿ καφέ θα πάρουμε; (πόσος/πόση/πόσον)
　 Β: Θα πάρουμε ＿＿＿＿＿ . (λίγος/λίγη/λίγο)

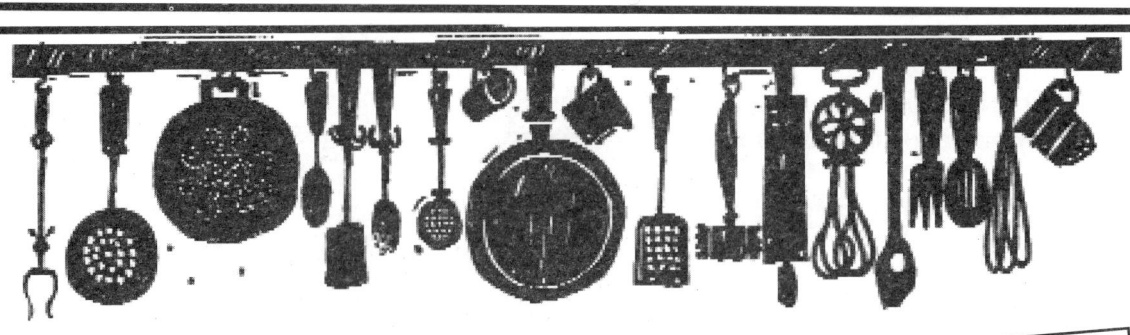

Μια συνταγή

Μελιτζανοσαλάτα

Υλικά

1 κιλό στρογγυλές μελιτζάνες
1 μικρό κρεμμύδι ψιλοκομμένο
1 σκελίδα ψιλοκομμένο σκόρδο
1 μεγάλο λεμόνι
½ φλιτζάνι του τσαγιού λάδι
½ φλιτζάνι του τσαγιού ψιλοκομμένο μαϊντανό
1 ντομάτα
λίγο αλάτι
λίγο πιπέρι
1-2 κουταλιές της σούπας μαγιονέζα
μερικές μαύρες ελιές

Οδηγίες

Πλένετε τις μελιτζάνες και τις ψήνετε στον φούρνο μέχρι να μαλακώσουν (μία ώρα περίπου).
Βγάζετε το φλούδι τους και τις χτυπάτε στο μπλέντερ με τον χυμό του λεμονιού και το λάδι.
(Αν δεν έχετε μπλέντερ, χρησιμοποιείτε ένα πιρούνι.) Προσθέτετε το κρεμμύδι, το σκόρδο,
το αλάτι, το πιπέρι και τη μαγιονέζα. Ανακατεύετε καλά. Κόβετε την ντομάτα σε μικρές φέτες.
Γαρνίρετε με την ντομάτα, τον μαϊντανό, τις ελιές και ... καλή σας όρεξη!

5 *Κοιτάξτε τη συνταγή στην προηγούμενη σελίδα και ρωτήστε τον διπλανό σας / την διπλανή σας τι υλικά χρειάζεστε. Χρησιμοποιήστε "πόσος", "πόση" κ.λπ., ανάλογα*

6 *Μετά ρωτήστε τον διπλανό σας / τη διπλανή σας πώς θα φτιάξετε τη μελιτζανοσαλάτα. Χρησιμοποιήστε τις λέξεις "πρώτα", "μετά", "ύστερα" και "τέλος" για να συνδέσετε τις απαντήσεις σας*

7 *Ρωτήστε τον διπλανό σας / τη διπλανή σας ποια είναι τα δύο πιο αγαπημένα του/της φαγητά*

8 *Γράψτε τη συνταγή του αγαπημένου σας φαγητού στο α' πρόσωπο του πληθυντικού*

9 *Τι πρέπει να ψωνίσει ο Άρης;*

Ο μικρός γιος του Άρη, ο Λάκης, έγραψε σ' ένα χαρτί τι πρέπει ν' αγοράσει ο πατέρας του από τον μπακάλη. Μόνο που ο μικρός Λάκης για να πειράξει τον πατέρα του έγραψε τις λέξεις με τα γράμματά τους ανακατεμένα. Μήπως μπορείτε να βοηθήσετε τον Άρη να διαβάσει τα πράγματα που έχει να ψωνίσει;

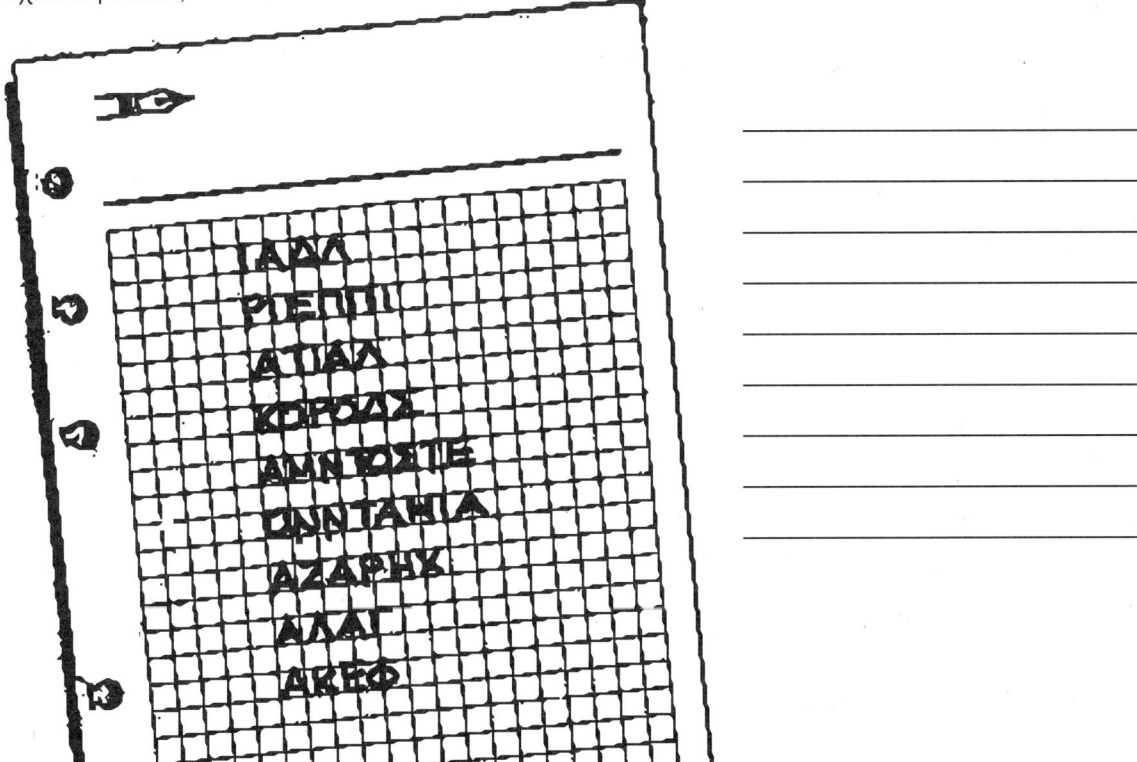

🔲 Ξύπνησέ την αμέσως

Ελένη	Ποιος είναι;
Τασία	Η Τασία είμαι. Άνοιξε.
Ελένη	Ένα λεπτό... Έλα. Τι γίνεται;
Τασία	Καλά. Δεν είν' εδώ η Στέλα;
Ελένη	Εδώ είναι. Κοιμάται.
Τασία	Ξύπνησέ την αμέσως. Ήρθε ο Αντρέας και θέλει να την δει.
Ελένη	Εντάξει. Πάω να την ξυπνήσω.
Τασία	Εγώ πρέπει να φύγω. Πες της ότι την περιμένει στο καφενείο απέναντι.
Ελένη	Έγινε. Γεια.

ΓΡΑΜΜΑΤΙΚΗ

Προστακτική ενικού
με προσωπική αντωνυμία

(α) Άμεσο αντικείμενο

Ξύπνησέ	με
Βάλε	τον
Γράψε	την
Πάρε	το
Κοίταξέ	μας
Αγόρασέ	τους
Διάβασέ	τες (τις)
Άνοιξέ	τα

(β) Έμμεσο αντικείμενο

Βάλε	μου	λίγα μακαρόνια ακόμα.
Πλήρωσέ	του	το ενοίκιο.
Δώσε	της	το γράμμα.
Μίλησέ	του	για τον παππού του.
Διάβασέ	μας	την ιστορία.
Παίξε	τους	τον δίσκο.
Πρόσφερέ	τους	αυτό.
Αγόρασέ	τους	κάτι.

Παρατηρήσεις

1. Όταν έχουμε προστακτική ενικού με προσωπική αντωνυμία, η αντωνυμία ακολουθεί το ρήμα, όπως γίνεται και στην προστακτική πληθυντικού.

2. Πολλές φορές, στον προφορικό λόγο, το τελικό "ε" του ρήματος χάνεται. Έτσι, λέμε:
   πάρε τον και πάρ' τον, δώσε μου και δώσ' μου, άσε τον και άσ'τον, παίξε το και παίξ' το κτλ.

10 *Βάλτε τα ρήματα στην προστακτική και μιλήστε με τον διπλανό σας / τη διπλανή σας*

Παράδειγμα

(βάζω) τα πιάτα στο τραπέζι

A : Βάλε τα πιάτα στο τραπέζι, σε παρακαλώ.
B : Δεν μπορώ τώρα. Αργότερα·
A : Όχι αργότερα. Βάλ' τα τώρα.

1. (βάζω) τα πιάτα στο τραπέζι
2. (λέω) στον Πέτρο να έρθει
3. (παίρνω) την Άννα τηλέφωνο
4. (αγοράζω) δύο μπουκάλια κρασί
5. (βρίσκω) τους φακέλους
6. (μιλάω) στα αδέλφια σου για το πρόβλημα
7. (ανοίγω) το παράθυρο
8. (τρώω) το τοστ σου
9. (δίνω) κάτι στο παιδί

11 *Τώρα πέστε τους παραπάνω διάλογους χρησιμοποιώντας προστακτική πληθυντικού*

12 *Κοιτάξτε τις οδηγίες της συνταγής πιο πάνω και πέστε τες χρησιμοποιώντας την προστακτική του ενικού. Μετά γράψτε τες*

13 *Ζητήστε από τον διπλανό σας / τη διπλανή σας να κάνει διάφορα πράγματα. Χρησιμοποιήστε τα ρήματα "ανοίγω", "κλείνω", "έρχομαι", "μιλάω", "λέω", "πηγαίνω", "καπνίζω"*

π.χ. (α) A : Γράψε δύο ελληνικές λέξεις στο τετράδιό σου.
          B : Εντάξει. Ένα λεπτάκι.
     (β) A : Άνοιξε και κλείσε την πόρτα τρεις φορές.
          B : Γιατί δεν πας εσύ καλύτερα; Εγώ είμαι λίγο κουρασμένος / η τώρα.

14 *Γράψτε έξι προτάσεις χρησιμοποιώντας τα πιο κάτω ρήματα στην προστακτική*

μένω / παίρνω / έρχομαι / πίνω / φτιάχνω / διαβάζω

🔲 Τι έχεις; Είσαι άρρωστη;

Ντίνα Τι έχεις; Είσαι άρρωστη;
Λίτσα Δεν αισθάνομαι καλά. Πονάει ο λαιμός μου κι έχω πονοκέφαλο.
Λες να έχω γρίπη;
Ντίνα Μπορεί. Γιατί δεν πας να ξαπλώσεις; Εγώ θα σου φτιάξω
κάτι ζεστό να πιεις. Ένα χαμομήλι ίσως.
Λίτσα Μήπως είναι καλύτερα να πάρω μια ασπιρίνη;
Ντίνα Γιατί; Έχεις πυρετό;
Λίτσα Δε νομίζω.
Ντίνα Άκουσέ με. Το καλύτερο που έχεις να κάνεις είναι να πας στο κρεβάτι σου.
Αν ξαπλώσεις από τώρα, αύριο το πρωί θα είσαι καλά.
Λίτσα Είχαμε γιατρό στο σπίτι και δεν το ξέραμε!

1 Σωστό ή λάθος;

1. Η Λίτσα δεν αισθάνεται καλά σήμερα.
2. Πονάει το στομάχι της.
3. Η Λίτσα έχει υψηλό πυρετό.
4. Η Λίτσα πιστεύει πως είναι καλύτερα
να πάρει μια ασπιρίνη.
5. Η Ντίνα είναι γιατρός.

Κοιτάξτε! 🔲🔲

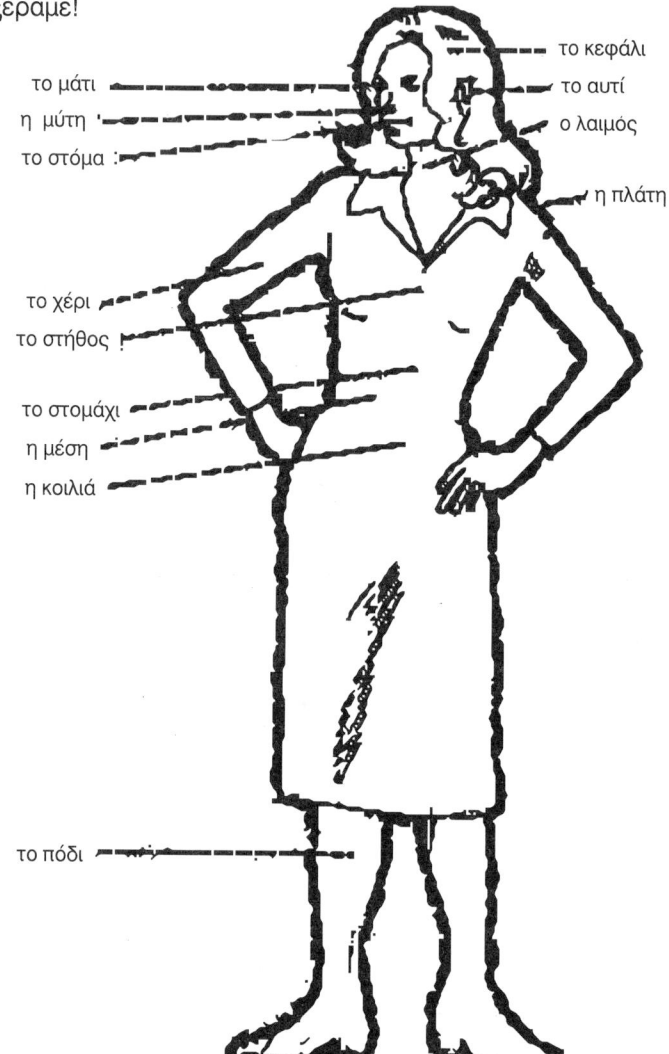

το κεφάλι
το μάτι
το αυτί
η μύτη
ο λαιμός
το στόμα
η πλάτη
το χέρι
το στήθος
το στομάχι
η μέση
η κοιλιά
το πόδι

A: Τι έχεις; Δεν είσαι καλά;		
B: Πονάει	ο	λαιμός μου.
	η	πλάτη μου. κοιλιά μου.
	το	στομάχι μου. μάτι μου. αυτί μου.
Πονάνε	τα	μάτια μου. πόδια μου.

A: Τι έχεις;	
B: Έχω	πονοκέφαλο. γρίπη. πυρετό.
Είμαι	κρυωμένος/η.

έχω πονοκέφαλο = πονάει το κεφάλι μου

2 Μιλήστε με τον διπλανό σας / τη διπλανή σας

Παράδειγμα

εσύ;

A: Τι έχεις;
B: Πονάει το αυτί μου.
A: Πονάει πολύ;
B: Ευτυχώς όχι.

η δ. Βιργινία;	εσύ;	η Άννα;
	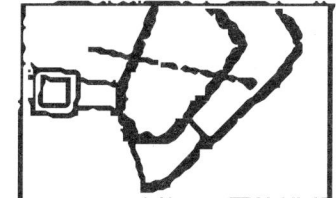	
η κ. Κανάκη;	η Ελένη;	εσείς;
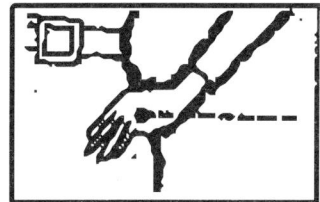	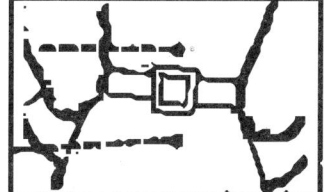	
η καθηγήτρια;	εσύ;	η αδελφή σου;
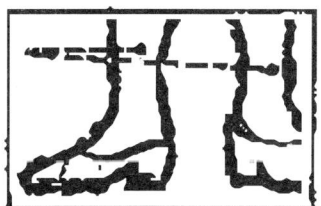	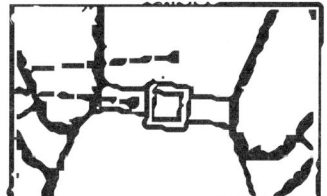	

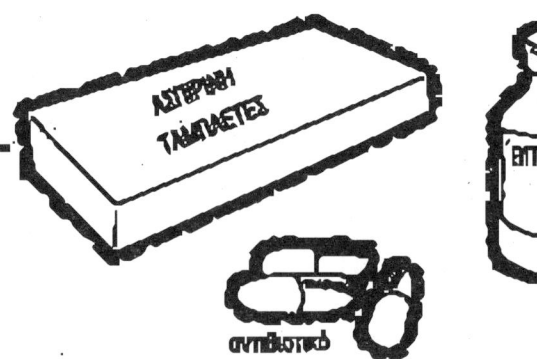
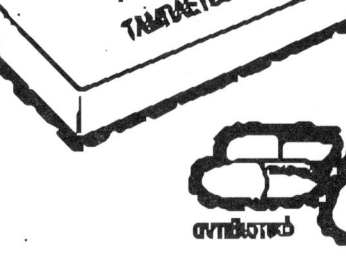

Γιατί δεν πας να ξαπλώσεις;

Λίτσα Νομίζω ότι έχω πυρετό.
Ντίνα Γιατί δεν πας να' ξαπλώσεις;
Λίτσα Ήμουνα στο κρεβάτι πέντε ώρες.
Ντίνα Γιατί δεν παίρνεις μια ασπιρίνη τότε;
Λίτσα Ξέρεις ότι δε μ' αρέσουν τα φάρμακα.

3 *Ο διπλανός / η διπλανή σας μπορεί να έχει ένα από τα εξής προβλήματα:*

- πονάει το στομάχι του/της
- πονάνε τα πόδια του/της και έχει πυρετό
- πονάει το δόντι του/ της
- πονάει το δεξιό του/της μάτι
- πονάει το στήθος του/της

Μερικές ειδικότητες γιατρών

παθολόγος
στομαχολόγος
γυναικολόγος
ενδοκρινολόγος
ωτορινολαρυγγολόγος
καρδιολόγος

νευρολόγος
παιδίατρος
οφθαλμίατρος
οδοντίατρος
ψυχίατρος
χειρούργος

Προτείνετέ του/της να πάει σ' έναν ειδικό

π.χ. Α : Πονάει το στομάχι μου.
      Β : Πονάει πολύ;
      Α : Πολύ και αρκετά συχνά.
      Β : Γιατί δεν πας να δεις έναν στομαχολόγο;
      Α : Ίσως έχεις δίκιο.

4 *Τώρα γράψτε τρεις από τους διαλόγους που είπατε*

5 *Προτείνετε στους φίλους σας τι να κάνουν*

Περαστικά σας!

Παράδειγμα

Βαριέμαι. Δεν ξέρω τι να κάνω / σινεμά; / χθες / θέατρο; / δεν μ' αρέσει / καλό βιβλίο.

A : Βαριέμαι. Δεν ξέρω τι να κάνω.
B : Γιατί δεν πας στο σινεμά;
A : Πήγα χθες στο σινεμά.
B : Γιατί δεν πας στο θέατρο τότε;
A : Δεν μ' αρέσει το θέατρο.
B : Τότε το καλύτερο που έχεις να κάνεις είναι να διαβάσεις ένα καλό βιβλίο.

1. Πεινάω πάρα πολύ / ένα σάντουϊτς; / (δεν) τυρί / φρούτα; / δεν μ' αρέσουν / στην ταβέρνα.
2. Είδα όλες τις καλές ταινίες αυτής της εβδομάδας / τηλεόραση; / χαλασμένη / ταινία στο βίντεο; / δεν έχω / ακούσεις μουσική
3. Πρέπει να πλύνω όλα τα πιάτα / αύριο; / μυρίζουν πολύ. / η γυναίκα σου; / χθες / πλυντήριο πιάτων

Το κρυολόγημα

Ήρθε το φθινόπωρο και ο ένας στους δέκα Έλληνες είναι πάλι κρυωμένος. Ποια είναι τα συμπτώματα του κρυολογήματος; Συνήθως, όταν είσαι κρυωμένος, αισθάνεσαι κουρασμένος, έχεις συνάχι (δηλαδή, τρέχει η μύτη σου) και πολλές φορές πονάει ο λαιμός σου. Ή μπορεί να έχεις πονοκέφαλο, να πονάει το στομάχι σου ή να έχεις και πυρετό ακόμα.

Τι μπορεί να κάνει κανείς;

Ο καθένας έχει και από ένα φάρμακο. Άλλοι πίνουν ζεστό χυμό λεμονιού με μέλι ή ζεστό τσάι με μπράντυ. Άλλοι παίρνουν βιταμίνη C σε χάπια. Άλλοι λένε πως αυτό που χρειάζεται κανείς είναι ξεκούραση και πολλά υγρά. Άλλοι, πάλι, προτιμούν να κάνουν ζεστά και κρύα ντους ενώ πολλοί πιστεύουν πως το καλύτερο φάρμακο είναι η ασπιρίνη. Ένας ειδικός, πάντως, λέει πως το βασικότερο απ' όλα είναι η ξεκούραση.

6 Διαβάστε το άρθρο και απαντήστε

1. Φάρμακο είναι:

   (α) κάτι που πίνουμε.

   (β) κάτι που παίρνουμε όταν είμαστε άρρωστοι.

2. Ποιο είναι το καλύτερο φάρμακο για το κρυολόγημα;

   _____

3. Το νερό είναι υγρό. Ο χυμός του πορτοκαλιού είναι υγρό. Βρέστε δύο άλλα υγρά που αναφέρονται στο άρθρο.

   (α) _____ (β) _____

4. Σύμφωνα με τον ειδικό, ποιο είναι το πιο βασικό πράγμα;

   _____

🔲 Αν ο καιρός δεν είναι καλός, θα μείνουμε στο σπίτι

Αύριο, αν ο καιρός είναι καλός, θα πάμε κρουαζιέρα στα νησιά του Σαρωνικού με το σκάφος του φίλου μας του Φώτη. Θα πάμε πρώτα στην Αίγινα, μετά στον Πόρο, και ύστερα κατευθείαν στις Σπέτσες για μεσημεριανό στο σπίτι της ξαδέλφης του Φώτη, κοντά στο λιμάνι. Το απόγευμα θα πάμε για καφέ στην Ύδρα και από εκεί, πίσω στον Πειραιά. Αν πάλι ο καιρός δεν είναι καλός, θα μείνουμε στο σπίτι και το βράδυ θα πάμε στο θέατρο, αν βρούμε εισιτήρια, βέβαια.

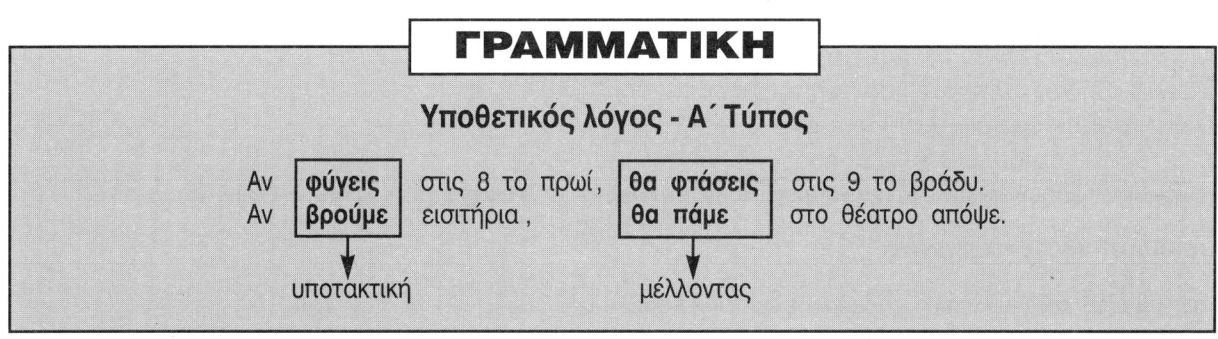

95

7 *Συμπληρώστε τα κενά με τα ρήματα στον σωστό χρόνο και πρόσωπο*

1. Αν _____ νωρίς το απόγευμα, θα τον _____ . (εσύ, φτάνω, βλέπω)

2. Αν _____ παπούτσια, δεν θα _____ και μπότες. (εγώ, αγοράζω, παίρνω)

3. Αν ο καιρός _____ καλός, θα _____ στο βουνό. (είμαι, εμείς, πάω)

4. Αν _____ τα παιδιά σας, θα _____ ωραία με τα δικά μας. (έρχομαι, παίζω)

5. Αν _____ στις 7, θα _____ στο γραφείο στις 8.30. (αυτές, ξυπνάω, είμαι)

6. Αν _____ στο σπίτι απόψε, θα _____ μουσική. (εμείς, μένω, ακούω)

7. Αν _____ και _____ πολύ, θα _____ πονοκέφαλο. (εσύ, τρώω, πίνω, έχω)

8 *Είστε προληπτικός;*
Συμπληρώστε τις προτάσεις με τις σωστές λέξεις/εκφράσεις που είναι μέσα στο πλαίσιο

> θα φας - δεις - θα πάρεις - ανοίξεις - θα φύγουν - περάσεις

1. Αν _____ στον δρόμο σου μια μαύρη γάτα, θα πάθεις κάποιο κακό.

2. Αν _____ κάτω από μια σκάλα, θα έχεις κάποιο ατύχημα.

3. Αν σε τρώει η μύτη σου, _____ ξύλο.

4. Αν _____ μια ομπρέλα μέσα στο σπίτι, θα γίνει κάποιο κακό.

5. Αν ρίξεις αλάτι πάνω από τον ώμο σου, _____ γρήγορα όλοι οι καλεσμένοι σου.

6. Αν σε τρώει η αριστερή παλάμη σου, _____ λεφτά σύντομα.

9 *Ρωτήστε τον διπλανό σας / τη διπλανή σας τι θα κάνει:*

αν πάει στη Ρώμη / στη Μόσχα / στο Παρίσι / στη Νέα Υόρκη / στο Ρίο ντε Τζανέιρο.
αν μείνει στο σπίτι απόψε
αν ο καιρός είναι καλός την Κυριακή
αν έρθει κάποιος φίλος στο σπίτι του/της απόψε
αν δεν πάει στη δουλειά αύριο το πρωί
αν δει έναν κροκόδειλο στην μπανιέρα
αν τον/την πάρουν τηλέφωνο και του/της πουν ότι κέρδισε 100 εκατομμύρια στο ΠΡΟ-ΠΟ

Χρησιμοποιήστε τα ρήματα

πάω - τρώω - πίνω - βλέπω - χορεύω - φωνάζω - λιποθυμάω

10 *Γράψτε διάφορα πράγματα που θα κάνετε, αν πάτε φέτος το καλοκαίρι για διακοπές σ' ένα ελληνικό νησί. Χρησιμοποιήστε τα παρακάτω ρήματα και ουσιαστικά*

πάω - τρώω - πίνω - κολυμπάω - χορεύω - βλέπω

ρετσίνα - ούζο - καλαμαράκια - μουσακάς - χταπόδι
αρχαία μνημεία - ελληνικοί χοροί - ταβέρνες - βάρκα

Ανακεφαλαίωση Μαθημάτων 7-11

1 *Κοιτάξτε τις υποβοηθητικές λέξεις και γράψτε ερωτήσεις.*
Χρησιμοποιήστε "πόσος", "πόση", "πόσο" κ.λπ.

1. φοιτητές / ήταν / πάρτι; _____

2. ζάχαρη / θέλεις; _____

3. μολύβια / χρειάζονται / μαθήτριες; _____

4. καφές / υπάρχει / βάζο; _____

5. δολάρια / αγοράσανε / τράπεζα; _____

6. Ιταλούς / ξέρει / κ. Ανδρεάδης; _____

7. μπλούζες / έχει / Σοφία; _____

8. αλάτι / βάζετε / σαλάτα; _____

9. γλώσσες / μιλάει / Γιώργος; _____

10. λάδι / ήταν / μπουκάλι; _____

2 *Τώρα κοιτάξτε τις πιο πάνω πληροφορίες και μιλήστε με τον διπλανό σας / τη διπλανή*
σας. Χρησιμοποιήστε την αντωνυμία "πολύς / πολλή / πολύ" στον σωσό τύπο

π.χ.   Α : Πόσοι φοιτητές ήταν στο πάρτι;
       Β : Ήταν πολλοί.

98

3 *Κοιτάξτε τους πίνακες και μιλήστε με τον διπλανό σας / τη διπλανή σας.*
Χρησιμοποιήστε τον μονολεκτικό τύπο του συγκριτικού βαθμού

π.χ. Α : Ποιος μαθητής είναι καλύτερος στα μαθηματικά; Ο Γιώργος ή ο Αντρέας;
      Β : Ο Αντρέας.
      Α : Και ποιος είναι ο καλύτερος από τους τρεις;
      Β : Ο Μιχάλης.

πράσινο αυτοκίνητο Δρχ. 2.850.000	κόκκινο αυτοκίνητο Δρχ. 990.000	μαύρο αυτοκίνητο Δρχ. 4.500.000
Μαρία 1,53 μ.	**Άννα** 1,78 μ.	**Άρτεμις** 1,70 μ.
Γιώργος Μαθηματικά 6/10 Φυσική 7/10	**Μιχάλης** Μαθηματικά 9/10 Φυσική 8/10	**Αντρέας** Μαθηματικά 8/10 Φυσική 9/10
Φίατ 6λ/100χιλ.	**Ρενώ** 7λ/100χιλ.	**Φολκσβάγκεν** 8λ/100χιλ.
πρώτο σπίτι 1968	**δεύτερο σπίτι** 1986	**τρίτο σπίτι** 1952

4 *Παίξτε ένα ρόλο!*
Διαβάστε τις πιο κάτω πληροφορίες και μιλήστε με τον διπλανό σας / τη διπλανή σας.
Οι πληροφορίες για τον διπλανό σας / τη διπλανή σας είναι στην επόμενη σελίδα

Α : Βλέπετε ότι ο φίλος σας / η φίλη σας δεν είναι πολύ καλά.
    Τον/την ρωτάτε τι έχει.
    Αυτός/αυτή σας λέει τι έχει.
    Του/της λέτε τι νομίζετε ότι πρέπει να κάνει.
    Αν σας πει ότι αυτό που του/της είπατε να κάνει το έκανε ήδη (π.χ. πήρα ήδη ασπιρίνη), τότε
    προτείνετε κάτι άλλο.

4 *Παίξτε ένα ρόλο!*

Διαβάστε τις πιο κάτω πληροφορίες και μιλήστε με τον διπλανό σας / τη διπλανή σας.
Οι πληροφορίες για τον διπλανό σας / τη διπλανή σας είναι στην προηγούμενη σελίδα

Β : Ο φίλος σας / η φίλη σας σας ρωτάει τι έχετε..
Εσείς του/της λέτε ότι πονάει το κεφάλι σας.
Αυτός/αυτή σας λέει τι νομίζει ότι πρέπει να κάνετε.
Εσείς του/της λέτε ότι το κάνατε ήδη (π.χ. πήρα ήδη ασπιρίνη).

5 *Γράψτε στο κενό τη σωστή λέξη.*
Χρησιμοποιήστε τις λέξεις που είναι στο πλαίσιο από μια φορά

> πόση - τι - ποιο - πόσον - πού - γιατί - πόσοι - πώς - πόσα

1. _____ καιρό έχετε στην Ελλάδα, δεσποινίς Σμιθ;
2. _____ δεν πάτε να ξαπλώσετε στον καναπέ;
3. _____ ζάχαρη βάζεις στον καφέ σου;
4. _____ είναι το καλύτερο φάρμακο για τον πονοκέφαλο;
5. _____ θα κάνεις αύριο αν ο καιρός είναι καλός;
6. _____ φτιάχνεις μελιτζανοσαλάτα;
7. _____ σπουδαστές είστε, όλοι μαζί;
8. _____ χιλιόμετρα έχει κάνει το αυτοκίνητό σου;
9. _____ γεννήθηκες; Στην Ελλάδα ή στην Αμερική;

6 *Πρώτα βρέστε τις άγνωστες λέξεις.*
Μετά αντικαταστήστε τις υπογραμμισμένες λέξεις με την κατάλληλη προσωπική
αντωνυμία, χρησιμοποιώντας προστακτική ενικού ή πληθυντικού, ανάλογα

1. Πέστε σε κάποιον κύριο μεγαλύτερο από σάς να αγοράσει <u>το κασετόφωνο</u> από το κατάστημα του αδελφού σας.

   Αγοράστε το από το κατάστημα του αδελφού μου

2. Πέστε σ' έναν φίλο σας να διαβάσει στα παιδιά μια ιστορία.
3. Πέστε στην αδελφή σας να βάλει τη βιβλιοθήκη απέναντι από τον καναπέ.
4. Πέστε στον μαιτρ σ' ένα εστιατόριο να σας δώσει έναν κατάλογο.
5. Πέστε στον γιο σας να βγάλει τα σκουπίδια έξω από το σπίτι.
6. Πέστε σ' έναν ηλικιωμένο καθηγητή να δώσει στις μαθήτριες ασκήσεις για το σπίτι.
7. Πέστε στον ξάδελφό σας να φτιάξει την ομελέτα στις οχτώ.
8. Πέστε σ' έναν ηλικιωμένο κύριο να γράψει στον θείο σας δυο λόγια.

7 *Γράψτε τις ερωτήσεις*

1. Α : _____

   Β : Συνήθως τα πλένει ο Κωστής.

2. Α : _____

   Β : Έχω ένα χρόνο και μερικούς μήνες.

3. Α : _____

   Β : Γιατί δεν παίρνεις μια ασπιρίνη;

4. Α : _____

   Β : Ένα λεπτάκι. Ορίστε.

5. Α : _____

   Β : Όχι, δεν υπάρχει καθόλου. Πρέπει να αγοράσουμε.

6. Α : _____

   Β : Θα αγοράσω ένα αεροπλάνο και θα γυρίσω όλο τον κόσμο.

7. Α : _____

   Β : Νάτος. Δεν τον βλέπεις;

8. Α : _____

   Β : Έχω περίπου μισή ώρα.

8 *Γράψτε τα ρήματα στο σωστό πρόσωπο και χρόνο*

1. Εμείς _____ να _____ μέχρι αύριο. (μπορώ, περιμένω)

2. Η Μάργκαρετ δεν _____ πολύ καλά τι της _____ η κυρία χθες στο μουσείο.
   (καταλαβαίνω, λέω)

3. Πριν από λίγο το βάζο _____ στο τραπέζι. Τώρα που _____ ; (είμαι)

4. Και τα δύο παιδιά δεν _____ καλά σήμερα. (αισθάνομαι)

5. Αν (εσείς) _____ τώρα, αύριο το πρωί θα _____ νωρίς.
   (ξαπλώνω, ξυπνάω)

6. Ο γιος σου _____ κάθε μέρα; (ξυρίζομαι)

7. Εσύ τι θα _____ αν ο διευθυντής σου _____ στο σπίτι σας;
   (κάνω, έρχομαι)

8. Εμείς τα _____ τώρα. Εσείς πότε τα _____ ; (χρειάζομαι)

9. Εγώ πάντα _____ στις εφτάμισι. Εσύ τι ώρα _____ συνήθως; (σηκώνομαι)

10. Ποιος θα _____ τα ρούχα απόψε; (πλένω)

11. Προχθές τα παιδιά _____ τα κρεβάτια τους και _____ το δωμάτιό τους.
    (στρώνω, σκουπίζω)

12. Εμείς θα _____ ώς τις οχτώ. Εσείς μέχρι ποια ώρα θα _____ ; (δουλεύω)

	1	2	3	4	5	6	7	8	9	10
1	Κ	Ο	Ι	Λ	Ι	Α	Ψ	Ζ	Θ	Μ
2	Κ	Ε	Φ	Α	Λ	Ι	Ν	Γ	Ψ	Υ
3	Χ	Ε	Ρ	Ι	Α	Ν	Β	Ω	Δ	Τ
4	Ζ	Ξ	Β	Μ	Μ	Ε	Σ	Η	Γ	Η
5	Ω	Π	Δ	Ο	Α	Δ	Κ	Π	Ζ	Β
6	Θ	Λ	Ξ	Σ	Τ	Η	Θ	Ο	Σ	Ω
7	Γ	Α	Ν	Υ	Ι	Γ	Ξ	Δ	Τ	Ν
8	Σ	Τ	Ο	Μ	Α	Χ	Ι	Ι	Ο	Θ
9	Κ	Η	Ζ	Β	Ψ	Θ	Ψ	Α	Μ	Δ
10	Β	Δ	Ω	Ξ	Α	Υ	Τ	Ι	Α	Ν

9 *Βρέστε τουλάχιστον δώδεκα μέρη του ανθρώπινου σώματος*

10 *Ξαναγράψτε τις προτάσεις χρησιμοποιώντας το αναφορικό "που"*

1. Έδωσε στην Ελένη πολλή δουλειά.

   Η δουλειά που έδωσε στην Ελένη ήταν πολλή.

2. Αγοράσανε στη μαμά τους μια γαλλική κολόνια.
3. Διάβασε στα παιδιά ένα ωραίο παραμύθι.
4. Θα πάρει στην γραμματέα του ένα ακριβό δώρο.
5. Στείλαμε ένα μικρό δέμα στον αδελφό μας.
6. Ο πατέρας του μου έδωσε λίγα λεφτά.
7. Θέλω να σου πάρω τον καλύτερο υπολογιστή.

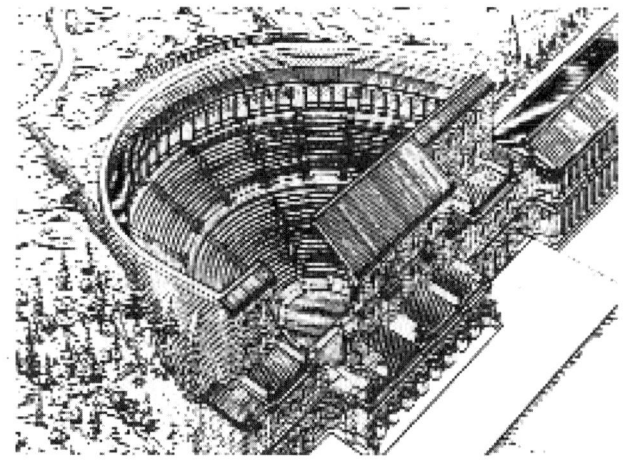

🔲 Το Φεστιβάλ Αθηνών

Κάθε καλοκαίρι, από τον Ιούνιο ώς τον Σεπτέμβριο, στο αρχαίο θέατρο Ηρώδου του Αττικού (ή Ηρώδειο) που είναι κάτω από την Ακρόπολη, γίνεται το Φεστιβάλ Αθηνών.

Στο Φεστιβάλ συμμετέχουν συμφωνικές ορχήστρες, γνωστοί σολίστες, μπαλέτα, θεατρικά συγκροτήματα, και μεγάλοι τραγουδιστές, τόσο από την Ελλάδα όσο και από άλλες χώρες του κόσμου.

Το θέατρο είναι κάθε βράδυ γεμάτο από Έλληνες και τουρίστες που έρχονται ν' ακούσουν καλή μουσική, να δουν κάποιο γνωστό μπαλέτο ή όπερα ή, ακόμα, να παρακολουθήσουν κάποια αρχαία ελληνική τραγωδία ή κωμωδία.

Τον ίδιο σχεδόν καιρό, σ' ένα άλλο αρχαίο θέατρο στην Πελοπόννησο, το αρχαίο θέατρο της Επιδαύρου, που απέχει περίπου 140 χιλιόμετρα από την Αθήνα, γίνεται το Φεστιβάλ Επιδαύρου. Εκεί συνήθως παίζονται μόνο αρχαίες ελληνικές τραγωδίες και κωμωδίες.

11 Ταιριάξτε τις λέξεις του κειμένου με τους ορισμούς

1. πάρα πολύ παλιό
2. ομάδες, γκρουπ
3. του θεάτρου
4. βλέπουν
5. μεγάλες ορχήστρες κλασικής μουσικής
6. παίρνουν μέρος
7. είναι μακριά

α. συμμετέχουν
β. συμφωνικές ορχήστρες
γ. αρχαίο
δ. συγκροτήματα
ε. θεατρικά
στ. παρακολουθούν
ζ. απέχει

12 Συμπληρώστε τα κενά με τις σωστές λέξεις

1. Το Φεστιβάλ Αθηνών _____ κάθε καλοκαίρι στο θέατρο Ηρώδου του Αττικού.
2. Πολλά από τα θεατρικά συγκροτήματα που _____ στο Φεστιβάλ Αθηνών είναι ξένα.
3. Το Ηρώδειο και το θέατρο της Επιδαύρου είναι _____ θέατρα.
4. Η Επίδαυρος δεν είναι πολύ μακριά από την Αθήνα. _____ μόνο 140 χιλιόμετρα.
5. Χιλιάδες Έλληνες και ξένοι _____ το Φεστιβάλ Αθηνών κάθε χρόνο.
6. Στο Φεστιβάλ Επιδαύρου μπορεί να παρακολουθήσει κανείς αρχαίες ελληνικές _____

   και _____ .

13 Συμπληρώστε τις προτάσεις με τις σωστές λέξεις/εκφράσεις που είναι στο πλαίσιο

> αρχαία - ορχήστρα - απέχει - κωμωδίες - συμμετέχει - τραγωδίες - παρακολουθούν

1. Ο Σοφοκλής και ο Ευριπίδης έγραψαν πολλές _____ . Ο Αριστοφάνης έγραψε

   μόνο _____ .
2. Η Φιλαρμονική του Βερολίνου είναι από τις πιο γνωστές _____ του κόσμου.
3. Η Ελλάδα πάντα _____ στους Ολυμπιακούς Αγώνες.
4. Οι Έλληνες σήμερα δεν μιλάνε _____ ελληνικά. Μιλάνε νέα ελληνικά.
5. Εκατομμύρια άνθρωποι κάθε τέσσερα χρόνια _____ τους Ολυμπιακούς Αγώνες

   στην τηλεόραση.
6. Η Θεσσαλονίκη _____ ακριβώς 520 χιλιόμετρα από την Αθήνα.

14 Ξέρετε κανένα άλλο γνωστό φεστιβάλ στον κόσμο; Στην χώρα σας γίνεται κάποιο άλλο φεστιβάλ; Μιλήστε γι' αυτά και μετά γράψτε μια παράγραφο χρησιμοποιώντας τις καινούριες λέξεις που μάθατε

Μάθημα 13 (Μάθημα Δέκατο Τρίτο)

📼 Επιτρέπεται;

Γραμματέας	Επιτρέπεται;
Διευθυντής	Ναι, Κλειώ. Έλα μέσα. Δε μου λες, μπορείς να γράψεις αυτά τα δύο γράμματα μέχρι τις έντεκα;
Γραμματέας	Μάλιστα, κύριε Βασιλειάδη. Θα τα γράψω αμέσως.
Διευθυντής	Ωραία. Α, ναι. Μου φέρνεις και τον φάκελο του ΕΡΜΗΣ; Ξέρεις, του ταξιδιωτικού γραφείου που είχαμε ...
Γραμματέας	Ναι, ναι. Ξέρω.
Διευθυντής	Αυτά. Ευχαριστώ.
Γραμματέας	Παρακαλώ. Κύριε Βασιλειάδη, μπορώ να φύγω μισή ώρα πιο νωρίς σήμερα; Πρέπει να πάω την κόρη μου στον γιατρό.
Διευθυντής	Ναι, παιδί μου. Να φύγεις. Μόνο μην αργείς αύριο το πρωί. Πρέπει να ετοιμάσουμε τα δέματα για τη Θεσσαλονίκη.
Γραμματέας	Μείνετε ήσυχος.

1 Σωστό ή λάθος;

1. Η Κλειώ δεν είναι σίγουρη αν μπορεί να μπει στο γραφείο του διευθυντή.
2. Ο κ. Βασιλειάδης θέλει τα γράμματα να είναι έτοιμα ώς τις δώδεκα.
3. Η Κλειώ δεν μπορεί να γράψει τα γράμματα πριν από τις έντεκα.
4. Το ΕΡΜΗΣ είναι ταξιδιωτικό γραφείο.
5. Η Κλειώ ζητάει από τον κ. Βασιλειάδη να φύγει στις τέσσερις και μισή.
6. Ο κ. Βασιλειάδης δεν έχει πρόβλημα αν η γραμματέας του φύγει πιο νωρίς σήμερα.
7. Η Κλειώ θα αργήσει και αύριο το πρωί γιατί πρέπει να στείλει κάτι δέματα στη Θεσσαλονίκη.

Επιτρέπεται ή απαγορεύεται;

 απαγορεύεται να σταματήσεις
 απαγορεύεται να παρκάρεις
 απαγορεύεται να στρίψεις δεξιά
 απαγορεύεται να στρίψεις αριστερά
 είσαι υποχρεωμένος να σταματήσεις
 απαγορεύεται να προσπεράσεις
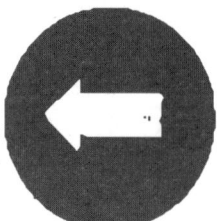 είσαι υποχρεωμένος να πας αριστερά
 είσαι υποχρεωμένος να πας ευθεία

2 *Κοιτάξτε τα σήματα στην προηγούμενη σελίδα και μιλήστε*

Παράδειγμα

(α) Α : Πρέπει να πάω αριστερά;
    Β : Ναι, δεν επιτρέπεται να πάτε δεξιά.

(β) Α : Μπορώ να πάω αριστερά;
    Β : Δεν επιτρέπεται. Είστε υποχρεωμένος/η να πάτε δεξιά.

3 *Κοιτάξτε τις επιγραφές και τα φανάρια για τους πεζούς και μιλήστε μεταξύ σας. Χρησιμοποιήστε αυτά τα ρήματα*

> μπαίνω - τραβάω - σπρώχνω - περνάω απέναντι - κάνω ησυχία - σταματάω

π.χ. Α : Τι σημαίνει η επιγραφή "ΑΠΑΓΟΡΕΥΕΤΑΙ Η ΕΙΣΟΔΟΣ";
     Β : Σημαίνει ότι δεν μπορείς / δεν επιτρέπεται / απαγορεύεται να μπεις.

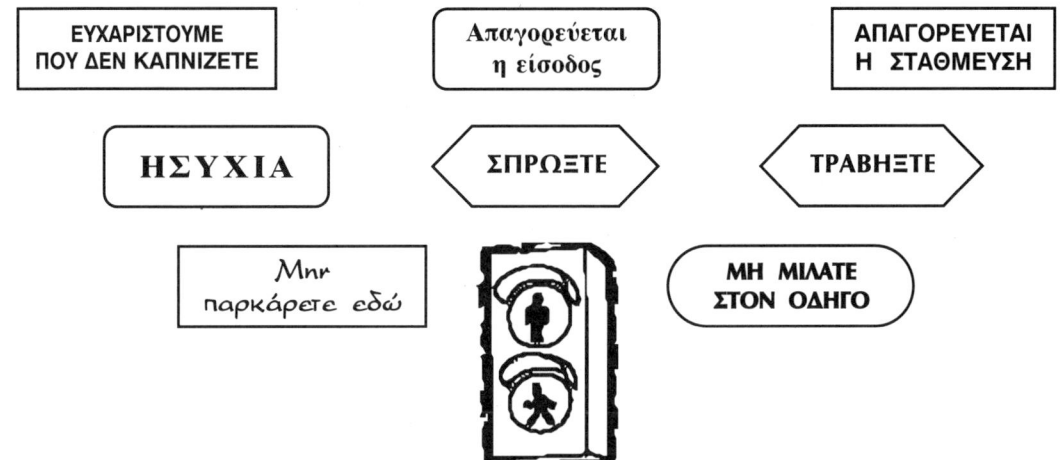

4 *Στην Ελλάδα:*

- όλοι οι άντρες είναι υποχρεωμένοι να κάνουν στρατιωτική θητεία
- είσαι υποχρεωμένος να έχεις πάντα μαζί σου την αστυνομική σου ταυτότητα
- μπορείς να πάρεις δίπλωμα οδήγησης μόλις γίνεις 18 χρονών
- δεν χρειάζεται να πληρώσεις μόλις σου φέρουν τον καφέ σου
- δεν μπορείς να ψηφίσεις αν δεν είσαι τουλάχιστον 18 χρονών

Πώς είναι τα πράγματα στη χώρα σου;

> **δεν είσαι υποχρεωμένος = δεν χρειάζεται**

🔲 Μπορείς να πάρεις τηλέφωνο τη σπιτονοικοκυρά;

Κώστας   Μπορείς να πάρεις τηλέφωνο τη σπιτονοικοκυρά;
Δήμητρα   Για ποιο πράγμα, αγάπη μου;
Κώστας   Για το ενοίκιο.
Δήμητρα   Δεν την παίρνεις εσύ πιο καλά; Εγώ βλέπω τηλεόραση τώρα.
Κώστας   Πάλι εγώ;

5 *Κοιτάξτε το παράδειγμα και μιλήστε*

Παράδειγμα

(γράφω) / γράμματα // 1 ώρα

Α : Πρέπει να γράψεις τα γράμματα αμέσως.
Β : Δεν μπορώ να τα γράψω τώρα. Κάνω κάτι άλλο αυτή τη στιγμή.
Α : Μετά από πόση ώρα μπορείς να τα γράψεις;
Β : Μετά από 1 ώρα περίπου.
Α : Τι να κάνουμε; Θα περιμένω.

1. (γράφω) / τα γράμματα // 1 ώρα
2. (σκουπίζω) / το σαλόνι // ½ ώρα
3. (πλένω) / αυτές τις μπλούζες // 2 ώρες
4. (διαβάζω) / το μάθημά σου / 3 ώρες
5. (φτιάχνω) / τα αυγά // αργότερα
6. (βλέπω) / τους πελάτες // ένα τέταρτο
7. (στρώνω) / το κρεβάτι // λίγη ώρα

6 *Ζητήστε από τον φίλο σας / τη φίλη σας να κάνει διάφορα πράγματα για σάς.*
Δουλέψτε καλύτερα σε ομάδες των τριών

π.χ. Α : Μπορείς να κλείσεις το παράθυρο, σε παρακαλώ.
     Β : Δεν μπορώ. Κάνω κάτι άλλο τώρα. / Έχω δουλειά τώρα κλ.π.
     Α : Μήπως μπορείς εσύ να κλείσεις το παράθυρο;
     Γ : Ούτ' εγώ μπορώ. Πονάει το πόδι μου / κτλ.

 Μην κολυμπάς εδώ. Είναι επικίνδυνο.

Κώστας Μην κολυμπάς εδώ, φίλε. Είναι επικίνδυνο.
Κάποιος Επικίνδυνο; Γιατί;
Κώστας Γιατί τα νερά είναι μολυσμένα. Δε βλέπεις την επιγραφή;
Κάποιος Δεν την πρόσεξα. Ευχαριστώ πάντως.
Κώστας Εντάξει.

Κοιτάξτε!

Όταν θέλουμε να πούμε σε κάποιον ότι δεν πρέπει να κάνει κάτι, χρησιμοποιούμε το μόριο **"μη(ν)"** με το ρήμα συνήθως στον ενεστώτα.

> Έτσι, λέμε: Μην καπνίζεις εδώ μέσα, σε παρακαλώ.
> Μη σκουπίζεις τώρα. Σκούπισε αργότερα.
>
> Μην πάτε στο γραφείο της σήμερα. Δεν είναι εκεί.
> Μη μιλάτε στον οδηγό του λεωφορείου.

---

7 *Κοιτάξτε αυτές τις συμβουλές σχετικά με το τρέξιμο.*
Ποιες είναι σωστές και ποιες δεν είναι;

1. Μην τρέχεις αν αισθάνεσαι κουρασμένος.
2. Μην πίνεις ποτέ νερό όταν τρέχεις.
3. Μην τρέχεις ποτέ ξυπόλυτος.
4. Μην τρέχεις αν είσαι κρυωμένος.
5. Μην τρέχεις γρήγορα σε κατήφορο.
6. Μην τρέχεις αν είσαι πάνω από πενήντα χρονών.
7. Μην τρέχεις αργά το βράδυ.
8. Μην τρέχεις ποτέ με γεμάτο στομάχι.
9. Μη μιλάς ποτέ όταν τρέχεις.

---

8 *Δουλέψτε σε ομάδες των τριών. Σκεφτείτε και γράψτε από δύο (ή περισσότερες) συμβουλές για καθένα από τους πιο κάτω. Αρχίστε τις προτάσεις με "μην..."*

- έναν τουρίστα στη χώρα σας
- κάποιον που μαθαίνει τη γλώσσα σας
- κάποιον που μαθαίνει ελληνικά
- κάποιον που είναι καινούριος οδηγός
- κάποιον που θέλει να έχει περισσότερους φίλους

📼 Μπορώ να φύγω πιο νωρίς σήμερα;

Υπάλληλος	Μπορώ να φύγω πιο νωρίς σήμερα;
Προϊστάμενος	Δηλαδή, τι ώρα θέλετε να φύγετε ακριβώς;
Υπάλληλος	Στις τεσσερισήμισι.
Προϊστάμενος	Υπάρχει σοβαρός λόγος;
Υπάλληλος	Μάλιστα. Πρέπει να πάω τη μητέρα μου στον γιατρό και δεν υπάρχει κανείς άλλος να την πάει.
Προϊστάμενος	Εντάξει.

Κοιτάξτε! 👀

Όταν κάποιος μας ζητάει την άδεια να κάνει κάτι κι εμείς δεν έχουμε αντίρρηση, απαντάμε έτσι:
Βεβαίως. / Παρακαλώ. / Δεν υπάρχει πρόβλημα.

Όταν έχουμε αντίρρηση, τότε απαντάμε κάπως έτσι:
Λυπάμαι, δε γίνεται. / Μην (πηγαίνετε) σας παρακαλώ.

Όταν δεν έχουμε σοβαρή αντίρρηση, τότε μπορούμε να πούμε:
Τι να σας πω; / Όπως νομίζετε.

Παρατήρηση Όταν μια λέξη τελειώνει σε φωνήεν και η επόμενη αρχίζει από το ίδιο φωνήεν, συχνά χάνεται το τελικό φωνήεν της προηγούμενης λέξης. (να ανοίξω → ν' ανοίξω)

---

9 *Κοιτάξτε τα παραδείγματα και μιλήστε ανάλογα*

Παράδειγμα

κάνει ζέστη / (ανοίγω) / παράθυρο; // (ναι)

Α : Κάνει ζέστη. Μπορώ ν' ανοίξω το παράθυρο;
Β : Ναι, βεβαίως. Άνοιξέ το.

1. κάνει ζέστη / (ανοίγω) / παράθυρο; // (ναι)
2. δεν έχω πολλή δουλειά / (φεύγω) / νωρίς; // (όχι)
3. πρέπει / τηλέφωνο / γυναίκα μου // (χρησιμοποιώ) / τηλέφωνό σου; // (ναι)
4. κρυώνω πολύ / (κλείνω) / πόρτα; // (όχι)
5. δεν αισθάνομαι καλά / (ξαπλώνω) / καναπέ; // (ναι)
6. πεινάω πολύ / (τρώω) / το φαγητό σου; // (όχι)
7. δεν έχω φωτιά / (παίρνω) / τα σπίρτα σας; // (ναι)
8. μπλούζα μου / βρώμικη / (βάζω) / δικιά σου; // (όχι)

10 *Τώρα γράψτε τέσσερις διάλογους στους οποίους θα ζητάτε από κάποιον την άδεια να κάνετε κάτι. Στους δύο διάλογους, αυτός που ρωτάτε δεν έχει αντίρρηση, στους άλλους δύο έχει*

🔲 Πού είναι τα κλειδιά του αυτοκινήτου;

Αλέκος	Μήπως ξέρεις πού είναι τα κλειδιά του αυτοκινήτου;
Πόπη	Ναι, είναι στην τσέπη του παλτού μου.
Αλέκος	Εντάξει... Μα αυτά είναι τα κλειδιά του σπιτιού.
Πόπη	Α, ναι; Τότε θα είναι στο τραπεζάκι του δωματίου μας.
Αλέκος	Πάω να τα βρω.

ΓΡΑΜΜΑΤΙΚΗ

Γενική Ενικού
Επίθετα και Ουσιαστικά

Ονομαστική			Γενική		
Αρσενικά					
ο	ακριβ**ός** ωραί**ος**	δίσκ**ος** άνθρωπ**ος** καθρέφτ**ης** πίνακ**ας**	του	ακριβ**ού** ωραί**ου**	δίσκ**ου** ανθρώπ**ου** καθρέφτ**η** πίνακ**α**
Θηλυκά					
η	ακριβ**ή** ωραί**α**	ζών**η** ταβέρν**α**	της	ακριβ**ής** ωραί**ας**	ζών**ης** ταβέρν**ας**
Ουδέτερα					
το	ακριβ**ό** ωραί**ο**	παλτ**ό** βιβλί**ο** θέατρ**ο** κλειδ**ί** μολύβ**ι** χρώ**μα** μάθη**μα**	του	ακριβ**ού** ωραί**ου**	παλτ**ού** βιβλί**ου** θεάτρ**ου** κλειδ**ιού** μολυβ**ιού** χρώ**ματος** μαθή**ματος**

11 *Αλλάξτε αυτές τις προτάσεις χρησιμοποιώντας τη γενική.*
Μετά γράψτε τες

Παράδειγμα

Εδώ κάνει στάση το λεωφορείο.

Αυτή είναι η στάση ___*του λεωφορείου*___

1. Αυτά τα παπούτσια τα φοράει το άλλο παιδί.

   Αυτά τα παπούτσια είναι _____

2. Το κατάστημα έχει διευθυντή τον αδερφό μου.

   Ο αδερφός μου είναι _____

3. Το πρώτο πρόβλημα έχει μόνο μία λύση.

   Η λύση _____

4. Μόνο το αγόρι χρησιμοποιεί τη μεγάλη πετσέτα.

   Η μεγάλη πετσέτα είναι _____

5. Θέλω ένα φλιτζάνι που είναι για τσάι.

   Θέλω ένα _____

6. Ο αριθμός που έχει το τηλέφωνο είναι 745764.

   Ο αριθμός _____

7. Το γαλλικό μολύβι έχει καλή τιμή.

   Η τιμή _____

8. Εκείνο το εστιατόριο λέγεται "Μπαρμπούνι".

   Το όνομα _____

Προσέξτε!

ένα φλιτζάνι του τσαγιού   ένα ποτήρι κρασί

ένα φλιτζάνι τσάι   ένα ποτήρι του κρασιού

 Μου δίνετε το αλάτι;

Όττο	Μου δίνετε το αλάτι, σας παρακαλώ;
Μια γνωστή	Βεβαίως, ορίστε.
Όττο	Μου βάζετε και λίγο κρασί ακόμα;
Μια γνωστή	Αμέσως. Φτάνει τόσο;
Όττο	Ναι, ναι. Είναι αρκετό.

Κοιτάξτε!

Όταν θέλουμε να ζητήσουμε κάτι ευγενικά, αντί την προστακτική, χρησιμοποιούμε τον ενεστώτα με την προσωπική αντωνυμία στη γενική.

π.χ. *Μου δίνετε το ψωμί; / Της λες τι ώρα είναι, σε παρακαλώ;*

Προσωπική αντωνυμία (γενική)		Ρήμα στον ενεστώτα (β΄ πρόσωπο)
μου του/της/του	**+**	δίνεις/δίνετε ... ; βάζεις/ βάζετε ... ;
μας τους		γράφεις/γράφετε ... ; λες/λέτε ... ;

---

12 *Πέστε τον διάλογο με τον διπλανό σας / τη διπλανή σας χρησιμοποιώντας τις λέξεις-κλειδιά. Μιλήστε στον ενικό ή στον πληθυντικό*

1. το πιπέρι / λίγη μπίρα
2. ένα κουτάλι / λίγη σούπα
3. ένα μαχαίρι / λίγο τυρί

4. το πιρούνι / λίγο κρέας
5. έναν κατάλογο / λίγο ούζο
6. μια χαρτοπετσέτα / λίγον καφέ

13 *Μιλήστε με τον διπλανό σας / τη διπλανή σας*

Παράδειγμα

(μου) / ένα μολύβι; / (βεβαίως)

Α : Μου δίνεις ένα μολύβι, σε παρακαλώ;
Β : Βεβαίως. Ορίστε.

(της) / λίγη ζάχαρη; / (δυστυχώς)

Α : Της δίνεις λίγη ζάχαρη, σε παρακαλώ;
Β : Δυστυχώς, δεν έχω.

1. (μου) / ένα μολύβι; / (βεβαίως)
2. (της) / λίγη ζάχαρη; / (δυστυχώς)
3. (του) / μια τσίκλα; / (βεβαίως)
4. (τους) / το βιβλίο σου; / (βεβαίως)
5. (της) / λίγο νερό; / (δυστυχώς)

6. (μου) / τα σπίρτα σου; / (δυστυχώς)
7. (μας) / ένα κομμάτι χαρτί; / (βεβαίως)
8. (του) / ένα καθρεφτάκι; / (δυστυχώς)
9. (τους) / μερικές χαρτοπετσέτες; / (βεβαίως)
10. (μου) / είκοσι χιλιάδες δραχμές; / (δυστυχώς)

14 *Ζητήστε διάφορα πράγματα από τον διπλανό σας / την διπλανή σας*

π.χ. Μου δίνετε/δίνεις ένα τσιγάρο, σας/σε παρακαλώ;
Μου λέτε/λες τι ώρα είναι ...

15 *Ζητήστε τα ίδια πράγματα ευγενικά*

1. Δώστε μου το τετράδιό σας.

   Μου δίνετε _____

2. Πέστε μας για το διαμέρισμα.

   _____

3. Γράψε μου αυτό το γράμμα.

   _____

4. Βάλτε της λίγο κρασί ακόμα.

   _____

5. Βάλε μου δύο χιλιάδες δραχμές βενζίνη.

   _____

6. Δώσε του το τηλέφωνό σου.

   _____

7. Διαβάστε μας εκείνη την ιστορία.

   _____

16 *Ακούστε τις ερωτήσεις χωρίς να τις βλέπετε, και διαλέξτε τις σωστές απαντήσεις*

1. Δώστε μου λίγο ψωμί.	(α) Ευχαριστώ πολύ. (β) Ορίστε. (γ) Δεν πειράζει.
2. Αυτό το κασετόφωνο είναι καλύτερο;	(α) Δε νομίζω. (β) Είναι καλά, ευχαριστώ. (γ) Όχι, είναι πιο καλό.
3. Κάθε πότε ξυρίζεσαι;	(α) Σήμερα το πρωί. (β) Βεβαίως. (γ) Κάθε πρωί.
4. Τι ώρα σηκώνεστε το πρωί;	(α) Σηκώνομαι νωρίς. (β) Σηκώνεσαι αργά. (γ) Σηκωνόμαστε τώρα.

17 *Αν λύσετε το σταυρόλεξο σωστά, η τροχαία θα σας χαρίσει όσες κλήσεις πήρατε εφέτος!*

Οριζόντια

1. Α : Μπορώ να σταματήσω εδώ;
   Β : Όχι, _____ .

2. Α : Συγνώμη, αυτό το σήμα σημαίνει ότι
      είμαι _____ να πάω δεξιά;
   Β : Μάλιστα, κυρία μου. Δεν μπορείτε να πάτε αριστερά.

3. Α : Πρέπει να στρίψω αριστερά;
   Β : Όχι, πρέπει να στρίψετε _____ .

Κάθετα

1. Α : Το παρκάρισμα απαγορεύεται εδώ, κύριε.
   Β : Συγνώμη;
   Α : Λέω ότι δεν μπορείτε να _____ εδώ.

2. Α : _____ να μπω σ' αυτό τον δρόμο;
   Β : Όχι, απαγορεύεται.

3. Α : Δεν μπορείτε να πάτε ούτε δεξιά ούτε αριστερά.
      Πρέπει να πάτε _____ . Καταλάβατε;

🔲 Θα σηκωθώ νωρίς αύριο

Γεια σας. Είμαι ο Δημήτρης, ο λογιστής, που δουλεύω σε μια βιοτεχνία. Συναντηθήκαμε, αν δεν κάνω λάθος, στο Όγδοο Μάθημα αυτού του βιβλίου. Με θυμάστε τώρα;

Αύριο το πρωί, λοιπόν, όπως πάντα, θα σηκωθώ στις 6.30. Θα πλυθώ, θα ξυριστώ και θα ντυθώ γρήγορα-γρήγορα. Μετά θα πάω στην κουζίνα και θα φτιάξω το πρωινό μας: του αδερφού μου και το δικό μου.

Ο αδερφός μου, ο Νίκος, θα σηκωθεί λίγο αργότερα. Μόλις ετοιμαστεί, θα έρθει στην κουζίνα για να φάμε μαζί και να κουβεντιάσουμε λιγάκι. Κατά κανόνα, αυτή είναι η μόνη ευκαιρία που έχουμε για να τα πούμε, μια και οι ώρες μας δεν ταιριάζουν.

Ύστερα εγώ θα φύγω για το εργοστάσιο. Ο Νίκος θα καθίσει στο σπίτι να διαβάσει, γιατί σε λίγες μέρες δίνει Ανατομία που είναι αρκετά δύσκολο μάθημα, απ' ό,τι μου λέει.

Το Σάββατο όμως συμφωνήσαμε να κοιμηθούμε ως τις 10 το πρωί.

1 Κάντε ερωτήσεις

1. Τι ώρα θα σηκωθεί ο Δημήτρης αύριο το πρωί;
2. Τι θα κάνει πριν ετοιμάσει το πρωινό;
3. Ο αδερφός του, ο Νίκος, τι ώρα θα σηκωθεί;
4. Πού θα κουβεντιάσουνε;
5. Θα βγει ο Νίκος αύριο;
6. Το Σάββατο ως τι ώρα θα κοιμηθούνε;

ΓΡΑΜΜΑΤΙΚΗ

Παθητική Φωνή - Απλός Μέλλοντας
(Μέσα και αποθετικά ρήματα)

Ενεστώτας	Θέμα Μέλλοντα	Απλός Μέλλοντας
σηκώνομαι	σηκωθ-	θα σηκωθ**ώ** θα σηκωθ**είς** θα σηκωθ**εί** θα σηκωθ**ούμε** θα σηκωθ**είτε** θα σηκωθ**ούν(ε)**

Ενεστώτας	Θέμα Μέλλοντα	Απλός Μέλλοντας
ξυρίζομαι	ξυριστ-	θα ξυριστ**ώ** θα ξυριστ**είς** θα ξυριστ**εί** θα ξυριστ**ούμε** θα ξυριστ**είτε** θα ξυριστ**ούν(ε)**

1. Ρήματα σε -ομαι που σχηματίζουν τον μέλλοντα σε   **-θώ** : *ντύνομαι, σηκώνομαι, πλένομαι (πλυθ-) κ.ά.*
2. Ρήματα σε -ομαι που σχηματίζουν τον μέλλοντα σε   **-στώ** : *χτενίζομαι, ξυρίζομαι, ετοιμάζομαι κ.ά.*
3. Ρήματα σε -ομαι που σχηματίζουν τον μέλλοντα σε   **-φτώ** : *σκέφτομαι, κρύβομαι κ.ά.*
4. Ρήματα σε -ομαι που σχηματίζουν τον μέλλοντα σε   **-χτώ** : *μπλέκομαι, στηρίζομαι κ.ά.*
5. Ρήματα σε -εύομαι που σχηματίζουν τον μέλλοντα σε   **-ευτώ** : *παντρεύομαι κ.ά.*
6. Ρήματα σε -άμαι που σχηματίζουν τον μέλλοντα σε   **-ηθώ** : *λυπάμαι, θυμάμαι, κοιμάμαι, φοβάμαι*

2 *Γράψτε στα κενά τα ρήματα που λείπουν, στον σωστό τους τύπο*

Θα σηκωθώ νωρίς αύριο

Γεια σας. Είμαι ο Δημήτρης, ο λογιστής, που δουλεύω σε μια βιοτεχνία. Συναντηθήκαμε, αν δεν κάνω λάθος, στο Όγδοο Μάθημα αυτού του βιβλίου. Με θυμάστε τώρα; Αύριο το πρωί, λοιπόν, όπως πάντα θα _____ στις 6.30. Θα _____ , θα _____ και θα _____ γρήγορα-γρήγορα. Μετά θα πάω στην κουζίνα και θα φτιάξω το πρωινό μας: του αδερφού μου και το δικό μου. Ο αδερφός μου, ο Νίκος, θα _____ λίγο αργότερα. Μόλις _____ , θα _____ στην κουζίνα για να φάμε μαζί και να κουβεντιάσουμε λιγάκι. Συνήθως, αυτή είναι η μόνη ευκαιρία που έχουμε για να τα πούμε, μια και οι ώρες μας δεν ταιριάζουν. Ύστερα εγώ θα φύγω για το εργοστάσιο. Ο Νίκος θα _____ στο σπίτι να διαβάσει γιατί σε λίγες μέρες δίνει Ανατομία που φαίνεται ότι είναι αρκετά δύσκολο μάθημα, απ' ό,τι μου λέει.Το Σάββατο όμως, συμφωνήσαμε να _____ ως τις 10 το πρωί.

3 *Η Πηνελόπη και ο Οδυσσέας είναι καθηγητές σε μια σχολή του Ναυτικού.*
Κοιτάξτε το καθημερινό πρόγραμμά τους και πέστε στον διπλανό σας
τι θα κάνει ο καθένας τους αύριο το πρωί.
Χρησιμοποιήστε τα επιρρήματα "πρώτα", "μετά", "ύστερα" και "τέλος".

π.χ. Αύριο το πρωί ο Οδυσσέας θα σηκωθεί στις 6. Πρώτα θα ... , μετά θα ... κτλ.

Καθηγητές	
06:00	σηκώνονται
06:10 - 07:10	γυμνάζονται
07:10 - 07:20	ξυρίζονται
07:20 - 07:40	πλένονται
07:40 - 08:00	ντύνονται
08:00 - 08:30	πρωινό
08:30 - 09:00	ετοιμάζονται
	για το μάθημα

Καθηγήτριες	
07:00	σηκώνονται
07:10 - 07.25	πλένονται
07:25 - 07:40	χτενίζονται
07:40 - 08:00	ντύνονται
08:00 - 08:30	πρωινό
08:30 - 09:00	ετοιμάζονται
	για το μάθημα

Τώρα ρωτήστε

1. Η Πηνελόπη θα σηκωθεί / θα ντυθεί / κτλ. πριν ή μετά από τον Œδυσσέα;
2. Ο Οδυσσέας θα φάει πρωινό κτλ. πριν ή μετά από την Πηνελόπη;

Σημείωση : Αν κάτι δεν γίνεται ούτε πριν ούτε μετά από κάτι άλλο, τότε γίνεται την ίδια ώρα.

4 *Ρωτήστε τον διπλανό σας / τη διπλανή σας:*

— τι ώρα θα σηκωθεί αύριο το πρωί
— τι ώρα θα κοιμηθεί απόψε
— αν θα πλυθεί το πρωί ή το βράδυ
— αν θα ξυριστεί το πρωί (προσέξτε το φύλο του διπλανού σας!)

5 *Γράψτε τρεις προτάσεις όπως αυτή*

Οι καθηγητές θα σηκωθούν στις έξι και οι καθηγήτριες θα σηκωθούν στις βφτά.

ο Στρατός

η Αεροπορία

το Ναυτικό

6 Βάλτε τα ρήματα στον μέλλοντα

1. Αύριο η Ελένη _____ πολύ νωρίς. (σηκώνομαι)
2. Εμείς απόψε _____ στις δέκα. (κοιμάμαι)
3. Τα παιδιά δεν _____ σήμερα. (πλένομαι)
4. Μαίρη, _____ τώρα ή μετά; (χτενίζομαι)
5. Εγώ _____ με τον αδελφό μου αύριο. (γυμνάζομαι)
6. Κύριε Μανουσάκη, δεν _____ για τη συνάντηση; (ετοιμάζομαι)
7. Ο Κώστας _____ καλά απόψε γιατί θα πάει σε μια δεξίωση. (ντύνομαι)
8. Εσύ _____ πρώτος ή εγώ; (πλένομαι)
9. Εσείς τι ώρα _____ απόψε; (κοιμάμαι)

🔲 Το παντελόνι είναι φαρδύ

Πωλήτρια	Πώς είναι το παντελόνι; Εντάξει;
Λιλίκα	Όχι. Είναι λίγο φαρδύ στη μέση.
Πωλήτρια	Δοκιμάστε αυτό. Είναι ένα νούμερο μικρότερο.
Λιλίκα	Τι μέγεθος είναι δηλαδή;
Πωλήτρια	Είναι το 38 ... Πώς σας φαίνεται;
Λιλίκα	Νομίζω ότι αυτό είναι εντάξει.

7 Σωστό ή λάθος;

1. Η Λιλίκα θέλει να πουλήσει ένα παντελόνι.
2. Το πρώτο παντελόνι είναι νούμερο 30.
3. Το δεύτερο παντελόνι είναι στενότερο στη μέση από το πρώτο.
4. Η Λιλίκα μάλλον θα πάρει το δεύτερο παντελόνι που δοκίμασε.

αυτό το παντελόνι
είναι στενό

αυτό το παντελόνι
είναι μακρύ

αυτό το παντελόνι
είναι κοντό

αυτό το παντελόνι
είναι φαρδύ

ΓΡΑΜΜΑΤΙΚΗ

Επίθετα σε -ύς, -ιά, -ύ

		Αρσενικό	Θηλυκό	Ουδέτερο
Ενικός	Ονομ.	μακρ**ύς**	μακρ**ιά**	μακρ**ύ**
	Γεν.	μακρ**ιού**	μακρ**ιάς**	μακρ**ιού**
	Αιτ.	μακρ**ύ**	μακρ**ιά**	μακρ**ύ**
Πληθυντικός	Ονομ.	μακρ**ιοί**	μακρ**ιές**	μακρ**ιά**
	Γεν.	μακρ**ιών**	μακρ**ιών**	μακρ**ιών**
	Αιτ.	μακρ**ιούς**	μακρ**ιές**	μακρ**ιά**

Με τον ίδιο τρόπο σχηματίζονται τα επίθετα : *φαρδύς, πλατύς, παχύς, βαθύς, βαρύς, ελαφρύς.*
Για τον σχηματισμό της γενικής, κοιτάξτε στη σελίδα 170.

Κοιτάξτε!

Ο άνθρωπος που είναι παχύς είναι και βαρύς και φοράει φαρδιά ρούχα.
Ο άνθρωπος που είναι λεπτός είναι και ελαφρύς και φοράει στενά ρούχα.
Ποιο ποτάμι είναι πιο επικίνδυνο; Αυτό που είναι στενό και βαθύ ή αυτό που είναι πλατύ και ρηχό;

8 *Αντικαταστήστε τις υπογραμμισμένες λέξεις με αυτές και πέστε τον διάλογο στη σελίδα 117 με τον διπλανό σας / τη διπλανή σας*

1. σακάκι; / μακρύ // μικρότερο / 50
2. παπούτσια; / στενά // μεγαλύτερα / 42
3. φούστα; / κοντή // μεγαλύτερη / 46
4. μπλούζα; / φαρδιά // μικρότερη / 44
5. κοστούμι; / μεγάλο // μικρότερο / 38
6. μπουφάν; / κοντό // μεγαλύτερο / 40

9 *Συμπληρώστε τα κενά με τα επίθετα που είναι στην παρένθεση στον σωστό τύπο*

1. Εκείνες οι μαύρες ζακέτες είναι λίγο _____ . (μακρύς)

2. Προτιμάς το στενό ή το _____ πουλόβερ; (φαρδύς)

3. Ο δρόμος του σχολείου μας είναι _____ . Γι' αυτό έχει πάντα θόρυβο. (πλατύς)

4. Θέλω ν' αγοράσω ένα σακάκι που να είναι πολύ _____ . (μακρύς)

5. Οι _____ άνθρωποι ζούνε λιγότερα χρόνια από τους λεπτούς. (παχύς)

6. Δεν φοράω ποτέ _____ φούστες. Φοράω πάντα στενές. (φαρδύς)

7. Έκανε δίαιτα κι έχασε 15 κιλά. Έτσι όλα τα ρούχα του είναι τώρα _____ . (φαρδύς)

8. Η θάλασσα εδώ είναι αρκετά _____ . Γι' αυτό το χρώμα της είναι σκούρο μπλε. (βαθύς)

9. Ποιο είναι πιο _____ ; Ένα κιλό σίδερο ή ένα κιλό βαμβάκι; (βαρύς)

10 *Τώρα συγκρίνετε τα ρούχα που φοράνε οι συμμαθητές σας*

π.χ.   Η μπλούζα της Πάολα είναι πιο φαρδιά από την μπλούζα της Υβόν
αλλά το παντελόνι της είναι πιο κοντό.

 **Αυτή η μπλούζα είναι μάλλινη;**

Τασούλα   Αυτή η μπλούζα είναι μάλλινη;
Πωλητής   Μισό λεπτάκι να κοιτάξω... Είναι 50% μαλλί και 50% συνθετικό.
Τασούλα   Δεν φοράω ποτέ συνθετικό. Έχετε μάλλινες μπλούζες χωρίς καθόλου συνθετικό;
Πωλητής   Έχουμε σε αυτό τον τύπο και σε αυτά τα έξι χρώματα.
Τασούλα   Και πόσο κάνουν;
Πωλητής   Δεν είναι καθόλου ακριβές για την ποιότητά τους.

11 *Ρωτήστε και απαντήστε*

1. Η πρώτη μπλούζα που βλέπει η Τασούλα είναι μάλλινη;
2. Γιατί η Τασούλα δεν θέλει η μπλούζα να έχει συνθετικό;
3. Σε πόσα χρώματα είναι οι μάλλινες μπλούζες χωρίς συνθετικό;
4. Οι δεύτερες μπλούζες είναι φτηνές;

Κοιτάξτε!

ένα κασκόλ

Ουσιαστικό	Επίθετα
μαλλί	μάλλινος, -η, -ο
βαμβάκι	βαμβακερός, -ή, -ό
μετάξι	μεταξωτός, -ή, -ό
δέρμα	δερμάτινος, -η, -ο
συνθετικό	συνθετικός, -ή, -ό
λινό	λινός, -ή, -ό
πλαστικό	πλαστικός, -ή, -ό

1% : ένα **τα/τοις** εκατό	15% : δεκαπέντε **τα/τοις** εκατό
50% : πενήντα **τα/τοις** εκατό	100% : εκατό **τα/τοις** εκατό

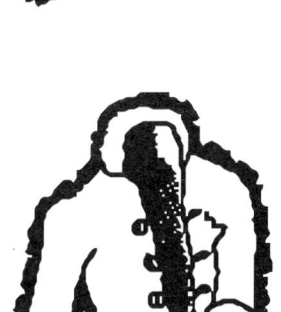

μία ζακέτα

12 *Χρησιμοποιήστε τις λέξεις-κλειδιά και μιλήστε*

μπλούζα; / δρχ. 7.600 // βαμβακερή; / 80% βαμβάκι + 20% συνθετικό

A: Πόσο έχει αυτή η μπλούζα;   A: Είναι βαμβακερή;
B: Εφτά χιλιάδες εξακόσιες.   B: Μισό λεπτό να κοιτάξω. Είναι 80% βàμβάκι και 20% συνθετικό

1. κοστούμι; / δρχ. 75.000 // μάλλινο; / 70% μαλλί + 30% συνθετικό
2. φούστα; / δρχ. 24.000 // βαμβακερή; / 60% βαμβάκι + 40% λινό
3. πουκάμισο; / δρχ. 12.000 // μεταξωτό; / 50% μετάξι + 50% συνθετικό
4. ζακέτα; / δρχ. 43.000 // μάλλινη; / 70% μαλλί + 30% λινό
5. κασκόλ; / δρχ. 6.000 // μάλλινο; / 100% μαλλί
6. κολλεγιακό; / δρχ. 9.500 // βαμβακερό; / 75% βαμβάκι + 25% συνθετικό

13 Ρωτήστε τον διπλανό σας / τη διπλανή σας για τα ρούχα που φοράει

Χρησιμοποιήστε λέξεις όπως "μάλλινος", "βαμβακερός", κτλ.

14 Παίξτε τον πελάτη, τον πωλητή και την ταμία

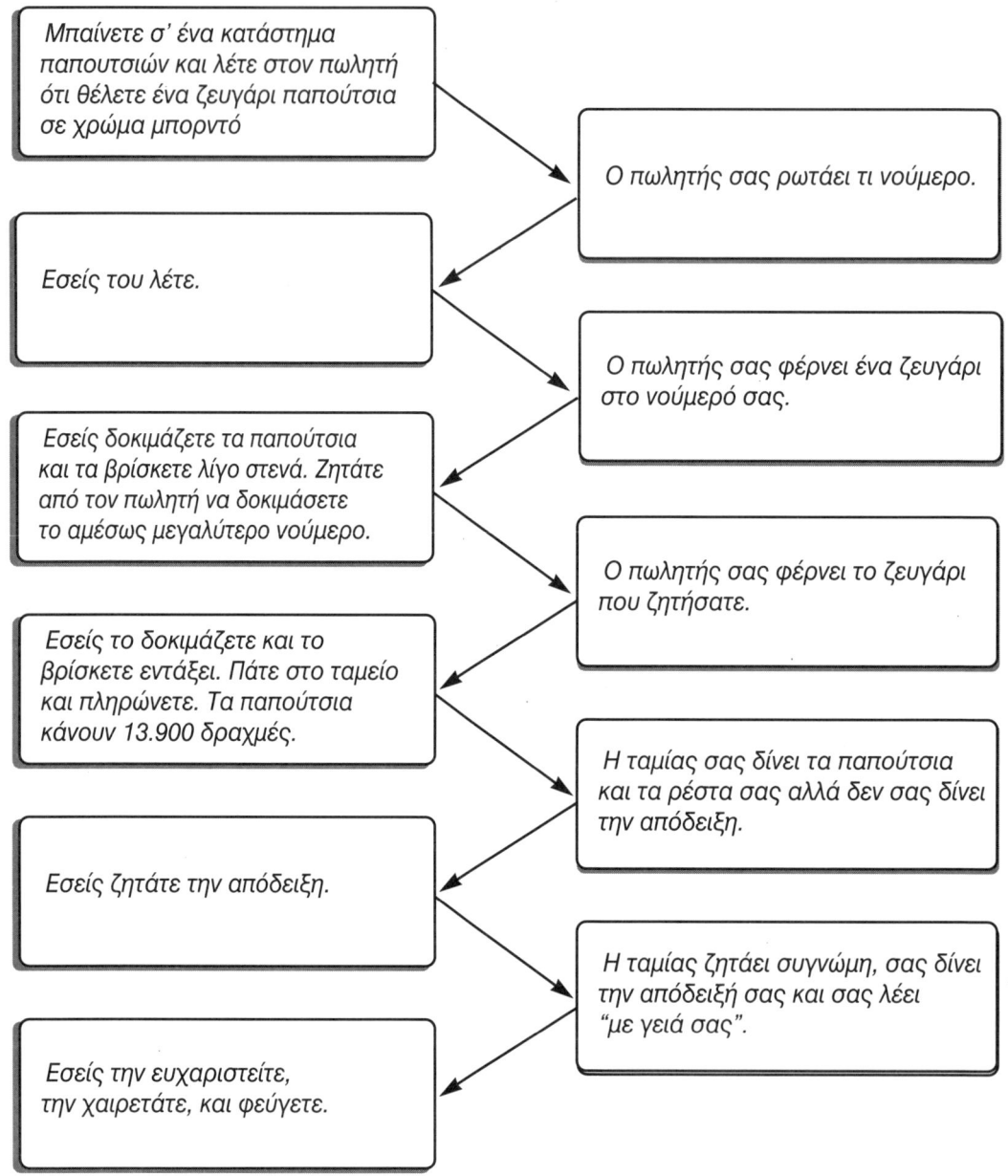

Μπαίνετε σ' ένα κατάστημα παπουτσιών και λέτε στον πωλητή ότι θέλετε ένα ζευγάρι παπούτσια σε χρώμα μπορντό

Ο πωλητής σας ρωτάει τι νούμερο.

Εσείς του λέτε.

Ο πωλητής σας φέρνει ένα ζευγάρι στο νούμερό σας.

Εσείς δοκιμάζετε τα παπούτσια και τα βρίσκετε λίγο στενά. Ζητάτε από τον πωλητή να δοκιμάσετε το αμέσως μεγαλύτερο νούμερο.

Ο πωλητής σας φέρνει το ζευγάρι που ζητήσατε.

Εσείς το δοκιμάζετε και το βρίσκετε εντάξει. Πάτε στο ταμείο και πληρώνετε. Τα παπούτσια κάνουν 13.900 δραχμές.

Η ταμίας σας δίνει τα παπούτσια και τα ρέστα σας αλλά δεν σας δίνει την απόδειξη.

Εσείς ζητάτε την απόδειξη.

Η ταμίας ζητάει συγνώμη, σας δίνει την απόδειξή σας και σας λέει "με γειά σας".

Εσείς την ευχαριστείτε, την χαιρετάτε, και φεύγετε.

15 *Μπορείτε να γράψετε τον διάλογο που είπατε;*

16 *Περιγράψτε τα ρούχα που έχετε στην ντουλάπα σας. Γράψτε και για τα καλοκαιρινά και για τα χειμωνιάτικα. Χρησιμοποιήστε όσο περισσότερα επίθετα μπορείτε από αυτά που μάθατε στο Μάθημα αυτό.*

Ή το ένα παπούτσι είναι καφέ και το άλλο μαύρο ή κάτι δεν πάει καλά με τα μάτια μου σήμερα.

🔲 Όταν ήμουνα μικρή, έπινα πολύ γάλα

Χριστίνα   Ξέρεις, όταν ήμουνα μικρή δεν έπινα σχεδόν καθόλου γάλα.
          Ευτυχώς όμως έτρωγα πολύ τυρί και γιαούρτι.

Μπεν   Εγώ έπινα ένα λίτρο γάλα τη μέρα. Το κακό ήταν ότι δεν έτρωγα ούτε λαχανικά
          ούτε φρούτα. Τώρα τρώω απ' όλα.

Χριστίνα   Κι εγώ. Αλήθεια, σε ποια πόλη έμενες όταν ήσουνα στην Αμερική;
          Με ρωτούσε η Άννα και δεν ήξερα να της πω.

Μπεν   Στο Σικάγο.

1 Σωστό ή λάθος;

1. Η Χριστίνα όταν ήταν μικρή έπινε πολύ λίγο γάλα.
2. Το ίδιο έκανε και ο Μπεν όταν ήταν μικρός.
3. Ο Μπεν έτρωγε πολλά λαχανικά όταν ήταν μικρός.
4. Η Χριστίνα τώρα τρώει λαχανικά και φρούτα.
5. Ο Μπεν όταν ήταν στην Αμερική έμενε στο Σικάγο.

2 Ταιριάξτε τον ενεστώτα με τον παρατατικό των πιο κάτω ρημάτων

πίνω   παίζουμε   βλέπετε   μιλάς   πάτε   λες   διαβάζει

μιλούσες   παίζαμε   έπινα   έλεγες   διάβαζε   βλέπατε   πηγαίνατε

ΓΡΑΜΜΑΤΙΚΗ

Παρατατικός
Ενεργητική Φωνή

Τύπος "Α"

Ενεστώτας	Παρατατικός	Ενεστώτας	Παρατατικός
πιστεύω	πίστευ**α**	βλέπω	έβλεπ**α**
	πίστευ**ες**		έβλεπ**ες**
	πίστευ**ε**		έβλεπ**ε**
	πιστεύ**αμε**		βλέπ**αμε**
	πιστεύ**ατε**		βλέπ**ατε**
	πιστεύ**ανε** (πίστευ**αν**)		βλέπ**ανε** (έβλεπ**αν**)

Τύπος Β1		Τύπος Β2	
Ενεστώτας	Παρατατικός	Ενεστώτας	Παρατατικός
μιλάω	μιλ**ούσα**	μπορώ	μπορ**ούσα**
	μιλ**ούσες**		μπορ**ούσες**
	μιλ**ούσε**		μπορ**ούσε**
	μιλ**ούσαμε**		μπορ**ούσαμε**
	μιλ**ούσατε**		μπορ**ούσατε**
	μιλ**ούσανε** (μιλ**ούσαν**)		μπορ**ούσανε** (μπορ**ούσαν**)

1. Τον παρατατικό χρησιμοποιούμε για κάτι που γινόταν στο παρελθόν με επανάληψη (συχνά, καμιά φορά, συνήθως κτλ.).
2. Οι τελικές καταλήξεις του παρατατικού είναι ίδιες με τις καταλήξεις του αορίστου:
   -α / -ες / -ε / -αμε / -ατε / -αν(ε).
3. Για να σχηματίσουμε τον παρατατικό των ρημάτων που ανήκουν στον Τύπο "Α", προσθέτουμε τις καταλήξεις -α / -ες / -ε / -αμε / -ατε / -αν(ε) στο θέμα του ενεστώτα. Στον ενικό, ο τόνος πηγαίνει μια συλλαβή πίσω. Έτσι, έχουμε:

Ενεστώτας	Θέμα Ενεστώτα	Παρατατικός
πιστεύω	πιστεύ-	πίστευα

Αν το ρήμα είναι δισύλλαβο, στον ενικό προσθέτουμε ένα 'ε' στην αρχή για να δεχτεί τον τόνο. Έτσι, έχουμε:

Ενεστώτας	Θέμα Ενεστώτα	Παρατατικός
βλέπω	βλέπ-	έβλεπα

4. Για να σχηματίσουμε τον παρατατικό των ρημάτων που ανήκουν στους Τύπους Β1 και Β2, προσθέτουμε στο θέμα του ενεστώτα τις καταλήξεις -ούσα/-ούσες/ούσε/-ούσαμε/-ούσατε/-ούσαν(ε). Έτσι, έχουμε:

Ενεστώτας	Θέμα Ενεστώτα	Παρατατικός
μιλάω	μιλ-	μιλούσα
μπορώ	μπορ-	μπορούσα

5. Παρατατικός ανώμαλων ρημάτων

Ενεστώτας	Παρατατικός
τρώω	έτρωγα/ες/ε κτλ.
λέω	έλεγα/ες/ε κτλ.
ακούω	άκουγα/ες/ε κτλ.

Λέξεις και εκφράσεις που χρησιμοποιούμε με τον παρατατικό

- όταν ήμουνα μικρός(-ή) / μωρό / στην (Αγγλία) κτλ.
- πέρσι συνήθως κτλ.
- τον περασμένο μήνα κάθε μέρα κτλ.
- όταν πήγαινα στο σχολείο/πανεπιστήμιο

3 *Βάλτε τα ρήματα στον παρατατικό*

1. Πέρσι το καλοκαίρι στην Ύδρα ο Μιχάλης κι εγώ _____ ρετσίνα κάθε βράδυ. (πίνω)
2. Όταν η Άννα ήταν μικρή, δεν _____ ποτέ πρωινό. (τρώω)
3. Όταν τα παιδιά μας _____ στο σχολείο, _____ περίπου έξι ώρες τη μέρα. (πηγαίνω, διαβάζω)
4. Όταν ήμουνα μικρή _____ καλά γαλλικά. Τώρα δεν μιλάω σχεδόν καθόλου. (μιλάω)
5. Τον περασμένο μήνα η γυναίκα μου _____ κάθε πρωί στις έξι. (ξυπνάω)
6. Πού _____ όταν ήσασταν στην Λυστραλία; (μένω)
7. Η γυναίκα σου μου είπε ότι όταν ήσουνα στη Γερμανία _____ σε μια εταιρεία που φτιάχνει κομπιούτερ. (δουλεύω)
8. Όταν ήσασταν μικροί δεν _____ ποτέ ψέματα; (λέω)

4 *Κοιτάξτε τον πίνακα και συγκρίνετε αυτά που έκανε ο Χρήστος πριν από δέκα χρόνια με αυτά που κάνει τώρα*

Πριν από 10 χρόνια

μπάσκετ και βόλεϊ
πολλά βιβλία
εργάτης
σινεμά συχνά
μόνο σαλάτες, φρούτα και τυρί
μόνο νερό και γάλα
ούτε τσιγάρα ούτε πούρα ούτε πίπα
λεπτός και υγιής

Τώρα

κανένα σπορ
μόνο εφημερίδα
προϊστάμενος σε μια τράπεζα
μόνο τηλεόραση και βίντεο
βαριά και πικάντικα φαγητά
κρασί και μπίρα
ένα πακέτο τσιγάρα τη μέρα
χοντρός και ασθενικός

5 *Μιλήστε μεταξύ σας*

π.χ. Α : Εγώ όταν ήμουνα μικρός/ή έτρωγα πολλά γλυκά. Εσύ;
     Β : Εγώ ...

Χρησιμοποιήστε αυτά τα ρήματα:

τρώω / πίνω / μιλάω / πάω (πηγαίνω) / διαβάζω / παίζω / μένω

6 *Γράψτε για διάφορα πράγματα που κάνατε όταν ήσαστan μικρός/ή και που τώρα δεν κάνετε πια*

π.χ.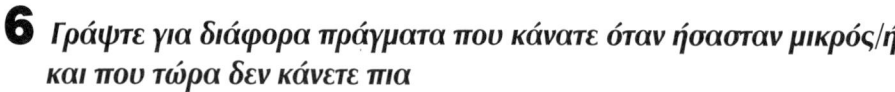

Όταν ήμουνα μικρή πήγαινα συχνά στην εκκλησία αλλά τώρα πάω σπάνια

📼 Οι θεοί των αρχαίων Ελλήνων

Οι αρχαίοι Έλληνες πίστευαν πως ο κόσμος ήταν γεμάτος από θεούς, καλούς και κακούς. Σ' όλους αυτούς τους θεούς οι Έλληνες έδωσαν ανθρώπινη μορφή. Πίστευαν ότι είναι ψηλοί, δυνατοί, ωραίοι και αθάνατοι. Οι θεοί έτρωγαν ένα ειδικό φαγητό, την αμβροσία και έπιναν ένα υπέροχο ποτό που το έλεγαν
5 νέκταρ. Και, όπως και οι άνθρωποι, αγαπούσαν, μισούσαν, ζήλευαν, μάλωναν, πολεμούσαν.

Πιο ψηλά απ' όλους ήταν μια ομάδα από δώδεκα θεούς που κατοικούσαν στο βουνό Όλυμπος. Πρώτος στη σειρά ήταν ο Δίας. Ο Δίας (που ήταν γνωστός και ως Ζευς) ήταν ο θεός του ουρανού και της
10 γης, αυτός που έστελνε την βροχή και τους κεραυνούς. Γυναίκα του ήταν η Ήρα, η θεά του γάμου, που τον ζήλευε πολύ. Κοντά του ζούσαν οι τρεις κόρες του και οι τρεις γιοι του. Οι κόρες του ήταν: η Αθηνά, θεά της σοφίας, η Αφροδίτη, θεά της ομορφιάς, και η Άρτεμις, θεά του κυνηγιού. Οι γιοι του ήταν: ο Απόλλωνας, θεός του φωτός και της
15 μουσικής, ο ωραιότερος απ' όλους τους θεούς. Ο Άρης, θεός του πολέμου, και ο γρήγορος Ερμής, θεός του εμπορίου και των γραμμάτων.

Υπήρχαν και άλλοι σημαντικοί θεοί. Ήταν οι δύο αδελφοί του Δία: ο Ποσειδώνας, θεός της θάλασσας, και ο Πλούτωνας, βασιλιάς του κάτω κόσμου, του Άδη. Η Δήμητρα, αδελφή του Δία, θεά της γεωργίας και η
20 Εστία που προστάτευε την οικογενειακή ζωή. Και ο Ήφαιστος, άσχημος και κουτσός, που έφτιαχνε τα σπίτια των θεών και τους κεραυνούς του Δία.

Υπήρχε όμως και μια ομάδα από λιγότερο σημαντικούς θεούς. Ο πιο αγαπητός από αυτούς ήταν ο Διόνυσος, ο θεός του κρασιού.

7 *Βρέστε στο λεξικό σας τις πιο κάτω λέξεις που υπάρχουν στο κείμενο*

ο θεός	η σοφία
σημαντικός	το κυνήγι
ο γάμος	το φως
στέλνω	η γεωργία
ζηλεύω	ο κεραυνός
μισώ	προστατεύω
μαλώνω	

8 *Βρέστε στο κείμενο τις λέξεις ή τις φράσεις που μπορεί να σημαίνουν τα παρακάτω. Αν έχετε δυσκολίες, ρωτήστε τον καθηγητή σας / την καθηγήτριά σας*

1. νόμιζαν (1)
2. πρόσωπο και σώμα (2)
3. δεν πεθαίνουν ποτέ (3)
4. θαυμάσιο (4)

5. έμεναν (8)
6. εκεί πάνε τα πουλιά και τα αεροπλάνα (9)
7. της ωραιότητας (13)
8. το ένα πόδι του ήταν πιο κοντό από το άλλο (21)

9 Ρωτήστε και απαντήστε

1. Οι θεοί τρώγανε και πίνανε ακριβώς ό,τι τρώγανε και πίνανε οι άνθρωποι;
2. Πόσοι από τους θεούς του Ολύμπου ήταν παιδιά του Δία;
3. Ποιος ήταν ο πιο όμορφος από τους θεούς και ποιος ο πιο άσχημος;
4. Ποια θεά ήταν η ωραιότερη απ' όλες;
5. Πού κατοικούσε ο Πλούτωνας;
6. Πού ήταν ο Ποσειδώνας τον περισσότερο καιρό;
7. Ποιος έφτιαχνε τους κεραυνούς του Δία;
8. Γιατί ο Διόνυσος ήταν ο πιο αγαπητός από τους "μικρούς" θεούς;

10 Βρέστε τα αντίθετα των πιο κάτω λέξεων

1. δυνατοί _____
2. ψηλότερη _____
3. ωραιότερος _____
4. πόλεμος _____

5. αγαπούσαν _____
6. κακούς _____
7. συχνά _____

11 Γράψτε την ονομαστική αυτών των ουσιαστικών

1. τους θεούς _____
2. του ουρανού _____
3. τους ανθρώπους _____
4. της γης _____
5. της σοφίας _____
6. του κυνηγιού _____
7. του κεραυνού _____
8. του πολέμου _____
9. του κρασιού _____

12 Βάλτε στα κενά τις σωστές λέξεις

> πιστεύεις - οικογενειακή - σημαντικό - βασιλιάς
> υπέροχος - αρχαίοι - ζηλεύει

1. Η γλώσσα που μιλάνε οι Έλληνες σήμερα δεν είναι πολύ διαφορετική από εκείνη που μιλούσαν
   οι _____ Έλληνες. Τη γλώσσα εκείνη ονομάζουμε αρχαία ελληνικά.

2. _____ ότι θα τα καταφέρεις να περάσεις εφέτος;

3. Μια φορά κι έναν καιρό ζούσε ένας _____ που είχε δύο κόρες. Η μεγάλη κόρη
   ήταν άσχημη και κακιά ενώ η μικρή ήταν όμορφη και καλή ...

4. Για πολλούς ανθρώπους, το πιο _____ πράγμα στη ζωή είναι τα λεφτά.

5. Γνωρίζω έναν τύπο που _____ πολύ τη γυναίκα του. Τη νύχτα ξυπνάει κάθε
   δύο ώρες για να δει μήπως η γυναίκα του μιλάει με κανένα στο τηλέφωνο.

6. Υπάρχουν άνθρωποι που προτιμάνε να ζούνε μόνοι. Άλλοι, πάλι, προτιμάνε την _____
   ζωή.

7. Ο μουσακάς που έφτιαξε προχτές η μητέρα σου ήταν _____ . Έφαγα πέντε κομμάτια!

📼 Σου άρεσε το έργο;

Μάικ   Σ' άρεσε η ταινία που είδατε χθες;
Δήμητρα   Εμένα δε μ' άρεσε καθόλου.
Μάικ   Γιατί δε σ' άρεσε;
Δήμητρα   Ήταν μελό και τα μελό δε μ' αρέσουν.
Μάικ   Στον άντρα σου άρεσε;
Δήμητρα   Ναι, του άρεσε πολύ. Βλέπεις, είναι ρομαντικός τύπος ο Αντρέας.

13 Ρωτήστε και απαντήστε

1. Άρεσε η ταινία στη Δήμητρα; Γιατί;
2. Της αρέσουν τα μελό;
3. Στον άντρα της άρεσε η ταινία που είδανε;
4. Πώς λένε τον άντρα της Δήμητρας;

ΓΡΑΜΜΑΤΙΚΗ

Αόριστος/Παρατατικός του "μ' αρέσει"

	Ενεστώτας	Αόριστος/Παρατατικός
μου σου του/της/του μας σας τους	αρέσει / άρεσε	αρέσουν / αρέσανε (άρεσαν)

Το 'ου' των "μου" και "σου" πριν από το "αρέσει" συνήθως χάνεται:

μου αρέσει	μ(ου) αρέσει	μ' αρέσει
μου άρεσε	μ(ου) άρεσε	μ' άρεσε
σου αρέσουν(ε) →	σ(ου) αρέσουν →	σ' αρέσουν
σου άρεσαν	σ(ου) άρεσαν	σ' άρεσαν

γ΄ πρόσωπο

	Ενικός - Ενικός	Ενικός - Πληθυντικός
αρσενικό	Στον Άρη αρέσει/άρεσε το μαύρο ψωμί. ή Του Άρη του αρέσει/άρεσε το μαύρο ψωμί.	Στον Άρη αρέσουν/άρεσαν τα γλυκά ή Του Άρη του αρέσουν/άρεσαν τα γλυκά.
θηλυκό	Στην Ελένη αρέσει/άρεσε το μαύρο ψωμί. ή Της Ελένης της αρέσει/άρεσε το μαύρο ψωμί.	Στην Ελένη αρέσουν/άρεσαν τα γλυκά. ή Της Ελένης της αρέσουν/άρεσαν τα γλυκά.
ουδέτερο	Στο παιδί αρέσει/άρεσε το μαύρο ψωμί. ή Του παιδιού του αρέσει/άρεσε το μαύρο ψωμί.	Στο παιδί αρέσουν/άρεσαν τα γλυκά. ή Του παιδιού του αρέσουν/άρεσαν τα γλυκά.
	Πληθυντικός - Ενικός	**Πληθυντικός - Πληθυντικός**
αρσενικό	Στους φίλους μου αρέσει/άρεσε το μαύρο ψωμί.	Στους φίλους μου αρέσουν/άρεσαν τα γλυκά.
θηλυκό	Στις φίλες μου αρέσει/άρεσε το μαύρο ψωμί.	Στις φίλες μου αρέσουν/άρεσαν τα γλυκά.
ουδέτερο	Στα παιδιά αρέσει/άρεσε το μαύρο ψωμί.	Στα παιδιά αρέσουν/άρεσαν τα γλυκά.

14 *Χρησιμοποιήστε τα ουσιαστικά και τα επίθετα που σας δίνονται και μιλήστε μεταξύ σας.*
Αν δεν ξέρετε κάποια από αυτά, ρωτήστε τον καθηγητή σας / την καθηγήτριά σας
ή κοιτάξτε στο λεξικό σας

Παράδειγμα

A : Σ' άρεσε το εστιατόριο;
B : Ναι, μ' άρεσε. Ήταν πολύ καλό.
A : (Της αδερφής σου / του άντρα σου κτλ.) της/του άρεσε;
B : Όχι, δεν της/του άρεσε. Είπε ότι ήταν βρώμικο.

Ουσιαστικά

δίσκος / πίνακας / μουσακάς / καθηγητής
ταβέρνα / ομιλία / ταινία
εστιατόριο / βιβλίο / φαγητό / ξενοδοχείο

Επίθετα

(+)   ωραίος, -α, -ο / καλός, -ή, -ό / νόστιμος, -η, -ο
καθαρός, -ή, -ό / συναρπαστικός, -ή, -ό
διασκεδαστικός, -ή, -ό / ευχάριστος, -η, -ο
ενδιαφέρων, -ουσα, -ον

(-)   άσχημος, -η, -ο / κακός, -ιά, -ό / άνοστος, -η, -ο
βρώμικος, -η, -ο / βαρετός, -ή, -ό / παλιός, -ιά, -ό

15 *Διαλέξτε τρεις από τους διάλογους που είπατε και γράψτε τους*

16 *Χθες το απόγευμα πήγατε στο σπίτι ενός φίλου σας.*
Μετά πήγατε στο σινεμά και ύστερα πήγατε να φάτε σε μια ταβέρνα.
Γράψτε μια παράγραφο σχετικά με το τι κάνατε στο σπίτι του φίλου σας,
τι κάνατε στο σινεμά και τι κάνατε στην ταβέρνα.
Προσπαθήστε να χρησιμοποιήσετε το "μ' αρέσει" στον ενεστώτα και στον αόριστο

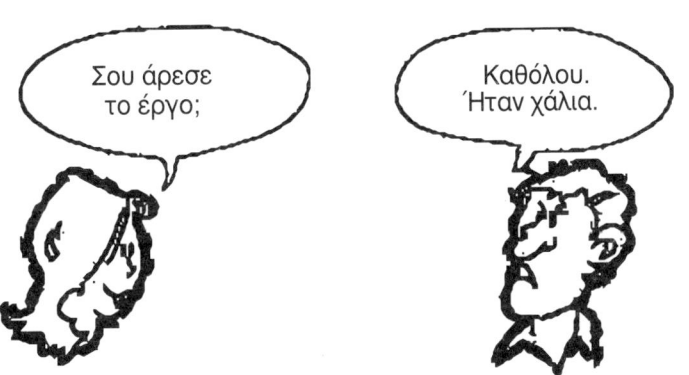

Σου άρεσε το έργο;

Καθόλου. Ήταν χάλια.

📼 Πού πάνε τα λεφτά;

Πόσο είναι περίπου 100 δραχμές στο νόμισμα της χώρας σας; Υπολογίστε ακόμα πόσο είναι 1.000, 10.000 και 100.000 δραχμές και σημειώστε τους αριθμούς που βρήκατε στο τετράδιό σας.Τώρα, κοιτάξτε τα έξοδα που είχε κατά μέσο όρο τον μήνα η οικογένεια Ελευθεριάδη σε δραχμές εφέτος. Υπολογίστε τα έξοδα της οικογένειας αυτής στο νόμισμα της χώρας σας και συμπληρώστε τη στήλη "Β". Μετά γράψτε στη στήλη "Γ" τα έξοδα που έχετε κάθε μήνα στη χώρα σας, στο νόμισμα της χώρας σας. Αν μένετε στην Ελλάδα πάνω από έξι μήνες, τότε στη στήλη "Γ" θα δείξετε τα έξοδά σας στην Ελλάδα σε δραχμές.

	Α οικογένεια Ελευθεριάδη Δρχ.	Β οικογένεια Ελευθεριάδη	Γ Εσείς
Ενοίκιο	120.000		
Ρεύμα	8.000		
Νερό	2.000		
Τηλέφωνο	5.000		
Φαγητό	130.000		
Οινοπνευματώδη ποτά	10.000		
Τσιγάρα	-		
Ρούχα και παπούτσια	15.000		
Μεταφορικά	20.000		
Εκπαίδευση (γενικά)	20.000		
Ψυχαγωγία	15.000		
Άλλα έξοδα	20.000		
Συνολικά έξοδα κατά μήνα	365.000		

1 *Κοιτάξτε τον πίνακα και απαντήστε στις ερωτήσεις*

1. Ποιο ήταν το μεγαλύτερο μηνιαίο έξοδο της οικογένειας Ελευθεριάδη εφέτος;
2. Σε ποιο πράγμα ξοδέψανε τα λιγότερα λεφτά;
3. Σωστό ή λάθος; Ξοδέψανε περισσότερα για ρεύμα και τηλέφωνο απ' όσα ξοδέψανε για οινοπνευματώδη ποτά.
4. Ξοδέψανε περισσότερα για φαγητό απ' όσα για ενοίκιο;
5. Ξοδέψανε λιγότερα για ρούχα απ' ό,τι για το αυτοκίνητο;
6. Σωστό ή λάθος; Για τσιγάρα ξοδέψανε τα διπλά απ' όσα ξοδέψανε για κρασί και άλλα οινοπνευματώδη.

2 *Μιλήστε μεταξύ σας για τα στοιχεία του πίνακα, όπως τον συμπληρώσατε. Κατά τη γνώμη σας, η οικογένεια Ελευθεριάδη ξοδεύει παραπάνω απ' ό,τι πρέπει για μερικά πράγματα και λιγότερο απ' ό,τι πρέπει για μερικά άλλα;*
Συγκρίνετε τα έξοδα της οικογένειας Ελευθεριάδη με τα δικά σας

3 *Γράψτε μερικές προτάσεις για τα έξοδα που κάνατε πέρσι κι εφέτος και γι' αυτά που σκέφτεστε να κάνετε του χρόνου*

π.χ.   Εφέτος │ ξόδεψα/ξοδέψαμε) πολλά για...
        │ ξόδεψα/ξοδέψαμε) παραπάνω απ' ό,τι έπρεπε για...
        │ δεν ξόδεψα/ξοδέψαμε αρκετά για...

Εφέτος ξόδεψα/ξοδέψαμε περισσότερα/λιγότερα για... από πέρσι.
Του χρόνου θα πρέπει να ξοδέψω/ξοδέψουμε περισσότερα/λιγότερα για...
Του χρόνου μπορώ/μπορούμε να ξοδέψω/ξοδέψουμε περισσότερα/λιγότερα για...

> Ξοδέψτε. Ξοδέψτε πολλά.
> Κάνει καλό ... στους άλλους.

▣ Μου τα έδωσε χθες το πρωί

Δήμητρα   Ακόμα σου χρωστάει εκείνα τα χρήματα ο Αλέκος;
Κώστας   Όχι, μου τα έδωσε χθες το πρωί.
Δήμητρα   Επιτέλους, βρε παιδί μου.
Κώστας   Κοίταξε να δεις. Ο Αλέκος είναι φίλος και δεν με πειράζει που άργησε να μου τα δώσει.
Δήμητρα   Αλήθεια ... μπορείς να δανείσεις και σ' εμένα δέκα χιλιάδες; Θα σου τις επιστρέψω στο τέλος του μήνα.
Κώστας   Λυπάμαι αλλά μόλις δάνεισα δέκα χιλιάδες στην αδελφή σου.
Δήμητρα   Πάλι με πρόλαβε η αφιλότιμη!

4 *Ρωτήστε και απαντήστε*

1. Σε ποιον δάνεισε λεφτά ο Κώστας;
2. Ο Αλέκος έδωσε πίσω στον Κώστα τα λεφτά του;
3. Πότε του τα έδωσε;
4. Γιατί δεν πειράζει τον Κώστα που ο Αλέκος άργησε να του επιστρέψει τα χρήματά του;
5. Πόσα λεφτά ζητάει η Δήμητρα από τον Κώστα;
6. Πότε λέει ότι θα του τα επιστρέψει;
7. Γιατί ο Κώστας δεν μπορεί (ή ... δεν θέλει) να δανείσει στη Δήμητρα λεφτά;

Λέμε :   *κοίταξε να δεις / κοίταξε να σου πω*
          άκουσε να δεις / άκουσε να σου πω

Κοιτάξτε!   **Δανείζομαι** από κάποιον λεφτά και τα **δανείζω** σε κάποιον άλλο.

ΓΡΑΜΜΑΤΙΚΗ

Προσωπικές Αντωνυμίες
Άμεσο και Έμμεσο Αντικείμενο

Η Ελένη έδωσε στον Κώστα τον δίσκο.
Η Ελένη **του** έδωσε τον δίσκο.
Η Ελένη **τον** έδωσε στον Κώστα.
Η Ελένη **του τον** έδωσε.

Η Τασία θα προσφέρει στη Ρένα την μπλούζα.
Η Τασία θα **της** προσφέρει την μπλούζα.
Η Τασία θα **την** προσφέρει στη Ρένα.
Η Τασία θα **της την** προσφέρει.

Ο Αλέξανδρος θα πει στους φίλους του τα νέα.
Ο Αλέξανδρος θα **τους** πει τα νέα.
Ο Αλέξανδρος θα **τα** πει στους φίλους του.
Ο Αλέξανδρος θα **τους τα** πει.

Δηλαδή, όταν το άμεσο και το έμμεσο αντικείμενο είναι αντωνυμίες, το άμεσο αντικείμενο ακολουθεί το έμμεσο αντικείμενο.

5 *Κοιτάξτε τον πίνακα με τις προσωπικές αντωνυμίες στο τέλος του βιβλίου (αν δεν τις θυμάστε) και αλλάξτε τις πιο κάτω προτάσεις*

Παράδειγμα

Η καθηγήτρια δίνει σ' εμάς τις ασκήσεις.
Η καθηγήτρια μάς τις δίνει.

1. Η καθηγήτρια δίνει σ' εμάς τις ασκήσεις.
2. Έδωσα στην μητέρα μου την φούστα της.
3. Είπατε στα παιδιά τα νέα;
4. Διάβασαν σ' εσάς την ιστορία;
5. Θα πάρω από τον Ντίνο το λεξικό.
6. Η Ελένη θα δώσει σ' εμένα τις κασέτες.
7. Αγοράζει για σένα την εφημερίδα κάθε μέρα.
8. Έγραψα στον φίλο μου αυτό το γράμμα.
9. Θα στείλω στην Μαρία αυτά τα δώρα.
10. Ο διευθυντής έδωσε στην γραμματέα του τον φάκελο.

6 *Γράψτε τις προτάσεις με τις αντωνυμίες που είπατε πιο πάνω*

7 *Παίξτε ένα ρόλο! Διαβάστε προσεκτικά τις πληροφορίες και μιλήστε μεταξύ σας*

Ζητάτε από ένα φίλο να σας δανείσει 10.000 δραχμές.

Ο φίλος σας σας λέει ότι δεν έχει τόσα λεφτά επάνω του. Και ότι, έτσι κι αλλιώς, ακόμα του χρωστάτε τις 20.000 που σας δάνεισε πριν από δύο μήνες.

Εσείς του απαντάτε ότι θα του δώσετε τις 20.000 στο τέλος της εβδομάδας. Και του λέτε ότι χρειάζεστε αυτά τα λεφτά οπωσδήποτε.

Ο φίλος σας σας λέει ότι δυστυχώς δεν γίνεται. Όταν του επιστρέψετε αυτά που του χρωστάτε, θα μπορέσει να σας βοηθήσει.

Εσείς δέχεστε (τι άλλο μπορείτε να κάνετε;) και του λέτε ότι θα του φέρετε τις 10.000 αύριο στο σχολείο.

📼 Τι έκανες πριν έρθεις στην Ελλάδα;

Μαρία   Πού ήσουνα πριν έρθεις στην Ελλάδα;
Σάλλι   Στην πατρίδα μου, στον Καναδά.
Μαρία   Και γιατί έφυγες από εκεί;
Σάλλι   Έπρεπε να έρθω στην Ελλάδα, γιατί η γιαγιά μου ήταν πολύ άρρωστη.
          Ήθελα να την δω πριν πεθάνει.
Μαρία   Ζει ακόμα;
Σάλλι   Όχι, πέθανε, η καημένη, πριν από δύο μήνες. Και την αγαπούσα πολύ, ξέρεις.

ΓΡΑΜΜΑΤΙΚΗ

Χθες   πριν   **φύγω**   από το γραφείο,   **είδα**   τον διευθυντή για λίγα λεπτά.
              ↑   ↑
              απλή υποτακτική   αόριστος

Με τον ίδιο τρόπο χρησιμοποιούμε την απλή υποτακτική και για κάτι που γίνεται τώρα ή με επανάληψη ή, ακόμα, για κάτι που θα γίνει στο μέλλον. Έτσι, λέμε:

Συνήθως πριν   **φύγω**   από το γραφείο,   **βλέπω**   τον διευθυντή για λίγα λεπτά.
              ↑   ↑
              απλή υποτακτική   ενεστώτας

Αύριο   πριν   **φύγω**   από το γραφείο,   **θα δω**   τον διευθυντή για λίγα λεπτά.
              ↑   ↑
              απλή υποτακτική   μέλλοντας

8 *Ταιριάξτε τις παρακάτω προτάσεις σε ζεύγη που έχουν νόημα*

1. πριν έρθω στην Ελλάδα
2. πριν σκουπίσουμε
3. πριν ντυθεί
4. πριν παίξουν χαρτιά
5. πριν κοιμηθούμε
6. πριν αγοράσουν ηλεκτρική σκούπα
7. πριν βάλω τις μελιτζάνες στον φούρνο
8. πριν πιω τον καφέ μου

α. θα κοιτάξουν σε πολλά καταστήματα ηλεκτρικών ειδών
β. ήπιανε ένα ουζάκι
γ. θα ακούσω τις ειδήσεις στο ραδιόφωνο
δ. έκανα μαθήματα ελληνικών
ε. πάντα ξεσκονίζουμε
στ. τις πλένω
ζ. έκανε ένα ντους
η. διαβάσαμε τις εφημερίδες μας

9 *Ρωτήστε τον διπλανό σας / τη διπλανή σας:*

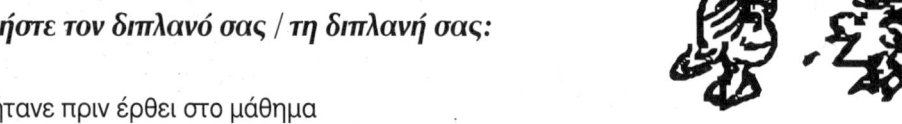

— πού ήτανε πριν έρθει στο μάθημα
— τι θα κάνει πριν φύγει από το σπίτι αύριο το πρωί
— ποιος ήταν ο τελευταίος άνθρωπος που είδε πριν μπει στην τάξη σήμερα
— τι κάνει συνήθως πριν κοιμηθεί
— αν έκανε μαθήματα ελληνικών πριν έρθει σ' αυτή την τάξη και, αν ναι, πού

10 *Γράψτε έξι προτάσεις όπως αυτές που φτιάξατε στην Άσκηση 8.*
Δύο στον αόριστο, δύο στον ενεστώτα και δύο στον μέλλοντα

Κοιτάξτε!

Έπρεπε να έρθω στην Ελλάδα, γιατί **ήθελα να δω** τη γιαγιά μου πριν πεθάνει.

Μετά τα "έπρεπε", "ήθελα" και "μπορούσα" (ή "μπόρεσα") χρησιμοποιούμε απλή υποτακτική.
Έτσι, λέμε:

α. "Γιατί δεν ήρθες στο σχολείο χθες;" "Γιατί έπρεπε να πάω τη μητέρα μου στον γιατρό."

β. "Η Αλίκη ξεσκόνισε το σαλόνι;" "Όχι, δεν μπορούσε να το ξεσκονίσει γιατί δεν είχε πανί."

γ. "Μιλήσατε στην καθηγήτρια για το πρόβλημά σας;" "Δεν θέλαμε να της μιλήσουμε πριν είμαστε έτοιμοι."

11 *Κοιτάξτε το παράδειγμα και τις βοηθητικές λέξεις και ετοιμάστε πρώτα τις ερωτήσεις και τις απαντήσεις σας. Μετά μιλήστε με τον διπλανό σας / την διπλανή σας. Οι ερωτήσεις που κάνει ο "Α" είναι αρνητικές. Ο "Β" χρησιμοποιεί κάθε φορά "έπρεπε να", "ήθελα να" ή "δεν μπορούσα να" στο σωστό πρόσωπο*

Παράδειγμα

(εσύ) / στο πάρτι;

Α: Γιατί δεν ήρθες στο πάρτι;
Β: Γιατί έπρεπε να πάω σε μια δουλειά.

1. (εσύ) / στο μάθημα;
2. τα κορίτσια / στο γραφείο σήμερα;
3. η Άννα / το έργο στην τηλεόραση;
4. οι γονείς σου / με το λεωφορείο;
5. (εσείς) / καινούριο αυτοκίνητο;
6. ο αδελφός σου / τα πιάτα;
7. τα παιδιά / νωρίς;
8. (εσύ) / στη Θεσσαλονίκη;
9. ο Κλήμης / τη μηχανή του;
10. (εσείς) / στον καθηγητή;

12 *Παίξτε "αλυσίδα" με τον διπλανό σας / τη διπλανή σας. Ρωτήστε για διάφορα πράγματα. Αυτός που δεν μπορεί να συνεχίσει, χάνει ένα πενηντάρικο.*

Παράδειγμα

Α : Γιατί δεν ήρθες στο μάθημα χθες;
Β : Γιατί δεν μπορούσα να έρθω.
Α : Και γιατί δεν μπορούσες να έρθεις;
Β : Γιατί έπρεπε να πάω στο γιατρό.
Α : Και γιατί έπρεπε να πας στο γιατρό;
Β : Γιατί πονούσε ... κτλ.

Ο "Β" προσπαθεί να χρησιμοποιήσει, όσο μπορεί, τις φράσεις "(δεν) έπρεπε να...", "(δεν) μπορούσα να...", "(δεν) ήθελα να..." με διάφορα ρήματα. Μερικές ιδέες για τον "Α":

Γιατί δεν | ήρθες στο πάρτι της Ελένης;
| ετοιμάστηκες για το μάθημα σήμερα;
| πήγες διακοπές πέρσι το καλοκαίρι;
| έφαγες το φαγητό σου χθες το βράδυ;

13 *Γράψτε δύο προτάσεις χρησιμοποιώντας "έπρεπε να", δύο με "(δεν) έπρεπε να", και δύο με "δεν μπορούσα να"*

🔲 Ένα πρωινό γεμάτο φούρια

Χθες το βράδυ στην τηλεόραση είχε ένα ωραίο σουηδικό έργο του Μπέργκμαν που η Άννα δεν ήθελε να χάσει. Έτσι, κοιμήθηκε αρκετά αργά. Αποτέλεσμα: δεν άκουσε το ξυπνητήρι σήμερα το πρωί και ξύπνησε μισή ώρα αργότερα. Δηλαδή, ξύπνησε στις 7.45 αντί στις 7.15. Ο λόγος για τον οποίο η Άννα ήθελε να σηκωθεί στις 7.15 ήταν αρκετά σοβαρός. Έπρεπε να είναι στο αεροδρόμιο στις 8.15 για να προλάβει έναν πελάτη του τουριστικού γραφείου όπου εργάζεται. Γι' αυτό ήθελε να φύγει από το σπίτι της το αργότερο στις 7.45.

Σηκώθηκε σαν τρελή, πλύθηκε όπως-όπως, ντύθηκε πιο γρήγορα κι από έναν πυροσβέστη και κατάφερε να είναι έξω από το σπίτι της στις 8. Ευτυχώς βρήκε αμέσως ταξί και στις 8.23 λεπτά ακριβώς ήταν στο αεροδρόμιο. Περιττό να σας πω, ότι μακιγιαρίστηκε μέσα στο ταξί. Μόλις έφτασε στο αεροδρόμιο, ανακάλυψε δύο πράγματα: ένα καλό κι ένα κακό. Το καλό ήταν ότι η πτήση του πελάτη από τη Μασαλία είχε είκοσι λεπτά καθυστέρηση. Το κακό ήταν ότι το καλσόν της είχε μια τεράστια τρύπα κάτω από το γόνατο.

1 Σωστό ή λάθος;

1. Η Άννα δουλεύει σ' ένα δικηγορικό γραφείο.
2. Κοιμήθηκε αργά χθες γιατί είδε τηλεόραση.
3. Το πρωί σηκώθηκε μισή ώρα νωρίτερα.
4. Για να είναι στο αεροδρόμιο στην ώρα της, έπρεπε να φύγει από το σπίτι της τουλάχιστον μισή ώρα νωρίτερα.
5. Μακιγιαρίστηκε στο αεροδρόμιο.
6. Η Άννα είναι λίγο τρελή.
7. Τελικά κατάφερε να φτάσει στο αεροδρόμιο λίγο μετά από τις 8.15.
8. Το αεροπλάνο του πελάτη ήρθε πιο αργά.
9. Σύμφωνα με την ιστορία, η Άννα ήταν και τυχερή και άτυχη.

ΓΡΑΜΜΑΤΙΚΗ

Παθητική Φωνή - Αόριστος
(Μέσα και αποθετικά ρήματα)

Ενεστώτας	Μέλλοντας	Θέμα Μέλλοντα	Αόριστος
σηκώνομαι	θα σηκωθώ	σηκωθ-	σηκώθ**ηκα** σηκώθ**ηκες** σηκώθ**ηκε** σηκωθ**ήκαμε** σηκωθ**ήκατε** σηκωθ**ήκανε** (σηκώθ**ηκαν**)

Ενεστώτας	Μέλλοντας	Θέμα Μέλλοντα	Αόριστος
ξυρίζομαι	θα ξυριστώ	ξυριστ-	ξυρίστ**ηκα** ξυρίστ**ηκες** ξυρίστ**ηκε** ξυριστ**ήκαμε** ξυριστ**ήκατε** ξυριστ**ήκανε** (ξυρίστ**ηκαν**)

Όπως βλέπετε, το θέμα του αορίστου είναι το ίδιο με αυτό του απλού μέλλοντα.

1. Ρήματα σε -ομαι που σχηματίζουν τον αόριστο σε   **-θηκα**   : *ντύνομαι, σηκώνομαι, πλένομαι (-πλυθ)* κ.ά.
2. Ρήματα σε -ομαι που σχηματίζουν τον αόριστο σε   **-στηκα** : *χτενίζομαι, ξυρίζομαι, ετοιμάζομαι* κ.ά.
3. Ρήματα σε -ομαι που σχηματίζουν τον αόριστο σε   **-φτηκα** : *σκέφτομαι, κρύβομαι* κ.ά.
4. Ρήματα σε -ομαι που σχηματίζουν τον αόριστο σε   **-χτηκα** : *μπλέκομαι, στηρίζομαι* κ.ά.
5. Ρήματα σε -εύομαι που σχηματίζουν τον αόριστο σε **-εύτηκα** : *παντρεύομαι* κ.ά.
6. Ρήματα σε -άμαι που σχηματίζουν τον αόριστο σε   **-ήθηκα** : *λυπάμαι, θυμάμαι, κοιμάμαι, φοβάμαι*

2 Κοιτάξτε τις εικόνες και ρωτήστε

π.χ.　Τι ώρα ξυρίστηκε ο Μάκης;
　　　Ποιος πλύθηκε πρώτος; Η Δανάη ή ο Μιχάλης;
　　　Τι έκανε η Δανάη στις 7.30;

Μάκης	Δανάη	Μιχάλης	Δήμητρα
08.00	07.00	07.30	08.30
08.15	07.10	07.40	09.40
08.16	07.30	07.55	09.50
23.30		08.05	22.00

3 Μιλήστε μεταξύ σας. Ρωτήστε τον διπλανό σας / τη διπλανή σας

— τι ώρα κοιμήθηκε χθες το βράδυ
— τι ώρα σηκώθηκε σήμερα το πρωί
— αν χτενίστηκε σήμερα το πρωί
— αν ξυρίστηκε χθες ή σήμερα (μόνο αν είναι άντρας βέβαια!)
— αν θυμήθηκε να φέρει μαζί του/της το μολύβι του/της

4 *Βάλτε τα ρήματα στον αόριστο*

Είμαι ο Δημήτρης που δουλεύω σε μια βιοτεχνία και που μένω μαζί με τον αδερφό μου, τον Νίκο.

Με θυμάστε, βέβαια. Σήμερα το πρωί, που λέτε, όπως πάντα, _____ (σηκώνομαι) στις

6.30. _____ (πλένομαι), _____ (ξυρίζομαι), _____

(ντύνομαι) γρήγορα-γρήγορα και μετά _____ (πάω) στην κουζίνα για να φτιάξω το

πρωινό μας.

Ο αδελφός μου, ο Νίκος, _____ (σηκώνομαι) κατά τις 7.15 και _____

(ετοιμάζομαι). Μετά _____ (τρώω) μαζί και _____ (κουβεντιάζω) λίγη

ώρα. Ύστερα εγώ _____ (φεύγω) για το εργοστάσιο ενώ ο Νίκος _____

(κάθομαι) στο σπίτι και _____ (διαβάζω). Απόψε και οι δυο μας θα πάμε για ύπνο νωρίς

γιατί χθες _____ (κοιμάμαι) πολύ αργά.

5 *Γράψτε πέντε προτάσεις όπως αυτή*

Η γυναίκα μου σήμερα το πρωί σηκώθηκε στις 9
ενώ εγώ σηκώθηκα στις 7. Τι να κάνουμε;

🔲 **Περάσατε ωραία στη Ρώμη;**

Αλίκη	Πώς περάσατε στη Ρώμη;
Λάκης	Πάρα πολύ ωραία.
Αλίκη	Η ζωή είναι ακριβή εκεί;
Λάκης	Αρκετά ακριβή. Εμείς, ευτυχώς, μείναμε στο διαμέρισμα μιας φίλης μας κι έτσι τη βγάλαμε πολύ οικονομικά.
Αλίκη	Πόσον καιρό μείνατε συνολικά;
Λάκης	Δέκα μέρες ακριβώς.
Αλίκη	Ήταν και η αδερφή σου μαζί σας;
Λάκης	Βεβαίως.

6 *Ρωτήστε και απαντήστε*

1. Πώς πέρασε ο Λάκης στη Ρώμη;
2. Η ζωή είναι ακριβή στη Ρώμη;
3. Πού έμεινε ο Λάκης και η παρέα του στη Ρώμη;
4. Πώς κατάφεραν να περάσουν οικονομικά;
5. Πόσες μέρες μείνανε;
6. Ποιος άλλος ήταν μαζί με τον Λάκη;

ΓΡΑΜΜΑΤΙΚΗ

Αόριστο Άρθρο

	Αρσενικό	Θηλυκό	Ουδέτερο
Ονομαστική	ένας	μία	ένα
Γενική	ενός	μιας	ενός
Αιτιατική	ένα(ν)	μία	ένα

7 *Βάλτε στα κενά το σωστό αόριστο άρθρο στη γενική*

1. Μείναμε στο διαμέρισμα _____ φίλης μας.

2. Το ενοίκιο _____ σπιτιού που ξέρω στο Κολωνάκι είναι πολύ ακριβό.

3. Το αυτοκίνητο _____ γνωστού μου από την Αγγλία είναι δώδεκα ετών.

4. Τα δίδακτρα _____ σχολείου στην Πλάκα είναι τα ακριβότερα στην αγορά.

5. Τα παιδιά _____ ξαδέρφης μου είναι όλα μηχανικοί.

6. Το όνομα _____ φίλου μας έχει οχτώ συλλαβές.

ΓΡΑΜΜΑΤΙΚΗ

Επιρρήματα σε -α και σε -ως

Ντύθηκε **γρήγορα** κι έφυγε.
Το αεροπλάνο έφτασε μισή ώρα πιο **αργά**.
Περάσαμε πολύ **ωραία** στην Ύδρα.
Πρέπει να στρίψουμε **δεξιά**.

Θα μας δει στις δέκα **ακριβώς**.
Μιλάει **διαρκώς**. Δε σταματάει ποτέ.

Α. Τα επίθετα σε -ος, -η, -ο, σε -ος, -α, -ο και σε -υς, -ια, -υ σχηματίζουν τα επιρρήματά τους από την ονομαστική πληθυντικού του ουδετέρου:

Επίθετο (πληθυντ. ουδετέρου)		**Επίρρημα**
γρήγορα		γρήγορα
ωραία		ωραία
μακριά		μακριά

Β. Υπάρχουν μερικά επιρρήματα, ιδιαίτερα αυτά που προέρχονται από επίθετα σε -ης, -ης, -ες (που θα εξετάσουμε αργότερα) που σχηματίζονται σε -ως:

Επίθετο		**Επίρρημα**
ακριβής		ακριβώς
διαρκής		διαρκώς

Γ. Μερικά από τα επιρρήματα της παραγράφου Α σχηματίζουν και τους δύο τύπους.
π.χ. *βέβαια και βεβαίως, σπάνια και σπανίως.*

8 Γράψτε στα κενά τα επιρρήματα

1. Αυτό που έκανες θα μου το πληρώσεις _____ . (ακριβός)

2. Περάσατε _____ στο πάρτι το Σάββατο; (ωραίος)

3. Οδηγείς πολύ _____ , δε νομίζεις; (γρήγορος)

4. Καπνίζανε _____ όλο το βράδυ. Ήταν πολύ ενοχλητικό. (διαρκής)

5. Θα της μιλήσω. Αν θέλεις, _____ . (βέβαιος)

6. Διαβάστε αυτό το άρθρο _____ , σας παρακαλώ. (προσεκτικός)

7. Έφυγε στις εφτά _____ . (ακριβής)

8. Η γυναίκα του του μιλάει πολύ _____ . Και είναι τόσο καλός άνθρωπος, ο καημένος. (άσχημος)

9. Πέρσι τον έβλεπα αρκετά _____ . Φέτος τον βλέπω πολύ _____ . (συχνός) (σπάνιος)

9 *Γράψτε προτάσεις χρησιμοποιώντας τα επιρρήματα που γράψατε πιο πάνω.*
Γράψτε και μερικές με επιρρήματα που θα βρείτε μόνοι σας!

Κοιτάξτε!

Για να είσαι στο αεροδρόμιο στις 8.15, πρέπει να φύγεις από εδώ το αργότερο στις 7.30.

10 *Ρωτήστε και απαντήστε. Ο "Α" χρησιμοποιεί τις λέξεις-κλειδιά και το "πρέπει"*
ή το ρήμα "θέλω" στο σωστό πρόσωπο. Ο "Β" ... αυτοσχεδιάζει

Παράδειγμα

Α : φύγεις / σπίτι σου / 8;
Β :

Α : *Γιατί πρέπει να φύγεις από το σπίτι σου στις 8;*
Β : *(Για να είμαι στο κέντρο στις εννιά.)*

1. Α : φύγεις / σπίτι σου / 8;
   Β :
2. Α : πάρετε τηλέφωνο / καθηγήτρια;
   Β :
3. Α : καθίσουν πιο κοντά / ραδιόφωνο;
   Β :
4. Α : πας / σπίτι / αδελφής σου απόψε;
   Β :
5. Α : πουλήσει / παλιό κομπιούτερ;
   Β :
6. Α : πάρεις ταξί;
   Β :
7. Α : έρθουμε / σπίτι σας αύριο / βράδυ;
   Β :

11 *Τώρα μιλήστε για σάς. Ανταλλάξτε πληροφορίες με τους συμμαθητές σας*

π.χ. Για να είμαι στο σχολείο στις ... φεύγω από (το σπίτι μου) στις ...

Σκεφτείτε κι άλλα πράγματα για τα οποία θέλετε να μιλήσετε:

π.χ.   για να μάθει κανείς ελληνικά ...
      για να πας στο κέντρο της πόλης ...
      για να αγοράσεις καινούριο αυτοκίνητο

12 *Γράψτε πέντε προτάσεις χρησιμοποιώντας "για να"*

13 *Γράψτε τι έκανε σήμερα ο Αλέξανδρος και λύστε το σταυρόλεξο*

Οριζόντια

Κάθετα

Ανακεφαλαίωση Μαθημάτων 13-17

1 *Κοιτάξτε τα ρήματα και μιλήστε. Χρησιμοποιήστε ανάλογα προστακτική ενικού ή πληθυντικού*

ανοίγω / διαβάζω / ακούω / πίνω / τρώω / παίρνω / κλείνω / δοκιμάζω / γράφω / πλένω / οδηγώ

Παράδειγμα

το παράθυρο;

Α : Μπορώ να ανοίξω το παράθυρο;
Β : Ναι, άνοιξέ το.

1. το παράθυρο;
2. το αυτοκίνητό σας;
3. το γράμμα τώρα;
4. την εφημερίδα σας;
5. αυτό το κρασί;
6. μάλλινη ζακέτα, σας παρακαλώ;
7. τα μακαρόνια τώρα που είναι ζεστά;
8. τους γονείς μου τηλέφωνο;
9. τις μπλούζες μου στο πλυντήριό σας;
10. αυτό τον δίσκο, σας παρακαλώ;

2 *Συνδέστε τα σωστά κομμάτια μεταξύ τους*

1. Όταν μπήκα μέσα
2. Αν έρθετε αύριο το βράδυ στο σπίτι μας
3. Είδαν το έργο τρεις φορές
4. Πριν σηκωθεί από το κρεβάτι της
5. Εγώ δουλεύω 12 ώρες τη μέρα
6. Πρέπει να πας ευθεία
7. Μην του δανείζετε άλλα λεφτά

α. θα τον δείτε.
β. ενώ ο θείος μου δεν κάνει τίποτε όλη μέρα.
γ. έβγαλα τα παπούτσια μου.
δ. πριν σας επιστρέψει αυτά που σας χρωστάει.
ε. γιατί δεν μπορείς να στρίψεις αριστερά.
στ. πήρε τηλέφωνο το γραφείο της και τη μητέρα της.
ζ. γιατί τους άρεσε πολύ.

3 Βρέστε την άσχετη λέξη

1. μεγαλύτερο   πιο ακριβό   (φαρδύ)   λιγότερο στενό

2. θα σηκωθείς   θα πλυθείς   θα ντυθείς   θα σκουπίσεις

3. αλάτι   πιρούνι   ζάχαρη   λάδι

4. πόσο   πάνω   πώς   πότε

5. γρίπη   στομάχι   λαιμός   πλάτη

6. δανείζω   χρωστάω   πληρώνω   δουλεύω

7. της   με   του   σου

8. μακρύς   φαρδύς   στενός   οικονομικός

9. συγνώμη   με συγχωρείτε   λυπάμαι πολύ   απαγορεύεται

10. δέρμα   μάλλινο   βαμβακερό   μεταξωτό

4 Βάλτε τα ρήματα στον σωστό τύπο

1. Η Περσεφόνη χθες δεν _____ καθόλου αγγλικά. (μιλάω)

2. Αύριο το μεσημέρι η Ελένη κι εγώ θα _____ νωρίς το πρωί και θα _____ το σπίτι.
   (σηκώνομαι) (καθαρίζω)

3. Εσύ χθες _____ το σαλόνι και την κρεβατοκάμαρα. Εγώ σήμερα θα _____
   τα πιάτα. (σκουπίζω) (πλένω)

4. Σας _____ το ντοκυμαντέρ που _____ στην τηλεόραση το περασμένο Σάββατο;
   (αρέσω) (βλέπω)

5. Την περασμένη εβδομάδα οι γονείς μου _____ να _____ στη Θεσσαλονίκη αλλά
   τελικά _____ στην Αθήνα. (πρέπει) (πηγαίνω) (μένω)

6. Πάω στην κουζίνα να _____ ένα τσάι. _____ κι εσύ ένα; (φτιάχνω) (θέλω)

7. Δεν έχω καιρό να _____ πρωινό σήμερα. Θα _____ γρήγορα-γρήγορα,
   θα _____ και θα _____ αμέσως για το εργοστάσιο.
   (τρώω) (πλένομαι) (ντύνομαι) (φεύγω)

🔲 Ποια είναι η πρώτη γλώσσα στον κόσμο;

Υπάρχουν περίπου 2.000 γλώσσες σε όλο τον κόσμο. Το μεγαλύτερο ποσοστό του πληθυσμού της γης έχει ως πρώτη γλώσσα τα κινέζικα. 17,25% του κόσμου, δηλαδή 950 περίπου εκατομμύρια άνθρωποι, μιλάνε αυτή τη γλώσσα. Το 15,75% του πληθυσμού της γης μιλάει τις κύριες γλώσσες της Ινδίας και του Πακιστάν ενώ το 8,9% μιλάει αγγλικά. Το 5,28% είχε μέχρι πριν από λίγο καιρό ακόμα ως πρώτη γλώσσα τα ρωσικά, το 5,23% έχει τα ισπανικά και το 3,12% τα αραβικά.

Κοιτάξτε! **ﾃﾄﾃﾄ**

16,25% : δεκαέξι κόμμα είκοσι πέντε τα/τοις εκατό
32,05% : τριάντα δύο κόμμα μηδέν πέντε τα/τοις εκατό
0,30% : μηδέν κόμμα τριάντα τα/τοις εκατό

5 *Ρωτήστε και απαντήστε*

1. Τι ποσοστό του πληθυσμού της γης έχει ως πρώτη γλώσσα τα κινέζικα;
2. Ποιο είναι το ποσοστό για τις κύριες γλώσσες της Ινδίας και του Πακιστάν;
3. Τι αντιπροσωπεύει το 8,9%;
4. Ποιο είναι το συνολικό ποσοστό για τα αγγλικά, τα ισπανικά και τα αραβικά;

6 *Βάλτε στα κενά τις σωστές λέξεις*

1. Στον _____ υπάρχουν περίπου 2.000 γλώσσες.

2. Ο _____ της γης είναι περίπου 4,9 δισεκατομμύρια.

3. Το _____ των ανθρώπων που έχουν ως πρώτη γλώσσα τα αγγλικά είναι 8,9%.

4. Το _____ ποσοστό για τα αγγλικά και τα ισπανικά είναι 14,13%.

7 *Βάλτε τα ρήματα στον σωστό χρόνο*

1. Η γυναίκα μου εχτές το πρωί _____ στις πέντε. (σηκώνομαι)

2. Τα παιδιά θα είναι πολύ κουρασμένα όταν έρθουν και _____ αμέσως. (κοιμάμαι)

3. Δεν έχω καιρό τώρα. _____ το βράδυ. (ξυρίζομαι)

4. Εγώ _____ να φέρω τους δίσκους. Εσύ έφερες το κρασί; (θυμάμαι)

5. Εμείς _____ για το ταξίδι από την περασμένη εβδομάδα. (ετοιμάζομαι)

6. Κώστα, _____ να του πεις ότι τον πήρε τηλέφωνο η μαμά του; (θυμάμαι)

7. Κορίτσια, γιατί δεν _____ ακόμα; Πρέπει να φύγουμε. (χτενίζομαι)

8. Τελικά ο γιος μας _____ βασιλιάς στο πάρτι που θα γίνει το Σάββατο. (ντύνομαι)

9. Αλήθεια, εσείς τι ώρα _____ προχτές το βράδυ; (κοιμάμαι)

Μάθημα 18

8 *Βάλτε στο κενό τη σωστή λέξη.*
Χρησιμοποιήστε τις λέξεις που είναι μέσα στο πλαίσιο από μια φορά

| σου | πίσω από | με το | νάτες | μην | του |
| ώρα | τοις | σας | τους τις | πριν | |

1. "Πώς θα πας στο γραφείο σήμερα; Με τον ηλεκτρικό;" "Όχι, θα πάω _____ τρόλεϊ."
2. "Τίνος είναι αυτή η τσάντα;" "Είναι _____ παιδιού."
3. "Πού είναι οι κασέτες μου;" " _____ , πάνω στο γραφείο είναι. Δεν τις βλέπεις;"
4. "Έδωσες στα παιδιά τις πάστες τους;" "Ναι, _____ έδωσα".
5. "Έκανες πολύ καλή δουλειά. Μπράβο _____ ." "Ευχαριστώ."
6. "Είναι μάλλινο;" "Όχι, δεν είναι εκατό _____ εκατό μάλλινο."
7. " _____ άρεσε ο καινούριος δίσκος, κυρία Ηλιοπούλου;" "Όχι, δε μου άρεσε πολύ."
8. " _____ κλείνετε το παράθυρο, σας παρακαλώ. Κάνει πολλή ζέστη εδώ μέσα."
9. "Πού είναι το ταχυδρομείο;" "Είναι ακριβώς _____ την εκκλησία, στην οδό Περικλέους."
10. "Πόση _____ είσαι εδώ;" "Τρία τέταρτα περίπου."
11. "Διάβασες τις πληροφορίες _____ τους πάρεις τηλέφωνο;" "Ναι, τις διάβασα προσεκτικά."

9 *Κοιτάξτε τις ερωτήσεις και διαλέξτε τις καλύτερες απαντήσεις για καθεμιά από αυτές*

1. Πού ήσουνα πριν έρθεις στην Αθήνα;
2. Πώς θα πας στο θέατρο από 'δώ;
3. Μπορώ να καπνίσω ένα τσιγάρο;
4. Πόσον καιρό έχεις σ' αυτό το χωριό;
5. Κρυώνω λίγο. Μπορώ να κλείσω το παράθυρο;
6. Είναι εντάξει η φούστα;
7. Έπινες πολύ γάλα όταν ήσουνα μικρός;
8. Μπορείς να μου δανείσεις δύο χιλιάρικα;
9. Υπάρχει τίποτε άλλο που πρέπει να κάνεις πριν φύγεις για την Πορτογαλία;

α. Δυστυχώς δεν έχω καθόλου λεφτά επάνω μου.
β. Δύο μήνες περίπου.
γ. Όχι, είναι λίγο φαρδιά στη μέση.
δ. Στη Μαδρίτη.
ε. Κλείστε το, αν θέλετε.
στ. Όχι αλλά έτρωγα πολύ τυρί και γιαούρτι.
ζ. Όχι, κύριε. Απαγορεύεται.
η. Μάλλον με τα πόδια. Είναι αρκετά κοντά.
θ. Ναι, πρέπει να πάρω τηλέφωνο την εταιρεία "TITAN"

147

10 *Ακούστε τις ερωτήσεις χωρίς να τις βλέπετε, και διαλέξτε τις σωστές απαντήσεις*

1. Σε ποια στάση πρέπει να κατέβω για το Μουσείο Φυσικής Ιστορίας;	(α) Θα πάρετε το 135. (β) Δύο στάσεις πριν από αυτή. (γ) Δύο στάσεις πιο κάτω.
2. Μπορούμε να πάμε ευθεία;	(α) Όχι, επιτρέπεται. (β) Ναι, επιτρέπεται. (γ) Ναι, απαγορεύεται.
3. Αυτό το παντελόνι είναι πιο μικρό και πιο στενό από το άλλο.	(α) Ναι αλλά είναι πιο μακρύ. (β) Ναι αλλά είναι πιο φαρδύ. (γ) Ναι αλλά είναι πιο μεγάλο.
4. Όταν ήσασταν στο Παρίσι μένατε μαζί;	(α) Ναι, μέναμε μαζί. (β) Ναι, μένουμε μαζί. (γ) Ναι, μείναμε μαζί.
5. Θα στείλετε στη Μαρία τις φωτογραφίες;	(α) Τις της έστειλα χθες. (β) Της τους έστειλα χθες. (γ) Της τις έστειλα χθες.

11 *Διαλέξτε τη σωστή λέξη*

1. Χθες το βράδυ δεν *πηγαίναμε / πήγαμε* πουθενά. *Μείναμε / μέναμε* στο σπίτι.

2. Το μπάνιο είναι ελεύθερο. Θέλεις να *πλύνεις / πλυθείς* πρώτη;

3. Όταν ήμασταν μικρές *παίξαμε / παίζαμε* μαζί κάθε μέρα.

4. Μου *λέτε / πέστε* κάτι, σας παρακαλώ;

5. Είναι η ώρα οχτώ. Πρέπει να *ξυπνάει / ξυπνήσει* ο Μάρκος.

6. *Πόση ώρα / πόσον καιρό* είναι ο Μιχάλης στο μπάνιο;

7. Αυτή η ζακέτα είναι λίγο πιο *μακρύ / μακριά* από την άλλη.

8. Δεν μας *αρέσει / άρεσε* πολύ η ταινία που είδαμε χθες στην τηλεόραση.

9. Ήμουν στο Λονδίνο δύο χρόνια πριν *ήρθα / έρθω* στην Ελλάδα.

12 *Διαβάστε το γράμμα που έστειλε η Κατερίνα στη φίλη της την Άστριντ στη Γερμανία. Για τις λέξεις που δεν ξέρετε, ρωτήστε την καθηγήτριά σας ή ψάξτε στο λεξικό σας. Μετά γράψτε κι εσείς ένα γράμμα σαν αυτό σε κάποιο φίλο σας ή κάποια φίλη σας, χρησιμοποιώντας όσα περισσότερα ρήματα μπορείτε στον παρατατικό*

Κατερίνα Ηλιοπούλου
Μουρούζη 8, Χολαργός
18700 Αττική

14 Ιουνίου

Αγαπημένη μου Άστριντ,

Είσαι καλά; Έχω καιρό να πάρω νέα σου. Ο Χανς είναι ευχαριστημένος στην καινούρια του δουλειά;

Εμείς το καλοκαίρι τελικά πήγαμε διακοπές στην Αλόννησο, ένα μικρό νησί του Αιγαίου, νοτιοανατολικά από τον Βόλο. Περάσαμε δύο αξέχαστες εβδομάδες. Νοικιάσαμε ένα σπιτάκι πάνω στο παλιό χωριό, που είναι πολύ γραφικό. Το πρωί κατεβαίναμε σε διάφορες παραλίες, τη μια πιο μαγευτική από την άλλη. Είχαμε τη μηχανή μαζί μας κι έτσι το ανέβα-κατέβα ήταν παιχνίδι. Το μεσημέρι τσιμπούσαμε κάτι στην παραλία, όπου μέναμε μέχρι αργά το απόγευμα. Μετά γυρίζαμε στο σπίτι να πλυθούμε και να αλλάξουμε και το βράδυ τρώγαμε – και πίναμε! – καλά σε κάποια από τις ταβέρνες του λιμανιού (που λέγεται Πατητήρι) ή πάνω στο χωριό, που το λένε και Χώρα. Είμαστε ακόμα ερωτευμένοι με το νησί αυτό, πραγματικά. Του χρόνου, αν έρθετε το καλοκαίρι στην Ελλάδα, θα πάμε μαζί.

Εσείς, τελικά, πήγατε στην Ισπανία;

Γράψε μου τα νέα σας, οπωσδήποτε.

Με πολλή αγάπη

Κατερίνα

"Με συγχωρείς που άργησα αλλά είχε φοβερή κίνηση."
"Έγινε μια απίθανη καραμπόλα στην παραλιακή οδό. Τρακάρανε οχτώ αυτοκίνητα."
"Έμπλεξα σ' ένα φοβερό μποτιλιάρισμα στην οδό Τσιμισκή σήμερα το πρωί."

Πόσες φορές, αλήθεια, τη μέρα δεν ακούμε αυτά τα πράγματα που αφορούν - τι άλλο - το γνωστό σε όλους μας κυκλοφοριακό πρόβλημα, που υπάρχει σε όλες τις μεγάλες πόλεις του κόσμου. Ιδιαίτερα τις ώρες αιχμής, δηλαδή, τις ώρες που έχει μεγάλη κίνηση.

Οι αρχές, βέβαια, προσπαθούν να βρουν λύσεις. Φτιάχνουν ανισόπεδους κόμβους, απαγορεύουν την κυκλοφορία στο κέντρο της πόλης, αλλάζουν τις ώρες λειτουργίας των καταστημάτων. Το πρόβλημα όμως παραμένει, γιατί τα αυτοκίνητα αυξάνονται συνεχώς. Μήπως, τελικά, χρειάζονται πιο ριζικά μέτρα;

13 *Γράψτε έναν τίτλο για το κείμενο που διαβάσατε*

14 *Ταιριάξτε τις καινούριες λέξεις με τους ορισμούς. Αν έχετε δυσκολίες με αυτές τις λέξεις ή με άλλες, κοιτάξτε στο λεξικό σας ή ρωτήστε τον καθηγητή σας*

1. άργησα
2. κίνηση
3. τρακάρανε
4. μποτιλιάρισμα
5. αφορούν
6. ώρες αιχμής
7. ώρες λειτουργίας
8. παραμένει
9. αυξάνονται

α. ώρες που πάει ή φεύγει κόσμος από τη δουλειά του
β. χτυπήσανε το ένα με το άλλο
γ. εξακολουθεί να υπάρχει
δ. πολλά αυτοκίνητα στους δρόμους
ε. ήρθε πιο αργά απ' ό,τι έπρεπε
στ. τόσα πολλά αυτοκίνητα που δεν μπορείς να πας ούτε μπροστά ούτε πίσω
ζ. ώρες που είναι ανοιχτά τα καταστήματα
η. γίνονται πιο πολλά
θ. έχουν σχέση με

15 *Διαβάστε πάλι το κείμενο και συμπληρώστε τις προτάσεις με τις σωστές λέξεις*

1. Στην παραλιακή οδό έγινε μια _____ και _____ πολλά αυτοκίνητα.

2. Το _____ είναι ένα πρόβλημα που υπάρχει σε όλες τις μεγάλες πόλεις του κόσμου.

3. _____ πολύ; Λυπάμαι αλλά είχε φοβερή κίνηση.

4. Το κυκλοφοριακό πρόβλημα είναι μεγαλύτερο τις ώρες _____ .

5. Μερικές φορές οι αρχές αλλάζουν τις ώρες _____ των καταστημάτων.

6. Το κακό είναι ότι ο αριθμός των αυτοκινήτων _____ συνεχώς.

16 *Σκεφτείτε και γράψτε τέσσερις ερωτήσεις πάνω στο κείμενο που διαβάσατε.*
Χρησιμοποιήστε τις ερωτηματικές λέξεις "τι;", "πού;", "γιατί;"

π.χ. Πού έγινε η καραμπόλα;

17 *Προσπαθήστε να θυμηθείτε την πρώτη και την τελευταία πρόταση του κειμένου*

18 *Συζητήστε με τους άλλους το κυκλοφοριακό πρόβλημα, όπως είναι στην πόλη*
που μένετε τώρα ή που μένατε πριν. Σκεφτείτε και άλλα μέτρα εκτός από αυτά
που υπάρχουν στο κείμενο

19 *Βάλτε στα κενά τις σωστές λέξεις*

> αργήσατε - λειτουργίας - τράκαρε - λύση - θα αυξηθεί - μποτιλιάρισμα - μέτρα

1. Προχθές ο αδερφός μου _____ με ένα φορτηγό και το αυτοκίνητό του έγινε χάλια.

2. Αυτά που κάνατε μέχρι τώρα δεν είναι αρκετά. Χρειάζονται πιο ριζικά _____ .

3. Που ήσασταν, βρε παιδιά; _____ πολύ και τα κορίτσια δεν μπορούσαν να περιμένουν άλλο.

4. Ακούστε να δείτε. Δεν υπάρχει άλλη _____ . Ένας από τους δύο πρέπει να φύγει.

5. Φοβερό _____ , σου λέω. Ήμασταν μισή ώρα στο ίδιο μέρος και δεν μπορούσαμε να κάνουμε ούτε μπροστά ούτε πίσω.

6. Οι ώρες _____ του γραφείου μας είναι 8 π.μ. - 3 μ.μ.

7. Η τιμή του πετρελαίου _____ εφέτος.

20 *Γράψτε δυο λόγια για το κυκλοφοριακό, όπως είναι στην πόλη που μένετε τώρα*
ή που μένατε πριν

🔲 Όταν έρθει, θα μου πει

Πέτρος	Τι ώρα έρχεται η γυναίκα σου από το Παρίσι;
Μαρσέλ	Μου το είπε προχθές που μου τηλεφώνησε αλλά το ξέχασα. Μόλις φτάσω στο γραφείο, θα τηλεφωνήσω στο αεροδρόμιο να ρωτήσω.
Πέτρος	Και πώς πάει η υπόθεσή της;
Μαρσέλ	Δεν ξέρω. Όταν έρθει, θα μου πει, φαντάζομαι.
Πέτρος	Καλά, δεν σου είπε τίποτα από το τηλέφωνο;
Μαρσέλ	Απολύτως τίποτε.
Πέτρος	Περίεργο.

1 Σωστό ή λάθος;

1. Ο Μαρσέλ δεν ξέρει τι ώρα έρχεται η γυναίκα του.
2. Η γυναίκα του Μαρσέλ δεν του είπε τι ώρα φτάνει το αεροπλάνο.
3. Ο Μαρσέλ μόλις φτάσει στο γραφείο, θα πάρει τηλέφωνο τη γυναίκα του στο Παρίσι.
4. Ο Μαρσέλ δεν ξέρει πώς πάει η υπόθεση της γυναίκας του.
5. Ελπίζει ότι η γυναίκα του θα του πει, όταν έρθει.

ΓΡΑΜΜΑΤΙΚΗ

Μόλις	**φτάσω**	στο γραφείο,	**θα τηλεφωνήσω.**
	↑		↑
	απλή υποτακτική		μέλλοντας

Όταν/Αφού	**έρθει**	από το σχολείο,	**θα πλυθεί**
	↑		↑
	απλή υποτακτική		μέλλοντας

Όπως και στον Τύπο Α΄ του υποθετικού λόγου, έτσι και μετά τα *μόλις, όταν* και *αφού*, όταν μιλάμε για μελλοντικές ενέργειες, χρησιμοποιούμε απλή υποτακτική και μέλλοντα.

2 *Συμπληρώστε τις προτάσεις όπως εσείς νομίζετε.*
Χρησιμοποιήστε "όταν", "μόλις" ή "αφού", όπου δεν υπάρχουν

1. Μόλις μου δώσει τα χρήματα, _____ .

2. Θα τους μιλήσουμε, _____ .

3. _____ , όταν φάω το βραδινό μου.

4. Αφού πλυθεί η Μαρία, _____ .

5. Θα καταλάβουν ότι υπάρχει πρόβλημα, _____ .

6. _____ , μόλις γεννηθεί το παιδί.

7. _____ , θα σας στείλω μια κάρτα.

8. Όταν ξοδέψουμε όλα μας τα λεφτά, _____ .

9. _____ , θα τους δώσω τα λεφτά που τους χρωστάω.

3 *Ρωτήστε τον διπλανό σας / τη διπλανή σας ...*

— πού θα πάει, όταν τελειώσει το μάθημα
— τι θα κάνει, μόλις φτάσει στο σπίτι του/της
— τι θα κάνει απόψε, αφού φάει το βραδινό του/της
— ποιο είναι το πρώτο πράγμα που θα αγοράσει, μόλις πάρει λεφτά από την τράπεζα
— τι θα κάνει, αφού τελειώσει το δεύτερο βιβλίο της σειράς "Επικοινωνήστε Ελληνικά"

Έχετε σαπούνι για το πλυντήριο των πιάτων;

4 *Κοιτάξτε τις λέξεις που είναι μέσα στο πλαίσιο και βρέστε που μπορεί κανείς ν' αγοράσει αυτά τα πράγματα*

κρέας   ψωμί   λαχανικά   ζάχαρη   παπούτσια   μια κολόνια   σαπούνι   βιβλία
μια βιντεοκασέτα   χαρτί αλληλογραφίας   μια λάμπα 75 Βατ   βενζίνη   ασπιρίνη   ρούχα
ένα ηλεκτρικό σίδερο   ένα απορρυπαντικό

> βενζινάδικο   φούρνος   φαρμακείο   κατάστημα καλλυντικών   βιβλιοπωλείο
> χαρτοπωλείο   σούπερ μάρκετ   κατάστημα παπουτσιών   μανάβικο   μπακάλικο
> κατάστημα ηλεκτρικών ειδών   κρεοπωλείο   βίντεο κλαμπ

Παράδειγμα

Μπορεί ν' αγοράσει κανείς κρέας σ' ένα κρεοπωλείο ή σ' ένα σούπερ μάρκετ.

5 *Κοιτάξτε αυτούς τους διάλογους και προσπαθήστε να συμπληρώσετε τα κενά με τις λέξεις ή τις φράσεις που είναι μέσα στο πλαίσιο*

1. Α : Παρακαλώ;
   Β : Γεια σας. _____ ένα σαμπουάν για λιπαρά μαλλιά.
   Α : Θέλετε το μεγάλο, το μεσαίο ή το _____ μέγεθος;
   Β : Πόσο έχει το μικρό;
   Α : 760.
   Β : _____ δύο μικρά.

2. Α : _____ ;
   Β : Βεβαίως, ορίστε.

3. Α : _____ ;
   Β : Ναι, ευχαριστώ.

4. Α : _____ .
   Β : Θα ήθελα ένα ποδήλατο για τον ανιψιό μου.
   Α : Μάλιστα. _____ είναι ο ανιψιός σας;

> σας εξυπηρετούν   εγγύηση
> μπορώ να ρίξω μια ματιά   πόσων χρονών
> θα ήθελα   ορίστε, παρακαλώ
> μικρό   παραδώσετε   δώστε μου
> έχετε κάποια ιδιαίτερη προτίμηση

5. Α : Θέλω ένα πλυντήριο πιάτων.
   Β : Έχουμε πολλές μάρκες. _____ ;
   Α : Όχι.
   Β : Αυτό εδώ είναι πολύ καλό. Και έχει _____ πέντε ετών.
   Α : Μπορείτε να μου το _____ στο σπίτι;
   Β : Βεβαίως. Πού μένετε, κυρία μου;

6 *Πέστε με τον διπλανό σας / την διπλανή σας τους διάλογους 1-5*

7 *Κοιτάξτε μερικούς τρόπους που μπορείτε να χρησιμοποιήσετε για να ζητήσετε διάφορα πράγματα που δεν ξέρετε πώς λέγονται ακριβώς*

Χρήσιμες λέξεις

πρά(γ)μα	σκόνη	τετράγωνο
μηχάνημα	υγρό	ορθογώνιο
εργαλείο	υλικό	στρογγυλό
	ύφασμα	

Χρήσιμες εκφράσεις

ένα πράμα με μια τρύπα / με χερούλι

ένα μηχάνημα που ανοίγει τρύπες
ένα εργαλείο που κόβει ξύλα
ένα μηχάνημα που πιάνει μαζί τα χαρτιά
ένα υγρό που σκοτώνει τις κατσαρίδες

ύφασμα για να φτιάξω κουρτίνες
υγρό για να καθαρίσω τα τζάμια
σκόνη για να πλύνω ρούχα/πιάτα

Παράδειγμα

Α : Συγνώμη αλλά δεν μιλάω καλά ελληνικά. Πώς λέγεται το στρογγυλό γυαλί
     που έχει η φωτογραφική μηχανή;
Β : Φακός.
Α : Φακός. Εντάξει. Θα ήθελα να μου δώσετε κάτι για να καθαρίσω τον φακό της μηχανής μου.
Β : Θέλετε καθαριστικό φακών. Έχουμε αυτό...

8 *Τώρα κοιτάξτε τις εικόνες και ζητήστε διάφορα πράγματα χρησιμοποιώντας μερικές από τις εκφράσεις που υπάρχουν στο πλαίσιο*

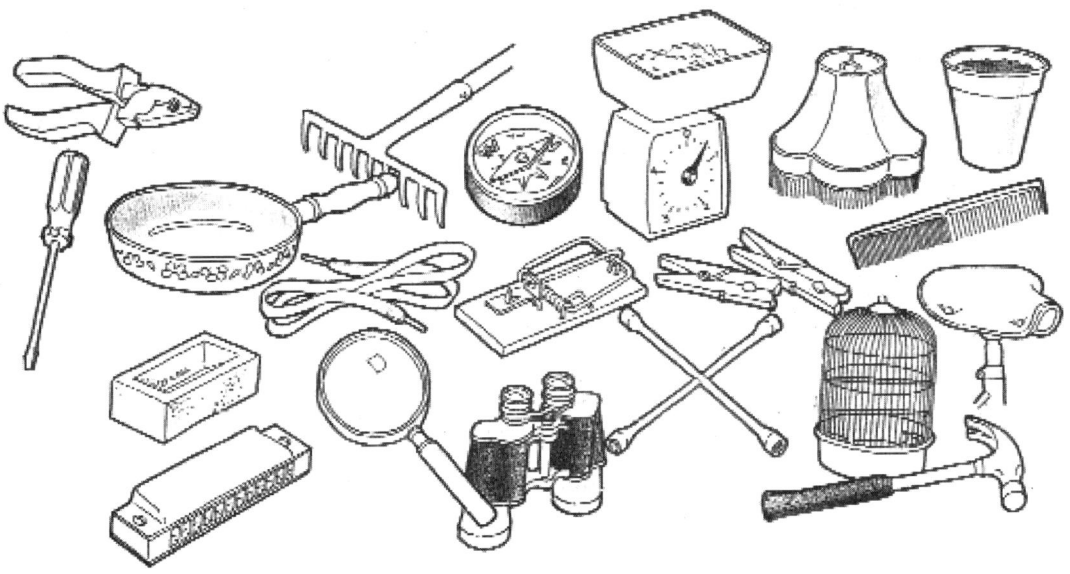

🔲 Δούλευε συνέχεια όλο το πρωί

Το Σάββατο, η Κατερίνα και ο Γιώργος μείνανε όλη τη μέρα στο σπίτι γιατί είχανε πολλές δουλειές. Η Κατερίνα είχε να γράψει έξι γράμματα. Η καημένη έγραφε συνέχεια από τις δέκα το πρωί ώς τη μιάμιση το μεσημέρι! Ο Γιώργος, πάλι, είχε να φτιάξει το καζανάκι της τουαλέτας και το ποδήλατο του γιου τους και να πλύνει τη μηχανή του. Δούλευε όλο το πρωί χωρίς διακοπή. Το απόγευμα ξαπλώσανε καμιά ωρίτσα μετά το μεσημεριανό και μετά συνεχίσανε. Σιδερώσανε ένα μικρό λόφο από ρούχα, βάλανε δύο πλυντήρια, απλώσανε ρούχα στη ταράτσα, βάλανε δύο καινούρια ράφια στην κουζίνα, και τι δεν κάνανε!

Όταν τελειώσανε όλες τις δουλειές τους κατά τις οχτώ το βράδυ, ήταν και οι δύο πτώματα από την κούραση. Φάγανε κάτι ελαφρύ και πέσανε αμέσως για ύπνο. Δεν είχανε κέφι ούτε για διάβασμα ούτε, έστω για λίγη κουβεντούλα. Έτσι, την Κυριακή τι νομίζετε ότι κάνανε; Κοιμόντουσαν σχεδόν όλη τη μέρα!

9 *Ταιριάξτε τις λέξεις με τις εικόνες*

> σιδερώνω   το ράφι
> το καζανάκι   το πλυντήριο
> η μηχανή   η κουβέντα

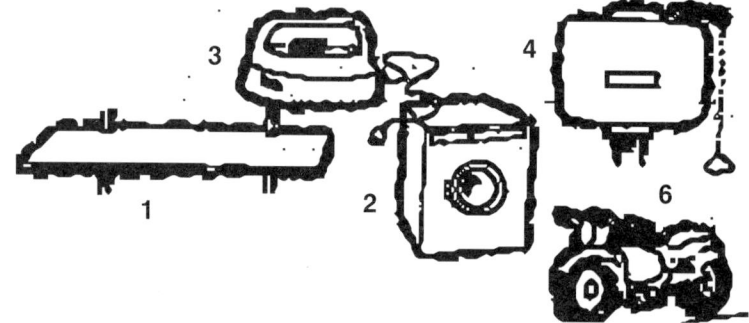

10 *Ρωτήστε και απαντήστε*

1. Γιατί ο Γιώργος και η Κατερίνα μείνανε όλη τη μέρα στο σπίτι το Σάββατο;
2. Πόση ώρα έγραφε η Κατερίνα γράμματα;
3. Ο Γιώργος τι έκανε όλο το πρωί;
4. Τι δουλειές είχε να κάνει το πρωί;
5. Μήπως θυμάστε μερικές από τις δουλειές που έκαναν το απόγευμα του Σαββάτου;.
6. Καταφέρανε να τελειώσουν όλες τους τις δουλειές;
7. Ήταν κουρασμένοι όταν πήγανε να κοιμηθούνε το Σάββατο το βράδυ;
8. Την Κυριακή τι κάνανε όλη μέρα;

ΓΡΑΜΜΑΤΙΚΗ

Παρατατικός (2)

Η Κατερίνα **έγραφε** συνέχεια από τις δέκα το πρωί ώς τη μιάμιση το μεσημέρι.
Ο καημένος ο Γιώργος **δούλευε** όλο το πρωί χωρίς διακοπή.

Όταν μιλάμε για κάτι που έγινε στο παρελθόν και θέλουμε να τονίσουμε ότι γινόταν συνέχεια, χρησιμοποιούμε πάλι τον παρατατικό.

Παθητική/Μέση Φωνή

Ενεστώτας	Παρατατικός
πλένομαι	πλεν**όμουν(α)**
	πλεν**όσουν(α)**
	πλεν**όταν(ε)**
	πλεν**όμασταν**
	πλεν**όσασταν**
	πλεν**όντουσαν** (πλέν**ονταν**)

Ενεστώτας	Παρατατικός
κοιμάμαι	κοιμ**όμουν(α)**
	κοιμ**όσουν(α)**
	κοιμ**όταν(ε)**
	κοιμ**όμασταν**
	κοιμ**όσασταν**
	κοιμ**όντουσαν** (κοιμ**όνταν**)

11 *Συμπληρώστε τα κενά με τα ρήματα στον παρατατικό*

1. Οι αδελφές μου _____ χθες σχεδόν όλη τη μέρα. (κοιμάμαι)

2. Η Σοφία _____ δύο ώρες συνέχεια πριν πάει στο χορό. (χτενίζομαι)

3. Η καθηγήτρια της θεολογίας _____ μιάμιση ώρα στους φοιτητές. (μιλάω)

4. Για να βγάλει τις μπογιές από τα χέρια του _____ μια ώρα. (πλένομαι)

5. Τα παιδιά _____ μπάλα όλο το απόγευμα. (παίζω)

6. Δεν φταίω εγώ! _____ μισή ώρα να σε πάρω, αλλά η γραμμή ήταν απασχολημένη.
   (προσπαθώ)

7. Εμείς ξέρετε πόσον καιρό _____ για να βρούμε ένα καλό διαμέρισμα; (περιμένω)

8. Ποιος _____ τόση ώρα στο μπάνιο; (ξυρίζομαι)

9. Το Σάββατο ο Τόλης _____ όλο το πρωί για τους καλεσμένους του. (μαγειρεύω)

12 *Χρησιμοποιήστε την φαντασία σας και μιλήστε μεταξύ σας*

π.χ. Α : Ξέρεις τι έκανα όλο το απόγευμα χθες;
  Β : Όχι. Τι έκανες;
  Α : Διάβαζα ελληνικά.
  Β : Αλήθεια; Εγώ ξέρεις τι έκανα;
  Α : Όχι, τι;
  Β : Κοιμόμουν!

13 *Γράψτε δέκα προτάσεις σαν αυτές που συμπληρώσατε στην άσκηση 11.*
Προσπαθήστε να χρησιμοποιήσετε ρήματα όλων των τύπων

Παράδειγμα

Τα παιδιά παίζανε μπάλα όλο το απόγευμα

14 *Γράψτε στα κενά τη σωστή λέξη*

> σιδέρωσα - καμιά ωρίτσα - απλώσει - συνέχεια - πλυντήριο
> ελαφριά - όλο το σαββατοκύριακο - ταράτσα

1. Η καρέκλα αυτή είναι από αλουμίνιο. Γι' αυτό είναι _____ .

2. Όταν τον παίρνει η μαμά του στο τηλέφωνο, μιλάνε _____ . Δεν σταματάνε με τίποτε.

3. Το καινούριο _____ που αγόρασα έχει δώδεκα προγράμματα! Είναι υπεραυτόματο.

4. Το καλοκαίρι, όταν κάνει πολλή ζέστη, κοιμόμαστε στην _____ .

5. Χθες, μετά τη δουλειά, παίξαμε τένις _____ και μετά πήγαμε στο σπίτι.

6. Σήμερα το πρωί _____ τέσσερα πουκάμισα και δύο παντελόνια.

7. Ο καημένος ο άντρας μου διόρθωνε χαρτιά των εξετάσεων _____

   γιατί έπρεπε να δώσει βαθμούς τη Δευτέρα.

8. Η Βάσω δεν μπορεί να _____ τα ρούχα στο μπαλκόνι γιατί βρέχει ακόμα.

ΓΡΑΜΜΑΤΙΚΗ

όλος ο, όλη η, όλο το

Ονομαστική

αρσενικό	**Όλος ο** κόσμος το ξέρει εκτός από μένα. **Όλοι οι** σπουδασές στην τάξη είναι πάνω από 25 χρονών.
θηλυκό	Λείπει **όλη η** τάξη σήμερα. **Όλες οι** δουλειές του σπιτιού είναι βαρετές.
ουδέτερο	Στη δεξίωση ήταν **όλο το** διπλωματικό σώμα. **Όλα τα** αεροδρόμια κλείσανε από το χιόνι.

Αιτιατική

αρσενικό	Πήρε λεφτά απ' **όλο τον** κόσμο κι εξαφανίστηκε. Ξέρω **όλους τους** καθηγητές της σχολής.
θηλυκό	Μείναμε **όλη τη** μέρα στο σπίτι. Τελειώσαμε **όλες τις** δουλειές μας νωρίς.
ουδέτερο	Γιατί δεν σφουγγάρισες **όλο το** σαλόνι; Ξόδεψε **όλα τα** λεφτά του στον ιππόδρομο.

Όταν οι προσωπικές αντωνυμίες *αυτός/αυτή/αυτό, εκείνος/εκείνη/εκείνο* και το επίθετο *όλος/όλη/όλο* ακολουθούνται από κάποιο ουσιαστικό, το ουσιαστικό παίρνει το οριστικό άρθρο.

15 *Συμπληρώστε τα κενά με τη σωστή αντωνυμία*

1. _____ παιδιά τους έχουν ξανθά μαλλιά. (όλος)

2. _____ κύριος είναι από τη Νέα Ζηλανδία. (εκείνος)

3. _____ φίλες της είναι Ελληνίδες. (όλος)

4. Είναι φτηνή _____ ταβέρνα; (αυτός)

5. Ο πιο αγαπητός από _____ θεούς ήταν ο Διόνυσος. (όλος)

6. _____ μπλούζες πότε θα τις σιδερώσεις; (αυτός)

7. Δουλεύαμε συνέχεια _____ σαββατοκύριακο. (όλος)

8. _____ Γάλλος διπλωμάτης πότε φεύγει; (εκείνος)

9. Ξοδέψανε _____ δραχμές τους και τώρα έχουν μόνο μάρκα επάνω τους. (όλος)

10. _____ φρούτα δεν ήταν φρέσκα. (εκείνος)

11. _____ καθηγητές του σχολείου μας είναι Έλληνες. (όλος)

12. Ποιος αγόρασε _____ αμερικάνικο καφέ; (αυτός)

🔲 Έχετε πιει ποτέ ρετσίνα;

Έχετε πάει καμιά φορά στην Ελλάδα; Έχετε κολυμπήσει στις ωραίες παραλίες κάποιου νησιού του Αιγαίου ή του Ιονίου πελάγους; Στην Αθήνα πήγατε; Έχετε δει τον Παρθενώνα, τον ναό της θεάς Αθηνάς, που βρίσκεται στην Ακρόπολη; Κάνατε καμιά βόλτα στην Πλάκα; Αγοράσατε κανένα κομπολόι ή υφαντό από το πασίγνωστο Μοναστηράκι; Ε, αν δεν έχετε πάει ακόμα, είναι καιρός να το σκεφτείτε σοβαρά.

Αν όμως έχετε επισκεφτεί τη μικρή αυτή χώρα της ανατολικής Μεσογείου, τότε σίγουρα έχετε δοκιμάσει μερικές σπεσιαλιτέ της ελληνικής κουζίνας. Ασφαλώς έχετε φάει ντολμαδάκια, τζατζίκι, καλαμαράκια τηγανητά, μελιτζανοσαλάτα ή μουσακά. Και, χωρίς αμφιβολία, έχετε πιει ένα ποτήρι ρετσίνα. Ίσως, μόνο και μόνο για να δοκιμάσετε τη γεύση αυτού του ελληνικού κρασιού που έχει γίνει διεθνώς γνωστό.

1 *Διαλέξτε τη λέξη ή φράση της οποίας η έννοια είναι πιο κοντά στη λέξη που υπάρχει στο κείμενο*

1. *έχετε κολυμπήσει*
   - (α) έχετε δει
   - (β) έχετε κάνει μπάνιο
   - (γ) έχετε κοιμηθεί

2. *τον ναό*
   - (α) την εκκλησία
   - (β) το δωμάτιο
   - (γ) το βουνό

3. *πασίγνωστο*
   - (α) το βλέπουν όλοι
   - (β) το θέλουν όλοι
   - (γ) το ξέρουν όλοι

4. *έχετε επισκεφτεί*
   - (α) έχετε ακούσει
   - (β) έχετε πάει
   - (γ) έχετε μείνει

5. *χωρίς αμφιβολία*
   - (α) καμιά φορά
   - (β) πολύ συχνά
   - (γ) σίγουρα

6. *διεθνώς*
   - (α) σε όλο τον κόσμο
   - (β) σε μερικές χώρες
   - (γ) στις μεγάλες πόλεις

ένα κομπολόι

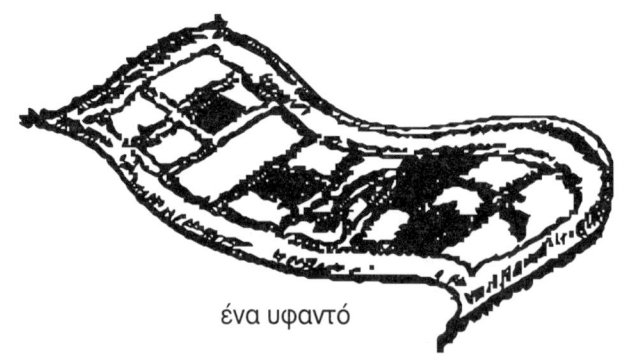

ένα υφαντό

ΓΡΑΜΜΑΤΙΚΗ

Παρακείμενος

Ενεστώτας	Μέλλοντας/Υποτακτική		Παρακείμενος	
γράφω	θα/να	γράψω	έχω	**γράψει**
		γράψεις	έχεις	**γράψει**
		γράψει ←	έχει	**γράψει**
		κτλ.	έχουμε	**γράψει**
			έχετε	**γράψει**
			έχουν(ε)	**γράψει**

Τον παρακείμενο μπορούμε να χρησιμοποιήσουμε, για να εκφράσουμε παρελθοντικές ενέργειες που έχουν τελειώσει την ώρα που μιλάμε αλλά δεν αναφέρονται σε κάποια συγκεκριμένη χρονική στιγμή.
Ο παρακείμενος συνήθως χρησιμοποιείται μαζί με τα : "ποτέ", "ήδη", "κιόλας" και "ακόμα".

π.χ. *"Έχεις φάει ποτέ αβγά χήνας;" "Όχι, ποτέ."*
"Διάβασες το μάθημά σου;" "Το έχω ήδη διαβάσει δυο φορές."
"Τι θα κάνω τώρα; Είναι δωδεκάμισι και δεν έχω μαγειρέψει τίποτε ακόμα."

Μπορούμε, αν θέλουμε, να αντικαταστήσουμε τον παρακείμενο με αόριστο. Έτσι, λέμε :
Έχεις φάει ποτέ αβγά χήνας; / Έφαγες ποτέ αβγά χήνας;

Δεν μπορούμε όμως να αντικαταστήσουμε τον αόριστο με παρακείμενο, εφόσον η ενέργεια αναφέρεται σε κάποια συγκεκριμένη χρονική στιγμή.
(**Δεν** λέμε **ποτέ** : Εχτές το βράδυ έχουμε πάει μια βόλτα στην Πλάκα.)

2 *Ρωτήστε και απαντήστε. Χρησιμοποιήστε τη λέξη "ήδη" στις απαντήσεις σας*

Παράδειγμα

Πότε θα γράψεις στη μαμά σου;
Α : *Πότε θα γράψεις στη μαμά σου;*
Β : *Της έχω ήδη γράψει.*

1. Πότε θα γράψεις στη μαμά σου;
2. Θα φας τις πατάτες που έφτιαξα;
3. Ο Μάνος θα πλυθεί απόψε;
4. Θα βγάλεις τα σκουπίδια έξω από το σπίτι;
5. Τι ώρα θα σηκωθούν οι γονείς σου;
6. Πότε θα ανοίξει το καφενείο;
7. Θα ετοιμάσεις τις βαλίτσες απόψε;
8. Τι ώρα θα μακιγιαριστούν οι ηθοποιοί;

3 *Κοιτάξτε το παράδειγμα και γράψτε τι απαντάει ο "Β"*

Παράδειγμα

Α : Τι ώρα θα διαβάσεις την εφημερίδα;

Β : *Την έχω ήδη διαβάσει.*

1. Τι ώρα θα διαβάσεις την εφημερίδα;
2. Θα κάνεις μπάνιο;
3. Πότε θα γυρίσουνε τα παιδιά από το σχολείο;
4. Θα δώσουμε κάτι για τον Ερυθρό Σταυρό;
5. Τι ώρα θα έρθουν οι μαθητές;
6. Θέλεις να δοκιμάσεις αυτή τη σούπα;
7. Θα πάρεις τη γυναίκα σου στο τηλέφωνο;
8. Θέλεις να ξεκουραστείς λιγάκι;

4 *Ρωτήστε και απαντήστε*

ΤΑΞΙΔΙΑ

Έχεις πάει ποτέ στ … ;
Πότε πήγες;
Ήταν η πρώτη φορά που πήγες
ή έχεις ξαναπάει;
Σου άρεσε;
Σου αρέσουν τα ταξίδια;

Παραδείγματα

– Γαλλία
– Μέση Ανατολή
– Νέα Υόρκη

ΦΑΓΗΤΑ ΚΑΙ ΠΟΤΑ

Έχεις | φάει ποτέ...;
      | δοκιμάσει ποτέ...;
      | πιει ποτέ...;
Σ' άρεσε; Σ' άρεσαν;
Πώς σου φάνηκε;
Σ' αρέσουν τα εξωτικά φαγητά;

– κινέζικο φαγητό
– μεξικάνικο φαγητό
– σαλιγκάρια
– ρετσίνα
– μουσακάς
– ούζο

ΥΠΕΡΦΥΣΙΚΑ ΦΑΙΝΟΜΕΝΑ

Έχεις | δει ποτέ σου κανένα φάντασμα;
      | αισθανθεί κάτι που δεν μπορείς να εξηγήσεις;
      | πει ποτέ σου: "Αυτό το έχω ξαναζήσει";
Θυμάσαι τι ακριβώς έγινε;
Πιστεύεις ότι υπάρχουν υπερφυσικές δυνάμεις;

5 *Γράψτε για διάφορα πράγματα που δεν έχετε κάνει τα τελευταία 2, 3, 4 ή 5 χρόνια*

π.χ. *Τα τελευταία πέντε χρόνια δεν έχω καπνίσει ούτε ένα τσιγάρο*

ΣΧΟΛΗ ΞΕΝΩΝ ΓΛΩΣΣΩΝ
"ΠΑΡΘΕΝΩΝ"

Λουκιανού 67, Κολωνάκι, Αθήνα

ΜΑΘΗΜΑΤΑ ΕΛΛΗΝΙΚΩΝ ΓΙΑ ΞΕΝΟΥΣ

Ήρθατε στην Ελλάδα για να εργαστείτε;
Σκέφτεστε να ζήσετε στη χώρα αυτή για ένα χρονικό διάστημα;
Μένετε στην Ελλάδα και δυσκολεύεστε να καταλάβετε τους Έλληνες φίλους σας όταν μιλάνε μεταξύ τους;
Ή μήπως απλώς σας αρέσει να μαθαίνετε ξένες γλώσσες;

Ελάτε να μάθετε ελληνικά στη σχολή "ΠΑΡΘΕΝΩΝ", την παλιότερη σχολή ξένων γλωσσών σ' όλη την Ελλάδα.

Σας περιμένουν
● μια ομάδα έμπειρων καθηγητών
● τα πιο σύγχρονα εκπαιδευτικά συστήματα
● κι ένα φιλικό περιβάλλον
σ' ένα παραδοσιακό κτίριο στην καρδιά της Αθήνας.

Νέα 60-ωρα τμήματα ελληνικών για αρχάριους και προχωρημένους
Εντατικά: 5 μαθήματα των τριών ωρών την εβδομάδα
Κανονικά: 3 μαθήματα των δύο ωρών την εβδομάδα

Διάρκεια μαθημάτων
Εντατικά τμήματα: 4 εβδομάδες
Κανονικά τμήματα: 10 εβδομάδες

Πληροφορίες στα τηλέφωνα: 3866638 και 3866690 (9 π.μ. - 9 μ.μ.)

6 *Ρωτήστε και απαντήστε*

1. Η σχολή "ΠΑΡΘΕΝΩΝ" έχει μόνο τμήματα ελληνικών;
2. Πόσων ειδών τμήματα ελληνικών έχει η σχολή;
3. Ποια είναι η διάρκεια των εντατικών τμημάτων;
4. Και η διάρκεια των κανονικών τμημάτων;
5. Πόσες ώρες μάθημα την εβδομάδα κάνει κανείς στα εντατικά τμήματα ελληνικών;
6. Πόσο παλιά είναι η σχολή "ΠΑΡΘΕΝΩΝ";
7. Τι διεύθυνση έχει;
8. Που μπορεί να ζητήσει κανείς πληροφορίες σχετικά με τα νέα τμήματα ελληνικών;

7 *Τώρα μιλήστε με τον διπλανό σας / τη διπλανή σας για τη σχολή σας.*
Ανταλλάξτε πληροφορίες για το πού είναι η σχολή, τις τάξεις σας, τη διάρκειά τους, τα βιβλία σας κ.ά.

🔲 Αν ήμουνα στη θέση σου, θα έφευγα από το φροντιστήριο

Δήμητρα	Αχ!
Πέρσα	Τι τρέχει; Έχεις κανένα πρόβλημα;
Δήμητρα	Ένα μόνο; Πολλά.
Πέρσα	Σαν τι;
Δήμητρα	Ασ' τα τώρα. Πού να σου λέω.
Πέρσα	Πες μου. Θα σου κάνει καλό.
Δήμητρα	Αφού επιμένεις, άκουσε. Δουλεύω στο φροντιστήριο αγγλικών του ξαδέλφου μου εδώ και τρία χρόνια.
Πέρσα	Αυτό το ξέρω. Λοιπόν;
Δήμητρα	Την περασμένη εβδομάδα του ζήτησα αύξηση για πρώτη φορά μετά από τρία χρόνια. Αυτός μου είπε ότι δεν μπορεί να μου δώσει γιατί οι δουλειές δεν πάνε καλά. Έψαξα για δουλειά σε δυο-τρία φροντιστήρια εκεί κοντά αλλά δε βρήκα τίποτε. Και σε ρωτώ: τι να κάνω τώρα που η μητέρα μου έχει αρρωστήσει και σταμάτησε να δουλεύει;
Πέρσα	Εγώ αν ήμουνα στη θέση σου, θα έφευγα. Με τα προσόντα που έχεις θα έβρισκες δουλειά και με περισσότερα λεφτά απ' αυτά που σου δίνει ο ξάδελφός σου.
Δήμητρα	Μα έψαξα και δε βρήκα.
Πέρσα	Δεν έψαξες αρκετά. Αν ερχόσουνα, για παράδειγμα, στη σχολή ξένων γλωσσών που δουλεύω εγώ θα έβγαζες τα διπλά. Και θα σου πλήρωνε και το ΙΚΑ.
Δήμητρα	Μιλάς σοβαρά;
Πέρσα	Βεβαίως.

8 *Ρωτήστε τον διπλανό σας / τη διπλανή σας*

1. Που δουλεύει η Δήμητρα;
2. Πόσον καιρό δουλεύει εκεί;
3. Τι ζήτησε από τον ξάδελφό της την περασμένη εβδομάδα;
4. Πόσον καιρό έχει να πάρει αύξηση;
5. Που έψαξε να βρει δουλειά;
6. Ποιο είναι το πρόβλημα με τη μητέρα της;
7. Τι ακριβώς της είπε η Πέρσα; "Αν ήμουνα στη θέση σου, ... "
8. Αν η Δήμητρα πήγαινε στη σχολή όπου δουλεύει η Πέρσα, τι θα γινόταν;

ΓΡΑΜΜΑΤΙΚΗ

Υποθετικός Λόγος - Β΄ Τύπος

Αν **δούλευες** πιο πολύ, **θα έβγαζες** περισσότερα λεφτά.
    ▲ παρατατικός   ▲ δυνητική

Τον β΄ τύπο του υποθετικού λόγου χρησιμοποιούμε σε περιπτώσεις που δεν μπορούν να πραγματοποιηθούν ή που η πιθανότητα να πραγματοποιηθούν είναι μικρή.

Σημείωση   Το "θα" με τον παρατατικό ενός ρήματος ονομάζουμε "δυνητική". (π.χ. θα έβγαζα, θα πηγαίναμε κτλ.)

9 Ταιριάξτε τις προτάσεις

1. Αν πήγαινες τώρα στο σχολείο, ...
2. Αν βλέπατε λιγότερες ώρες τηλεόραση, ...
3. Αν τρώγατε μόνο δύο φορές τη μέρα, ...
4. Αν διάβαζες πάντα τα μαθήματά σου, ...
5. Αν ερχόσουνα πιο νωρίς στο σπίτι, ...
6. Αν δεν της μιλούσες άσχημα, ...

α. ... δεν θα ήσασταν τόσο χοντρός.
β. ... θα ήσουνα ο καλύτερος μαθητής.
γ. ... θα έβλεπες την καθηγήτριά σου.
δ. ... δεν θα έφευγε θυμωμένη.
ε. ... θα είχατε πιο πολλούς φίλους.
στ. ... θα έβρισκες φαγητό.

10 Συμπληρώστε τα κενά με τα ρήματα στον σωστό τύπο

1. Αν __*πλήρωνες*__ εσύ, __*θα*__ σου __*έκανε*__ καλύτερη τιμή. (πληρώνω) (κάνω)

2. Εμείς αν _____ τώρα στη Ρώμη, _____ πίτσα. (είμαι) (τρώω)

3. Ο άντρας σου _____ ρετσίνα αν _____ στην Ελλάδα τώρα. (πίνω) (είμαι)

4. Αν τα παιδιά _____ τα δόντια τους σωστά και συχνά, δεν _____

   τον οδοντίατρο. (πλένω) (χρειάζομαι)

5. _____ σας _____ τουλάχιστον 20.000 το μήνα παραπάνω αν του _____

   αύξηση. (δίνω) (ζητάω)

6. Αν οι γονείς μου _____ μαζί μας, _____ καλύτερα. (μένω) (περνάω)

7. _____ σου _____ τα λεφτά εγώ σήμερα αν το _____ . (φέρνω) (θυμάμαι)

11 Συμβουλέψτε διάφορους φίλους σας που έχουν κάποιο πρόβλημα. Χρησιμοποιήστε τις λέξεις που είναι στην παρένθεση

Παράδειγμα

Όταν η γυναίκα μου μιλάει ελληνικά με τις φίλες της, δεν καταλαβαίνω τίποτε.
(αρχίζω μαθήματα ελληνικών)

Εγώ στη θέση σου, θα άρχιζα μαθήματα ελληνικών.

1. Δε μ' αρέσει καθόλου η δουλειά που κάνω. (βρίσκω μια άλλη)
2. Η γυναίκα μου / Ο άντρας μου με απατάει. (κάνω το ίδιο)
3. Προσπάθησα πολλές φορές να ελαττώσω το τσιγάρο αλλά δεν τα κατάφερα. (το κόβω τελείως)
4. Τα παιδιά μου δεν μ' ακούνε. (προσπαθώ να είμαι φιλικός/ή μαζί τους)
5. Έχασα τον άντρα μου εδώ και τρεις μήνες. Δεν μπορώ να τον βρω πουθενά. (δεν κάνω τίποτε)
6. Λέω ν' αγοράσω μεταχειρισμένο αυτοκίνητο. (αγοράζω καινούριο)
7. Τελευταία αισθάνομαι συνέχεια κουρασμένος. (δεν εργάζομαι και τα σαββατοκύριακα)

12 *Ρωτήστε και απαντήστε*

1. Αν είχατε πολλά λεφτά, θα ταξιδεύατε στο εξωτερικό;
2. Αν ταξιδεύατε στο εξωτερικό, σε ποιες χώρες ή πόλεις θα πηγαίνατε;
3. Τι θα αγοράζατε αν είχατε πολλά λεφτά;
4. Θα αγοράζατε ένα ακριβό αυτοκίνητο ή ένα σκάφος;
5. Θα δίνατε ένα μέρος από τα λεφτά σας στους φτωχούς;
6. Αν είχατε περισσότερα λεφτά από αυτά που έχετε τώρα, θα ήσασταν πιο ευτυχισμένος/η;

13 *Χρησιμοποιήστε αυτά που είπατε πιο πάνω και γράψτε προτάσεις*

π.χ. *Αν είχα πολλά λεφτά, θα ταξίδευα σε πολλές χώρες του κόσμου*

ΓΡΑΜΜΑΤΙΚΗ

Γενική Πληθυντικού

α. Αρσενικά Ουσιαστικά

		Ενικός	Πληθυντικός
σε **-ος**	Ονομαστική	ο γιατρός	οι γιατροί
	Γενική	του γιατρού	**των γιατρών**
	Αιτιατική	τον γιατρό	τους γιατρούς
	Ονομαστική	ο υπάλληλος	οι υπάλληλοι
	Γενική	του υπαλλήλου	**των υπαλλήλων**
	Αιτιατική	τον υπάλληλο	τους υπαλλήλους
σε **-ας**	Ονομαστική	ο ταμίας	οι ταμίες
	Γενική	του ταμία	**των ταμιών**
	Αιτιατική	τον ταμία	τους ταμίες
	Ονομαστική	ο πατέρας	οι πατέρες
	Γενική	του πατέρα	**των πατέρων**
	Αιτιατική	τον πατέρα	τους πατέρες
	Ονομαστική	ο πίνακας	οι πίνακες
	Γενική	του πίνακα	**των πινάκων**
	Αιτιατική	τον πίνακα	τους πίνακες
σε **-ης**	Ονομαστική	ο καθηγητής	οι καθηγητές
	Γενική	του καθηγητή	**των καθηγητών**
	Αιτιατική	τον καθηγητή	τους καθηγητές
	Ονομαστική	ο πελάτης	οι πελάτες
	Γενική	του πελάτη	**των πελατών**
	Αιτιατική	τον πελάτη	τους πελάτες

ΓΡΑΜΜΑΤΙΚΗ

Γενική Πληθυντικού

β. Θηλυκά Ουσιαστικά

		Ενικός	Πληθυντικός
σε -α	Ονομαστική	η καρδιά	οι καρδιές
	Γενική	της καρδιάς	**των καρδιών**
	Αιτιατική	την καρδιά	τις καρδιές
	Ονομαστική	η γλώσσα	οι γλώσσες
	Γενική	της γλώσσας	**των γλωσσών**
	Αιτιατική	την γλώσσα	τις γλώσσες
	Ονομαστική	η μερίδα	οι μερίδες
	Γενική	της μερίδας	**των μερίδων**
	Αιτιατική	την μερίδα	τις μερίδες
	Ονομαστική	η θάλασσα	οι θάλασσες
	Γενική	της θάλασσας	**των θαλασσών**
	Αιτιατική	την θάλασσα	τις θάλασσες
σε -η/-ες	Ονομαστική	η αδελφή	οι αδελφές
	Γενική	της αδελφής	**των αδελφών**
	Αιτιατική	την αδελφή	τις αδελφές
	Ονομαστική	η ζώνη	οι ζώνες
	Γενική	της ζώνης	**των ζωνών**
	Αιτιατική	την ζώνη	τις ζώνες
σε -η/-εις	Ονομαστική	η λέξη	οι λέξεις
	Γενική	της λέξης (-εως)	**των λέξεων**
	Αιτιατική	την λέξη	τις λέξεις
	Ονομαστική	η πρόταση	οι προτάσεις
	Γενική	της πρότασης (-άσεως)	**των προτάσεων**
	Αιτιατική	την πρόταση	τις προτάσεις
σε -ος	Ονομαστική	η οδός	οι οδοί
	Γενική	της οδού	**των οδών**
	Αιτιατική	την οδό	τις οδούς
	Ονομαστική	η είσοδος	οι είσοδοι
	Γενική	της εισόδου	**των εισόδων**
	Αιτιατική	την είσοδο	τις εισόδους

ΓΡΑΜΜΑΤΙΚΗ

Γενική Πληθυντικού

γ. Ουδέτερα Ουσιαστικά

		Ενικός	Πληθυντικός
σε -ο	Ονομαστική	το παλτό	τα παλτά
	Γενική	του παλτού	**των παλτών**
	Αιτιατική	το παλτό	τα παλτά
	Ονομαστική	το βιβλίο	τα βιβλία
	Γενική	του βιβλίου	**των βιβλίων**
	Αιτιατική	το βιβλίο	τα βιβλία
	Ονομαστική	το έπιπλο	τα έπιπλα
	Γενική	του επίπλου	**των επίπλων**
	Αιτιατική	το έπιπλο	τα έπιπλα
σε -ι	Ονομαστική	το κλειδί	τα κλειδιά
	Γενική	του κλειδιού	**των κλειδιών**
	Αιτιατική	το κλειδί	τα κλειδιά
	Ονομαστική	το σπίτι	τα σπίτια
	Γενική	του σπιτιού	**των σπιτιών**
	Αιτιατική	το σπίτι	τα σπίτια
σε -μα	Ονομαστική	το γράμμα	τα γράμματα
	Γενική	του γράμματος	**των γραμμάτων**
	Αιτιατική	το γράμμα	τα γράμματα
	Ονομαστική	το μάθημα	τα μαθήματα
	Γενική	του μαθήματος	**των μαθημάτων**
	Αιτιατική	το μάθημα	τα μαθήματα
σε -ος	Ονομαστική	το λάθος	τα λάθη
	Γενική	του λάθους	**των λαθών**
	Αιτιατική	το λάθος	τα λάθη
	Ονομαστική	το μέγεθος	τα μεγέθη
	Γενική	του μεγέθους	**των μεγεθών**
	Αιτιατική	το μέγεθος	τα μεγέθη

ΓΡΑΜΜΑΤΙΚΗ

Γενική Πληθυντικού

α. Επίθετα σε -ος, -η, -ο

Ενικός

	Αρσενικό	Θηλυκό	Ουδέτερο
Ονομαστική	καλός	καλή	καλό
Γενική	καλού	καλής)	καλού
Αιτιατική	καλό	καλή	καλό

Πληθυντικός

	Αρσενικό	Θηλυκό	Ουδέτερο
Ονομαστική	καλοί	καλές	καλά
Γενική	**καλών**	**καλών**	**καλών**
Αιτιατική	καλούς	καλές	καλά

Ενικός

	Αρσενικό	Θηλυκό	Ουδέτερο
Ονομαστική	δύσκολος	δύσκολη	δύσκολο
Γενική	δύσκολου	δύσκολης	δύσκολου
Αιτιατική	δύσκολο	δύσκολη	δύσκολο

Πληθυντικός

	Αρσενικό	Θηλυκό	Ουδέτερο
Ονομαστική	δύσκολοι	δύσκολες	δύσκολα
Γενική	**δύσκολων**	**δύσκολων**	**δύσκολων**
Αιτιατική	δύσκολους	δύσκολες	δύσκολα

β. Επίθετα σε -ος, -α, -ο

Ενικός

	Αρσενικό	Θηλυκό	Ουδέτερο
Ονομαστική	ωραίος	ωραία	ωραίο
Γενική	ωραίου	ωραίας	ωραίου
Αιτιατική	ωραίο	ωραία	ωραίο

Πληθυντικός

	Αρσενικό	Θηλυκό	Ουδέτερο
Ονομαστική	ωραίοι	ωραίες	ωραία
Γενική	**ωραίων**	**ωραίων**	**ωραίων**
Αιτιατική	ωραίους	ωραίες	ωραία

ΓΡΑΜΜΑΤΙΚΗ

Γενική Πληθυντικού

γ. Επίθετα σε -ός, -ιά (-ή), -ό

Ενικός

	Αρσενικό	Θηλυκό	Ουδέτερο
Ονομαστική	φτωχός	φτωχιά (-ή)	φτωχό
Γενική	φτωχού	φτωχιάς (-ής)	φτωχού
Αιτιατική	φτωχό	φτωχιά (-ή)	φτωχό

Πληθυντικός

	Αρσενικό	Θηλυκό	Ουδέτερο
Ονομαστική	φτωχοί	φτωχές	φτωχά
Γενική	**φτωχών**	**φτωχών**	**φτωχών**
Αιτιατική	φτωχούς	φτωχές	φτωχά

δ. Επίθετα σε -ής, -ιά, -ί

Ενικός

	Αρσενικό	Θηλυκό	Ουδέτερο
Ονομαστική	πορτοκαλής	πορτοκαλιά	πορτοκαλί
Γενική	πορτοκαλή (-ιού)	πορτοκαλιάς	πορτοκαλιού
Αιτιατική	πορτοκαλή	πορτοκαλιά(-ή)	πορτοκαλί

Πληθυντικός

	Αρσενικό	Θηλυκό	Ουδέτερο
Ονομαστική	πορτοκαλιοί	πορτοκαλιές	πορτοκαλιά
Γενική	**πορτοκαλιών**	**πορτοκαλιών**	**πορτοκαλιών**
Αιτιατική	πορτοκαλιούς	πορτοκαλιές	πορτοκαλιά

ε. Επίθετα σε -ύς, -ιά, -ύ

Ενικός

	Αρσενικό	Θηλυκό	Ουδέτερο
Ονομαστική	μακρύς	μακριά	μακρύ
Γενική	μακριού	μακριάς	μακριού
Αιτιατική	μακρύ	μακριά	μακρύ

Πληθυντικός

	Αρσενικό	Θηλυκό	Ουδέτερο
Ονομαστική	μακριοί	μακριές	μακριά
Γενική	**μακριών**	**μακριών**	**μακριών**
Αιτιατική	μακριούς	μακριές	μακριά

14 *Πρώτα μελετήστε προσεκτικά τη γενική πληθυντικού των ουσιαστικών και των επιθέτων στους πίνακες που προηγούνται. Μετά συμπληρώστε τα κενά με τη γενική πληθυντικού των λέξεων που είναι στη παρένθεση*

1. Η Σούζαν μαθαίνει ισπανικά σε μια σχολή _____*ξένων γλωσσών*_____ . (ξένες γλώσσες)

2. Το κόστος _____ είναι χαμηλό. (αυτά τα βιβλία)

3. Η διάρκεια _____ είναι 4 εβδομάδες. (τα νέα εντατικά τμήματα)

4. Τα προβλήματα _____ είναι πολλά. (οι ξενόγλωσσοι μαθητές)

5. Πολλές από τις παραλίες _____ είναι μαγευτικές. (τα ελληνικά νησιά)

6. Στον πίνακα αυτό θα βρείτε τους πληθυσμούς και τις πρωτεύουσες _____
_____ (όλες οι ευρωπαϊκές χώρες)

7. Στο μπλοκάκι μου έχω γράψει τους αριθμούς _____
(τα καινούρια τηλέφωνα)

8. Η ισότητα _____ είναι ένα μεγάλο θέμα. (τα δύο φύλα)

9. Ο αριθμός _____ είναι ο ίδιος. (εκείνες οι ασκήσεις)

10. Η εξωτερική πολιτική _____ ήταν περίπου η ίδια.
(οι τελευταίες δύο κυβερνήσεις)

11. Τα κοινόχρηστα _____ είναι περίπου διπλά. (εκείνα τα διαμερίσματα)

12. Τα κέρδη _____ είναι συχνά μεγάλα. (οι πολυεθνικές εταιρείες)

15 *Γράψτε αυτές τις προτάσεις λίγο διαφορετικά, χρησιμοποιώντας τη γενική του πληθυντικού. Χρησιμοποιήστε τη λέξη ή τις λέξεις που σας δίνονται*

1. Αυτά τα βιβλία έχουν πολύ υψηλή τιμή.
Η τιμή *αυτών των βιβλίων ...* _____

2. Αυτές οι δύο μονοκατοικίες έχουν χαμηλό ενοίκιο.
Το ενοίκιο _____

3. Δεν ξέρω πως λέγονται εκείνοι οι καθηγητές.
Δεν ξέρω τα ονόματα _____

4. Αυτά τα ντουλάπια είναι εξαιρετικής ποιότητας.
Η ποιότητα _____

5. Τα δωμάτια σ' αυτό το ξενοδοχείο είναι μάλλον ακριβά.
Η τιμή _____

6. Όλοι οι υπάλληλοι δεν έχουν τον ίδιο μισθό.
Ο μισθός _____

7. Πολλά ελληνικά κρασιά έχουν εξαιρετική γεύση.
Η γεύση _____

8. Το συνέδριο που έχουν οι έλληνες καρδιολόγοι είναι τον άλλο μήνα.
Το συνέδριο _____

🔲 Η διάρρηξη

Χθες το βράδυ έγινε μια διάρρηξη στην πολυκατοικία όπου μένει η Μονίκ Ντελακρουά. Η διάρρηξη έγινε σ' ένα διαμέρισμα του τρίτου ορόφου, στο οποίο μένει ένας έμπορος επίπλων κουζίνας με την οικογένειά του. Ο διαρρήκτης, κάποια στιγμή γύρω στις εννιά, έσπασε την πόρτα του διαμερίσματος, μπήκε μέσα, πήρε κοσμήματα, χρήματα, ασημικά και ένα βίντεο, κι έφυγε χωρίς να τον πάρει κανένας είδηση. Η αστυνομία υπολογίζει ότι έκλεψε πράγματα αξίας πέντε εκατομμυρίων δραχμών.

Στο αστυνομικό τμήμα τώρα ο αστυνόμος Σεφέρης εξετάζει τους διαφόρους ενοίκους της πολυκατοικίας, για να μάθει αν είδαν ή άκουσαν τίποτε εκείνη την ώρα...

Αστ. Σεφέρης	Για πέστε μου, κυρία Αναστασιάδη. Ακούσατε κάποιο θόρυβο στο διπλανό διαμέρισμα χθες το βράδυ γύρω στις εννιά;
κ. Αναστασιάδη	Όχι, γιατί εκείνη την ώρα έβλεπα τηλεόραση.
Αστ. Σεφέρης	Μάλιστα. Εσείς, κύριε Αναστασιάδη, ακούσατε τίποτε;
κ. Αναστασιάδης	Δυστυχώς, κύριε αστυνόμε, εκείνη την ώρα μιλούσα με τον συνέταιρό μου στη Θεσσαλονίκη. Δεν άκουσα τίποτε.
Αστ. Σεφέρης	Καλά. Για να δούμε τώρα τι έχει να μας πει η δεσποινίς Ντελακρουά. Εσείς δεν ακούσατε τίποτε το ύποπτο από το πάνω διαμέρισμα;
Μονίκ	Απολύτως τίποτε. Ξέρετε την ώρα εκείνη ήταν στο σπίτι μου κάτι φίλοι μου και ακούγαμε μουσική, χορεύαμε... Καταλαβαίνετε...
Αστ. Σεφέρης	Καταλαβαίνω. Αστυφύλαξ! Φώναξέ μου την κυρία του κάτω διαμερίσματος.

1 Απαντήστε στις ερωτήσεις

1. Τι έγινε χθες το βράδυ στην πολυκατοικία όπου μένει η Μονίκ;
2. Σε ποιον όροφο ήταν το διαμέρισμα στο οποίο έγινε η διάρρηξη;
3. Τι ώρα έγινε η διάρρηξη;
4. Τι έκλεψε ο διαρρήκτης;
5. Πόσο κάνουν τα πράγματα που έκλεψε;
6. Τι έκανε η κ. Αναστασιάδη όταν έγινε η διάρρηξη;
7. Τι έκανε ο κ. Αναστασιάδης εκείνη την ώρα;
8. Και η Μονίκ; Τι έκανε την ώρα που έγινε η διάρρηξη;

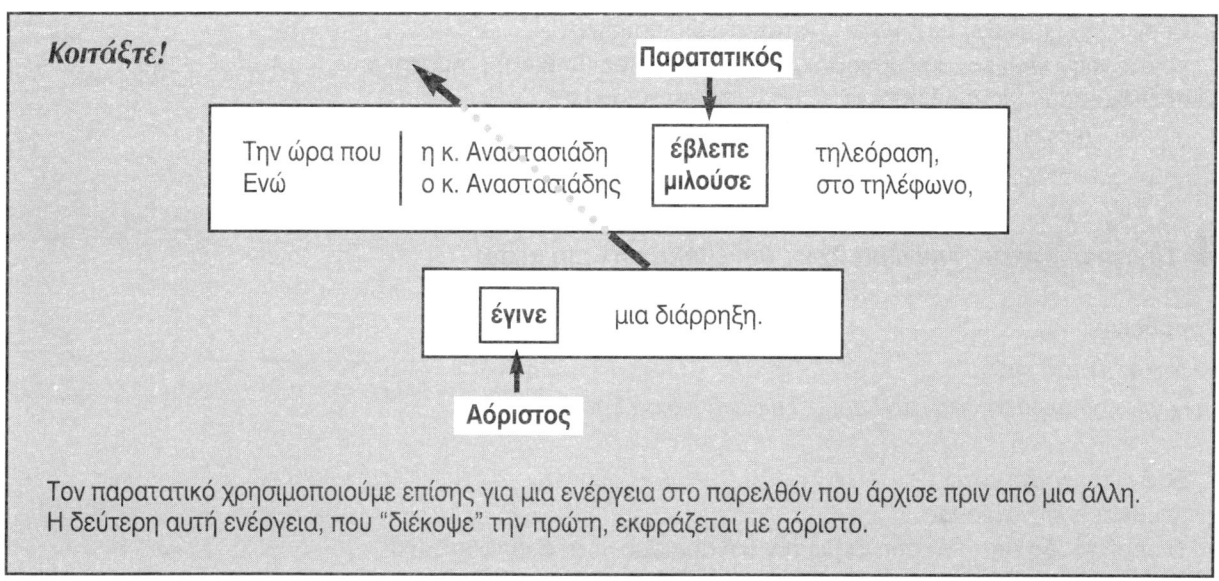

Κοιτάξτε!

Παρατατικός

| Την ώρα που
Ενώ | η κ. Αναστασιάδη
ο κ. Αναστασιάδης | **έβλεπε**
μιλούσε | τηλεόραση,
στο τηλέφωνο, |

| **έγινε** | μια διάρρηξη. |

Αόριστος

Τον παρατατικό χρησιμοποιούμε επίσης για μια ενέργεια στο παρελθόν που άρχισε πριν από μια άλλη. Η δεύτερη αυτή ενέργεια, που "διέκοψε" την πρώτη, εκφράζεται με αόριστο.

2 Ταιριάξτε τα κομμάτια και φτιάξτε ολοκληρωμένες προτάσεις

1. Ο Παύλος διάβασε όλη την εφημερίδα του
2. Το τρένο έφυγε
3. Την συνάντησε
4. Ο διαρρήκτης μπήκε στο σπίτι τους
5. Ο αεροπειρατής έβγαλε το πιστόλι του
6. Την είδε στο ταξί με έναν άλλο άντρα
7. Ο άντρας της μπήκε στο σπίτι

α. την ώρα που πήγαινε στη δουλειά της
β. ενώ το αεροπλάνο πετούσε πάνω από την Κρήτη
γ. ενώ η γυναίκα του ντυνόταν
δ. την ώρα που αγόραζαν τα εισιτήρια
ε. ενώ αυτοί κοιμόντουσαν
στ. την ώρα που αυτή άπλωνε ρούχα στο πίσω μπαλκόνι
ζ. ενώ την περίμενε έξω απ' το σινεμά

3 *Κοιτάξτε τις υποβοηθητικές λέξεις και μιλήστε με τον διπλανό σας*

Παράδειγμα

Άρης / (διαβάζω) / εφημερίδα του; // κάποιος / (φωνάζω) / "βοήθεια!"

Α: Τι έγινε την ώρα που ο Άρης διάβαζε την εφημερίδα του;

Β: Κάποιος φώναξε "βοήθεια!"

1. Άρης / (διαβάζω) / εφημερίδα του; // κάποιος / (φωνάζω) / "βοήθεια!"
2. παιδιά / (τραγουδάω); // (ανοίγω) / πόρτα ξαφνικά
3. (εσύ) κοιμάσαι; // (ακούω) / θόρυβο
4. κ. Πετροπούλου / (βλέπω) / σίριαλ; // κάποιος (μπαίνω) / κουζίνα
5. (εμείς) (ακούω) μουσική; // (έρχομαι) / ταχυδρόμος
6. Περικλής / (χορεύω) με / Άννα; // (σταματάω) / μουσική
7. γονείς της / (βρίσκομαι) / μαγαζιά; // ένας άνθρωπος (μπαίνω) / σπίτι τους
8. αδέλφια σου / (παίζω) μπάσκετ; // (φτάνω) / πατέρας μας
9. (εσείς) / (έρχομαι) από / δουλειά; // (συναντώ) έναν φίλο μας

4 *Πέστε τι κάνατε "την ώρα που" συνέβηκαν τα πιο κάτω*

Παράδειγμα

Ξαφνικά πέσατε κάτω.

Την ώρα που περπατούσα στο δρόμο, ξαφνικά έπεσα κάτω.

1. Ξαφνικά πέσατε κάτω.
2. Χτύπησε ο συναγερμός.
3. Ο σερβιτόρος είπε: "να σας φέρω τον λογαριασμό γιατί φεύγω σε λίγο;"
4. Άρχισε να βρέχει.
5. Σας δάγκωσε ο σκύλος στο πόδι.
6. Μπήκε ο προϊστάμενος και φώναξε: "τι γίνεται εδώ;"
7. Κατέβηκε αργά από τον ουρανό ένα παράξενο φωτεινό αντικείμενο.

Μετά, πέστε τι έγινε ή τι κάνατε "όταν" συνέβηκαν αυτά που είπατε πιο πάνω.
Αν δεν ξέρετε κάποιο ρήμα, ρωτήστε την καθηγήτριά σας

π.χ. Όταν έπεσα κάτω στο δρόμο, σπάσανε τα γυαλιά μου.

5 *Γράψτε πέντε προτάσεις χρησιμοποιώντας "ενώ" ή "την ώρα που"*

ΓΡΑΜΜΑΤΙΚΗ

Οι χρήσεις του παρατατικού

Γενικά, τον παρατατικό χρησιμοποιούμε για παρελθοντικές ενέργειες, όταν θέλουμε να δηλώσουμε συνέχεια ή επανάληψη. Ειδικότερα:

1. Χρησιμοποιούμε τον παρατατικό για ενέργειες που γίνονταν *πάντα, συνήθως, συχνά, καμιά φορά* ή ... *ποτέ* στο παρελθόν. Έτσι, λέμε:

   Όταν ήμουνα μικρός, μιλούσα πολύ καλά ιταλικά. Τώρα τα έχω ξεχάσει.
   Η μητέρα μου όταν πήγαινε σχολείο, δεν έπινε ποτέ νερό από τη βρύση.

2. Χρησιμοποιούμε τον παρατατικό (α) όταν αναφερόμαστε σε κάποια στιγμή μιας ενέργειας που γινόταν, και (β) όταν θέλουμε να τονίσουμε ότι κάποια ενέργεια γινόταν συνέχεια, χωρίς διακοπή ή ότι η διάρκειά της ήταν μεγάλη. Έτσι, λέμε:

   Τι έκανες χθες στις εφτά; Διάβαζα.
   Εχτές δούλευα δεκατέσσερις ώρες συνέχεια. Όταν γύρισα σπίτι, ήμουν ένα πτώμα.
   Η αδερφή μου μιλούσε πέντε ώρες με τις φίλες της στο τηλέφωνο!

3. Χρησιμοποιούμε (α) παρατατικό μαζί με αόριστο για να δείξουμε ότι μια ενέργεια τελείωσε (αόριστος) ενώ μια άλλη εξακολουθούσε (παρατατικός) και (β) δύο παρατατικούς για να δείξουμε ότι δύο ενέργειες γίνονταν παράλληλα.

   Σε ποιον τηλεφωνούσες, όταν μπήκα στο δωμάτιο;
   Χτύπησε η πόρτα, την ώρα που έβλεπα τηλεόραση.
   Ενώ εγώ έγραφα στον κομπιούτερ, ο Πάνος μαγείρευε το αυριανό φαγητό.

▣ Στην τράπεζα

Η Μονίκ είναι στην τράπεζα. Θέλει να χαλάσει μερικά ελβετικά φράγκα και να δει αν ήρθαν κάτι λεφτά που της έστειλε ο αδελφός της από τον Καναδά. Περίμενε υπομονετικά τη σειρά της και τώρα βρίσκεται μπροστά στο ταμείο...

Ταμίας   Παρακαλώ.
Μονίκ   Θα ήθελα να χαλάσω αυτά τα ελβετικά φράγκα.
Ταμίας   Βεβαίως. Μου δίνετε το διαβατήριό σας, παρακαλώ;
Μονίκ   Δυστυχώς δεν το έχω μαζί μου. Να σας δώσω την άδεια οδηγήσεως;
Ταμίας   Εντάξει, δώστε μου την.
Μονίκ   Ορίστε.
Ταμίας   Μου βάζετε μια υπογραφή εδώ, σας παρακαλώ;
Μονίκ   Βεβαίως. Με συγχωρείτε, τι είναι αυτές οι τετρακόσιες δραχμές;
Ταμίας   Είναι έξοδα της τράπεζας. Λοιπόν, ορίστε τα χρήματά σας, η απόδειξή σας και η άδειά σας.
Μονίκ   Ευχαριστώ. Κάτι άλλο τώρα. Περιμένω εξίμισι χιλιάδες δολάρια από τον Καναδά. Μπορείτε να με εξυπηρετήσετε εσείς;
Ταμίας   Όχι. Θα πάτε εκεί που γράφει "εμβάσματα", κοντά στην έξοδο. Βλέπετε;
Μονίκ   Ναι, ναι. Ευχαριστώ.

6 Ρωτήστε και απαντήστε

1. Τι συνάλλαγμα θέλει να χαλάσει η Μονίκ;
2. Από που περιμένει κάτι λεφτά;
3. Ποιο είναι το πρώτο πράγμα που της ζητάει ο ταμίας;
4. Τι δίνει η Μονίκ στον ταμία, αφού δεν έχει το διαβατήριο μαζί της;
5. Πως ρωτάει ακριβώς τον ταμία για το αν θέλει την άδεια οδηγήσεως;
6. Τι είναι οι τετρακόσιες δραχμές που κρατάει η τράπεζα;
7. Που πρέπει να πάει η Μονίκ να ρωτήσει για τα λεφτά που περιμένει από τον αδελφό της;

Κοιτάξτε!

Να σας **δώσω** την άδεια οδηγήσεως;

Όταν προτείνουμε σε κάποιον να κάνουμε κάτι, χρησιμοποιούμε την απλή υποτακτική. Έτσι ρωτάμε:

— *να απαντήσω εγώ;*
— *να ανοίξω την πόρτα;*
— *να πληρώσω εγώ καλύτερα;*

---

7 Κοιτάξτε τις πληροφορίες και κάντε ανάλογες προτάσεις στον διπλανό σας.
Ο διπλανός σας δίνει τις κατάλληλες απαντήσεις ("εντάξει", "όπως νομίζεις", "αν θέλεις" ή "δεν πειράζει, θα ... εγώ")

1. Προτείνετε σε κάποιον να πάρετε εσείς τηλέφωνο την αδελφή του.
2. Ρωτάτε κάποιον αν θέλει να σηκώσετε το τηλέφωνο.
3. Προτείνετε σε κάποιον να κλείσετε εσείς το παράθυρο.
4. Προτείνετε σε κάποιον να κοιμηθείτε στον καναπέ.
5. Ρωτάτε κάποιον αν θέλει να πλύνετε εσείς τα ρούχα.
6. Προτείνετε σε κάποιον να μπείτε εσείς πρώτος/η στο γραφείο.
7. Ρωτάτε κάποιον αν θέλει να έρθετε να τον πάρετε με το αυτοκίνητο.
8. Ρωτάτε κάποιον αν θέλει να στείλετε τα παιδιά μια βόλτα.

8 Συμπληρώστε τα κενά με τις κατάλληλες λέξεις

συνάλλαγμα - τον πήρε είδηση - απόδειξη - διάρρηξη - υπογραφή - ύποπτος - έμπορος - υπομονετικός

1. Χθες το πρωί έγινε μια _____ σ' ένα κοσμηματοπωλείο, στο κέντρο της πόλης.
2. Ο θείος μου είναι _____ παλιών επίπλων. Αγοράζει παλιά έπιπλα από την επαρχία, τα φρεσκάρει και τα πουλάει στην Αθήνα και στη Θεσσαλονίκη.
3. Ο Πέτρος άνοιξε σιγά-σιγά την πόρτα, μπήκε στο σπίτι, την έκλεισε πάλι μαλακά, έβγαλε τα παπούτσια του, και τράβηξε για την κρεβατοκάμαρα. Δεν _____ κανένας.
4. Ο τρόπος που περπατούσε και έβλεπε γύρω του ήταν πολύ _____ , κύριε αστυνόμε.
5. Ο ξάδελφός μου ο Άλκης είναι ο πιο _____ άνθρωπος που έχω δει ποτέ μου.
6. Η γυναίκα μου κι εγώ έχουμε δύο λογαριασμούς: έναν σε δραχμές και έναν σε _____ .
7. Η ταμίας έβαλε τα πράγματα στη σακούλα αλλά ξέχασε να μου βάλει μέσα την _____ .
8. Μη βάζετε ποτέ την _____ σας σε οποιοδήποτε χαρτί χωρίς να ξέρετε τι υπογράφετε.

9 *Παίξτε ένα ρόλο!*
Διαβάστε τις πληροφορίες και παίξτε με τον διπλανό σας τον πελάτη και τον ταμία

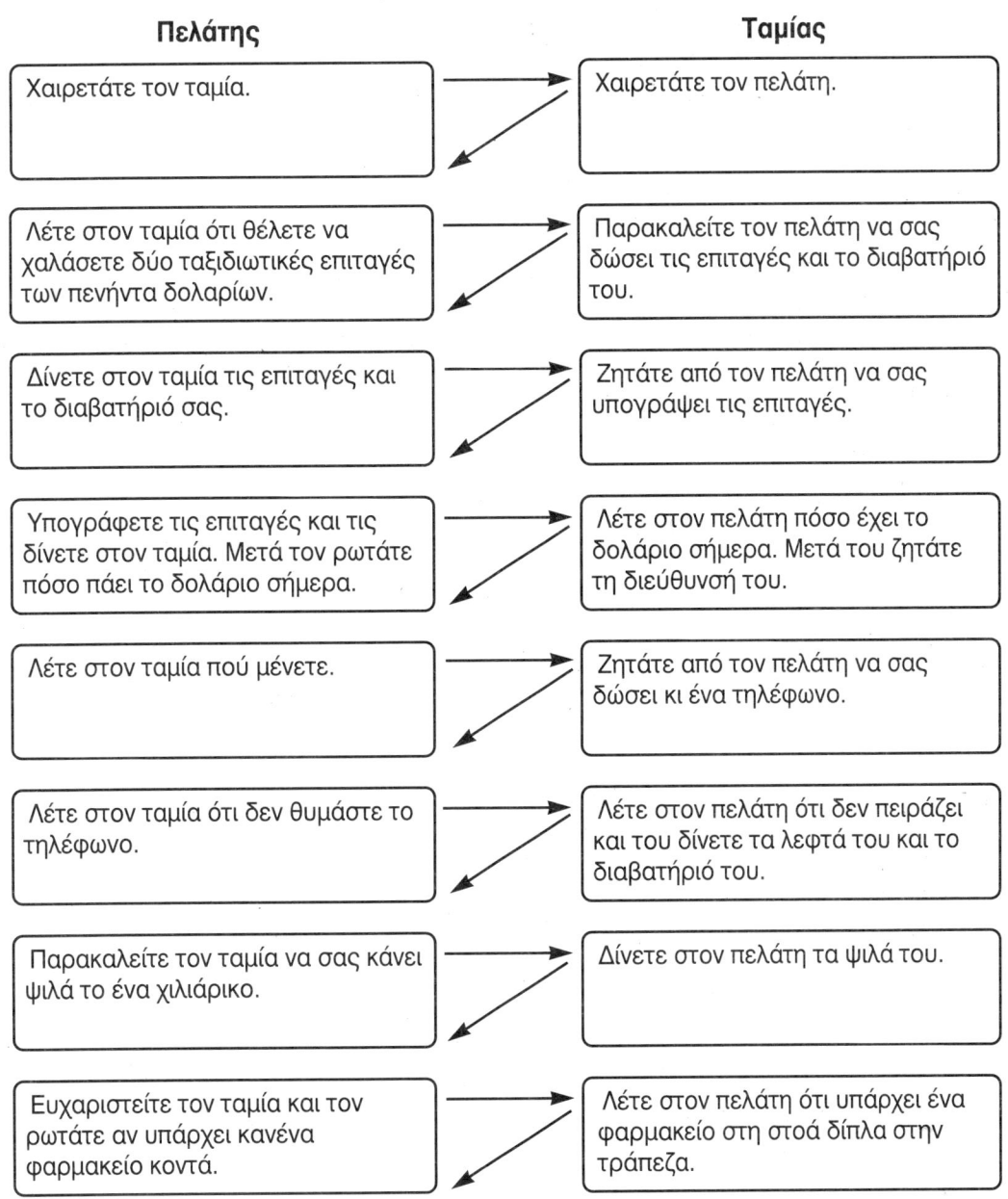

Πελάτης	Ταμίας
Χαιρετάτε τον ταμία.	Χαιρετάτε τον πελάτη.
Λέτε στον ταμία ότι θέλετε να χαλάσετε δύο ταξιδιωτικές επιταγές των πενήντα δολαρίων.	Παρακαλείτε τον πελάτη να σας δώσει τις επιταγές και το διαβατήριό του.
Δίνετε στον ταμία τις επιταγές και το διαβατήριό σας.	Ζητάτε από τον πελάτη να σας υπογράψει τις επιταγές.
Υπογράφετε τις επιταγές και τις δίνετε στον ταμία. Μετά τον ρωτάτε πόσο πάει το δολάριο σήμερα.	Λέτε στον πελάτη πόσο έχει το δολάριο σήμερα. Μετά του ζητάτε τη διεύθυνσή του.
Λέτε στον ταμία πού μένετε.	Ζητάτε από τον πελάτη να σας δώσει κι ένα τηλέφωνο.
Λέτε στον ταμία ότι δεν θυμάστε το τηλέφωνο.	Λέτε στον πελάτη ότι δεν πειράζει και του δίνετε τα λεφτά του και το διαβατήριό του.
Παρακαλείτε τον ταμία να σας κάνει ψιλά το ένα χιλιάρικο.	Δίνετε στον πελάτη τα ψιλά του.
Ευχαριστείτε τον ταμία και τον ρωτάτε αν υπάρχει κανένα φαρμακείο κοντά.	Λέτε στον πελάτη ότι υπάρχει ένα φαρμακείο στη στοά δίπλα στην τράπεζα.

10 *Διαβάστε αυτούς τους αριθμούς δυνατά και μετά γράψτε τους*

4.520   567.367   49.088   13.670   3.932.122   876.543   4.444.444

ΓΡΑΜΜΑΤΙΚΗ

Θηλυκά Ουσιαστικά σε -ος

Έχουμε ήδη συναντήσει κάποια θηλυκά ουσιαστικά που λήγουν σε -ος, π.χ. η οδός, η Ζάκυνθος, η είσοδος, η έξοδος, η λεωφόρος κ.ά.

Ενικός

Ονομαστική	η οδός	η έξοδος
Γενική	της οδού	της εξόδου
Αιτιατική	την οδό	την έξοδο

Πληθυντικός

Ονομαστική	οι οδοί	οι έξοδοι
Γενική	των οδών	των εξόδων
Αιτιατική	τις οδούς	τις εξόδους

Με τον ίδιο τρόπο κλίνονται και τα : η παράγραφος, η μέθοδος, η πρόοδος, η διάμετρος, η πάροδος κ.ά.

Παρατηρήσεις (α) Τα ονόματα των περισσότερων ελληνικών νησιών είναι θηλυκά σε -ος.
π.χ. η Ρόδος, η Σάμος, η Μύκονος, η Τήνος, η Σκόπελος, η Ζάκυνθος κ.ά.
Επίσης λέμε: η Πελοπόννησος, η Κύπρος.

(β) Πολλά αρσενικά ουσιαστικά σε -ος που φανερώνουν επάγγελμα σχηματίζουν και τα αντίστοιχα θηλυκά σε -ος.
π.χ. ο/η γιατρός, ο/η δικηγόρος, ο/η μηχανικός, ο/η μαθηματικός κ.ά.

11 *Βάλτε στα κενά τον σωστό τύπο των επιθέτων, των αντωνυμιών και των ουσιαστικών που είναι στην παρένθεση*

1. Πώς λέγονται _____ ; (αυτή η μέθοδος)

2. Η αποθήκη μας είναι σ(ε) _____ δεξιά. (η δεύτερη πάροδος)

3. Το αυτοκίνητο _____ είναι μεγαλύτερο. (η άλλη δικηγόρος)

4. Θα εξετάσουμε _____ χωριστά. (η τελευταία παράγραφος)

5. Συνήθως _____ έχουν τρακ όταν βγαίνουν στη σκηνή. (η μεγάλη ηθοποιός)

6. Είναι μια από _____ σε όλη την Αφρική. (η μεγαλύτερη λεωφόρος)

7. Θέλεις το τηλέφωνο _____ μου; Πάρ' το. (η γερμανίδα συνέταιρος)

8. Οι δύο κύκλοι έχουν _____ . (ίση διάμετρος)

9. Στο κατάστημα υπάρχουν δύο _____ . (κύρια είσοδος)

📼 Όταν έφτασε η αστυνομία, οι ληστές είχαν φύγει

Τηλεφωνητής	Άμεση Δράση. Παρακαλώ.
Φωνή	Μόλις είδα δύο αυτοκίνητα να σταματάνε ένα φορτηγάκι.
	Νομίζω ότι πρόκειται για ληστεία.
Τηλεφωνητής	Που έγινε αυτό;
Φωνή	Έξω από την είσοδο του σουπερμάρκετ.
Τηλεφωνητής	Ποιανού σουπερμάρκετ;
Φωνή	"Τα τρία Φ", στην οδό Καφαντάρη...

Το πρώτο περιπολικό έφτασε στο σουπερμάρκετ πέντε λεπτά αργότερα αλλά ήταν πολύ αργά. Οι ληστές είχαν φύγει. Είχαν χτυπήσει τον οδηγό και τον συνοδηγό στο κεφάλι και είχαν πυροβολήσει τον τρίτο φύλακα στον ώμο. Οι ληστές είχαν πάρει όλους τους μισθούς του προσωπικού. Το περιπολικό κάλεσε ένα ασθενοφόρο και μετά ανέκρινε τρία άτομα που είχαν δει τη ληστεία.

12 *Ταιριάξτε τους αριθμούς που είναι στις εικόνες*
με τις παρακάτω λέξεις

το περιπολικό	το φορτηγάκι	ο συνοδηγός
είχαν χτυπήσει	ο ληστής	
το ασθενοφόρο	είχαν πυροβολήσει	

13 *Ρωτήστε και απαντήστε*

1. Ποιος κάλεσε την Άμεση Δράση;
2. Τι νούμερο πρέπει να πάρει κανείς για να καλέσει την Άμεση Δράση στην Αθήνα; Και στην πόλη σας;
3. Ποιος απάντησε στο άτομο που πήρε τηλέφωνο;
4. Τι είδε αυτός που τηλεφώνησε;
5. Πού είπε ότι έγινε η ληστεία;
6. Ποιο ήταν το όνομα του σουπερμάρκετ;
7. Πρόλαβε τους ληστές η αστυνομία;
8. Πού ήταν οι ληστές όταν έφτασε το πρώτο περιπολικό;
9. Τι είχαν κάνει οι ληστές στον οδηγό και στον συνοδηγό;
10. Ποιον είχαν πυροβολήσει;
11. Τι είχαν πάρει μαζί τους;
12. Ποιον κάλεσε το περιπολικό;
13. Ποιους ανέκριναν οι αστυνομικοί του περιπολικού; Γιατί;

ΓΡΑΜΜΑΤΙΚΗ

Υπερσυντέλικος

(1) Τον υπερσυντέλικο χρησιμοποιούμε κυρίως για μια ενέργεια που τελείωσε στο παρελθόν πριν αρχίσει μια άλλη. Σ' αυτή την περίπτωση, ο υπερσυντέλικος συχνά συνοδεύεται από τις λέξεις "ακόμα", "πια", "ήδη", "κιόλας" και "πια". Έτσι, λέμε:

Όταν έφτασε το περιπολικό, οι ληστές **είχαν φύγει.**
Είχα *ήδη* **ξυπνήσει** *όταν ο ταχυδρόμος χτύπησε το κουδούνι.*

(2) Πολλές φορές, για μια ενέργεια που έγινε στο μακρινό παρελθόν προτιμάμε τον υπερσυντέλικο (αντί για τον αόριστο). Έτσι, λέμε:

Είχα δουλέψει *στην Πορτογαλία πριν πολλά χρόνια.*
Την πρώτη φορά που **είχα έρθει** *στην Αθήνα, κυκλοφορούσαν πολύ λιγότερα αυτοκίνητα.*

Ο υπερσυντέλικος σχηματίζεται με συνδυασμό του ρήματος "έχω" στον παρατατικό και το τρίτο ενικό πρόσωπο του απλού μέλλοντα (χωρίς το "θα") του ρήματος που δηλώνει την ενέργεια. Έτσι, κλίνουμε το "είχα" ενώ κρατάμε σταθερό το τρίτο ενικό πρόσωπο του μέλλοντα του ρήματος:

Ενεστώτας	Μέλλοντας/Υποτακτική		Υπερσυντέλικος	
φεύγω	θα/να	φύγω	είχα	φύγει
		φύγεις	είχες	φύγει
		φύγει ←	είχε	φύγει
			είχαμε	φύγει
			είχατε	φύγει
			είχαν(ε)	φύγει

14 *Διαβάστε πάλι το κειμενάκι μετά τον διάλογο στη σελ. 179, κοιτάξτε τις λέξεις-κλειδιά και μιλήστε μεταξύ σας*

Παράδειγμα

ληστές / φύγει;
Α: Όταν έφτασε το περιπολικό οι ληστές είχαν φύγει;
Β: Ναι, είχαν φύγει.

1. ληστές / χτυπήσει / οδηγό / συνοδηγό;
2. ληστές / πυροβολήσει / τρίτο φύλακα;
3. ληστές / πάρει όλους τους μισθούς;
4. δει / κανένας / ληστεία;

15 Φτιάξτε προτάσεις χρησιμοποιώντας τον υπερσυντέλικο.
Χρησιμοποιήστε "μόλις" ή "ήδη", ανάλογα

Παράδειγμα

14.00 : Έφτασε η αστυνομία. 13.57: Έφυγαν οι ληστές.

Όταν έφτασε η αστυνομία, οι ληστές μόλις είχαν φύγει.

1. 07.00 : έφτασαν στο αεροδρόμιο   06.55 : έφυγε το αεροπλάνο
2. 09.15 : ήρθε η Ματίλντα στην τάξη   09.00 : άρχισε το μάθημα
3. 10.50 : έφτασε το ελικόπτερο   10.15 : το πλοίο βούλιαξε
4. 12.20 : βγήκε στο δρόμο   12.18 : σταμάτησε η βροχή
5. 16.00 : βγήκε για να φάει   15.30 : το εστιατόριο έκλεισε
6. 23.50 : την πήρα τηλέφωνο   23.25 : η Πέρσα κοιμήθηκε
7. 22.33 : άνοιξαν την τηλεόραση   22.30 : το πρόγραμμα τελείωσε
8. 10.15 : πήγα να του μιλήσω   10.00 : του μίλησε η καθηγήτρια

16 _Βάλτε τα ρήματα που είναι στην παρένθεση στον σωστό χρόνο_

1. Όταν της _____ να δουλέψει μαζί μου, αυτή _____ άλλη δουλειά.
   (ζητάω) (βρίσκω)

2. Η πυροσβεστική _____ όταν τα παιδιά ήδη _____ από το παράθυρο.
   (φτάνω) (πηδάω)

3. Εγώ σε _____ τηλέφωνο αλλά εσύ δεν _____ ακόμα στο σπίτι.
   (παίρνω) (γυρίζω)

4. Δηλαδή, όταν _____ να την πουλήσεις, ο Άρης _____ άλλη;
   (αποφασίζω) (αγοράζω)

5. Εμείς _____ ήδη όταν _____ η ταινία.
   (κοιμάμαι) (τελειώνω)

6. Εγώ τα _____ πια με τον Αλέξη όταν ο Χάρης τα _____ με την Ειρήνη.
   (φτιάχνω) (χαλάω)

7. Εμείς _____ στο σπίτι στις εντεκάμισι αλλά τα παιδιά δεν _____ ακόμα.
   (γυρίζω) (έρχομαι)

17 _Πρώτα πέστε στον διπλανό σας και μετά γράψτε τι είχατε ήδη κάνει όταν ..._

π.χ. Όταν ήρθα στο μάθημα σήμερα, είχα ήδη φάει πρωινό, είχα πάει τα παιδιά στο σχολείο, είχα ετοιμάσει το μεσημεριανό κτλ.

Μερικές ιδέες

όταν ήρθα στο μάθημα ... / όταν πήγα να κοιμηθώ ... / όταν γύρισα στο σπίτι από το σινεμά ...

📼 Από αύριο θα καπνίζω μόνο τρία τσιγάρα τη μέρα

Εδώ και αρκετό καιρό ο Νίκος Γαλανόπουλος δεν αισθάνεται καλά. Έχει κάποιους πόνους στο στομάχι, η πίεσή του μερικές φορές ανεβαίνει στο δεκαπέντε, πονάνε τα πόδια του, κουράζεται μόλις περπατήσει γρήγορα ή μόλις ανέβει κάποια σκάλα. Ο Νίκος, που είναι 47 χρονών, έχει ύψος 1,72 μ. και είναι 87 κιλά. Τρώει πολύ, πίνει ένα μπουκάλι κρασί με το βραδινό του, και καπνίζει δυόμισι πακέτα τσιγάρα τη μέρα. Η γυναίκα του η Πόπη, που είναι 42 χρονών, συχνά του λέει ότι είναι πολύ νέα ακόμα για να μείνει χήρα. Τελικά, προχθές το Νίκος πήρε την απόφαση και πήγε στο γιατρό. Ο γιατρός τον εξέτασε προσεκτικά και μετά κάθισαν και τα είπαν ...

Γιατρός	Τα πράγματα δεν είναι πολύ ευχάριστα κύριε Γαλανόπουλε.
Νίκος	Τι εννοείτε γιατρέ;
Γιατρός	Εννοώ, ότι η καρδιά είναι λίγο κουρασμένη όπως και το συκώτι, και έχετε υψηλή πίεση.
Νίκος	Όλα αυτά τα καλά;
Γιατρός	Ναι. Δεν είναι το τέλος του κόσμου αλλά θα πρέπει να προσέξετε πολύ τη δίαιτά σας. Και, ακόμα, θα πρέπει να κόψετε το τσιγάρο.
Νίκος	Μαχαίρι, γιατρέ;
Γιατρός	Μαχαίρι, αγαπητέ μου ...

Είπαν και άλλα πολλά. Όταν ο Νίκος γύρισε στο σπίτι το βράδυ, είχε πάρει τις αποφάσεις του ...

Νίκος	Πόσα τσιγάρα καπνίζω τη μέρα, σε παρακαλώ;
Πόπη	Τρία πακέτα περίπου.
Νίκος	Δυόμισι αλλά δεν έχει σημασία. Λοιπόν, από αύριο θα καπνίζω μόνο τρία τσιγάρα.
Πόπη	Να το δω και να μην το πιστέψω, χρυσέ μου.
Νίκος	Αυτή είναι η πρώτη απόφαση. Η δεύτερη αφορά το φαγητό και το κρασί. Από αύριο θα τρώω καλά μόνο το μεσημέρι. Το βράδυ θα τρώω πολύ ελαφρά. Κρασί θα πίνω μόνο δύο ποτήρια την Κυριακή ...

1 *Σωστό ή λάθος;*

1. Ο Ν. Γαλανόπουλος δεν αισθάνεται καλά εδώ και λίγες μέρες.
2. Έχει υψηλή πίεση.
3. Κουράζεται εύκολα όταν περπατάει γρήγορα.
4. Ο Νίκος Γ. είναι 42 χρονών σήμερα.
5. Η γυναίκα του είναι μικρότερη απ' αυτόν.
6. Η γυναίκα του θα ήθελε να μείνει χήρα.
7. Ο Νίκος έχει ύψος 1,72 μ.
8. Το βάρος του είναι 87 κιλά.
9. Ο Νίκος είναι μάλλον χοντρός.

ΓΡΑΜΜΑΤΙΚΗ

Συνεχής Μέλλοντας

Από αύριο **θα καπνίζει** μόνο τρία τσιγάρα τη μέρα.
Από του χρόνου **θα πηγαίνουμε** πιο συχνά.

Τον συνεχή μέλλοντα χρησιμοποιούμε για να εκφράσουμε κάτι που θα γίνεται συνέχεια ή με επανάληψη στο μέλλον. (Για τις αντίστοιχες περιπτώσεις στο παρελθόν, χρησιμοποιούμε τον παρατατικό).

Για να σχηματίσουμε τον συνεχή μέλλοντα, προσθέτουμε το "θα" μπροστά από τον ενεστώτα του ρήματος.

Ενεστώτας	Συνεχής Μέλλοντας
μένω/-εις/-ει κτλ.	μένω/-εις/-ει κτλ.
μιλάω/-άς/-άει κτλ.	**θα** μιλάω/-άς/-άει κτλ.
τηλεφωνώ/-είς/-εί κτλ.	τηλεφωνώ/-είς/-εί κτλ.
έρχομαι/-εσαι/-εται κτλ.	έρχομαι/-εσαι/-εται κτλ.

Λέξεις και εκφράσεις που πάνε μαζί με τον συνεχή μέλλοντα

- από σήμερα, από αύριο, από την άλλη εβδομάδα κτλ.
- σήμερα όλη τη μέρα, αύριο όλο το απόγευμα κτλ.
- όλο το καλοκαίρι, όλο τον χρόνο κτλ.

2 Ρωτήστε και απαντήστε

1. Τρώει και πίνει πολύ ο Νίκος Γαλανόπουλος;
2. Πόσα τσιγάρα καπνίζει τη μέρα;
3. Πώς βρήκε ο γιατρός την καρδιά του και το συκώτι του;
4. Τι άλλο του είπε ότι έχει;
5. Ποια είναι τα δύο κύρια πράγματα που ο γιατρός του είπε ότι θα πρέπει να κάνει;
6. Πόσα τσιγάρα θα καπνίζει από αύριο ο Νίκος;
7. Από αύριο θα τρώει πολύ το βράδυ;
8. Πόσο κρασί θα πίνει και κάθε πότε;

3 Διαλέξτε τον σωστό τύπο του μέλλοντα

1. Απόψε θα *βγω/βγαίνω* με την αδερφή του διευθυντή.
2. Το Σάββατο το βράδυ ο Κώστας θα *μαγειρέψει/μαγειρεύει* όλο το πρωί συνέχεια.
3. Αύριο το μεσημέρι θα *ξεκουραστώ/ξεκουράζομαι* μισή ώρα.
4. Από του χρόνου τ' αδέλφια μου θα *δουλέψουν/δουλεύουν* στην ίδια εταιρεία.
5. Εφέτος το καλοκαίρι θα *πάω/πηγαίνω* κάθε μέρα για μπάνιο στη θάλασσα.
6. Πότε θα *πουλήσετε/πουλάτε* το αυτοκίνητό σας;
7. Το σαββατοκύριακο θα *φάμε/τρώμε* σ' ένα φιλικό σπίτι.
8. Από τον άλλο μήνα θα *πληρώσω/πληρώνω* 130.000 δραχμές το μήνα ενοίκιο.
9. Τον επόμενο Αύγουστο τα παιδιά θα *μείνουν/μένουν* με τη γιαγιά τους.

4 *Τελειώστε τις προτάσεις όπως εσείς νομίζετε. Χρησιμοποιήστε συνεχή μέλλοντα*

1. Από αύριο το πρωί θα _____
2. Το επόμενο Σάββατο όλη τη μέρα θα _____
3. Του χρόνου το καλοκαίρι θα _____
4. Σου υπόσχομαι ότι όλο το σαββατοκύριακο θα _____
5. Σήμερα όλη τη νύχτα θα _____
6. Από το 2002 τα παιδιά μας θα _____
7. Από τον άλλο μήνα ο Γιάννης δεν θα _____

5 *Είναι βέβαιο ότι κι εσείς, όπως όλοι οι άνθρωποι, έχετε κάποια ελαττώματα.*
Βρέστε τα τρία πιο βασικά ελαττώματά σας, μιλήστε γι' αυτά στον διπλανό σας
και μετά πέστε του τι αποφάσεις πήρατε γι' αυτά. Αυτός θα σας πει για τα δικά του

π.χ. Κοιμάμαι πολύ αργά το βράδυ αλλά από αύριο θα πηγαίνω για ύπνο στις δέκα και μισή.

6 *Τώρα γράψτε τις προτάσεις που είπατε πιο πάνω*

🔲 **Τώρα πρέπει να ξυπνάω και να κοιμάμαι νωρίς**

Ο Αποστόλης σπούδασε χημικός στο εξωτερικό. Μόλις πήρε το πτυχίο του, γύρισε στην Ελλάδα για να κάνει τη θητεία του. Εδώ κι ένα μήνα είναι φαντάρος στην Ήπειρο. Όπως καταλαβαίνετε, έχουν αλλάξει αρκετά πράγματα στην καθημερινή του ζωή. Για μερικά από αυτά γράφει στην κάρτα που έστειλε στην ξαδέρφη του ...

---

8 Νοεμβρίου

Αγαπημένη μου ξαδέλφη,

Πάει ένας μήνας κιόλας που είμαι φαντάρος. Η καλή ζωή που ξέραμε είναι πια παρελθόν. Πρέπει να ξυπνάω στις έξι το πρωί, να φοράω τη στολή μου από το πρωί ώς το βράδυ, να κοιμάμαι νωρίς. Ούτε σινεμά, ούτε μπαράκια, ούτε κουβερτούλα ώς τις 3 το πρωί.

Στους ανωτέρους πρέπει να μιλάω πάντα στον πληθυντικό, μ' αρέσει δε μ' αρέσει. Σκέψου ότι μας επιτρέπουν να πηγαίνουμε στο κοντινό χωριό μία φορά στις δεκαπέντε μέρες μόνο! Τους είπα ότι δε μ' αρέσει να καθαρίζω τουαλέτες αλλά δε μου έδωσαν καμιά σημασία. Δύσκολα τα πράματα ξαδερφούλα αλλά πρέπει να κάνω υπομονή. Πού θα πάει; Θα συνηθίσω.

Σε φιλώ, ο ξάδελφός σου Αποστόλης

Υ.Γ. Αν μπορείς, στείλε μου μια κούτα τσιγάρα.

Κυρία
Τίνα Κωλέτση
Σολωμού 148
10681 Αθήνα

7 Ρωτήστε και απαντήστε

1. Πού ήταν ο Αποστόλης πριν έρθει στην Ελλάδα;
2. Τι έκανε εκεί;
3. Πόσον καιρό είναι φαντάρος ο Αποστόλης;
4. Σε ποιόν έγραψε;
5. Πριν πάει φαντάρος, ξυπνούσε νωρίς ή αργά;
6. Και τώρα;
7. Τι λέει για τη στολή του;
8. Πώς πρέπει να μιλάει στους ανωτέρους του;
9. Κάθε πότε τους επιτρέπουν να πηγαίνουν στο κοντινό χωριό;
10. Τι έγινε όταν είπε ότι δεν του αρέσει να καθαρίζει τουαλέτες;
11. Τι μπορεί να κάνει ο Αποστόλης για να περάσει εύκολα ο καιρός;

ΓΡΑΜΜΑΤΙΚΗ

Συνεχής Υποτακτική

Την συνεχή υποτακτική χρησιμοποιούμε για να εκφράσουμε κάτι που έγινε, γίνεται ή θα γίνεται συνεχώς ή με επανάληψη. Για να σχηματίσουμε την συνεχή υποτακτική, μετά το "να" χρησιμοποιούμε τον ενεστώτα του ρήματος.

> Από αύριο πρέπει **να πληρώνουμε** το ενοίκιο στην τράπεζα.
> Δεν μπορούσα **να δουλεύω** δέκα ώρες συνέχεια. Γι' αυτό άλλαξα δουλειά.
> Ο αδελφός μου προτιμάει **να μην παίζει** τένις με τη γυναίκα του.
> Δεν είναι δυνατό **να έρχονται** και **να φεύγουν** όποια ώρα θέλουν.
> Γιατί συνεχίζεις **να μη γράφεις** στους γονείς σου;

Υπάρχουν ορισμένα ρήματα που παίρνουν πάντα συνεχή υποτακτική. Τα πιο συνηθισμένα από αυτά είναι:

Ρήμα	Παράδειγμα
μ' αρέσει	Δεν της αρέσει να μαγειρεύει καθόλου.
αρχίζω	Από πότε άρχισες να πίνεις;
συνεχίζω	Για πόσον καιρό θα συνεχίσουν να έρχονται αργά;
βλέπω	Την είδα να χορεύει με τον άντρα σου.
ακούω	Τους άκουσε να λένε ότι θα φύγουν από την εταιρεία.

8 *Συμπληρώστε τα κενά με απλή ή συνεχή υποτακτική, ανάλογα*

1. Δεν μπορεί να _____ αύριο γιατί έχει δουλειά. (έρχομαι)
2. Γιατί κυρία μου, πρέπει να _____ τόσα πολλά για ρούχα κάθε μήνα; (ξοδεύω)
3. Θα ήθελα να _____ αυτές τις κάλτσες, παρακαλώ. (αλλάζω)
4. Ο γιατρός μού είπε να μην _____ κόκκινο κρέας πια. (τρώω)
5. Θα ήθελα, παιδιά, να _____ πάντα στην ώρα σας. (φεύγω)
6. Ο Αποστόλης δεν μπορεί να _____ νωρίς απόψε. (κοιμάμαι)
7. Όταν χρησιμοποιούμε τον συνεχή μέλλοντα ή τη συνεχή υποτακτική, πρέπει να _____ το ρήμα στον ενεστώτα. (βάζω)
8. Τι ώρα τους άκουσες να _____ ; (μπαίνω)
9. Δεν άκουσε τον γιατρό και συνέχισε να _____ . (καπνίζω)

9 *Κοιτάξτε τι αρέσει στον καθένα από τους τρεις αυτούς νέους. Συζητήστε για το ποια δουλειά από αυτές που είναι στο πλαίσιο θα τους ταίριαζε καλύτερα*

Ρένα

της αρέσει να	μιλάει μαγειρεύει χτενίζει τις φίλες της βλέπει τηλεόραση	δεν της αρέσει	να	δουλεύει σε γραφείο κάνει δουλειές του σπιτιού
			ο θόρυβος	
δεν την πειράζει να	στέκεται			

Λευτέρης

του αρέσει να	συναντάει κόσμο δουλεύει το βράδυ ταξιδεύει οδηγεί	δεν του αρέσει να	λέει στους άλλους τι πρέπει να κάνουν μαγειρεύει δουλεύει με τα χέρια του φοράει στολή
δεν τον πειράζει να	δουλεύει πολλές ώρες φροντίζει άλλους ανθρώπους		

Έφη

της αρέσει να	δουλεύει το βράδυ φοράει στολή κάνει τις δουλειές του σπιτιού συναντάει κόσμο διαβάζει	δεν της αρέσει να	ταξιδεύει φοράει ωραία ρούχα κάθεται πολλή ώρα ο θόρυβος
δεν την πειράζει να	δουλεύει σε εργοστάσιο φροντίζει άλλους ανθρώπους		

> αστυνομικός/ίνα   οδηγός ταξί   τεχνικός   κομμωτής/τρια   φωτογράφος   πιλότος
> διευθυντής/τρια   ραλίστας/τρια   πωλητής/τρια   νοσοκόμος/α   μάγειρας/ρισσα

10 *Σκεφτείτε μια νέα κατάσταση στη ζωή σας (π.χ. τώρα μένετε στην Ελλάδα, τώρα πια είστε παντρεμένος/η, τώρα έχετε αυτοκίνητο, κτλ.).*
Γράψτε στο τετράδιό σας μερικά πράγματα που (δεν) πρέπει ή (δεν) μπορείτε να κάνετε τώρα. Χρησιμοποιήστε συνεχή μέλλοντα ή υποτακτική.
Αν δεν ξέρετε κάτι, ρωτήστε τον καθηγητή / την καθηγήτριά σας.
Αφού τα γράψετε, πέστε τα στον διπλανό σας. Ο διπλανός σας θα σας κάνει διάφορες ερωτήσεις γι' αυτά που του είπατε και μετά θα σας μιλήσει για τη δική του νέα κατάσταση

π.χ.   Τώρα που έχω αυτοκίνητο, μπορώ να ξυπνάω πιο αργά το πρωί αλλά πρέπει να πηγαίνω τον άντρα μου στη δουλειά του.

11 *Γράψτε μια κάρτα ή ένα σύντομο γράμμα σε κάποιο φιλο σας ή συγγενή σας.*
Γράψτε του για μια νέα κατάσταση στη ζωή σας

🔲 Οικογένεια ή όχι;

1. Η Χριστίνα και ο Μάνος έχουν τέσσερα παιδιά. Ευτυχώς υπάρχουν πολλά ζευγάρια με μικρά παιδιά στη γειτονιά κι έτσι ο ένας βοηθάει τον άλλο.

2. Η Ανίτα έχει τρία παιδιά. Εκτός από τον άντρα της, τον Αντώνη, και τα παιδιά της, στο διαμέρισμά της μένουν η πεθερά της και ο κουνιάδος της.

3. Ο Κίμων και η Αριάδνη είναι παντρεμένοι. Αν και τους αρέσει να παίζουν με τα ανίψια τους, δεν θέλουν να έχουν δικά τους παιδιά.

4. Οι γονείς της Αμαλίας αγαπούν την κόρη τους και τον γαμπρό τους το Μίμη, πάρα πολύ και ξέρουν ότι κι εκείνοι τους αγαπούν πολύ. Ωστόσο, προτιμούν να μένουν μακριά τους.

5. Η Πέρσα είναι χωρισμένη έξι χρόνια τώρα. Ζει με τη μητέρα της και τα δύο της παιδιά, τον Νίκο και την Ελένη.Το τρίτο της παιδί, ο Άρης, μένει με τον πατέρα του.

6. Επειδή ο Ηλίας είναι βαριά άρρωστος, μένει με το γιο του τον Μιχάλη που είναι 27 χρονών. Ο Μιχάλης πρόκειται να παντρευτεί σύντομα και ο Ηλίας θα συνεχίσει να μένει με το νεαρό ζευγάρι.

1 *Ταιριάξτε τα κείμενα με τις εικόνες*

2 *Βρέστε αυτές τις λέξεις στα πιο πάνω κειμενάκια. Μήπως ξέρετε τι σημαίνουν;*

αν και	επίσης	εκτός από	επειδή	έτσι	ωστόσο

3 *Πόσες λέξεις ξέρετε που αναφέρονται σε συγγενείς; Κάντε ένα κατάλογο αρχίζοντας από τις λέξεις "μητέρα", "πατέρας",... και προσθέστε όσες άλλες μπορείτε*

4 Μιλήστε στους άλλους μαθητές για την οικογένειά σας ή και άλλες οικογένειες που γνωρίζετε

π.χ. "Ο θείος μου είναι χωρισμένος. Η κόρη του ...". "Το ζευγάρι που κάθεται στο διπλανό διαμέρισμα έχει πέντε παιδιά ..."

5 Βάλτε στα κενά τις λέξεις που είναι στο πλαίσιο

> ενώ   αν και   επίσης   εκτός από   επειδή   έτσι   ωστόσο

1. Κάποιος είπε κάποτε, ότι ο παντρεμένος ζει σαν σκυλί και πεθαίνει σαν άνθρωπος _____ ο λεύτερος ζει σαν άνθρωπος και πεθαίνει σαν σκυλί.
2. Αργήσαμε να έρθουμε _____ δεν μπορούσαμε να βρούμε ταξί.
3. Θα πεις στον αδελφό σου να καθαρίσει το σπίτι για το πάρτι. _____ θα του πεις να πάρει από τη Μαρίζα τους δίσκους και τις κασέτες που είπε ότι θα μας δώσει.
4. _____ έχει πολλά προσόντα, δεν μπορεί να βρει δουλειά.
5. Ο διαρρήκτης μπήκε στο διαμέρισμα ενώ το ηλικιωμένο ζευγάρι ήταν στο σαλόνι. _____ δεν τον πήραν είδηση.
6. _____ τον άντρα μου κανένας άλλος δεν ξέρει για εκείνη την ιστορία.
7. Η Ρένα και ο Νίκος δεν έχουν παιδιά. _____ βγαίνουν συχνά έξω.

6 Κάντε ένα γκάλοπ στην τάξη σας.
Πρώτα σιγουρευτείτε ότι καταλαβαίνετε όλες τις ερωτήσεις.
Μετά διαλέξτε τις ανάλογες ερωτήσεις και ρωτήστε τους άλλους

1. Προτιμάς να ζεις μόνος/η ή με τους γονείς σου;
2. Θα ήθελες να έχεις παιδιά; Πόσα;
   ή
   Θα ήθελες να έχεις περισσότερα παιδιά από αυτά που έχεις ή λιγότερα;
3. Θα ήθελες να έχεις αδέρφια; Πόσα;
   ή
   Θα ήθελες να έχεις περισσότερα αδέρφια ή λιγότερα;
4. Θα ήθελες να περνάς λιγότερο χρόνο στη δουλειά και περισσότερο χρόνο με την οικογένειά σου;
5. Πιστεύεις ότι οι γονείς πρέπει να βοηθούν οικονομικά τα παιδιά τους όταν πρόκειται να παντρευτούν;

7 Αναφέρετε τα αποτελέσματα του γκάλοπ στην τάξη

π.χ. Εφτά άτομα θα ήθελαν να περνάνε λιγότερο χρόνο στη δουλειά και περισσότερο χρόνο με την οικογένειά τους ενώ τέσσερα άτομα πιστεύουν ότι βλέπουν την· οικογένειά τους αρκετά.

8 *Δουλέψτε σε ομάδες των τριών ή τεσσάρων ατόμων. Ένα μέλος της ομάδας διαλέγει μία από τις πιο κάτω θέσεις και ζητάει από τα υπόλοιπα μέλη να πούνε τη γνώμη τους*

1. Όταν δύο νέοι παντρεύονται, είναι καλύτερο να μείνουν στο ίδιο σπίτι με τους γονείς τους.
2. Όταν μια κοπέλα πρόκειται να παντρευτεί, το σωστό είναι οι γονείς να της δώσουν κάποια προίκα.
3. Το παντρεμένο ζευγάρι πρέπει να μοιράζεται όλες τις δουλειές του σπιτιού.
4. Τα παιδιά πρέπει να κάνουν μερικές από τις δουλειές του σπιτιού.
5. Και τα μικρά παιδιά πρέπει να παίρνουν χαρτζιλίκι κάθε εβδομάδα ή κάθε μήνα.
6. Όταν τα παιδιά γίνουν 16 χρονών, θα πρέπει να είναι ελεύθερα να κάνουν ό,τι θέλουν.

9 *Γράψτε μια παράγραφο για ένα από τα πιο πάνω θέματα*

ΓΡΑΜΜΑΤΙΚΗ

Η αντωνυμία "μόνος μου / μόνη μου / μόνο μου"

Ενικός

	Αρσενικό	Θηλυκό	Ουδέτερο
Ονομ.	μόνος μου/σου/του	μόνη μου/σου/της	μόνο μου/σου/του
Γεν.	-	-	-
Αιτιατ.	μόνο μου/σου/του	μόνη μου/σου/της	μόνο μου/σου/του

Πληθυντικός

Ονομ.	μόνοι μας/σας/τους	μόνες μας/σας/τους	μόνα μας/σας/τους
Γεν.	-	-	-
Αιτιατ.	μόνους μας/σας/τους	μόνες μας/σας/τους	μόνα μας/σας/τους

Λέμε: *Χθες πήγα **μόνη μου** στο σινεμά. / Προτιμούν να βγαίνουν **μόνοι τους**. / Τον είδα **μόνο του**.*

10 *Βάλτε στα κενά τον σωστό τύπο αντωνυμίας*

1. Τελικά ο Δημήτρης πήγε _____ ταξίδι.
2. Δεν αφήνουμε τα παιδιά _____ ποτέ.
3. Πες μου, Ρένα. Θέλεις να σου κάνω παρέα ή προτιμάς να μείνεις _____ ;
4. Δεν έπρεπε να τον αφήσεις _____ μέσα στη νύχτα.
5. Ποτέ δεν ξυρίζομαι στο κουρείο. Πάντα ξυρίζομαι _____ .
6. Εμείς, πάντως, τις είδαμε _____ . Μετά δεν ξέρω τι έγινε.
7. Πώς κατάφερες, χριστιανέ μου, να ξοδέψεις _____ ογδόντα χιλιάδες σε δύο ώρες;
8. Το παιδί μας είναι αρκετά μεγάλο κι έτσι πλένεται και ντύνεται _____ .

🔲 Τα λάθη είναι ανθρώπινα

Δημήτρης   Αλήθεια ... πάει καιρός που δε σε βλέπω μαζί με τη Δανάη. Τι συμβαίνει; Τα χαλάσατε;

Άλκης   Ναι. Δε γινόταν αλλιώς. Διαφωνούσαμε σε πολλά πράγματα.

Δημήτρης   Μα εσύ μου έλεγες ότι ήσουνα πολύ ερωτευμένος μαζί της, ότι είναι η τέλεια κοπέλα για σένα και άλλα τέτοια πολλά ...

Άλκης   Έπεσα έξω, φίλε μου. Τι να γίνει; Τα λάθη είναι για τους ανθρώπους.

Δημήτρης   Μη στενοχωριέσαι. Να είσαι βέβαιος, ότι σε κάποιο μέρος της γης υπάρχει το ταίρι σου και ψάχνει να σε βρει.

Άλκης   Λες; Μακάρι.

11 *Ρωτήστε και απαντήστε*

1. Ο Άλκης έβγαινε παλιότερα με τη Δανάη;
2. Βγαίνουν ακόμα μαζί;
3. Ποια έκφραση χρησιμοποιεί ο Δημήτρης για να ρωτήσει τον 'Αλκη αν σταμάτησε να βγαίνει με την Δανάη;
4. Γιατί τα χαλάσανε;
5. Η Δανάη ήταν ερωτευμένη με τον 'Αλκη;
6. Ποια έκφραση χρησιμοποιεί ο 'Αλκης για να πει στον φίλο του ότι τα πράγματα δεν ήταν όπως τα περίμενε;
7. Πού βρίσκεται, σύμφωνα με τον Δημήτρη, το ταίρι του Άλκη;

12 *Γράψτε κάτι για τον μεγάλο έρωτα της ζωής σας!*

Μερικές εκφράσεις που μπορεί να είναι χρήσιμες

— γνωριστήκαμε ένα καλοκαίρι ...
— μόλις τον/την είδα, τον/την ερωτεύτηκα
— τα μάτια του/της είχαν κάτι παράξενο
— συμφωνούμε/συμφωνούσαμε (σχεδόν) σε όλα
— ποτέ δεν κατάλαβα γιατί χωρίσαμε
— όταν με κοιτάζει/μου χαμογελάει, τα χάνω

ΓΡΑΜΜΑΤΙΚΗ

Ουδέτερα σε -ος

Ενικός

Ονομαστική	το μέρος	το μέγεθος
Γενική	του μέρους	του μεγέθους
Αιτιατική	το μέρος	το μέγεθος

Πληθυντικός

Ονομαστική	τα μέρη	τα μεγέθη
Γενική	των μερών	των μεγεθών
Αιτιατική	τα μέρη	τα μεγέθη

Όπως το μέρος κλίνονται και τα:
το τέλος, το άγχος, το μέλος, το γένος, το κράτος, το δάσος, το νέφος,
το μήκος, το ύψος, το πλάτος, το φάρδος, το βάθος, το βάρος κ.ά.

13 *Γράψτε στα κενά τον πληθυντικό των ουσιαστικών που είναι στην παρένθεση*

1. Στην Ελλάδα δεν υπάρχουν πολλά _____ . (το δάσος)

2. Δυστυχώς στην Αθήνα υπάρχουν πολλά _____ όπου δεν έχει καθόλου πράσινο. (το μέρος)

3. Μήπως ξέρεις εσύ πόσα _____ της Ευρώπης είναι στην Ευρωπαϊκή 'Ενωση; (το κράτος)

4. 'Εχω κάνει πολλά _____ στη ζωή μου. (το λάθος)

5. Τα πακέτα αυτά έχουν διαφορετικά _____ . Μην τα βάζεις μαζί. (το βάρος)

6. Ο σύλλογός μας σήμερα έχει 452 _____ . (το μέλος)

7. Η ελληνική γλώσσα έχει τρία _____ : το αρσενικό, το θηλυκό και το ουδέτερο. (το γένος)

ΓΡΑΜΜΑΤΙΚΗ

Αόριστη αντωνυμία
"κάποιος/κάποια/κάποιο"

		Αρσενικό	Θηλυκό	Ουδέτερο
Ενικός	Ονομαστική	κάποιος	κάποια	κάποιο
	Γενική	κάποιου	κάποιας	κάποιου
	Αιτιατική	κάποιο(ν)	κάποια(ν)	κάποιο
Πληθυντικός	Ονομαστική	κάποιοι	κάποιες	κάποια
	Γενική	κάποιων	κάποιων	κάποιων
	Αιτιατική	κάποιους	κάποιες	κάποια

14 *Συμπληρώστε τα κενά με τον σωστό τύπο της αντωνυμίας "κάποιος/κάποια/κάποιο"*

1. _____ μου είπε ότι φεύγεις για την Πορτογαλία. Είναι αλήθεια;
2. Ήταν τέσσερις κοπέλες εκεί. _____ από αυτές έκλεψε τα ασημικά.
3. _____ άνθρωποι ζητάνε πολλά από τη ζωή. Άλλοι ζητάνε λίγα.
4. Χρειάζομαι _____ πράγματα για το ταξίδι.
5. Συνάντησα _____ γνωστούς σου από την Τουρκία.
6. _____ φταίει για το ατύχημα. Δε γίνεται να μη φταίει κανένας.
7. Τον σύστησα σε _____ φίλες μου, γιατί είναι πολύ μόνος.

15 *Λύστε το σταυρόλεξο*

Οριζόντια

1. Είναι _____ της. Δηλαδή ο άντρας της κόρης της.
2. Η Εύη και ο Ηρακλής _____ μαζί αλλά δεν είναι παντρεμένοι.
3. Είναι _____ μου. Είναι αδελφός του πατέρα μου, δηλαδή.
4. Αρκετοί Έλληνες ακόμα πιστεύουν ότι ένα κορίτσι για να παντρευτεί χρειάζεται _____ .

Κάθετα

1. Ο πεθερός μου ζει στην Βραζιλία αλλά η _____ μου μένει μαζί μας.
2. Η _____ της μητέρας μου είναι η γιαγιά μου.
3. Η Άννα είναι η γυναίκα μου. Όταν όμως τη συστήνω σε
   ... αριστοκρατικούς κύκλους, τότε λέω:
   "Από 'δώ η _____ μου".
4. Η γιαγιά μου και ο παππούς μου έχουν εφτά
   _____ όλα μαζί: τρία τα αδέρφια μου
   κι εγώ, και τέσσερα τα πρώτα ξαδέρφια μου.

Ανακεφαλαίωση Μαθημάτων 19-23

1 *Διαλέξτε τον σωστό χρόνο*

1. Τελικά, τι ώρα *κοιμάστε / κοιμηθήκατε / κοιμηθείτε* χθες;
2. Πρέπει, οπωσδήποτε, να *θυμάσαι / θυμήθηκες / θυμηθείς* να φέρεις πέντε-έξι κασέτες το επόμενο Σάββατο.
3. Με τι σαπούνι *πλένεται / πλύθηκε / θα πλυθεί* η φίλη μας συνήθως;
4. Εγώ, Λίτσα μου, *χτενίστηκα / χτενίζομαι / θα χτενιστώ* πάντα στο κομμωτήριο.
5. Αν ήμουνα πρωθυπουργός, *θα έδινα / έδωσα / δώσω* σε όλους από μία ωραία μονοκατοικία με κήπο.
6. Πρέπει να μαγειρέψω για τα παιδιά μόλις *φτάσω / είχα φτάσει / φτάνω* στο σπίτι το μεσημέρι.
7. Σήμερα το πρωί *ξυρίστηκα / θα ξυριστώ / ξυρίζομαι* μόλις έφτασα στο γραφείο με την ηλεκτρική μηχανή που έχω πάντα στο συρτάρι μου.
8. Ο διευθυντής δεν *ήρθε / ερχόταν / είχε έρθει* ακόμα, όταν μπήκαμε στο γραφείο του.
9. Ο Λάκης *κάθεται / κάθισε / θα καθίσει* κάθε φορά στην ίδια θέση.
10. Ποιο μήνα *ήρθε / θα έρθει / έχει έρθει* η Λούσυ στην Ελλάδα του χρόνου το καλοκαίρι;
11. Αν τελείωσα τα μαθήματά μου; Τα *τελείωνα / τελειώνω / έχω τελειώσει* εδώ και μια ώρα.
12. *Θα ακούσω / άκουγα / ακούω* μουσική αν μείνω σπίτι απόψε.
13. Πριν *ερχόμαστε / ήρθαμε / έρθουμε* στο σπίτι σας χθες, περάσαμε από τη μητέρα του Σπύρου.
14. *Σηκωθήκατε / σηκώνεστε / θα σηκωθείτε* νωρίς αύριο το πρωί;
15. Την ώρα που *χτενιζόταν / χτενίστηκε / έχει χτενιστεί* η Άννα, έσπασε το χτένι της.
16. Της αρέσει πολύ να *περπατήσει / περπατούσε / περπατάει* μόνη της στο πάρκο.
17. Αν είχα σαράντα εκατομμύρια, θα σου *πήρα / έπαιρνε / πάρω* μία Πόρσε.
18. Αύριο το πρωί πρέπει να *πάμε / πηγαίνουμε / έχουμε πάει* στο γραφείο της αδελφής μου για να *βλέπουμε / είχαμε δει / δούμε* τον προϊστάμενό της.
19. Όχι, δεν τα *τελείωνα / έχω τελειώσει / είχα τελειώσει* ακόμα. Θα είναι έτοιμα σε μισή ώρα.
20. Η γυναίκα μου σπάνια *τηλεφωνεί / τηλεφώνησε / θα τηλεφωνήσει* από το σπίτι.
Προτιμάει να *τηλεφωνήσει / τηλεφώνησε / τηλεφωνεί* από το γραφείο μου.

2 *Βάλτε τα άρθρα, τα ουσιαστικά και τα επίθετα που είναι στην παρένθεση στον σωστό τύπο*

1. _ΟΛΟΙ_____ του σχολείου μας είναι Έλληνες. (όλος, ο, καθηγητής)
2. Η Έλσα χορεύει _____ . (πολύς, ελληνικός, χορός)
3. Οι μισθοί _____ είναι μάλλον χαμηλοί. (ο, καινούριος, υπάλληλος)
4. Αρχηγός _____ είναι ο Πρόεδρος της Δημοκρατίας. (το, ελληνικό, κράτος)
5. Νομίζω ότι η μεγαλύτερη όαση _____ απέχει περίπου 80 χιλιόμετρα
   από 'δώ. (αυτή, η, αφρικανική, έρημος)
6. Εγώ πάντα προτιμώ να γράφω _____ . (μικρή, πρόταση)
7. Είδες _____ δύο _____ που αγόρασα; (η, πράσινη, μπλούζα)
8. Η δυσκολία _____ είναι γνωστή σε όλους μας. (αυτό, το, πρόβλημα)
9. _____ στο πανεπιστήμιο μιλάνε αγγλικά. (ο, περισσότερος, φοιτητής)
10. Τα αυτοκίνητα _____ στην Ελλάδα δεν πληρώνουν φόρο.
    (ο, ξένος, δημοσιογράφος)
11. Το σπίτι μου είναι στην αρχή _____ Αρχιμήδους. (η, οδός)
12. Σ' αυτή την αθλητική συνάντηση συμμετέχουν _____ , και _____
    _____ . (Έλληνας, Γάλλος, Ιταλός, αθλητής)
13. _____ που βρίσκονται στο γκαράζ είναι εδώ. (το, κλειδί, το, αυτοκίνητο)
14. Πριν από είκοσι χρόνια υπήρχαν _____ στη γειτονιά μας.
    Τώρα δεν υπάρχει ούτε μία. (πολλή, μικρή, ταβέρνα)

3 *Είστε ήρεμος και φιλειρηνικός άνθρωπος; Απαντήστε τις πιο κάτω ερωτήσεις*
όσο πιο ειλικρινά μπορείτε και βρέστε πόσους βαθμούς παίρνετε συνολικά.
(Δεν χρειάζεται να πάρετε το τεστ πολύ σοβαρά!)

1. Έχετε θυμώσει πάρα πολύ μέσα στις τελευταίες τρεις μέρες;
   ναι ☐ (3 βαθμοί)   όχι ☐ (0 βαθμοί)
2. Έχετε σπάσει ποτέ επίτηδες κάποιο πιάτο, βάζο ή ποτήρι;
   ναι ☐ (2 βαθμοί)   όχι ☐ (0 βαθμοί)
3. Έχετε κάνει κανένα σοβαρό καυγά τα τελευταία τρία χρόνια;
   ναι ☐ (2 βαθμοί)   όχι ☐ (0 βαθμοί)
4. Έχετε ποτέ παρακολουθήσει αγώνα καράτε;
   ναι ☐ (2 βαθμοί)   όχι ☐ (0 βαθμοί)
5. Έχετε δείρει ποτέ το αφεντικό σας;
   ναι ☐ (3 βαθμοί)   όχι ☐ (0 βαθμοί)
6. Έχετε δει καμιά ταινία βίας τον τελευταίο μήνα;
   ναι ☐ (1 βαθμός)   όχι ☐ (0 βαθμοί)
7. Έχετε δει τον τελευταίο μήνα στα όνειρά σας ότι δέρνετε κάποιον;
   ναι ☐ (3 βαθμοί)   όχι ☐ (0 βαθμοί)

Βαθμολογία

0-5: Είστε πολύ ήρεμο και φιλειρηνικό άτομο.   6-10: Είστε στον μέσο όρο.   11-15: Ελέγξτε τα νεύρα σας!

4 Φτιάξτε τώρα δικά σας ερωτηματολόγια! Δουλέψτε σε ομάδες τριών ατόμων και βρέστε αν οι συμμαθητές σας είναι (α) ευγενικοί ή αγενείς και (β) ντροπαλοί ή κοινωνικοί

ΕΡΩΤΗΣΗ	ΝΑΙ	ΟΧΙ
1.		
2.		
3.		
4.		

5 Μπορείτε να βρείτε σε ποιο μέρος ή σε ποια περίπτωση μπορεί να λέγεται η καθεμιά από τις παρακάτω εκφράσεις; Ταιριάξτε τους αριθμούς με τα γράμματα

1. Μπορώ να ρίξω μια ματιά;
2. Έχετε ένα μονόκλινο δωμάτιο για δύο βραδιές;
3. Τι θα πάρετε, παρακαλώ;
4. Είναι στον τρίτο δρόμο αριστερά.
5. Για να δούμε. Ποιο δόντι σας πονάει;
6. Ένα μεγάλο ποτήρι μπίρα, σε παρακαλώ.
7. Εμπρός; Ποιος είναι, παρακαλώ;
8. Ορίστε τα χρήματά σας και το διαβατήριό σας.
9. Αστυφύλαξ! Φώναξέ μου την κυρία που κάθεται έξω.
10. Μου δείχνεις πού είναι τα ποτήρια του ούζου;

α. Στο τηλέφωνο.
β. Σ' ένα εστιατόριο.
γ. Στο αστυνομικό τμήμα.
δ. Στην τράπεζα.
ε. Σε μια πάμπ.
στ. Στον οδοντογιατρό.
ζ. Στην κουζίνα.
η. Στην ρεσεψιόν ενός ξενοδοχείου.
θ. Στον δρόμο.
ι. Σ' ένα κατάστημα.

6 Γράψτε "αν και" ή "επειδή", ανάλογα

1. _____ ο καιρός ήταν χάλια, πήγανε μια βόλτα στο πάρκο.
2. _____ θα μείνω στην Ελλάδα δύο χρόνια, μαθαίνω ελληνικά από τώρα.
3. _____ μ' αρέσουνε τα ψάρια και τα θαλασσινά, δεν τρώω ποτέ καλαμαράκια.
4. _____ τα κοινόχρηστα είναι πολλά, αποφασίσαμε να ενοικιάσουμε το διαμέρισμα.
5. _____ τον αγαπούσα, τον παντρεύτηκα.
6. _____ έχει προβλήματα με την καρδιά του και το στομάχι του, συνεχίζει να καπνίζει.
7. _____ κοιμάται βαθιά, χρησιμοποιεί δύο ξυπνητήρια.
8. _____ άκουσε κάτι περίεργους θορύβους στο πάνω διαμέρισμα, τηλεφώνησε στην αστυνομία.
9. _____ ο μισθός είναι χαμηλός, δε θέλω ν' αλλάξω δουλειά.

7 *Βρέστε τις άγνωστες λέξεις του κειμένου που ακολουθεί.*
Μετά, διαλέξτε από τις λέξεις με πλάγια στοιχεία αυτές που ταιριάζουν καλύτερα

Σταματήστε σήμερα το κάπνισμα

Οι ειδικοί σήμερα *μαθαίνουν / γνωρίζουν / ακούνε* ότι το κάπνισμα είναι υπεύθυνο *για / από / με* τον καρκίνο του πνεύμονα και τον καρκίνο διαφόρων άλλων οργάνων του *αγοριού / κόσμου / σώματος*. Επίσης, είναι γνωστό, ότι οι καπνιστές κινδυνεύουν από προβλήματα της καρδιάς, αναπνευστικά προβλήματα και άσθμα. Να τι άλλο, εκτός από τα παραπάνω, *μπορούμε / θέλουμε / πρέπει* να πάθουμε όταν καπνίζουμε:

- Το στόμα μας γίνεται ξερό.
- Μυρίζει η αναπνοή *μας / σας / τους*.
- Κουραζόμαστε εύκολα όταν τρέχουμε ή όταν κολυμπάμε.
- Αρρωσταίνουμε πιο *εύκολα / δύσκολα / σπάνια* και πιο συχνά από τους μη καπνιστές.
- Βλάπτουμε την υγεία αυτών που ζουν ή δουλεύουν γύρω μας.
- Χάνουμε *καιρό / χρήματα / δουλειές*.

Και για την έγκυο μητέρα; Εδώ τα πράγματα είναι ακόμα *καλύτερα / ευκολότερα / χειρότερα*:

- Το παιδί της δηλητηριάζεται συνεχώς και μπορεί να *πεθάνει / ζήσει / μπει.*
- Η καρδιά του *πατέρα / εμβρύου / γιατρού* χτυπάει πιο γρήγορα.
- Το παιδί μπορεί να γεννηθεί πριν από την ώρα του.
- Το παιδί *της / του / τους* μπορεί να είναι λιγότερο έξυπνο.

Ωστόσο / Επειδή / Επομένως, η λύση είναι μία: αν καπνίζεστε, κόψτε σήμερα το κάπνισμα. Αν δεν καπνίζετε, μην *τελειώνετε / αρχίζετε / αγοράζετε*. Και όσοι δεν μπορείτε να σταματήσετε, σεβαστείτε τουλάχιστον την υγεία των *άλλων / φίλων / κοριτσιών*.

8 *Βρέστε άλλα πέντε πράγματα που βλάπτουν την υγεία του ανθρώπου. Μιλήστε γι' αυτά*

9 *Γράψτε μια παράγραφο για ένα από αυτά*

10 *Βάλτε τα ρήματα στον παρακείμενο ή στον υπερσυντέλικο, ανάλογα*

1. _____ ποτέ κανένα βιβλίο από κάποιο βιβλιοπωλείο ή κάποια βιβλιοθήκη; (κλέβω)
2. Όταν εγώ άρχισα να γράφω τη δεύτερη ερώτηση, αυτή _____ κιόλας όλες τις ερωτήσεις. (τελειώνω)
3. Οι γείτονες δεν _____ τα σκουπίδια εγκαίρως κι έτσι δεν τα πήρε το σκουπιδιάρικο. (βγάζω)
4. Εμείς _____ τρία χρόνια στο Πακιστάν. Ο πατέρας μου είναι διπλωμάτης, ξέρεις. (ζω)
5. Ο αδελφός μου δεν _____ ακόμα. Θα είναι έτοιμος σε μία ώρα. Εντάξει; (ξυρίζομαι)
6. Μην καπνίζεις κι άλλο τσιγάρο. Από την ώρα που μπήκα _____ έξι. (καπνίζω)
7. Όταν φτάσαμε, η πανσιόν ήταν ήδη γεμάτη. Ευτυχώς που _____ δωμάτιο. (κλείνω)
8. Σας _____ το ανέκδοτο που άκουσα χθες στο πάρτι; (λέω)
9. Καλά που μου το είπες πριν πάμε. Εγώ δεν το _____ καθόλου. (σκέφτομαι)

11 *Κοιτάξτε τις αγγελίες και αυτά που λένε τα άτομα που τις διαβάσανε.*
Μετά, ρωτήστε και απαντήστε, όπως τα παραδείγματα

> 1. Πωλείται Φορντ Έσκορτ (1.600 κυβ.) σε πολύ καλή κατάσταση. Ιδιωτικό γκαράζ. Μόνο 24.000 χιλ/τρα.
> Δρχ. 3.5000.000

Ανδρέας
Έχω τριάμισι εκατομμύρια. Θα πάω να δω
το αυτοκίνητο. Αν μου αρέσει, θα ...

A : Τι θα κάνει ο Ανδρέας αν του αρέσει
   το αυτοκίνητο;
B : Αν του αρέσει, θα το πάρει.
A : Και αν δεν του αρέσει;
B : Τότε μάλλον δεν θα το πάρει.

Δήμητρα
Ωραίο αυτοκίνητο αλλά δεν έχω τόσα λεφτά.
Αν είχα 3.500.000, θα ...

A : Τι θα έκανε η Δήμητρα αν είχε τα λεφτά;
B : Αν είχε τα λεφτά, θα το αγόραζε.
A : Πάντως, δεν έχει 3.500.000.
B : Σωστά. Γι' αυτό δεν θα το αγοράσει.

> 2. Πωλείται μηχανή ΚΑΒΑΣΑΚΙ 400 κυβ. εκατ. σε καλή κατάσταση λόγω αναχωρήσεως στο εξωτερικό.
> Τιμή: 400.000

Χρήστος
Έχω περίπου ένα εκατομμύριο στην τράπεζα.
Θα πάρω τηλέφωνο αυτόν που την πουλάει.
Αν είναι πραγματικά σε καλή κατάσταση, θα ...

Θωμάς
Έχω τα λεφτά αλλά δεν έχω άδεια οδηγήσεως.
Αν είχα άδεια οδηγήσεως, θα ...

> 3. Ζητείται χημικός μηχανικός για να εργαστεί σε μεγάλη φαρμακευτική εταιρεία. Προσόντα: Πτυχίο πανεπιστημίου, πείρα τουλάχιστον 5 ετών σε ανάλογη θέση. Μισθός πολύ ικανοποιητικός.

Ηρώ
Εργάζομαι εδώ και εφτά χρόνια σε μια μικρή
φαρμακευτική εταιρεία. Έχω πτυχίο χημικού
μηχανικού. Θα κάνω αίτηση. Αν μου προσφέρουν
τη θέση ...

Σταύρος
Μ' αρέσει η δουλειά αυτή αλλά δεν έχω τα
προσόντα. Έτσι, δεν μπορώ να κάνω αίτηση.
Αν είχα τα προσόντα ...

> 4. Ζητείται γραμματέας για μεταφραστικό γραφείο στην Ζυρίχη. Αγγλικά και γερμανικά απαραίτητα.
> Γράψτε: ΑΜΕΡ. Ταχ. Θυρίδα: 683

Γιώτα
Μιλάω και γράφωω αγγλικά και γερμανικά πολύ
καλά. Θέλω πολύ να πάω στο εξωτερικό. Θα
κάνω αίτηση. Αν με πάρουν, ...

Μαργαρίτα
Ξέρω αγγλικά αλλά γερμανικά ούτε μιλάω ούτε
γράφω. Αν μιλούσα και ...

> 5. Ενοικιάζεται διαμέρισμα τεσσάρων δωματίων, μεγάλη βεράντα, δεύτερη τουαλέτα, σε προάστιο της Θεσσαλονίκης. Ενοίκιο: Δρχ. 155.000.
> Τηλεφωνήστε : 6178561

Περικλής
Χρειάζομαι ένα τέτοιο διαμέρισμα, μακριά από το
κέντρο. Μπορώ να δώσω 155.000 το μήνα. Θα πάω
να το δω. Αν μου κάνει ...

Γεράσιμος
Χρειάζομαι ακριβώς ένα τέτοιο διαμέρισμα.
Δυστυχώς, δεν μπορώ να δίνω τόσα λεφτά τον
μήνα για ενοίκιο. Αν ...

12 *Διαβάστε τις πληροφορίες που αφορούν τη ζωή τριών ανθρώπων.*
Μετά κάντε τις παρακάτω ερωτήσεις στον διπλανό σας / στη διπλανή σας

— Πότε γεννήθηκε ο/η ...;
— Πού γεννήθηκε;
— Πότε πέθανε;
— Πού πέθανε;
— Πόσων χρονών ήταν όταν πέθανε;
— Πόσα χρόνια έζησε (στην Αθήνα);
— Το 19... ζούσε ακόμα;

1. κ. Ιωαννίδης

Θεσσαλονίκη   Αθήνα

1920   1950   1985

2. κ. Δημαρά

Αθήνα   Λονδίνο   Παρίσι   Βόλος

1918   1938   1958   1960   1989

3. δ. Σμιθ

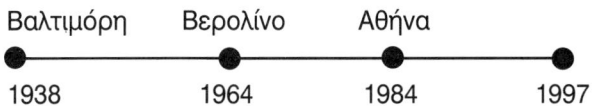

Βαλτιμόρη   Βερολίνο   Αθήνα

1938   1964   1984   1997

13 *Κοιτάξτε τις πληροφορίες και βρέστε για ποιο ιστορικό πρόσωπο πρόκειται*

1. **είπε**   "'Ενα πράγμα ξέρω, ότι δεν ξέρω τίποτε."
   δεν έγραψε   τίποτε ο ίδιος (όσα ξέρουμε γι' αυτόν, τα έγραψαν οι μαθητές του)
   έζησε   στην αρχαία Αθήνα
   πέθανε   στη φυλακή αφού ήπιε δηλητήριο

2. **είπε**   "Τρία πράγματα χρειάζομαι για να φτιάξω μια κωμωδία: ένα πάρκο, μια ωραία κοπέλα κι έναν αστυφύλακα"
   γύρισε   την ταινία "Ο Μεγάλος Δικτάτορας"
   γεννήθηκε   στην Αγγλία
   έζησε   στην Αμερική
   πέθανε   στην Ελβετία

3. **ήταν**   Αμερικανός
   έγραψε   το "Για ποιον χτυπάει η καμπάνα"
   πήρε   το βραβείο Νόμπελ για τη λογοτεχνία το 1954
   αυτοκτόνησε   το 1961

4. **είπε**   το γνωστό "Εύρηκα! Εύρηκα!"
   ήταν   επιστήμονας
   έζησε   στην αρχαία Σικελία
   ανακάλυψε   πολλούς νόμους της Φυσικής
   σκοτώθηκε   από έναν Ρωμαίο στρατιώτη την ώρα που δούλευε

Η ισότητα των δύο φύλων

"Ισότητα σημαίνει ότι τα πιάτα πρέπει να τα πλένουν οι άντρες τώρα."
"Ισότητα σημαίνει ότι οι γυναίκες μπορούν να δέρνουν τους άντρες τους."
"Ισότητα σημαίνει ότι οι γυναίκες μπορούν να κυκλοφορούν αχτένιστες και άβαφες."

5 Αυτές είναι μερικές από τις απαντήσεις που έδωσαν διάφοροι άντρες σε μια δημοσιογράφο που, πριν από λίγο καιρό, έκανε μια έρευνα για την ισότητα ανάμεσα στα δύο φύλα. Οι απαντήσεις δείχνουν πόση δουλειά χρειάζεται ακόμα για να καταλάβει ο άντρας πού βρίσκεται το πρόβλημα.

Στην Ελλάδα, όπως στις περισσότερες χώρες του κόσμου, η καταπίεση της γυναίκας από τον άντρα συνεχίζεται. Οι ευκαιρίες για δουλειά και καριέρα είναι ακόμα άνισες. Και, ακόμα, τις περισσότερες φορές, η εργαζόμενη γυναίκα έχει και την ευθύνη των παιδιών και του σπιτιού.

14 *Βρέστε τις λέξεις στο κείμενο που σημαίνουν περίπου τα εξής*

1. να πηγαίνουν και να έρχονται (3)
2 όχι χτενισμένες (3)
3. είναι (6)
4. υπάρχει ακόμα (8)
5. όχι ίσες (8)

15 *Βρέστε κι αυτές τις λέξεις στο λεξιλόγιο, αν δεν τις ξέρετε*

η ισότητα / δέρνω / η έρευνα / η καταπίεση / η ευκαιρία / η ευθύνη

16 *Διαβάστε πάλι το κείμενο και συμπληρώστε τις προτάσεις με τις σωστές λέξεις*

1. Ισότητα σημαίνει ότι τώρα πια οι άντρες πρέπει να _____ τα πιάτα.

2. Μια δημοσιογράφος έκανε μια _____ για την ισότητα _____ στα δύο φύλα.

3. Οι απαντήσεις που πήρε η δημοσιογράφος _____ ότι χρειάζεται πολλή δουλειά ακόμα.

4. Οι _____ που έχει ένας άντρας για δουλειά και καριέρα είναι περισσότερες και καλύτερες.

5. Συνήθως, η γυναίκα που _____ έξω από το σπίτι, κάνει πιο πολλές δουλειές στο σπίτι από τον _____ .

17 *Σκεφτείτε πέντε ερωτήσεις σε σχέση με το κείμενο που διαβάσατε. Ελέγξτε τες με τον διπλανό σας / τη διπλανή σας και γράψτε τες. Προσπαθήστε να χρησιμοποιήσετε τις ερωτηματικές λέξεις "τι", "ποιο", "γιατί", "πότε"*

18 *Συζητήστε με τους άλλους για την ισότητα των δύο φύλων. Να μερικά ερωτήματα:*

— είναι η γυναίκα ίση με τον άντρα σε όλα; Και αν δεν είναι, τι σημαίνει αυτό;
— πόσο βοηθάς εσύ τη γυναίκα σου ή τη μητέρα σου στις δουλειές του σπιτιού, στα ψώνια κτλ.;
— πώς είναι τα πράγματα στη χώρα σου;

19 *Βάλτε στα κενά τις σωστές λέξεις*

ίσοι	κυκλοφορούν	συνεχίζεται	έρευνα	ευθύνη	δέρνουν

1. Στην Αθήνα _____ περισσότερα από τα μισά αυτοκίνητα όλης της Ελλάδας.

2. Σύμφωνα με μια παλιότερη _____ , τα περισσότερα τροχαία ατυχήματα γίνονται στην εθνική οδό Αθήνας-Πάτρας.

3. "Όλοι οι άνθρωποι είναι _____ αλλά μερικοί είναι πιο _____ από τους άλλους".

4. Δυστυχώς αρκετοί γονείς ακόμα _____ τα παιδιά τους.

5. Η βροχή _____ για τρίτη μέρα, πράγμα σπάνιο για την Κρήτη.

6. Η _____ του πιλότου ενός μεγάλου επιβατικού αεροπλάνου είναι μεγάλη.

20 *Συμπληρώστε τα κενά με τη γενική ενικού των λέξεων που είναι στην παρένθεση*

1. Τα κλειδιά _____ είναι στο σακάκι μου. (το πράσινο αυτοκίνητο)

2. Η διεύθυνση _____ τους είναι Ρόδου 44, Κυψέλη. (το καινούριο σπίτι)

3. Το όνομα _____ που σας έλεγα είναι "Πλάκα". (εκείνο το ξενοδοχείο)

4. Η διάρκεια _____ είναι 50 λεπτά. (το πρωινό μάθημα)

5. Ο αριθμός _____ είναι 456 7990. (το δεύτερο τηλέφωνο)

6. Η ηλικία _____ της Άννας είναι 8. (το μεγαλύτερο παιδί)

21 *Κάντε ένα σκίτσο που να δείχνει πώς εσείς καταλαβαίνετε την ισότητα*

Πίνακας Ρημάτων

Ενεργητική Φωνή

Ενεστώτας	Απλός Μέλλοντας (θα...) Απλή Υποτακτική (να...)	Αόριστος	Προστακτική
αγοράζω	αγοράσω	αγόρασα	αγόρασε - αγοράστε
ακολουθώ	ακολουθήσω	ακολούθησα	ακολούθησε - ακολουθήστε
ακούω	ακούσω	άκουσα	άκουσε - ακούστε
αλλάζω	αλλάξω	άλλαξα	άλλαξε - αλλάξτε
ανακαλύπτω	ανακαλύψω	ανακάλυψα	ανακάλυψε - ανακαλύψτε
ανακατεύω	ανακατέψω	ανακάτεψα	ανακάτεψε - ανακατέψτε
ανακρίνω	ανακρίνω	ανέκρινα	ανάκρινε - ανακρίνετε
αναφέρω	αναφέρω	ανέφερα	ανάφερε - αναφέρτε
ανοίγω	ανοίξω	άνοιξα	άνοιξε - ανοίξτε
ανταλλάζω	ανταλλάξω	αντάλλαξα	αντάλλαξε - ανταλλάξτε
αντικαθιστώ	αντικαταστήσω	αντικατέστησα	αντικατάστησε - αντικαταστήστε
απαγορεύω	απαγορέψω	απαγόρεψα	απαγόρεψε - απαγορέψτε
απαντάω (-ώ)	απαντήσω	απάντησα	απάντησε - απαντήστε
απατάω (-ώ)	απατήσω	απάτησα	απάτησε - απατήστε
απλώνω	απλώσω	άπλωσα	άπλωσε - απλώστε
αποκτώ	αποκτήσω	απέκτησα	απόκτησε - αποκτήστε
αποφασίζω	αποφασίσω	αποφάσισα	αποφάσισε - αποφασίστε
αρρωσταίνω	αρρωστήσω	αρρώστησα	αρρώστησε - αρρωστήστε
αρχίζω	αρχίσω	άρχισα	άρχισε - αρχίστε
αυτοκτονώ	αυτοκτονήσω	αυτοκτόνησα	αυτοκτόνησε - αυτοκτονήστε
αυτοσχεδιάζω	αυτοσχεδιάσω	αυτοσχεδίασα	αυτοσχεδίασε - αυτοσχεδιάστε
αφαιρώ	αφαιρέσω	αφαίρεσα	αφαίρεσε - αφαιρέστε
αφήνω	αφήσω	άφησα	άφησε (άσε) - αφήστε (άστε)
βάζω	βάλω	έβαλα	βάλε - βάλτε
βγάζω	βγάλω	έβγαλα	βγάλε - βγάλτε
βγαίνω	βγω	βγήκα	βγες (έβγα) - βγείτε (βγέστε)
βλάπτω	βλάψω	έβλαψα	βλάψε - βλάψτε
βλέπω	δω	είδα	δες - δείτε (δέστε)
βοηθάω (-ώ)	βοηθήσω	βοήθησα	βοήθησε - βοηθήστε
βουλιάζω	βουλιάξω	βούλιαξα	βούλιαξε - βουλιάξτε
βρέχει	βρέξει	έβρεξε	—
βρίσκω	βρω	βρήκα	βρες - βρείτε (βρέστε)
γαρνίρω	γαρνίρω	γαρνίρισα	γαρνίρισε - γαρνίρετε
γελάω (-ώ)	γελάσω	γέλασα	γέλασε - γελάστε
γιορτάζω	γιορτάσω	γιόρτασα	γιόρτασε - γιορτάστε
γνωρίζω	γνωρίσω	γνώρισα	γνώρισε - γνωρίστε
γράφω	γράψω	έγραψα	γράψε - γράψτε
γυρίζω	γυρίσω	γύρισα	γύρισε - γυρίστε
δαγκώνω	δαγκώσω	δάγκωσα	δάγκωσε - δαγκώστε
δέρνω	δείρω	έδειρα	δείρε - δείρτε
δηλητηριάζω	δηλητηριάσω	δηλητηρίασα	δηλητηρίασε - δηλητηριάστε
δηλώνω	δηλώσω	δήλωσα	δήλωσε - δηλώστε
διαβάζω	διαβάσω	διάβασα	διάβασε - διαβάστε
διαλέγω	διαλέξω	διάλεξα	διάλεξε - διαλέξτε
διαφωνώ	διαφωνήσω	διαφώνησα	διαφώνησε - διαφωνήστε
δίνω	δώσω	έδωσα	δώσε - δώστε
διορθώνω	διορθώσω	διόρθωσα	διόρθωσε - διορθώστε
διψάω (-ώ)	διψάσω	δίψασα	δίψασε - διψάστε
δοκιμάζω	δοκιμάσω	δοκίμασα	δοκίμασε - δοκιμάστε
δουλεύω	δουλέψω	δούλεψα	δούλεψε - δουλέψτε

Ενεργητική Φωνή

Ενεστώτας	Απλός Μέλλοντας (θα...) Απλή Υποτακτική (να...)	Αόριστος	Προστακτική
ελαττώνω	ελαττώσω	ελάττωσα	ελάττωσε - ελαττώστε
ελέγχω	ελέγξω	έλεγξα	έλεγξε - ελέγξτε
ελπίζω	ελπίσω	ήλπισα	έλπισε - ελπίστε
εννοώ	εννοήσω	εννόησα	εννόησε - εννοήστε
εξετάζω	εξετάσω	εξέτασα	εξέτασε - εξτάστε
εξυπηρετώ	εξυπηρετήσω	εξυπηρέτησα	εξυπηρέτησε - εξυπηρετήστε
επιθυμώ	επιθυμήσω	επιθύμησα	επιθύμησε - επιθυμήστε
επιμένω	επιμείνω	επέμεινα	επίμεινε - επιμείνετε
επιτρέπω	επιτρέψω	επέτρεψα	επίτρεψε - επιτρέψτε
ετοιμάζω	ετοιμάσω	ετοίμασα	ετοίμασε - ετοιμάστε
ευχαριστώ	ευχαριστήσω	ευχαρίστησα	ευχαρίστησε - ευχαριστήστε
έχω (†)	έχω (†)	είχα	έχε - έχετε
ζηλεύω	ζηλέψω	ζήλεψα	ζήλεψε - ζηλέψτε
ζητάω (-ώ)	ζητήσω	ζήτησα	ζήτησε - ζητήστε
ζω	ζήσω	έζησα	ζήσε - ζήστε
θέλω	θελήσω	θέλησα	θέλησε - θελήστε
θυμώνω	θυμώσω	θύμωσα	θύμωσε - θυμώστε
καθαρίζω	καθαρίσω	καθάρισα	καθάρισε - καθαρίστε
καλύπτω	καλύψω	κάλυψα	κάλυψε - καλύψτε
καλώ	καλέσω	κάλεσα	κάλεσε - καλέστε
κάνω (†)	κάνω (†)	έκανα	κάνε - κάντε
καπνίζω	καπνίσω	κάπνισα	κάπνισε - καπνίστε
καταλαβαίνω	καταλάβω	κατάλαβα	κατάλαβε - καταλάβετε
καταφέρνω	καταφέρω	κατάφερα	κατάφερε - καταφέρετε
κατεβαίνω	κατέβω	κατέβηκα	κατέβα - κατεβείτε
κατοικώ	κατοικήσω	κατοίκησα	κατοίκησε - κατοικήστε
κερδίζω	κερδίσω	κέρδισα	κέρδισε - κερδίστε
κινδυνεύω	κινδυνέψω	κινδύνεψα	κινδύνεψε - κινδυνέψτε
κλέβω	κλέψω	έκλεψα	κλέψε - κλέψτε
κλείνω	κλείσω	έκλεισα	κλείσε - κλείστε
κλίνω (†)	κλίνω (†)	έκλινα	κλίνε - κλίνετε
κόβω	κόψω	έκοψα	κόψε - κόψτε
κοιτάζω	κοιτάξω	κοίταξα	κοίταξε (κοίτα) - κοιτάξτε
κολυμπάω (-ώ)	κολυμπήσω	κολύμπησα	κολύμπησε - κολυμπήστε
κοστίζω	κοστίσω	κόστισα	—
κουβεντιάζω	κουβεντιάσω	κουβέντιασα	κουβέντιασε - κουβεντιάστε
κρατάω (-ώ)	κρατήσω	κράτησα	κράτησε - κρατήστε
κρυώνω	κρυώσω	κρύωσα	κρύωσε - κρυώστε
κυκλοφορώ	κυκλοφορήσω	κυκλοφόρησα	κυκλοφόρησε - κυκλοφορήστε
λείπω	λείψω	έλειψα	λείψε - λείψτε
λέω	πω	είπα	πες - πείτε (πέστε)
λήγω	λήξω	έληξα	λήξε - λήξτε
λύνω	λύσω	έλυσα	λύσε - λύστε
μαγειρεύω	μαγειρέψω	μαγείρεψα	μαγείρεψε - μαγειρέψτε
μαθαίνω	μάθω	έμαθα	μάθε - μάθετε
μαλακώνω	μαλακώσω	μαλάκωσα	μαλάκωσε - μαλακώστε
μαλώνω	μαλώσω	μάλωσα	μάλωσε - μαλώστε
μαντεύω	μαντέψω	μάντεψα	μάντεψε - μαντέψτε

Ενεργητική Φωνή

Ενεστώτας	Απλός Μέλλοντας (θα...) Απλή Υποτακτική (να...)	Αόριστος	Προστακτική
μελετάω (-ώ)	μελετήσω	μελέτησα	μελέτησε - μελετήστε
μένω	μείνω	έμεινα	μείνε - μείνετε
μιλάω (-ώ)	μιλήσω	μίλησα	μίλησε - μιλήστε
μισώ	μισήσω	μίσησα	μίσησε - μισήστε
μπαίνω	μπω	μπήκα	μπες (έμπα) - μπείτε (μπέστε)
μπορώ	μπορέσω	μπόρεσα	μπόρεσε - μπορέστε
μυρίζω	μυρίσω	μύρισα	μύρισε - μυρίστε
νομίζω	νομίσω	νόμισα	νόμισε - νομίστε
ξαπλώνω	ξαπλώσω	ξάπλωσα	ξάπλωσε - ξαπλώστε
ξέρω (†)	ξέρω (†)	ήξερα	—
ξεχνάω (-ώ)	ξεχάσω	ξέχασα	ξέχασε - ξεχάστε
ξοδεύω	ξοδέψω	ξόδεψα	ξόδεψε - ξοδέψτε
ξυπνάω (-ώ)	ξυπνήσω	ξύπνησα	ξύπνησε - ξυπνήστε
οδηγώ	οδηγήσω	οδήγησα	οδήγησε - οδηγήστε
ονομάζω	ονομάσω	ονόμασα	ονόμασε - ονομάστε
παθαίνω	πάθω	έπαθα	πάθε - πάθετε
παίζω	παίξω	έπαιξα	παίξε - παίξτε
παίρνω	πάρω	πήρα	πάρε - πάρτε
παραδίνω	παραδώσω	παρέδωσα	παράδωσε - παραδώστε
παρακολουθώ	παρακολουθήσω	παρακολούθησα	παρακολούθησε - παρακολουθήστε
παραλαμβάνω	παραλάβω	παρέλαβα	παράλαβε - παραλάβετε
παρκάρω	παρκάρω	πάρκαρα (παρκάρισα)	πάρκαρε - παρκάρετε (παρκάρισε)
πάω (πηγαίνω)	πάω	πήγα	πήγαινε - πηγαίνετε
πεθαίνω	πεθάνω	πέθανα	πέθανε - πεθάνετε
πεινάω	πεινάσω	πείνασα	πείνασε - πεινάστε
πειράζω	πειράξω	πείραξα	πείραξε - πειράξτε
περιγράφω	περιγράψω	περιέγραψα	περίγραψε - περιγράψτε
περιμένω (†)	περιμένω (†)	περίμενα	περίμενε - περιμένετε
περνάω (-ώ)	περάσω	πέρασα	πέρασε - περάστε
περπατάω (-ώ)	περπατήσω	περπάτησα	περπάτησε - περπατήστε
πετάω (-ώ)	πετάξω	πέταξα	πέταξε - πετάξτε
πέφτω	πέσω	έπεσα	πέσε - πέστε
πηδάω (-ώ)	πηδήξω	πήδηξα	πήδηξε - πηδήξτε
πίνω	πιω	ήπια	πιες - πιείτε (πιέστε)
πιστεύω	πιστέψω	πίστεψα	πίστεψε - πιστέψτε
πλένω	πλύνω	έπλυνα	πλύνε - πλύν(ε)τε
πληρώνω	πληρώσω	πλήρωσα	πλήρωσε - πληρώστε
πλησιάζω	πλησιάσω	πλησίασα	πλησίασε - πλησιάστε
πολεμάω (-ώ)	πολεμήσω	πολέμησα	πολέμησε - πολεμήστε
πονάω (-ώ)	πονέσω	πόνεσα	πόνεσε - πονέστε
ποτίζω	ποτίσω	πότισα	πότισε - ποτίστε
πουλάω (-ώ)	πουλήσω	πούλησα	πούλησε - πουλήστε
πραγματοποιώ	πραγματοποιήσω	πραγματοποίησα	πραγματοποίησα - πραγματοποιήστε
προλαβαίνω	προλάβω	πρόλαβα	πρόλαβε - προλάβετε
προσέχω	προσέξω	πρόσεξα	πρόσεξε - προσέξτε
προσθέτω	προσθέσω	πρόσθεσα	πρόσθεσε - προσθέστε
προσκαλώ	προσκαλέσω	προσκάλεσα	προσκάλεσε - προσκαλέστε
προσπαθώ	προσπαθήσω	προσπάθησα	προσπάθησε - προσπαθήστε

Ενεργητική Φωνή

Ενεστώτας	Απλός Μέλλοντας (θα...) Απλή Υποτακτική (να...)	Αόριστος	Προστακτική
προσπερνάω (-ώ)	προσπεράσω	προσπέρασα	προσπέρασε - προσπεράστε
προστατεύω	προστατέψω	προστάτεψα	προστάτεψε - προστατέψτε
προσφέρω (†)	προσφέρω (†)	πρόσφερα	πρόσφερε - προσφέρ(ε)τε
προτείνω (†)	προτείνω (†)	πρότεινα	πρότεινε - προτείνετε
προτιμάω (-ώ)	προτιμήσω	προτίμησα	προτίμησε - προτιμήστε
προχωρώ	προχωρήσω	προχώρησα	προχώρησε - προχωρήστε
πυροβολώ	πυροβολήσω	πυροβόλησα	πυροβόλησε - πυροβολήστε
ρίχνω	ρίξω	έριξα	ρίξε - ρίξτε
ρωτάω (-ώ)	ρωτήσω	ρώτησα	ρώτησε - ρωτήστε
σηκώνω	σηκώσω	σήκωσα	σήκωσε - σηκώστε
σημειώνω	σημειώσω	σημείωσα	σημείωσε - σημειώστε
σιδερώνω	σιδερώσω	σιδέρωσα	σιδέρωσε - σιδερώστε
σκοτώνω	σκοτώσω	σκότωσα	σκότωσε - σκοτώστε
σκουπίζω	σκουπίσω	σκούπισα	σκούπισε - σκουπίστε
σπάζω	σπάσω	έσπασα	σπάσε - σπάστε
σπουδάζω	σπουδάσω	σπούδασα	σπούδασε - σπουδάστε
σπρώχνω	σπρώξω	έσπρωξα	σπρώξε - σπρώξτε
σταματάω (-ώ)	σταματήσω	σταμάτησα	σταμάτησε - σταματήστε
στέλνω	στείλω	έστειλα	στείλε - στείλτε
στρίβω	στρίψω	έστριψα	στρίψε - στρίψτε
στρώνω	στρώσω	έστρωσα	στρώσε - στρώστε
συγκρίνω (†)	συγκρίνω (†)	σύγκρινα (συνέκρινα)	σύγκρινε - συγκρίνετε
συγχωρώ	συγχωρέσω	συγχώρεσα	συγχώρεσε - συγχωρέστε
συμβουλεύω	συμβουλέψω	συμβούλεψα	συμβούλεψε - συμβουλέψτε
συμμετέχω	συμμετέχω (συμμετάσχω)	συμμετείχα	–
συμπληρώνω	συμπληρώσω	συμπλήρωσα	συμπλήρωσε - συμπληρώστε
συμφωνώ	συμφωνήσω	συμφώνησα	συμφώνησε - συμφωνήστε
συναντάω (-ώ)	συναντήσω	συνάντησα	συνάντησε - συναντήστε
συνδέω	συνδέσω	συνέδεσα	σύνδεσε - συνδέστε
συνεχίζω	συνεχίσω	συνέχισα	συνέχισε - συνεχίστε
συστήνω	συστήσω	σύστησα	σύστησε - συστήστε
σφουγγαρίζω	σφουγγαρίσω	σφουγγάρισα	σφουγγάρισε - σφουγγαρίστε
σχεδιάζω	σχεδιάσω	σχεδίασα	σχεδίασε - σχεδιάστε
σχηματίζω	σχηματίσω	σχημάτισα	σχημάτισε - σχηματίστε
ταιριάζω	ταιριάξω	ταίριαξα	ταίριαξε - ταιριάξτε
ταξιδεύω	ταξιδέψω	ταξίδεψα	ταξίδεψε - ταξιδέψτε
ταξινομώ	ταξινομήσω	ταξινόμησα	ταξινόμησε - ταξινομήστε
ταχυδρομώ	ταχυδρομήσω	ταχυδρόμησα	ταχυδρόμησε - ταχυδρομήστε
τελειώνω	τελειώσω	τελείωσα	τελείωσε - τελειώστε
τηλεφωνώ	τηλεφωνήσω	τηλεφώνησα	τηλεφώνησε - τηλεφωνήστε
τονίζω	τονίσω	τόνισα	τόνισε - τονίστε
τραβάω (-ώ)	τραβήξω	τράβηξα	τράβηξε - τραβήξτε
τραγουδάω (-ώ)	τραγουδήσω	τραγούδησα	τραγούδησε - τραγουδήστε
τρέχω	τρέξω	έτρεξα	τρέξε - τρέξτε
τρώω	φάω	έφαγα	φάε - φάτε
υπάρχω	υπάρξω	υπήρξα	–
υπογραμμίζω	υπογραμμίσω	υπογράμμισα	υπογράμμισε - υπογραμμίστε
υπογράφω	υπογράψω	υπόγραψα (υπέγραψα)	υπόγραψε - υπογράψτε
υπολογίζω	υπολογίσω	υπολόγισα	υπολόγισε - υπολογίστε

Ενεργητική Φωνή

Ενεστώτας	Απλός Μέλλοντας (θα...) Απλή Υποτακτική (να...)	Αόριστος	Προστακτική
φέρνω	φέρω	έφερα	φέρε - φέρτε
φεύγω	φύγω	έφυγα	φύγε - φύγετε
φιλάω(-ώ)	φιλήσω	φίλησα	φίλησε - φιλήστε
φοράω(-ώ)	φορέσω	φόρεσα	φόρεσε - φορέστε
φρεσκάρω	φρεσκάρω	φρεσκάρισα (φρέσκαρα)	φρεσκάρισε - φρεσκάρετε (φρέσκαρε)
φροντίζω	φροντίσω	φρόντισα	φρόντισε - φροντίστε
φταίω	φταίξω	έφταιξα	φταίξε - φταίξτε
φτάνω	φτάσω	έφτασα	φτάσε - φτάστε
φτιάχνω	φτιάξω	έφτιαξα	φτιάξε - φτιάξτε
φωνάζω	φωνάξω	φώναξα	φώναξε - φωνάξτε
χαιρετάω (-ώ)	χαιρετήσω	χαιρέτησα	χαιρέτησε - χαιρετήστε
χαλάω (-ώ)	χαλάσω	χάλασα	χάλασε - χαλάστε
χάνω	χάσω	έχασα	χάσε - χάστε
χαρίζω	χαρίσω	χάρισα	χάρισε - χαρίστε
χορεύω	χορέψω	χόρεψα	χόρεψε - χορέψτε
χρησιμοποιώ	χρησιμοποιήσω	χρησιμοποίησα	χρησιμοποίησε - χρησιμοποιήστε
χτενίζω	χτενίσω	χτένισα	χτένισε - χτενίστε
χτυπάω (-ώ)	χτυπήσω	χτύπησα	χτύπησε - χτυπήστε
χωρίζω	χωρίσω	χώρισα	χώρισε - χωρίστε
ψάχνω	ψάξω	έψαξα	ψάξε - ψάξτε
ψήνω	ψήσω	έψησα	ψήσε - ψήστε
ψωνίζω	ψωνίσω	ψώνισα	ψώνισε - ψωνίστε

Παθητική Φωνή

Ενεστώτας	Απλός Μέλλοντας (θα...) Απλή Υποτακτική (να...)	Αόριστος	Προστακτική
αισθάνομαι	αισθανθώ	αισθάνθηκα	–
αναγκάζομαι	αναγκαστώ	αναγκάστηκα	αναγκάσου - αναγκαστείτε
αναφέρομαι	αναφερθώ	αναφέρθηκα	αναφέρσου - αναφερθείτε
αρνούμαι	αρνηθώ	αρνήθηκα	αρνήσου - αρνηθείτε
αστειεύομαι	αστειευτώ	αστειεύτηκα	αστειέψου - αστειευτείτε
βαριέμαι	βαρεθώ	βαρέθηκα	–
βιάζομαι	βιαστώ	βιάστηκα	βιάσου - βιαστείτε
βρίσκομαι	βρεθώ	βρέθηκα	–
γεννιέμαι	γεννηθώ	γεννήθηκα	γεννήσου - γεννηθείτε
γίνομαι	γίνω	έγινα	γίνου - γίνετε
δέχομαι	δεχτώ	δέχτηκα	δέξου - δεχτείτε
δυσκολεύομαι	δυσκολευτώ	δυσκολεύτηκα	δυσκολέψου - δυσκολευτείτε
ενδιαφέρομαι	ενδιαφερθώ	ενδιαφέρθηκα	ενδιαφέρσου - ενδιαφερθείτε
ενοικιάζεται	ενοικιαστεί	ενοικιάστηκε	–
εξαφανίζομαι	εξαφανιστώ	εξαφανίστηκα	εξαφανίσου - εξαφανιστείτε
επισκέπτομαι	επισκεφτώ	επισκέφτηκα	επισκέψου - επισκεφτείτε
εργάζομαι	εργαστώ	εργάστηκα	εργάσου - εργαστείτε
έρχομαι	έρθω	ήρθα	έλα - ελάτε
ζεσταίνομαι	ζεσταθώ	ζεστάθηκα	ζεστάσου - ζεσταθείτε
θυμάμαι	θυμηθώ	θυμήθηκα	θυμήσου - θυμηθείτε
κάθομαι	καθίσω (κάτσω)	κάθισα (έκατσα)	κάθισε (κάτσε) - καθίστε
κοιμάμαι	κοιμηθώ	κοιμήθηκα	κοιμήσου - κοιμηθείτε
κουράζομαι	κουραστώ	κουράστηκα	κουράσου - κουραστείτε
λυπάμαι	λυπηθώ	λυπήθηκα	λυπήσου - λυπηθείτε
μακιγιάρομαι	μακιγιαριστώ	μακιγιαρίστηκα	μακιγιαρίσου - μακιγιαριστείτε
μεταχειρίζομαι	μεταχειριστώ	μεταχειρίστηκα	μεταχειρίσου - μεταχειριστείτε
μοιράζομαι	μοιραστώ	μοιράστηκα	μοιράσου - μοιραστείτε
μπλέκομαι	μπλεχτώ	μπλέχτηκα	μπλέξου - μπλεχτείτε
ντύνομαι	ντυθώ	ντύθηκα	ντύσου - ντυθείτε
ξεκουράζομαι	ξεκουραστώ	ξεκουράστηκα	ξεκουράσου - ξεκουραστείτε
ξυρίζομαι	ξυριστώ	ξυρίστηκα	ξυρίσου - ξυριστείτε
παντρεύομαι	παντρευτώ	παντρεύτηκα	παντρέψου - παντρευτείτε
σέβομαι	σεβαστώ	σεβάστηκα	σεβάσου - σεβαστείτε
σηκώνομαι	σηκωθώ	σηκώθηκα	σήκω - σηκωθείτε
σιγουρεύομαι	σιγουρευτώ	σιγουρεύτηκα	σιγουρέψου - σιγουρευτείτε
σκέφτομαι	σκεφτώ	σκέφτηκα	σκέψου - σκεφτείτε
στέκομαι	σταθώ	στάθηκα	στάσου - σταθείτε
στενοχωριέμαι	στενοχωρηθώ	στενοχωρήθηκα	στενοχωρήσου - στενοχωρηθείτε
συναντιέμαι	συναντηθώ	συναντήθηκα	συναντήσου - συνατηθείτε
υπόσχομαι	υποσχεθώ	υποσχέθηκα	υποσχέσου - υποσχεθείτε
φαίνομαι	φανώ	φάνηκα	- φανείτε
φαντάζομαι	φανταστώ	φαντάστηκα	φαντάσου - φανταστείτε
χαίρομαι	χαρώ	χάρηκα	- χαρείτε
χρειάζομαι	χρειαστώ	χρειάστηκα	χρειάσου - χρειαστείτε
χτενίζομαι	χτενιστώ	χτενίστηκα	χτενίσου - χτενιστείτε

Κλίση Οριστικού και Αόριστου Άρθρου

Οριστικό

	Αρσενικό	Θηλυκό	Ουδέτερο
Ενικός			
Ονομαστική	ο	η	το
Γενική	του	της	του
Αιτιατική	τον	τη(ν)	το
Πληθυντικός			
Ονομαστική	οι	οι	τα
Γενική	των	των	των
Αιτιατική	τους	τις	τα

Αόριστο

	Αρσενικό	Θηλυκό	Ουδέτερο
Ενικός			
Ονομαστική	ένας	μία	ένα
Γενική	ενός	μιας	ενός
Αιτιατική	έναν	μια(ν)	ένα
Πληθυντικός			
Ονομαστική	-	-	-
Γενική	-	-	-
Αιτιατική	-	-	-

Κλίση Ουσιαστικών

Αρσενικά

-ος, -οι

Ενικός

Ονομαστική	ο	γιατρ-**ός**	θεί-**ος**	κύρι-**ος**	πονοκέφαλ-**ος**
Γενική	του	γιατρ-**ού**	θεί-**ου**	κυρί-**ου**	πονοκέφαλ-**ου**
Αιτιατική	τον	γιατρ-**ό**	θεί-**ο**	κύρι-**ο**	πονοκέφαλ-**ο**

Πληθυντικός

Ονομαστική	οι	γιατρ-**οί**	θεί-**οι**	κύρι-**οι**	πονοκέφαλ-**οι**
Γενική	των	γιατρ-**ών**	θεί-**ων**	κυρί-**ων**	πονοκέφαλ-**ων**
Αιτιατική	τους	γιατρ-**ούς**	θεί-**ους**	κυρί-**ους**	πονοκέφαλ-**ους**

-ας, -ες

Ενικός

Ονομαστική	ο	ταμί-**ας**	άντρ-**ας**	αγών-**ας**	πίνακ-**ας**
Γενική	του	ταμί-**α**	άντρ-**α**	αγών-**α**	πίνακ-**α**
Αιτιατική	τον	ταμί-**α**	άντρ-**α**	αγών-**α**	πίνακ-**α**

Πληθυντικός

Ονομαστική	οι	ταμί-**ες**	άντρ-**ες**	αγών-**ες**	πίνακ-**ες**
Γενική	των	ταμι-**ών**	αντρ-**ών**	αγών-**ων**	πινάκ-**ων**
Αιτιατική	τους	ταμί-**ες**	άντρ-**ες**	αγών-**ες**	πίνακ-**ες**

-ης, -ες

Ενικός

Ονομαστική	ο	πωλητ-**ής**	πελάτ-**ης**
Γενική	του	πωλητ-**ή**	πελάτ-**η**
Αιτιατική	τον	πωλητ-**ή**	πελάτ-**η**

Πληθυντικός

Ονομαστική	οι	πωλητ-**ές**	πελάτ-**ες**
Γενική	των	πωλητ-**ών**	πελατ-**ών**
Αιτιατική	τους	πωλητ-**ές**	πελάτ-**ες**

Θηλυκά

-α, -ες

Ενικός

Ονομαστική	η	δουλ-**ειά**	κυρί-**α**	θάλασσ-**α**	ταυτότητ-**α**
Γενική	της	δουλ-**ειάς**	κυρί-**ας**	θάλασσ-**ας**	ταυτότητ-**ας**
Αιτιατική	τη(ν)	δουλ-**ειά**	κυρί-**α**	θάλασσ-**α**	ταυτότητ-**α**

Πληθυντικός

Ονομαστική	οι	δουλ-**ειές**	κυρί-**ες**	θάλασσ-**ες**	ταυτότητ-**ες**
Γενική	των	δουλ-**ειών**	κυρι-**ών** (*)	θαλασσ-**ών**	ταυτοτήτ-**ων**
Αιτιατική	τις	δουλ-**ειές**	κυρί-**ες**	θάλασσ-**ες**	ταυτότητ-**ες**

(*) Εξαιρέσεις : (α) η μητέρα (των μητέρων), η δασκάλα (των δασκάλων), η εικόνα (των εικόνων)
(β) όλα τα θηλυκά που τελειώνουν σε -ίδα (των σελίδων) και -άδα (των χιλιάδων)

-η, -ες

Ενικός

Ονομαστική	η	αδελφ-**ή**	κόρ-**η**
Γενική	της	αδελφ-**ής**	κόρ-**ης**
Αιτιατική	τη(ν)	αδελφ-**ή**	κόρ-**η**

Πληθυντικός

Ονομαστική	οι	αδελφ-**ές**	κόρ-**ες**
Γενική	των	αδελφ-**ών**	κορ-**ών**
Αιτιατική	τις	αδελφ-**ές**	κόρ-**ες**

-η, -εις

Ενικός

Ονομαστική	η	λέξ-**η**	αύξησ-**η**
Γενική	της	λέξ-**ης** (-**εως**)	αύξησ-**ης** (-**εως**)
Αιτιατική	τη(ν)	λέξ-**η**	αύξησ-**η**

Πληθυντικός

Ονομαστική	οι	λέξ-**εις**	αυξήσ-**εις**
Γενική	των	λέξ-**εων**	αυξήσ-**εων**
Αιτιατική	τις	λέξ-**εις**	αυξήσ-**εις**

-ος, -οι

Ενικός

Ονομαστική	η	οδ-**ός**	λεωφόρ-**ας**	έξοδ-**ος**
Γενική	της	οδ-**ού**	λεωφόρ-**ου**	εξόδ-**ου**
Αιτιατική	τη(ν)	οδ-**ό**	λεωφόρ-**ο**	έξοδ-**ο**

Πληθυντικός

Ονομαστική	οι	οδ-**οί**	λεωφόρ-**οι**	έξοδ-**οι**
Γενική	των	οδ-**ών**	λεωφόρ-**ων**	εξόδ-**ων**
Αιτιατική	τις	οδ-**ούς**	λεωφόρ-**ους**	εξόδ-**ους**

Ουδέτερα

-ο, -α

Ενικός

Ονομαστική	το	φαγητ-**ό**	ταμεί-**ο**	άτομ-**ο**
Γενική	του	φαγητ-**ού**	ταμεί-**ου**	ατόμ-**ου**
Αιτιατική	το	φαγητ-**ό**	ταμεί-**ο**	άτομ-**ο**

Πληθυντικός

Ονομαστική	τα	φαγητ-**ά**	ταμεί-**α**	άτομ-**α**
Γενική	των	φαγητ-**ών**	ταμεί-**ων**	ατόμ-**ων**
Αιτιατική	τα	φαγητ-**ά**	ταμεί-**α**	άτομ-**α**

-ι, -ια

Ενικός

Ονομαστική	το	παιδ-**ί**	σπίτ-**ι**	ρολό-**ι**
Γενική	του	παιδ-**ιού**	σπιτ-**ιού**	ρολογ-**ιού**
Αιτιατική	το	παιδ-**ί**	σπίτ-**ι**	ρολό-**ι**

Πληθυντικός

Ονομαστική	τα	παιδ-**ιά**	σπίτ-**ια**	ρολόγ-**ια**
Γενική	των	παιδ-**ιών**	σπιτ-**ιών**	ρολογ-**ιών**
Αιτιατική	τα	παιδ-**ιά**	σπίτ-**ια**	ρολόγ-**ια**

-μα, -ματα

Ενικός

Ονομαστική	το	τμή-**μα**	μάθη-**μα**
Γενική	του	τμή-**ματος**	μαθή-**ματος**
Αιτιατική	το	τμή-**μα**	μάθη-**μα**

Πληθυντικός

Ονομαστική	τα	τμή-**ματα**	μαθή-**ματα**
Γενική	των	τμη-**μάτων**	μαθη-**μάτων**
Αιτιατική	τα	τμή-**ματα**	μαθή-**ματα**

-ος, -η

Ενικός

Ονομαστική	το	λάθ-**ος**	μέγεθ-**ος**
Γενική	του	λάθ-**ους**	μεγέθ-**ους**
Αιτιατική	το	λάθ-**ος**	μέγεθ-**ος**

Πληθυντικός

Ονομαστική	τα	λάθ-**η**	μεγέθ-**η**
Γενική	των	λαθ-**ών**	μεγεθ-**ών**
Αιτιατική	τα	λάθ-**η**	μεγέθ-**η**

Κλίση Επιθέτων

-ος, -η, -ο / -οι, -ες, -α

	Αρσενικό		**Θηλυκό**		**Ουδέτερο**	
Ενικός						
Ονομαστική	ο	ψηλ-**ός**	η	ψηλ-**ή**	το	ψηλ-**ό**
Γενική	του	ψηλ-**ού**	της	ψηλ-**ής**	του	ψηλ-**ού**
Αιτιατική	τον	ψηλ-**ό**	τη(ν)	ψηλ-**ή**	το	ψηλ-**ό**
Πληθυντικός						
Ονομαστική	οι	ψηλ-**οί**	οι	ψηλ-**ές**	τα	ψηλ-**ά**
Γενική	των	ψηλ-**ών**	των	ψηλ-**ών**	των	ψηλ-**ών**
Αιτιατική	τους	ψηλ-**ούς**	τις	ψηλ-**ές**	τα	ψηλ-**ά**

	Αρσενικό		**Θηλυκό**		**Ουδέτερο**	
Ενικός						
Ονομαστική	ο	ξέν-**ος**	η	ξέν-**η**	το	ξέν-**ο**
Γενική	του	ξέν-**ου**	της	ξέν-**ης**	του	ξέν-**ου**
Αιτιατική	τον	ξέν-**ο**	τη(ν)	ξέν-**η**	το	ξέν-**ο**
Πληθυντικός						
Ονομαστική	οι	ξέν-**οι**	οι	ξέν-**ες**	τα	ξέν-**α**
Γενική	των	ξέν-**ων**	των	ξέν-**ων**	των	ξέν-**ων**
Αιτιατική	τους	ξέν-**ους**	τις	ξέν-**ες**	τα	ξέν-**α**

	Αρσενικό		**Θηλυκό**		**Ουδέτερο**	
Ενικός						
Ονομαστική	ο	όμορφ-**ος**	η	όμορφ-**η**	το	όμορφ-**ο**
Γενική	του	όμορφ-**ου**	της	όμορφ-**ης**	του	όμορφ-**ου**
Αιτιατική	τον	όμορφ-**ο**	τη(ν)	όμορφ-**η**	το	όμορφ-**ο**
Πληθυντικός						
Ονομαστική	οι	όμορφ-**οι**	οι	όμορφ-**ες**	τα	όμορφ-**α**
Γενική	των	όμορφ-**ων**	των	όμορφ-**ων**	των	όμορφ-**ων**
Αιτιατική	τους	όμορφ-**ους**	τις	όμορφ-**ες**	τα	όμορφ-**α**

-ος, -α, -ο / -οι, -ες, -α

	Αρσενικό		Θηλυκό		Ουδέτερο	
Ενικός						
Ονομαστική	ο	ωραί-**ος**	η	ωραί-**α**	το	ωραί-**ο**
Γενική	του	ωραί-**ου**	της	ωραί-**ας**	του	ωραί-**ου**
Αιτιατική	τον	ωραί-**ο**	τη(ν)	ωραί-**α**	το	ωραί-**ο**
Πληθυντικός						
Ονομαστική	οι	ωραί-**οι**	οι	ωραί-**ες**	τα	ωραί-**α**
Γενική	των	ωραί-**ων**	των	ωραί-**ων**	των	ωραί-**ων**
Αιτιατική	τους	ωραί-**ους**	τις	ωραί-**ες**	τα	ωραί-**α**

	Αρσενικό		Θηλυκό		Ουδέτερο	
Ενικός						
Ονομαστική	ο	πλούσι-**ος**	η	πλούσι-**α**	το	πλούσι-**ο**
Γενική	του	πλούσι-**ου**	της	πλούσι-**ας**	του	πλούσι-**ου**
Αιτιατική	τον	πλούσι-**ο**	τη(ν)	πλούσι-**α**	το	πλούσι-**ο**
Πληθυντικός						
Ονομαστική	οι	πλούσι-**οι**	οι	πλούσι-**ες**	τα	πλούσι-**α**
Γενική	των	πλούσι-**ων**	των	πλούσι-**ων**	των	πλούσι-**ων**
Αιτιατική	τους	πλούσι-**ους**	τις	πλούσι-**ες**	τα	πλούσι-**α**

-ος, -ια (-η) -ο / -οι, -ες, -α

	Αρσενικό		Θηλυκό		Ουδέτερο	
Ενικός						
Ονομαστική	ο	φτωχ-**ός**	η	φτωχ-**ή/ιά**	το	φτωχ-**ό**
Γενική	του	φτωχ-**ού**	της	φτωχ-**ής/ιάς**	του	φτωχ-**ού**
Αιτιατική	τον	φτωχ-**ό**	τη(ν)	φτωχ-**ή/ιά**	το	φτωχ-**ό**
Πληθυντικός						
Ονομαστική	οι	φτωχ-**οί**	οι	φτωχ-**ές**	τα	φτωχ-**ά**
Γενική	των	φτωχ-**ών**	των	φτωχ-**ών**	των	φτωχ-**ών**
Αιτιατική	τους	φτωχ-**ούς**	τις	φτωχ-**ές**	τα	φτωχ-**ά**

	Αρσενικό		Θηλυκό		Ουδέτερο	
Ενικός						
Ονομαστική	ο	φρέσκ-**ος**	η	φρέσκ-**ια**	το	φρέσκ-**ο**
Γενική	του	φρέσκ-**ου**	της	φρέσκ-**ιας**	του	φρέσκ-**ου**
Αιτιατική	τον	φρέσκ-**ο**	τη(ν)	φρέσκ-**ια**	το	φρέσκ-**ο**
Πληθυντικός						
Ονομαστική	οι	φρέσκ-**οι**	οι	φρέσκ-**ες**	τα	φρέσκ-**α**
Γενική	των	φρέσκ-**ων**	των	φρέσκ-**ων**	των	φρέσκ-**ων**
Αιτιατική	τους	φρέσκ-**ους**	τις	φρέσκ-**ες**	τα	φρέσκ-**α**

-ής, -ιά, -ί / -ιοί, -ιές, -ιά

	Αρσενικό		Θηλυκό		Ουδέτερο	
Ενικός						
Ονομαστική	ο	σταχτ-**ής**	η	σταχτ-**ιά**	το	σταχτ-**ί**
Γενική	του	σταχτ-**ιού** (-ή)	της	σταχτ-**ιάς**	του	σταχτ-**ιού**
Αιτιατική	τον	σταχτ-**ή**	την	σταχτ-**ιά**	το	σταχτ-**ί**
Πληθυντικός						
Ονομαστική	οι	σταχτ-**ιοί**	οι	σταχτ-**ιές**	τα	σταχτ-**ιά**
Γενική	των	σταχτ-**ιών**	των	σταχτ-**ιών**	των	σταχτ-**ιών**
Αιτιατική	τους	σταχτ-**ιούς**	τις	σταχτ-**ιές**	τα	σταχτ-**ιά**

-ύς, -ιά, -ύ / -ιοί, -ιές, -ιά

	Αρσενικό		Θηλυκό		Ουδέτερο	
Ενικός						
Ονομαστική	ο	μακρ-**ύς**	η	μακρ-**ιά**	το	μακρ-**ύ**
Γενική	του	μακρ-**ιού**	της	μακρ-**ιάς**	του	μακρ-**ιού**
Αιτιατική	τον	μακρ-**ύ**	τη(ν)	μακρ-**ιά**	το	μακρ-**ύ**
Πληθυντικός						
Ονομαστική	οι	μακρ-**ιοί**	οι	μακρ-**ιές**	τα	μακρ-**ιά**
Γενική	των	μακρ-**ιών**	των	μακρ-**ιών**	των	μακρ-**ιών**
Αιτιατική	τους	μακρ-**ιούς**	τις	μακρ-**ιές**	τα	μακρ-**ιά**

-ης, -ης, -ες / -εις, -εις, -η

	Αρσενικό		Θηλυκό		Ουδέτερο	
Ενικός						
Ονομαστική	ο	διεθν-**ής**	η	διεθν-**ής**	το	διεθν-**ές**
Γενική	του	διεθν-**ούς** (-ή)	της	διεθν-**ούς**	του	διεθν-**ούς**
Αιτιατική	τον	διεθν-**ή**	τη(ν)	διεθν-**ή**	το	διεθν-**ές**
Κλητική	-	διεθν-**ή**	-	διεθν-**ή**	-	διεθν-**ές**
Πληθυντικός						
Ονομαστική	οι	διεθν-**είς**	οι	διεθν-**είς**	τα	διεθν-**ή**
Γενική	των	διεθν-**ών**	των	διεθν-**ών**	των	διεθν-**ών**
Αιτιατική	τους	διεθν-**είς**	τις	διεθν-**είς**	τα	διεθν-**ή**
Κλητική	-	διεθν-**είς**	-	διεθν-**είς**	-	διεθν-**ή**

πολύς, πολλή, πολύ / πολλοί, πολλές, πολλά

	Αρσενικό		Θηλυκό		Ουδέτερο	
Ενικός						
Ονομαστική	ο	πολ-**ύς**	η	πολλ-**ή**	το	πολ-**ύ**
Γενική		-	της	πολλ-**ής**		-
Αιτιατική	τον	πολ-**ύ**	την	πολλ-**ή**	το	πολ-**ύ**
Πληθυντικός						
Ονομαστική	οι	πολλ-**οί**	οι	πολλ-**ές**	τα	πολλ-**ά**
Γενική	των	πολλ-**ών**	των	πολλ-**ών**	των	πολλ-**ών**
Αιτιατική	τους	πολλ-**ούς**	τις	πολλ-**ές**	τα	πολλ-**ά**

Προσωπικές αντωνυμίες

Ενικός			
Ονομαστική	εγώ	εσύ	αυτός/αυτή/αυτό
Γενική (αδύν. τύπος)	μου	σου	του/της/του
Αιτιατική (αδύν. τύπος)	με	σε	τον/την/το
(δυν. τύπος)	(ε)μένα	(ε)σένα	αυτόν/αυτή(ν)/αυτό
Πληθυντικός			
Ονομαστική	εμείς	εσείς	αυτοί/αυτές/αυτά
Γενική (αδύν. τύπος)	μας	σας	τους/τους/τους
Αιτιατική (αδύν. τύπος)	μας	σας	τους/τις/τα
(δυν. τύπος)	(ε)μάς	(ε)σάς	αυτούς/αυτές/αυτά

Κτητικό

μου
σου
του/της/του
μας
σας
τους

Ερωτηματική αντωνυμία "πόσος/πόση/πόσο"

Ενικός			
Ονομαστική	πόσος	πόση	πόσο
Γενική	πόσου	πόσης	πόσου
Αιτιατική	πόσο(ν)	πόση	πόσο
Πληθυντικός			
Ονομαστική	πόσοι	πόσες	πόσα
Γενική	πόσων	πόσων	πόσων
Αιτιατική	πόσους	πόσες	πόσα

Vocabulary

A α

άβαφος (-η -ο) without any make-up on
αβγό, το egg
αγαπημένος (-η -ο) beloved, favourite
αγαπητός (-ή -ό) dear
αγγελία, η classified ad
αγενής (-ής -ές) impolite
αγία, η saint (fem.)
άγιος, ο saint (male)
άγνωστος (-η -ο) unknown
άγχος, το anguish, strain
αγώνας, ο struggle // match, game
άδεια, η permission, permit, licence
αδέλφια, τα brothers and sisters, siblings
Άδης, ο Hades
αδύνατος (-η -ο) thin // weak
αεροπειρατής, ο highjacker
αεροπορία, η airforce
αθάνατος (-η -ο) immortal
Αθηνά, η Athena (Minerva)
Αθήνα, η Athens
αθλητικός (-ή -ό) athletic, sports (adj.)
αισθάνομαι to feel
αίτηση, η application
αιτία, η cause, reason
αιτιατική, η accusative (gr.)
αιώνας, ο century
ακατάλληλος (-η -ο) unsuitable
ακολουθώ to follow
ακριβώς exactly
αλάτι, το salt
αλήθεια, η truth
αλήθεια really // by the way
αλλάζω to change
αλληλογραφία, η correspondence
αλλιώς otherwise
αλουμίνιο, το aluminium
αμβροσία, η ambrosia
Άμεση Δράση, η Emergency Police
άμεσος (-η -ο) direct
αμφιβολία, η doubt
αν if
αν και although
ανά per
αναγκάζομαι to be forced
ανακαλύπτω to discover
ανακατεύω to mix (up)
ανακεφαλαίωση, η recapitulation
ανακρίνω to interrogate
ανάλογα accordingly
ανάλογος (-η -ο) corresponding, suitable
αναπνευστικός (-ή -ό) respiratory
αναπνοή, η breath, respiration
ανατολή, η east
ανατολικός (-ή -ό) east(ern)
ανατομία, η anatomy
αναφέρομαι to refer to
αναφέρω to mention

αναφορικός (-ή -ό) relative (gr.)
αναχώρηση, η departure
ανέκδοτο, το anecdote, funny story
άνετος (-η -ο) comfortable, easy
ανήκω to belong
ανθοπωλείο, το flower shop
ανθρώπινος (-η -ο) human
άνθρωποι, οι people
άνθρωπος, ο man, human being
ανισόπεδος (-η -ο) of unequal level
ανισόπεδος κόμβος, ο flyover, overpass
άνισος (-η -ο) unequal
ανίψια, τα nephews and nieces
ανιψιά, η niece
ανιψιός, ο nephew
ανόητος (-η -ο) silly
άνοιξη, η spring
άνοστος (-η -ο) insipid
ανταλλάσσ(ζ)ω exchange
αντί instead of
αντιβιοτικό, το antibiotic
αντίθετος (-η -ο) opposite
αντικαθιστώ to replace, to substitute
αντικείμενο, το object
αντίρρηση, η objection
αντίστοιχος (-η -ο) corresponding
αντωνυμία, η pronoun (gr.)
ανώμαλος (-η -ο) irregular, abnormal
ανώτερος, ο superior
αξία, η value
αόριστος, ο simple past, aorist (gr.)
απαγορεύεται it is forbidden, it is prohibited
απαγορεύω to forbid, to prohibit
απαραίτητος (-η -ο) necessary, essential
απασχολημένος (-η -ο) busy, engaged
απατάω (-ώ) to deceive, to be unfaithful to
απέναντι opposite, accross
απεχθάνομαι to detest, to hate
απέχω to be away, to be distant
απίθανος (-η -ο) incredible
απλώνω to hang up (washing)
απόδειξη, η receipt
αποθετικό ρήμα deponent verb
αποθήκη, η store room, warehouse
αποκτάω (-ώ) to acquire
Απόλλωνας, ο Apollo
απολύτως absolutely
απορρυπαντικό, το detergent
αποτέλεσμα, το result
αποτελούμαι to consist
αποφασίζω to decide
αργά late // slowly
αργότερα later
αργώ to be late
Άρης, ο Mars
αριστερός (-η -ο) left
αριστοκρατικός (-η -ο) aristocratic
αρκετά quite // enough, sufficiently

αρκετοί (-ες -ά) several, sufficient (pl.)
αρκετός (-ή- ό) sufficient, enough (sing.)
αρνιέμαι (αρνούμαι) to refuse // to deny
αρρωσταίνω to fall ill
άρρωστος (-η -ο) sick, ill
αρσενικός (-ή -ό) masculine, male
Άρτεμις, η Artemis (Diana)
αρχαιολογικός (-ή -ό) archeological
αρχάριος (-α -ο) beginner
αρχές, οι the authorities
αρχή, η beginning
αρχηγός, ο leader, head
ασημικά, τα silverware
ασθενικός (-ή -ό) sickly, weak
ασθενοφόρο, το ambulance
άσθμα, το asthma
άσκηση, η exercise
ασπιρίνη, η aspirin
αστειεύομαι to joke
αστέρι, το star
αστυνομία, η police
αστυνομικός, ο policeman
αστυνομικός (-ή -ό) police (adj.)
αστυνομικός, ο police officer
αστυφύλακας, ο police constable, copper
ασφαλώς surely, certainly
άτομο, το person
ατύχημα, το accident
άτυχος (-η -ο) unlucky
αυξάνομαι to increase, to be increased
αύξηση, η increase, rise (raise)
αυτί, το ear
αυτοκτονώ to commit suicide
αυτός (-ή -ό) he, she, it // this
αυτοσχεδιάζω to improvise
αφαιρώ to subtract, to take away
αφεντικό, το boss
αφήνω to leave // to let
αφορά it concerns
αφρικανικός (-ή -ό) African
Αφροδίτη, η Aphrodite (Venus)
αχτένιστος (-η -ο) uncombed

B β

βάζο, το vase
βάζω to put, to place
βαθμολογία, η marking
βαθμός, ο grade, mark, degree
βάθος, το depth
βαθύς (-ιά -ύ) deep
βαλίτσα, η suitcase
βαλς, το waltz
Βαλτιμόρη, η Baltimore
βαμβακερός (-ή -ό) cotton (adj.)
βαμβάκι, το cotton
βάρδια, η shift
βαρετός (-ή -ό) boring
βαριέμαι to be bored

βάρος, το weight
βαρύς (-ιά- ύ) heavy
βασικός (-ή -ό) basic
βασιλιάς, ο king
βατ, το watt
βεβαίως (βέβαια) of course
Βέλγος (-ίδα) Belgian (persons)
βενζινάδικο, το petrol/gas station
βενζίνη, η petrol/gasoline
βεράντα, η verandah, porch
βία, η violence, force
βιάζομαι to be in a hurry
βιαστικά in a hurry
βιντεοκασέτα, η video tape
βιοτεχνία, η small industry
βιταμίνη, η vitamin
βλάπτω to harm, to damage
βοηθάω (-ώ) to help, to assist
βοήθεια, η help
βόλεϊ, το volley ball
βόλτα, η walk, stroll // drive
βουλιάζω to sink
βουνό, το mountain
βούτυρο, το butter
βραβείο, το prize
(βραβείο) Νόμπελ, το Nobel prize
βρίσκομαι to be, to lie, to be located
βροχή, η rain
βρώμικος (-η -ο) dirty

Γ γ

γάμος, ο marriage, wedding
γαμπρός, ο son-in-law, sister's husband
γαρνίρω to decorate, to garnish
γείτονας, ο neighbour (male)
γειτονιά, η neighbourhood
γειτόνισσα, η neighbour (female)
γελάω (-ώ) to laugh
γεμάτος (-η -ο) full
γενέθλια, τα birthday
γενική, η genitive (gr.)
γεννιέμαι to be born
γένος, το gender (gr.)
γερός (-ή- ό) strong
γεύση, η taste
γεωργία, η agriculture
γη, η earth
γήπεδο, το (sports) field
για να in order to
γιαγιά, grandmother
γιαούρτι, το yogurt
γίνομαι to become // to take place
γιορτάζω to celebrate, to have one's nameday
γιορτή, η holiday // feast, celebration
γκάλοπ, το opinion poll
γκρουπ, το group
γλυκό, το sweet

γλυκός (ιά- ό) sweet (adj.)
γλώσσα, η language, tongue
γνώμη, η opinion
γνωρίζω to know, to be aware
γνωστός (-ή -ό) (well) known
γόνατο, το knee
γραμμή, η line
γρήγορος (-η -ο) quick, fast
γρίπη, η flu
γυαλί, το glass
γυαλιά, τα glasses, spectales
γυναικολόγος, ο gynaecologist
γύρω around
γωνία, η corner, angle

Δ δ

δαγκώνω to bite
δάσος, το forest
δεκάρικο, το ten-drachma coin
δεκοχίλιαρο, το ten-thousand drachma note
δέμα, το parcel
δέντρο, το tree
δεξιός (-ιά- ιό) right
δεξίωση, η reception
δέρμα, το leather
δερμάτινος (-η -ο) leather (adj.)
δέρνω to beat (someone)
δέχομαι to accept
δηλαδή that is to say, in other words
δηλώνω to state, to declare
Δήμητρα, η Demeter
δημοκρατία, η republic, democracy
δημοσιογράφος, ο journalist
διάβασμα, το reading, studying
διαγώνιος (-α -ο) diagonal
δίαιτα, η diet
διακοπές, οι holidays, vacation
διακοπή, η interruption
διαλέγω to choose
διάλεξη, η lecture
διάμετρος, η diametre
διάρκεια, η duration
διαρκής (-ής -ές) continuous
διαρκώς continuously
διαρρήκτης, ο burglar
διάρρηξη, η burglary
Δίας, ο Zeus (Jupiter)
διασκεδαστικός (ή -ό) amusing
(χρονικό) διάστημα, το time period
διαφορά, η difference
διαφορετικός (ή -ό) different
διαφωνώ to disagree
δίδακτρα, τα tuition fees
διεθνής (-ής -ές) international
διευθυντής, ο manager, director
δικηγορικός (-ή -ό) lawyer's (adj.)
δικτάτορας, ο dictator

Διόνυσος, ο Dionysus
διορθώνω to correct
διπλός (-ή -ό) double
διπλωματικός (-ή -ό) diplomatic
δισύλλαβος (-η -ο) two-syllable
δίφραγκο, το two-drachma coin
δοκιμάζω to try // to taste
δόντι, το tooth
δύναμη, η force, power
δυνατός (-ή -ό) strong // loud
δυσκολεύομαι to have difficulty
δυσκολία, η difficulty
δυστυχώς unfortunately
δωμάτιο, το room
δώρο, το gift, present

Ε ε

εβδομαδιαίος (-α -ο) weekly
εγγονή, η granddaughter
εγγόνια, τα grandchildren
εγγονός, ο grandson
εγγύηση, η guarantee
εγκαίρως (έγκαιρα) in time
έγκυος pregnant
έθιμο, το custom
εθνικός (-ή -ό) national
ειδικός, ο specialist
ειδικότητα, η special(i)ty
είδος, το kind, type // appliance
εικόνα, η picture, ikon
εικοσάρικο, το twenty-drachma coin
εικοσιτετράωρο, το day and night
ειλικρινής (-ής -ές) sincere, honest
είμαι πτώμα to be dead beat / washed out
είσοδος, η entrance
(ε)κατοστάρικο, το one-hundred bill/coin
έκθεση, η exhibition, fair // report
εκκλησία, η church
εκπαιδευτικός (-ή -ό) educational
εκτός από apart from, except for
ελάττωμα, το defect, fault
ελαττώνω to decrease, to reduce
ελαφρύς (-ιά -ύ) light (adj.)
ελέγχω to check
ελιά, η olive // olive tree
ελικόπτερο, το helicopter
ελπίζω to hope
έμβασμα, το money transfer, remittance
έμβρυο, το foetus
έμμεσος (-η -ο) indirect
έμπειρος (-η -ο) experienced
εμπόριο, το trade, commerce
έμπορος, ο merchant, tradesman
ενδιαφέρομαι to be interested
ενδιαφέρων (-ουσα -ον) interesting
ενδοκρινολόγος, ο gland specialist
ενέργεια, η action, act // energy
ενεργητική (φωνή), η active voice (gr.)

ενεστώτας, ο present tense *(gr.)*
έννοια, η meaning
ενοικιάζεται to let, for rent/hire
εννοώ to mean
ενοίκιο, το rent
ένοικος, ο tennant
ενοχλητικός (-ή -ό) annoying, troublesome
εντατικός (-ή -ό) intensive
εντολή, η command, instruction
ενώ while // whereas
(ε)ξαδέλφια, τα cousins
εξαιρετικός (-ή -ό) excellent
εξακολουθώ to continue
εξαφανίζομαι to disappear
εξετάζω to examine
εξέταση, η examination
εξήγηση, η explanation
έξοδα, τα expenses
έξοδος, η exit
εξυπηρετώ to serve, to be of service
έξυπνος (-η -ο) smart, clever
εξωτερικό, το abroad
εξωτερικός (-ή -ό) external, foreign
εξωτικός (-ή -ό) exotic
επανάληψη, η revision, repetition
επαρχία, η province // the provinces
επειδή because
επιβατικός (-ή -ό) passenger *(adj.)*
επιγραφή, η sign
Επίδαυρος, η Epidaurus
επίθετο, το adjective *(gr.)* // surname
επιθυμώ to wish, to desire
επικίνδυνος (-η -ο) dangerous
επιμένω to insist, to persist
έπιπλο, το piece of furniture
επίρρημα, το adverb *(gr.)*
επισκέπτομαι to visit
επιστήμονας, ο scientist
επίτηδες intentionally
επιτρέπω to allow, to permit
επόμενος (-η -ο) next, following
επώνυμο, το surname, family name
εργάζομαι to work
εργαζόμενος (-η -ο) working
εργαλείο, το tool
εργασία, η work, labour
εργάτης, ο workman
εργάτρια, η workwoman
έργο, το film, play // piece of work
εργοστάσιο, το factory
Ερμής, ο Hermes (Mercury)
Ερυθρός Σταυρός, ο the Red Cross
έρωτας, ο love
ερωτευμένος (-η -ο) in love
ερωτηματικός (-ή -ό) interrogative *(gr.)*
ερωτηματολόγιο, το questionnaire
Εστία, η Hestia
έστω και αν even if
εσωτερικός (-ή -ό) internal, inner

εταιρεία, η company
έτος, το year
ευγενικός (-ή -ό) polite, well-mannered
ευθεία straight ahead
ευθύνη, η responsibility
ευκαιρία, η opportunity, chance
ευτυχισμένος (-η -ο) happy
ευτυχώς fortunately
ευχαριστημένος (-η -ο) pleased, happy
ευχάριστος (-η -ο) pleasant
εφόσον provided that, since
έχω δίκιο to be right

Ζ ζ

ζακέτα, η cardigan, jacket
ζάχαρη, η sugar
ζαχαροπλαστείο, το pastry shop, café
ζεσταίνομαι to feel hot
ζέστη, η heat
ζεστό, το hot beverage
ζεστός (-ή -ό) hot
ζευγάρι, το pair, couple
ζηλεύω to be jealous
ζητάω (-ώ) to ask for, to look for
ζητείται wanted
ζω to live, to be alive
ζωή, η life
ζώνη, η belt

Η η

ήδη already
ηθοποιός, ο/η actor/actress
ηλεκτρικός (-ή -ό) electric(al)
ηλεκτρικός, ο electric train
ηλεκτρονικός, ο electronics engineer
ηλεκτρονικός (-ή -ό) electronic
ηλικία, η age
ηλικιωμένος (-η -ο) aged, old
(η)μέρα, η day
ημερολόγιο, το diary // calendar
ήρεμος (-η -ο) calm
ησυχία, η quiet
ήττα, η defeat
Ήφαιστος, ο Hephaestus

Θ θ

θαλασσινά, τα seafood
θαυμάσιος (-α -ο) wonderful, marvelous
θαυμαστής, ο admirer, fan
θεά, η goddess
θέμα, το subject, matter // stem *(gr.)*
θεολογία, η theology
θεός, ο god
θέση, η seat, place, position
θηλυκός (-ιά -ό) feminine, female

θητεία, η service (military)
θόρυβος, ο noise
θυμωμένος (-η -ο) angry
θυμώνω to get angry

Ι ι

ιατρική, η medicine
ιδέα, η idea
ιδιαίτερα (e)specially
ιδιαίτερος (-η -ο) special // private *(lesson)*
ιδιοκτήτης, ο owner, landlord
ιδιοκτήτρια, η owner, landlady
ιδίως especially
ιδιωτικός (-ή -ό) private
ικανοποιητικός (-ή -ό) satisfactory
ιππόδρομος, ο the horse races
ίσιος (-α -ο) straight
ίσος (-η -ο) equal
ισότητα, η equality
ιστορία, η story // history
ιστορικός (-ή -ό) historic(al)

Κ κ

κάβα, η wine shop
καβγάς, ο quarrel, fight
κάδρο, το wall picture
καζανάκι, το (toilet) cistern
καημένος (-η -ο) poor, unfortunate
καθαρίζω to clean
καθαριστικό, το cleaning solution
κάθε every, each
κάθε πότε how often
καθένας (καθεμιά, καθένα) each(one), everyone
κάθετος (-η -ο) perpendicular, at right angles
καθημερινός (-ή -ό) daily
καθολικός (-ή -ό) catholic
καθόλου at all
καθρεφτάκι, το small mirror
καθρέφτης, ο mirror
καθυστέρηση, η delay
κακός (-ή -ό) bad
καλεσμένος (-η -ο) invited
καλεσμένος, ο guest
καλικάντζαρος, ο gobblin, gnome
καλλυντικό, το cosmetic
καλός (-ή -ό) good, fine // kind
κάλτσα, η sock, stocking
καλ(τ)σόν, το tights, panty hose
καλύπτω to cover
καλώ to call
κανάλι, το channel
καναπές, ο sofa, couch
κανέλα, η cinnamon
κανένας/κανείς (καμία, κανένα) any,

anyone (quest.) // no-one
κανόνας, ο rule
κανονικός (-ή -ό) regular
κάνω μπάνιο to take a bath or a swim
κάνω παρέα to keep company
κάπνισμα, το smoking
καπνιστής, ο smoker
κάποιος (-α -ο) someone
κάποτε once, in the past
κάπου somewhere
κάπως somewhat
καραμπόλα, η pile-up
καρδιά, η heart
καρδιολόγος, ο heart specialist
καρέκλα, η chair
καριέρα, η career
καρκίνος, ο cancer
κάρτα, η card, postcard
καστανός (-ή -ό) chestnut
κατά about
κατάληξη, η suffix *(gr.)*
κατάλληλος (-η -ο) suitable
κατάλογος, ο list, menu
κατανάλωση, η consumption
καταπίεση, η oppression
καταπληκτικός (-ή -ό) fabulous, fantastic
καταραμένος (-η -ο) damned
κατάσταση, η situation
κατάστημα, το store, shop
καταφέρνω to manage
κατεβαίνω to go/come down
κατευθείαν directly, straightaway
κατήφορος, ο downward slope
κατοικώ to dwell, to reside
κατσαρίδα, η cockroach
καφενείο, το café, coffee-shop
κείμενο, το text
κενό, το blank, gap
κεραυνός, ο thunderbolt
κερδίζω to win, to gain // to make (money)
κέρδος, το profit
κεφάλι, το head
κέφι, το (good) mood, high spirits
κήπος, ο garden
κινδυνεύω to be in danger
κίνηση, η movement // traffic
κιόλας already
κλασικός (-ή -ό) classic(al)
κλέβω to steal
κλειδί, το key
κλείνω to close, to shut // to reserve
κλήση, η ticket *(traffic offence)*
κλίνω to decline, to conjugate
κ.λπ. etc.
κόβω to cut // to quit (smoking or drinking)
κοιλιά, η belly
κοινότητα, η community
κοινόχρηστα, τα shared maintenance
  expenses

κοινωνία, η society
κοινωνικός (-ή -ό) social // sociable
κολλεγιακό, το sweatshirt
κολυμπάω (-ώ) to swim
κολόνια, η cologne
κόμβος, ο junction
κομμάτι, το piece
κομμωτήριο, το hairdresser's
κομμωτής, ο hairdresser *(male)*
κομμώτρια, η hairdresser *(female)*
κομοδίνο, το bedside table
κομπολόι, το string of beads
κονιάκ, το brandy, cognac
κοντινός (-ή -ό) close, near-by *(adj.)*
κοπέλα, η young woman, girl
κόσμημα, το jewel
κοσμηματοπωλείο, το jewellery shop
κόσμος, ο people // the world
κοστίζω to cost
κόστος, το cost
κοστούμι, το suit, costume
κουβέντα, η chat
κουβεντιάζω to chat
κουβεντούλα, η friendly chat
κουδούνι, το bell
κουνιάδα, η husband's or wife's sister
κουνιάδος, ο husband's or wife's brother
κουράζομαι to get tired
κούραση, η fatigue
κουρασμένος (-η -ο) tired
κουρείο, το barber-shop
κουρτίνα, η curtain, drape
κουτάλι, το spoon
κουταλιά, η spoonful
κουτί, το box
κουτσός (-ή -ό) crippled, lame
κρατάω (-ώ) to hold, to keep
κράτος, το state
κρεμμύδι, το onion
κρεοπωλείο, το butcher's, meat store
κροκόδειλος, ο crocodile
κρουαζιέρα, η cruise
κρυολόγημα, το common cold
κρυφός (-ή -ό) secret, concealed
κρυωμένος (-η -ο) to have a cold
κρυώνω to be cold
κτητικός (-ή -ό) possessive *(gr.)*
κτίριο, το building
κτλ. etc.
κυβέρνηση, η government
κυβικός (-ή -ό) cubic
κύκλος, ο circle, cycle
κυκλοφοριακός (-ή -ό) traffic *(adj.)*
κυκλοφορώ to circulate
κυνήγι, το hunting
κωμωδία, η comedy

Λ λ

λάδι, το oil
λάθος, το mistake, fault
λαϊκός (-ή -ό) people's, folk
λαιμός, ο throat
λάμπα, η lamp, bulb
λαμπατέρ, το floor lamp
λαχανικά, τα vegetables
λέγομαι to be called, to be named
λείπω to be away, to be absent
λειτουργία, η function, operation
λεμόνι, το lemon
λέξη, η word
λεξικό, το dictionary
λεπτό, το minute
λεπτός (-ή -ό) slim, slender
λεφτά, τα money
λεωφόρος, η avenue
λήγω to end, to expire
ληστεία, η robbery
ληστής, ο robber
λιγάκι a little bit
λίγο a little, some
λίγοι (-ες -α) (a) few
λίγος (-η -ο) a little, some
λικέρ, το liqueur
λιμάνι, το port, harbour
λινός (-ή -ό) linen *(adj.)*
λιπαρός (-ή -ό) oily
λίστα, η list
λίτρο, το litre
λόγια, τα words
λογικός (-ή -ό) logical // reasonable
λογιστής, ο accountant
λόγος, ο reason, cause
λογοτεχνία, η literature
λόγω due to, because of
λοιπόν so, now then
λουλούδι, το flower
λόφος, ο hill
λύνω solve // untie
λύση, η solution
λωρίδα, η lane *(traffic)*

Μ μ

μαγαζί, το shop
μάγειρας, ο cook *(male)*
μαγείρισσα, η cook *(female)*
μαγείρεμα, το cooking
μαγειρεύω to cook
μαγευτικός (-ή -ό) enchanting, delightful
μαγιονέζα, η mayonnaise
μαθηματικά, τα mathematics
μαϊντανός, ο parsley
μαιτρ, ο head waiter
μακάρι I wish, if only
μακιγιάρομαι to make oneself up

μακρύς (-ιά -ύ) long
μαλακός (-ιά -ό) soft
μαλακώνω to soften
μαλλί, το wool
μαλλιά, τα hair
μάλλινος (-η -ο) woolen
μάλλον rather // probably
μαλώνω to quarrel // to scold, to tell off
μαμά, η mother, mummy
μανάβης, ο greengrocer
μανάβικο, το greengrocer's
μανιτάρι, το mushroom
μαντεύω to guess
μάντρα, η stall, storage yard
μαξιλάρι, το pillow, cushion
μάρκα, η make, brand
μάτι, το eye
ματιά, η glance
μαχαίρι, το knife
με with // me (weak form)
μέγεθος, το size
μεθαύριο the day after tomorrow
μέθοδος, η method
μελετάω (-ώ) to study (at home or a library), to make a study
μέλι, το honey
μελιτζάνα, η eggplant, aubergine
μελιτζανοσαλάτα, η aubergine salad
μέλλον, το future
μέλλοντας, ο future tense (gr.)
μελλοντικός (-ή -ό) future (adj.)
μελό, το weepy (film, play)
μέλος, το member
(ε)μένα me (strong form)
μερικοί (-ές -ά) some
μέρος, το place // part
μέσα in, inside
μεσαίος (-α -ο) middle (adj.)
μέση, η waiste // middle
Μεσόγειος, η the Mediterranean
μέσος όρος, ο average
μετά after, afterwards
μετάξι, το silk
μεταξύ between
μεταξωτός (-ή -ό) silk (adj.)
μετάφραση, η translation
μεταχειρίζομαι to use
μέχρι until, up to
μη(ν) don't
μήκος, το length
μήνας, ο month
μήνυμα, το message
μήπως maybe, perhaps (questions only)
Μητρόπολη, η Cathedral
μηχανάκι, το moped, small motorcycle
μηχανή, η machine // engine // motorcycle
μηχάνημα, το mechanical appliance
μηχανικός, ο/η engineer
μ.μ. p.m.

μισθός, ο salary
μισός (-ή -ό) half
μισώ to hate
μοιράζομαι to share
μοιράζω to distribute, to divide
μόλις just, as soon as
μολύβι, το pencil
μολυσμένος (-η -ο) polluted, contaminated
μόνο only
μονοκατοικία, η single residence
μονολεκτικός (-ή -ό) one-word
μόνος (-η -ο) alone
μονός (-ή -ό) single // odd (number)
μόριο, το particle
μορφή, η form, face
μούσι, το beard
μουσικός (-ή -ό) musical, music (adj.)
μπαίνω to go/come in, to enter
μπακάλης, ο grocer
μπακάλικο, το grocery store
μπάλα, η ball
μπαλέτο, το ballet
μπαμπάς, ο father, daddy
μπανιέρα, η bathtub
μπάνιο, το bathroom
μπάσκετ, το basket ball
μπλε blue
μπλέκομαι to get involved or mixed up
μπλέκω to get stuck
μπλέντερ, το blender
μπλοκάκι, το small notepad
μπλούζα, η blouse
μπλουτζίν, το blue jeans
μπογιά, η paint, dye
μπορεί maybe
μπορντό dark red
μπότα, η boot
μπουκάλι, το bottle
μπουκέτο, το bouquet
μπουφάν, το anorac, jacket
μπράβο (σου) good for (you), well done
μπράντυ, το brandy
μπροστά in front, forward
μυρίζω to smell
μωρό, το baby

N ν

να particle used to combine two verbs
να here, there (demonstr.)
ναός, ο temple
νάτος (-η -ο) here/there he is
Ναυτικό, το the navy
Νέα Ζηλανδία, η New Zealand
Νέα Υόρκη, η New York
νέα, τα news
νέκταρ, το nectar
νέοι, οι the young people
νέος (-α -ο) young // new

νερό, το water
νευρολόγος, ο neurologist
νέφος, το pollution cloud, smog
νησί, το island
νίκη, η victory
νοικοκυρά, η housewife, landlady
νομίζω to think, to guess
νόμος, ο law
νοσοκόμα, η nurse (female)
νοσοκόμος, ο nurse (male)
νόστιμος (-η -ο) tasty // cute (persons)
νούμερο, το number
ντίσκο, η disco
ντοκυμαντέρ, το documentary
ντολμαδάκια, τα stuffed vine leaves
ντουλάπα, η wardrobe, closet
ντουλάπι, το cupboard
ντους, το shower
ντροπαλός (-ή -ό) shy
ντύνομαι to get/be dressed
ντύνω to dress
νύφη, η daughter-in-law // brother's wife
νωρίς early
νωρίτερα earlier

Ξ ξ

ξανά again
ξανθός (-ιά -ό) blond, fair
ξαπλώνω to lie down or in bed
ξαφνικά suddenly
ξεκουράζομαι to rest
ξεκούραση, η rest
ξενόγλωσσος (-η -ο) related to a foreign language
ξενοδοχείο, το hotel
ξερός (-ή -ό) dry
ξεσκονίζω to dust
ξεχνάω (-ώ) to forget
ξοδεύω to spend
ξύλο, το wood
ξυπνητήρι, το alarm clock
ξυπόλυτος (-η -ο) barefoot
ξυρίζομαι to shave (oneself)
ξυρίζω to shave

O o

όαση, η oasis
οδήγηση, η driving
οδηγία, η instruction, directive
οδηγός, ο driver // guide
οδηγώ to drive // to guide
οδοντίατρος, ο dentist
οδός, η street, road
οικογένεια, η family
οικογενειακός (-ή -ό) family (adj.)
οικοδέσποινα, η hostess

οικονομικός (-ή -ό) economical, inexpensive // economic, financial
Ολλανδία, η Holland
όλοι (-ες -α) all (pl.)
όλος (-η -ο) all (sing.), whole, entire
Ολυμπιακοί Αγώνες, οι Olympic Games
Όλυμπος, ο Olympus
ομάδα, η group, team
ομελέτα, η omelet
ομιλία, η speech, talk
ομορφιά, η beauty
όμως however
όνειρο, το dream
ονομάζω to call, to name
ονομαστική, η nominative (gr.)
όπερα, η opera
ο οποίος (η οποία, το οποίο) who, which
οποιοσδήποτε (οποιαδήποτε, οποιοδήποτε) anyone, anybody
όποτε whenever
όπου where, wherever
όπως-όπως somehow or other, in a hurry
όπως as, like
οπωσδήποτε for sure, without fail
όργανο, το instrument // organ
όρεξη, η appetite // mood
ορθογώνιος (-α -ο) rectangular
οριζόντιος (-α -ο) horizontal
ορισμένος (-η -ο) certain
ορισμός, ο definition
ορίστε here you are // yes?
όροφος, ο floor, storey
ορχήστρα, η orchestra
όσοι (-ες -α) those who/which
όσος (-η -ο) as much as
όταν when
ό,τι what, whatever
ότι that (conj.)
ουδέτερος (-η -ο) neuter (gr.), neutral
ούζο, το ouzo (annis drink)
ουρανός, ο sky
ουσιαστικό, το noun (gr.)
ούτε neither, nor // not even
οφθαλμίατρος, ο opthalmologist
οχτάωρο, το eight-hour period

Π π

παγκόσμιος (-α -ο) world (adj.), universal
παγωτό, το ice cream
παθαίνω to suffer, to undergo
παθητική (φωνή), η passive voice (gr.)
παθολόγος, ο internist, general practitioner
παιδίατρος, ο paediatrician
παίζω to play
παίρνω to get, to take
παίρνω είδηση to see, hear or notice someone or something
πακετάκι, το small packet/pack

πακέτο, το packet, pack
Πακιστάν, το Pakistan
παλάμη, η palm
πάλι again
παλιός (-ά -ό) old
παλτό, το overcoat
Παναγία, η Virgin Mary
πανεπιστήμιο, το university
πάντα always
παντελόνι, το trousers, slacks
παντρεύομαι to get married
πάντως anyway
πάνω up, upstairs
παπούτσι, το shoe
παππούς, ο grandfather
πάρα very
παραγγελία, η order, commission
παράγραφος, η paragraph
παράδειγμα, το example
παραδίνω to deliver
παραδοσιακός (-ή -ό) traditional
παραθετικά, τα degrees of comparison (gr.)
παράθυρο, το window
παρακαλώ please // to beg
παρακάτω below, further down
παρακείμενος, ο present perfect tense (gr.)
παρακολουθώ to attend, to follow
παραλαμβάνω to receive, to take delivery
παραλία, η sea side, beach
παραλιακός (-ή -ό) coast(al)
παραμένω to remain
παραμύθι, το tale, fairy tale
παράξενος (-η -ο) strange
παραπάνω above, further up // more
παρασκευή, η preparation (older Greek)
παρατατικός, ο imperfect tense (gr.)
παρατήρηση, η remark
παρατηρητικός (-ή -ό) observant
παρέα, η company of friends, party
παρελθόν, το past
παρένθεση, η parenthesis
Παρθενώνας, ο Parthenon
Παρίσι, το Paris
παρκάρω to park
πάρκι(ν)γκ, το car park, parking lot
πάρκο, το park
πάροδος, η side-street
πάρτι, το party, do
πασίγνωστος (-η -ο) very well-known
πάστα, η piece of cake, pastry
Πάσχα, το Easter
πατάτα, η potato
πατέρας, ο father
παχύς (-ιά -ύ) fat
πεζός, ο pedestrian
πεθαίνω to die
πεθερά, η mother-in-law

πεθερικά, τα in-laws
πεθερός, ο father-in-law
πεινάω (-ώ) to be hungry
πείρα, η experience
πειράζει it matters
πειράζω to bother, to annoy
Πειραιάς, ο Piraeus
πελάτης, ο customer, client
πενηντάρικο, το fifty-drachma coin
πεντακοσάρικο, το five-hundred drachma note
πεντοχίλιαρο, το five-thousand drachma note
περασμένος (-η -ο) past // last
περιβάλλον, το environment
περιγραφή, η description
περιγράφω to describe
περίεργος (-η -ο) curious
περιπολικό, το police patrol car
περίπου about, approximately
περιπτεράς, ο kiosk owner
περίπτερο, το kiosk
περίπτωση, η case, situation
περιττός (-ή -ό) needless, unnecessary
περνάω (-ώ) to pass, to pass by // to spend (time)
περπατάω (-ώ) to walk
πέρ(υ)σι last year
πετάω (-ώ) to fly // to throw away
πετσέτα, η towel // napkin
πέφτω to fall
πηδάω (-ώ) to jump
πια already // anymore
πιάνο, το piano
πιάνω to catch, to get
πιάτο, το plate, dish
πίεση, η pressure
πιθανότητα, η probability
πικάντικος (-η -ο) spicy, piquant
πικάπ, το record player, turn table
πιλότος, ο pilot
πίνακας, ο painting // board // table
πινακοθήκη, η art gallery
πίνω to drink
πιο more
πίπα, η (smoking) pipe
πιπέρι, το pepper
πιρούνι, το fork
πιστεύω to believe
πιστόλι, το pistol
πίσω behind
πιτσαρία, η pizza shop
πλάγια στοιχεία, τα italics
πλάγιος (-α -ο) oblique, sidelong
πλαίσιο, το frame, framework
πλαστικός (-ή -ό) plastic (adj.)
πλατεία, η square, roundabout
πλάτη, η back (anat.)
πλάτος, το width

πλατύς (-ιά -ύ) wide
πλένομαι to wash oneself
πλένω to wash
πληθυντικός, ο plural (gr.)
πληθυσμός, ο population
πληροφορία, η piece of information, inquiry
πληρώνω to pay
πλησιάζω to approach
πλοίο, το ship
Πλούτωνας, ο Pluto
πλυντήριο, το washing machine
π.μ. a.m.
πνεύμονας, ο lung
ποδήλατο, το bicycle
πόδι, το foot
ποιανού (-ής -ού) whose (questions only)
ποιος (-α -ο) who, which
ποιότητα, η quality
πόλεμος, ο war
πολεμάω (-ώ) to make war, to fight
πόλη, η town
πολιτική, η policy // politics
πολλοί (-ές -ά) many, a lot (of)
πολύ much, a lot, very
πολυεθνικός (-ή -ό) multinational
πολυθρόνα, η armchair
πολυκατοικία, η block of flats
πολύς/πολλή/ πολύ much, a lot (of)
πονάω (-ώ) to hurt, to ache
πονοκέφαλος, ο headache
πόνος, ο pain
ποντίκι, το mouse
πορεία, η course (of events) // march
πόρτα, η door
πορτατίφ, το table lamp
πορτοκαλάδα, η orange drink
πορτοκάλι, το orange
Ποσειδώνας, ο Poseidon (Neptune)
πόσοι (-ες -α) how many
πόσος (-η -ο) how much
ποσοστό, το percentage
ποσοτικός (-ή -ό) quantitative
ποτάμι, το river
πότε when (questions only)
ποτέ ever (quest.) // never
ποτήρι, το glass, tumbler
ποτίζω to water
ποτό, το drink
που who, which, that
πού where (questions only)
πουθενά anywhere (quest.) // nowhere
πουκάμισο, το shirt
πουλάω (-ώ) to sell
πουλί, το bird
πουλόβερ, το pullover, jumper
πούρο, το cigar
πράγμα, το thing
πραγματικά really

πραγματικότητα, η reality
πραγματοποιώ to carry out, to accomplish
πράξη, η action, act
πράσινος (-η -ο) green
πρέπει must
πριν before
προάστιο, το suburb
πρόβλημα, το problem
πρόγραμμα, το programme, schedule
πρόεδρος, ο president, chairman
προέρχομαι to come from, to originate
προηγούμενος (-η -ο) previous // last
πρόθεση, η preposition (gr.)
προίκα, η dowry
προϊστάμενος, ο supervisor
προκαταρκτικός (-ή -ό) preliminary
πρόκειται για it is about, it concerns
πρόκειται να (it) is going to
προλαβαίνω to be/act in time// to have enough time
προληπτικός (-ή -ό) superstitious
πρόοδος, η progress
Προπό, το football pools
προσεκτικός (-ή -ό) careful
προσέχω to be careful, to pay attention
προσθέτω to add
προσκαλώ to invite
πρόσκληση, η invitation
προσόν, το qualification, quality
προσπαθώ to try, to make an effort
προσπερνάω (-ώ) to overtake
προστακτική, η imperative
προστατεύω to protect
προσφέρω to offer
προσωπικό, το personnel, staff
προσωπικός (-ή -ό) personal
πρόσωπο, το person // face
πρόταση, η sentence (gr.), proposition
προτείνω to propose
προτιμάω (-ώ) to prefer
προτίμηση, η preference
προχθές the day before yesterday
προχωρημένος (-η -ο) advanced
προχωρώ to proceed, to advance
πρωθυπουργός, ο prime minister
πρωί, το morning
πρωινό, το breakfast
πρώτα first(ly)
πρωτεύουσα, η capital (city)
Πρωτοχρονιά, η New Year's day
πτήση, η flight
πτυχίο, το university degree
πτώμα, το corpse
πυρετός, ο fever
πυροβολώ to shoot
πυροσβέστης, ο fireman
πυροσβεστική, η fire brigade
π.χ. e.g. (for example)
πωλείται for sale

πωλητής, ο salesman, shop assistant
πως that (conj.)
πώς how (questions only)

Ρ ρ

ραδιόφωνο, το radio
ραλίστας, ο rally driver
ραντεβού, το appointment, date
ράφι, το shelf
ρεπόρτερ, ο reporter
ρεσεψιόν, η reception (desk)
ρέστα, τα change (balance)
ρετσίνα, η resinated wine
ρήμα, το verb (gr.)
ριζικός (-ή -ό) radical
ρίχνω to throw, to drop
ρολόι, το watch, clock
ρόλος, ο role
ρομαντικός (-ή -ό) romantic
ρούχα, τα clothes
ρύζι, το rice
Ρωμαίος (-α) Roman (persons)
Ρώμη, η Rome
ρωτάω (-ώ) to ask (a question)

Σ σ

σαββατοκύριακο, το weekend
σακάκι, το jacket
σακούλα, η bag
σαλιγκάρι, το snail
σαλόνι, το sitting room
σάλτσα, η sauce
σαμιώτικος (-η -ο) from (the island of) Samos
σαμπουάν, το shampoo
σαν like
σάντουιτς, το sandwich
σαπούνι, το soap
σγουρός (-ή -ό) curly
σέβομαι to respect
σειρά, η turn, sequence
σε λίγο in a short while
σελίδα, η page
σερβιτόρα, η waitress
σερβιτόρος, ο waiter
σηκώνομαι to get up
σηκώνω to raise, to lift
σήμα, το sign
σημαίνει it means
σημαντικός (-ή -ό) important
σημασία, η meaning // importance
σημείωμα, το note, memorandum
σημειώνω to note
σημείωση, η note, noting down
σήμερα today
σημερινός (-ή -ό) today's

σίριαλ, το   TV serial
σιγά   slowly // gently, softly
σιγουρεύομαι   to make sure
σίγουρος (-η -ο)   sure
σίδερο, το   iron
σιδερώνω   to iron
Σικάγο, το   Chicago
Σικελία, η   Sicily
σινεμά, το   cinema, movie theater
σκάλα, η   ladder // staircase
σκάφος, το   vessel
σκέφτομαι (σκέπτομαι)   to think (over),
   to reflect
σκέψη, η   thought
σκηνή, η   stage // scene
σκίτσο, το   sketch, drawing
σκόνη, η   dust, powder
σκοτώνω   to kill
σκουπίδια, τα   rubbish, garbage
σκουπιδιάρικο, το   rubbish-cart, garbage
   truck
σκουπίζω   to sweep // to wipe
σκούρος (-α -ο)   dark
σκυλί, το   dog (regardless of sex)
σκύλος, ο   dog (male or regardless of sex)
σοβαρός (-ή -ό)   serious
σοκολάτα, η   chocolate
σολίστ, ο   soloist
σουηδικός (-ή -ό)   Swedish (objects)
σούπα, η   soup
σούπερ μάρκετ, το   supermarket
σοφία, η   wisdom
σπάζω   to break
σπάνιος (-α -ο)   rare
σπεσιαλιτέ, η   specialty
σπίρτα, τα   matches
σπιτάκι, το   little house
σπορ, το   sport
σπορ   sports (adj.)
σπουδάζω   to study (at a college or
   university)
σπουδαστής, ο   student (college or tutorial
   school)
σπρώχνω   to push
στάδιο, το   stadium
σταθερός (-ή -ό)   stable // constant
στάθμευση, η   parking
σταματάω (-ώ)   to stop
στάση, η   (bus) stop
στατιστικές, οι   the statistics
σταυρόλεξο, το   crossword puzzle
στέκι, το   joint, hangout
στέκομαι   to stand
στέλνω   to send
στενός (-ή -ό)   narrow // tight // close
στενοχωριέμαι   to be upset, to be sorry //
   to worry
στήλη, η   column
στην υγειά σας!   to your health!

στιγμή, η   moment
στοιχεία, τα   typeface // data, facts
στολή, η   uniform
στόμα, το   mouth
στομάχι, το   stomach
στοπ, το   stop sign
στρατηγός, ο   general
στρατιώτης, ο   soldier
στρατιωτικός, ο   military
στρατόπεδο, το   military camp
στρατός, ο   the army
στρίβω   to turn
στρογγυλός (-ή -ό)   round
στρώνω   to set (the table) // to make
   (the bed)
συγγενής, ο   relative
συγγραφέας, ο   writer, author
συγκρίνω   to compare
συγκριτικός (-ή -ό)   comparative
συγκρότημα, το   group, complex
συγγνώμη   I' m sorry, I apologize
σύγχρονος (-η -ο)   contemporary, modern
συγχωρώ   to excuse, to forgive
συζήτηση, η   discussion
συκώτι, το   liver
συλλαβή, η   syllable
σύλλογος, ο   association, club
συμβαίνει   it happens, it occurs
συμβουλεύω   to advise
συμβουλή, η   (piece of) advice
συμμαθητής, ο   fellow student (male)
συμμαθήτρια, η   fellow student (female)
συμμετέχω   to participate
συμπληρώνω   to complete, to fill in
σύμπτωμα, το   symptom
σύμφωνα με   according to
συμφωνικός (-ή -ό)   symphonic
σύμφωνοι   agreed, all right
συμφωνώ   to agree
συναγερμός, ο   alarm (system)
συνάλλαγμα, το   foreign exchange
συναντάω (-ώ)   to meet
συνάντηση, η   meeting
συναντιέμαι   to meet with
συναρπαστικός (-ή -ό)   exciting, charming
συναυλία, η   concert
συνάχι, το   common cold
συνδέω   to connect, to join, to combine
συνδυασμός, ο   combination
συνέδριο, το   conference, congress
συνέντευξη, η   interview
συνεταίρος, ο   partner
συνέχεια (συνεχώς)   continuously
στη συνέχεια   further to this, afterwards
συνεχίζω   to continue
συνηθισμένος (-η -ο)   usual, common //
   used to
συνήθως   usually
συνθετικός (-ή -ό)   synthetic (adj.)

συνοδηγός, ο   co-driver
συνολικά   in total, totally
συνταγή, η   recipe // prescription
σύντομα   soon
σύντομος (-η -ο)   brief
σύντροφος, ο   mate, companion //
   comrade
συρτάρι, το   drawer
σύστημα, το   system
συστήνω   to introduce // to recommend
συχνός (-ή -ό)   frequent
σφουγγαρίζω   to mop, to swob
σχεδιάγραμμα, το   diagram
σχεδιάζω   to draw // to plan
σχέδιο, το   drawing // plan
σχεδόν   almost
σχέση, η   relation, relationship
σχετικά με   in relation to, in connection with
σχετικός (-ή -ό)   relative // relevant
σχηματίζω   to form, to shape
σχολείο, το   school (elementary or high)
σχολή, η   school, faculty
σώμα, το   body
σωστός (-ή -ό)   right, correct

T τ

ταβερνάκι, το   little tavern
ταινία, η   film, movie
ταίρι, το   match, companion
ταιριάζω   to match
τα καταφέρνω   to manage, to make ends
   meet
τάλιρο, το   five-drachma coin
ταμείο, το   cashier's desk
ταμίας, ο   cashier
ταμπλέτα, η   tablet
τάξη, η   class, classroom
ταξί, το   taxi, cab
ταξιδεύω   to travel
ταξίδι, το   trip, journey
ταξινομώ   to sort
ταράτσα, η   terrace, flat roof
τασάκι, το   ashtray
ταυτότητα, η   identity // identity card
τα χάνω   to be taken aback
ταχυδρομείο, το   post office
ταχυδρόμος, ο   postman
ταχυδρομώ   to post
τέλεια   perfectly
τέλειος (-α -ο)   perfect
τελειώνω   to finish, to end
τελείως   completely
τελευταίος (-α -ο)   last
τελικά   finally, after all
τελικός (-ή -ό)   final
τέλος, το   end
τέν(ν)ις, το   tennis
τεράστιος (-α -ο)   enormous

τεστ, το   test
τέταρτο, το   quarter
τέτοιος (-α -ο)   such
τετράγωνο, το   square (geom.) // block
τετράγωνος (-η -ο)   square (adj.)
τετράδιο, το   note book
τέχνη, η   art, skill
τεχνικός, ο   technician, mechanic
τζαζ, η   jazz (music)
τζάμι, το   (window) pane
τζιν, το   jeans // jin
τζόγκινγκ, το   jogging
τηγανητός (-ή -ό)   fried
τηλεόραση, η   television
τηλεφώνημα, το   phone call
τηλεφωνητής, ο   telephone operator (male)
τηλεφωνήτρια, η   telephone operator (female)
τηλέφωνο, το   (tele)phone
τηλεφωνώ   to (tele)phone
τιμή, η   price
τίποτε   anything (quest.) // nothing
τμήμα, το   department, section
το μόνο   the only thing
τονίζω   to accent, to stress
τόνος, ο   accent
τόσο   so, so much
τοστ, το   toasted bread
τοστάδικο, το   toast shop
τότε   then
τουαλέτα, η   toilet, lavatory
τουλάχιστον   at least
τουρίστας, ο   tourist
τουριστικός (-ή -ό)   tourist (adj.)
τραβάω (-ώ)   to pull
τραγουδάω (-ώ)   to sing
τραγουδιστής, ο   singer
τραγωδία, η   tragedy
τρακ, το   stage fright
τρακάρω   to crash, to run into
τράπεζα, η   bank
τραπεζάκι, το   small table
τραπεζαρία, η   dining room
τραπέζι, το   table
τρελός (-ή -ό)   crazy, mad
τρένο, το   train
τρέξιμο, το   running
τρέχω   to run
τρίγωνο, το   triangle
τρόλεϊ, το   trolley bus
τρόπος, ο   way, manner
τροχαίος (-α -ο)   traffic (adj.)
τροχαία, η   traffic police
τρύπα, η   hole
τρώω   to eat
τσάντα, η   bag, handbag
τσάι, το   tea
τσέπη, η   pocket
τσιγάρο, το   cigarette

τσίκλα, η   chewing gum
τύπος, ο   type // character
τυρί, το   cheese
τυροπιτάκι, το   small cheese pie
τυχερός (-ή -ό)   lucky, fortunate
τώρα   now

Υ u

υγεία, η   health
υγιής (-ής -ές)   healthy
υγρό, το   liquid
υδραυλικός, ο   plumber
υλικό, το   material // ingredient
υπάλληλος, ο/η   employee
υπάρχει   there is (impers.)
υπάρχω   to exist
υπεραυτόματος (-η -ο)   super-automatic
υπερθετικός, ο   superlative (gr.)
υπέροχος (-η -ο)   marvelous, superb
υπερσυντέλικος, ο   past perfect (gr.)
υπερφυσικός (-ή -ό)   supernatural
υπνοδωμάτιο, το   bedroom
ύπνος, ο   sleep
υποβοηθητικός (-ή -ό)   supporting, auxiliary
υπογραμμίζω   to underline
υπογραφή, η   signature
υπογράφω   to sign
υπόθεση, η   case // supposition
υποθετικός (-ή -ό)   conditional (gr.) // hypothetical
υπολογίζω   to estimate, to guess
υπόλοιπος (-η -ο)   remaining
υπομονετικός (-ή -ό)   patient
υπομονή, η   patience
ύποπτος (-η -ο)   suspicious
υπόσχομαι   to promise
υποτακτική, η   subjunctive (gr.)
υποχρεωμένος (-η -ο)   obliged
ύστερα   afterwards, then
υφαντό, το   handwoven material
ύφασμα, το   material, fabric
ύψος, το   height

Φ φ

φαγητό, το   food
φαίνομαι   to appear, to look
φαινόμενο, το   phenomenon
φάκελος, ο   file // envelope
φακός, ο   lens
φανάρι, το   (traffic) light
φαντάζομαι   to imagine
φαντάρος, ο   infantryman, soldier
φαντασία, η   imagination
φανταστικός (-ή -ό)   imaginary
φαρδύς (-ιά -ύ)   wide

φαρμακευτικός (-ή -ό)   pharmaceutical
φάρμακο, το   drug, medicine
φέρνω   to bring
φεστιβάλ, το   festival
φέτα, η   type of white cheese // slice
(ε)φέτος   this year
φεύγω   to leave
φθινόπωρο, το   autumn, fall
φίδι, το   snake
φιλάω (-ώ)   to kiss
φιλειρηνικός (-ή -ό)   peace-loving
φιλικός (-ή -ό)   friendly
φιστίκι, το   peanut
φλερτ, το   person one flirts with
φλιτζάνι, το   cup
φλούδι, το   skin (fruit)
φοβερός (-ή -ό)   terrible // terrific
φοιτητής, ο   university student (male)
φοιτήτρια, η   university student (female)
φορά, η   time, occasion
φοράω (-ώ)   to wear, to put on
φόρος, ο   tax
φορτηγό, το   truck
φορτηγάκι, το   small truck, van
φούρια, η   impetuous haste, rush
φούρνος, ο   bakery // ovan
φούστα, η   skirt
φράγκο, το   franc
φράση, η   phrase
φρεσκάρω   to freshen up
φρέσκος (-ια -ο)   fresh
φροντίζω   to look after, to take care
φροντιστήριο, το   tutorial school, tutition centre
φρούτο, το   fruit
φρυγανιά, η   toasted bread
φταίω   to be to blame
φτάνει   it is enough (impers.)
φτάνω   to arrive
φτιάχνω   to make, to fix
φτωχός (-ή -ό)   poor
φύλακας, ο   guard
φυλακή, η   prison, jail
φύλο, το   sex, gender
φυσικός (-ή -ό)   natural
φυσική, η   physics
φωνάζω   to call (out), to shout
φωνή, η   voice
φωνήεν, το   vowel (gr.)
φως, το   light
φωτεινός (-ή -ό)   bright
φωτιά, η   fire
φωτιστικό, το   lamp, light fixture
φωτογραφικός (-ή -ό)   photographic
φωτογράφος, ο   photographer

Χ χ

χαιρετάω (-ώ) to greet
χαίρομαι to be pleased, to be happy
χαίρω to be pleased, to be happy
  (older Greek)
χαλάω (-ώ) to spoil // to break down //
  to change (money)
χαλασμένος (-η -ο) out of function //
  spoilt
χάλια awful, rotten, in a sorry state
χαμηλός (-ή -ό) low
χαμομήλι, το camomile (tea)
χάνω to lose // to waste
χάπι, το pill
χαρά, η joy
χάρη, η favour
χαρίζω to give away, to make a present of
χαρτζιλίκι, το pocket money
χαρτί, το paper
χαρτιά, τα papers // playing cards
χαρτοπετσέτα, η paper napkin
χαρτοπωλείο, το stationery shop
χαρτοφύλακας, ο briefcase
χειρούργος, ο surgeon
χέρι, το hand
χερούλι, το handle
χημικός, ο chemist
χήνα, η goose
χήρα, η widow
χιλιάρικο, το one-thousand drachma note
χιλιόμετρο, το kilometre
χιόνι, το snow
χοντρός (-ή -ό) fat
χορεύω to dance
χορός, ο dance
χρειάζεται it is necessary *(impers.)*
χρειάζομαι to need
χρήματα, τα money
χρήσιμος (-η -ο) useful
χρησιμοποιώ to use
χριστιανή, η Christian (female)
χριστιανός, ο Christian (male)
Χριστούγεννα, τα Christmas
χρόνια, τα years
χρόνος, ο time // year
χρυσός (-ή -ό) gold (adj.)
χρώμα, το colour
χρωστάω (-ώ) to owe
χτένι, το comb
χτενίζομαι to comb oneself
χτενίζω to comb
χτυπάω (-ώ) to hit, to knock // to ring
χυμός, ο juice
χώρα, η country
χωρίζω to separate, to split up // to break
  a relationship
χωρίς without

Ψ ψ

ψάρι, το fish
ψάχνω to look for, to search
ψέμα, το lie
ψήνω to roast, to cook
ψιλά, τα (small) change
ψιλοκομμένος (-η -ο) fine-chopped
ψυγείο, το refrigerator
ψυχίατρος, ο psychiatrist
ψωμί, το bread
ψώνια, τα shopping, shopping items
ψωνίζω to shop, to buy

Ω ω

ώμος, ο shoulder
ώρα, η hour // time
ωραία fine *(adv.)*
ωραίος (-α -ο) good looking, beautiful, fine
ωραιότητα, η beauty
ώρες αιχμής, οι rush/peak hours
ωστόσο however
ωτορινολαρυγγολόγος, ο ear-nose-and-
  throat specialist

Lexique

A α

άβαφος (-η -ο) non-maquillé
αβγό, το œuf (le)
αγαπημένος (-η -ο) préféré, bien aimé
αγαπητός (-ή -ό) cher
αγγελία, η annonce (la)
αγενής (-ής -ές) impoli
αγία, η sainte (la)
άγιος, ο saint (le)
άγνωστος (-η -ο) inconnu
άγχος, το angoisse (la)
αγώνας, ο lutte (la) // match (le) // jeu (le)
άδεια, η permission (la), permis (le)
αδέλφια, τα frères et soeurs (les)
Άδης, ο Hadès (le) // enfer (le)
αδύνατος (-η -ο) mince // faible
αεροπειρατής, ο pirate de l'air (le)
αεροπορία, η aviation (la)
αθάνατος (-η -ο) immortel
Αθηνά, η Athéna, Minerve
Αθήνα, η Athènes
αθλητικός (-ή -ό) athlétique, sportif
αισθάνομαι (se) sentir
αίτηση, η demande, pétition (la)
αιτία, η raison (la)
αιτιατική, η accusatif (le)
αιώνας, ο siècle (le)
ακατάλληλος (-η -ο) impropre
ακολουθώ suivre
ακριβώς précisément, exactement
αλάτι, το sel (le)
αλήθεια, η vérité (la)
αλήθεια vraiment // à propos
αλλάζω changer
αλληλογραφία, η correspondance (la)
αλλιώς autrement
αλουμίνιο, το aluminium (le)
αμβροσία, η ambroisie (la)
Άμεση Δράση, η Police (la)
άμεσος (-η -ο) immédiat, directe
αμφιβολία, η doute (le)
αν si
αν και bien que
ανά par
αναγκάζομαι s' enforcer
ανακαλύπτω découvrir, trouver
ανακατεύω mélanger
ανακεφαλαίωση, η récapitulation (la)
ανακρίνω interroger, questionner
ανάλογα selon, en conséquence
ανάλογος (-η -ο) correspondant, conforme
αναπνευστικός (-ή -ό) respiratoire
αναπνοή, η respiration (la)
ανατολή, η est (le), lever du soleil (le)
ανατολικός (-ή -ό) est, de l'est, oriental
ανατομία, η anatomie (la)
αναφέρομαι se référer, se reporter
αναφέρω mentionner, faire mention de

αναφορικός (-ή -ό) relatif (gr.)
αναχώρηση, η départ (le)
ανέκδοτο, το anecdote (la)
άνετος (-η -ο) confortable
ανήκω appartenir
ανθοπωλείο, το fleuriste (le)
ανθρώπινος (-η -ο) humain
άνθρωποι, οι les gens
άνθρωπος, ο homme (le), personne (la)
ανισόπεδος (-η -ο) de niveau inégal
ανισόπεδος κόμβος, ο échangeur (le)
άνισος (-η -ο) inégal
ανίψια, τα neveux (les)
ανιψιά, η nièce (la)
ανιψιός, ο neveu (le)
ανόητος (-η -ο) imbécile, stupide
άνοιξη, η printemps (le)
άνοστος (-η -ο) sans saveur
ανταλλάσσ(ζ)ω échanger
αντί au lieu de
αντιβιοτικό, το antibiotique (le)
αντίθετος (-η -ο) contraire
αντικαθιστώ remplacer, substituer
αντικείμενο, το objet (le)
αντίρρηση, η objection (la)
αντίστοιχος (-η -ο) correspondant
αντωνυμία, η pronom (le)
ανώμαλος (-η -ο) irrégulier, ano(r)mal
ανώτερος, ο supérieur
αξία, η valeur (la)
αόριστος, ο passé simple, aoriste (le) (gr.)
απαγορεύεται (il est) interdit, défense
απαγορεύω interdire
απαραίτητος (-η -ο) indispensable
απασχολημένος (-η -ο) occupé
απατάω (-ώ) tromper
απέναντι en face
απεχθάνομαι détester
απέχω être loin/distant de
απλώνω étendre. allonger
απόδειξη, η reçu (le) // preuve (la)
αποθετικό ρήμα, το verbe déponent (le) (gr.)
αποθήκη, η dépôt des marchandises (le), entrepôt (le)
αποκτάω (-ώ) obtenir
Απόλλωνας, ο Apollon
απολύτως absolument
απορρυπαντικό, το détergent (le)
αποτέλεσμα, το résultat (le)
αποτελούμαι consister
αποφασίζω décider
αργά tard // lentement
αργότερα plus tard
αργώ être en retard, tarder
Άρης, ο Arès, Mars
αριστερός (-ή -ό) gauche
αριστοκρατικός (-ή -ό) aristocratique
αρκετά assez

αρκετοί (-ές -ά) suffisants
αρκετός (-ή- ό) suffisant
αρνιέμαι (αρνούμαι) refuser
αρρωσταίνω tomber malade
άρρωστος (-η -ο) malade
αρσενικός (-ή -ό) masculin // mâle (gr.)
Άρτεμις, η Artémis, Diane
αρχαιολογικός (-ή -ό) archéologique
αρχάριος (-α -ο) débutant, neuf en
αρχή, η commencement (la), début (le)
αρχηγός, ο commandant, chef (le)
ασημικά, τα argenterie (la)
ασθενικός (-ή -ό) maladif
ασθενοφόρο, το ambulance (la)
άσθμα, το asthme (le)
άσκηση, η exercice (le), pratique (la)
ασπιρίνη, η aspirine (la)
αστειεύομαι plaisanter
αστέρι, το étoile (la)
αστυνομία, η police (la)
αστυνομικός, ο agent de police (le)
αστυνομικός (-ή -ό) policier
αστυνόμος, ο commissaire de police (le)
αστυφύλακας, ο agent de police (le)
ασφαλώς vraiment, sans doute
άτομο, το personne (la)
ατύχημα, το accident (le)
άτυχος (-η -ο) infortuné, malheureux
αύξηση, η augmentation (la)
αυτί, το oreille (la)
αυτοκτονώ se suicider
αυτός (-ή -ό) il, lui (nom.) // ce, celui
αυτοσχεδιάζω improviser
αφαιρώ enlever // déduire
αφεντικό, το maître, patron (le)
αφήνω laisser
αφορά (il) concerne
αφρικανικός (-ή -ό) africain
Αφροδίτη, η Aphrodite, Vénus
αχτένιστος (-η -ο) non peigné

B β

βάζο, το vase (le)
βάζω mettre
βαθμολογία, η attribution des notes (la)
βαθμός, ο note (la), point (le) // degré (le)
βάθος, το profondeur (la)
βαθύς (-ιά -ύ) profond
βαλίτσα, η valise (la)
βαλς, το valse (la)
Βαλτιμόρη, η Baltimore
βαμβακερός (-ή -ό) de coton
βαμβάκι, το coton (le)
βάρδια, η garde, equipe (la)
βαρετός (-ή -ό) ennuyeux
βαριά lourdement, gravement
βαριέμαι s'ennuyer
βάρος, το poids (le)

βαρύς (-ιά- ύ)   lourd
βασικός (-ή -ό)   essentiel
βασιλιάς, ο   roi (le)
βατ, το   watt (le)
βεβαίως (βέβαια)   certainement, bien sûr
Βέλγος (-ίδα), ο   belge *(pers.)*
βενζινάδικο, το   station d'essence (la)
βενζίνη, η   essence (la)
βεράντα, η   terasse (la)
βία, η   violence (la)
βιάζομαι   être pressé
βιαστικά   à la hâte, precipitamment
βιντεοκασέτα, η   vidéocassette (la)
βιοτεχνία, η   artisanat (le)
βιταμίνη, η   vitamine (la)
βλάπτω   endommager, faire tort
βοηθάω (-ώ)   aider, assister
βοήθεια, η   aide (la), assistance (la)
    //secours (le)
βόλεϊ, το   volley ball (le)
βόλτα, η   promenade (la), tour (le)
βουλιάζω   s'effondrer, couler
βουνό, το   montagne (la)
βούτυρο, το   beurre (le)
βραβείο, το   prix (le), récompense (la)
(βραβείο) Νόμπελ, το   prix Nobel (le)
βρίσκομαι   se trouver
βροχή, η   pluie (la)
βρώμικος (-η -ο)   sale

Γ γ

γάμος, ο   marriage (le), noces (les)
γαμπρός, ο   gendre, beau-frère (le) //
    marié (le)
γαρνίρω   garnir
γείτονας, ο   voisin (le)
γειτονιά, η   voisinage, quartier (le)
γειτόνισσα, η   voisine (la)
γελάω (-ώ)   rire
γεμάτος (-η -ο)   plein
γενέθλια, τα   anniversaire (de naissance)
γενική, η   génitif (le) *(gr.)*
γεννιέμαι   naître
γένος, το   genre (le) *(gr.)*
γερός (ή- ό)   fort, en bon état
γεύση, η   goût (le), saveur (la)
γεωργία, η   agriculture (la)
γη, η   terre (la)
γήπεδο, το   terrain (le)
γιαγιά, η   grand'mère (la)
για να   pour que, afin de
γιαούρτι, το   yogourt (le)
γίνομαι   devenir // se passer
γιορτάζω   fêter, célébrer, avoir sa fête
γιορτή , η   fête (la)
γκάλοπ, το   sondage (le)
γκρουπ, το   groupe (le), équipe (la)
γλυκό, το   gâteau (le), pâtisserie (la)

γλυκός (ιά- ό)   doux // sucré
γλώσσα, η   langue (la)
γνώμη, η   opinion (la)
γνωρίζω   connaître, savoir
γνωστός (-ή -ό)   (bien) connu
γόνατο, το   genou (le)
γραμμή, η   ligne (la)
γρήγορος (-η -ο)   rapide
γρίπη, η   grippe (la)
γυαλί, το   verre (le)
γυαλιά, τα   lunettes (les)
γυναικολόγος, ο   gynécologue (le)
γύρω   autour // environ
γωνία, η   coin (le) // angle (le)

Δ δ

δαγκώνω   mordre
δάσος, το   forêt (la)
δεκάρικο, το   pièce de dix drachmes (la)
δεκοχίλιαρο, το   billet de dix mille
    drachmes (le)
δέμα, το   colis (le)
δεν πειράζει   ça ne fait rien, n'importe
δέντρο, το   arbre (le)
δεξιός (-ιά- ιό)   droit
δεξίωση, η   réception (la)
δέρμα, το   peau (la) // cuir (le)
δερμάτινος (-η -ο)   de cuir
δέρνω   battre
δέχομαι   accepter
δηλαδή   c'est à dire
δηλώνω   déclarer
Δήμητρα, η   Déméter, Cérès
δημοκρατία, η   démocratie (la) //
    république (la)
δημοσιογράφος, ο/η   journaliste (le/la)
διάβασμα, το   lecture (la)
διαγώνιος (-α -ο)   diagonal
δίαιτα, η   régime (le)
διακοπές, οι   vacances (les)
διακοπή, η   interruption (la)
διαλέγω   choisir
διάλεξη, η   conférence (la)
διάμετρος, η   diamètre (le)
διάρκεια, η   durée (la)
διαρκής (-ής -ές)   durable
διαρρήκτης, ο   cambrioleur (le)
διάρρηξη, η   cambriolage (la)
Δίας, ο   Zeus, Jupiter
διασκεδαστικός (ή -ό)   amusant,
(χρονικό) διάστημα, το   espace, intervalle
    (le)
διαφορά, η   difference (la)
διαφορετικός (ή -ό)   différent
διαφωνώ   être (se trouver) en désaccord
δίδακτρα, τα   droits de scolarité (les)
διεθνής (-ής -ές)   international
διευθυντής, ο   directeur (le)

δικηγορικός (-ή -ό)   d'avocat, de barreau
δικτάτορας, ο   dictateur (le)
Διόνυσος, ο   Dionysos
διορθώνω   corriger
διπλός (-ή -ό)   double
διπλωματικός (-ή -ό)   diplomatique
δισύλλαβος (-η -ο)   dissyllabe
δίφραγκο, το   pièce de deux drachmes (la)
δοκιμάζω   essayer // goûter
δόντι, το   dent (le)
δύναμη, η   pouvoir (le)
δυνατός (-ή -ό)   fort, puissant
δυσκολεύομαι   avoir de la peine
δυσκολία, η   difficulté (la)
δυστυχώς   malheureusement
δωμάτιο, το   chambre (la)
δώρο, το   cadeau (le)

Ε ε

εβδομαδιαίος (-α -ο)   hebdomadaire
εγγονή , η   petite-fille (la)
εγγόνια ,τα   petits-enfants (les)
εγγονός, ο   petit-fils (le)
εγγύηση, η   garantie (la)
εγκαίρως (έγκαιρα)   à temps // en avance
έγκυος, η   enceinte
έθιμο, το   coutume (la)
εθνικός (-ή -ό)   national
ειδικός, ο   spécialiste (le)
ειδικότητα, η   spécialisation (la)
είδος, το   espèce (la), genre (le), article (le)
εικόνα, η   image, icône (la)
εικοσάρικο, το   pièce de vingt drachmes
    (la)
εικοσιτετράωρο, το   vingt quatre heures
    (les), jour et nuit
ειλικρινής (-ής -ές)   franc, sincère
είμαι πτώμα   être épuisé
είσοδος, η   entrée (la)
(ε)κατοστάρικο, το   billet ou pièce de cent
    drachmes (le)
έκθεση, η   exposition (la)
εκκλησία, η   église (la)
εκπαιδευτικός (-ή -ό)   d'éducation,
    d'enseignement, éducatif
εκτός από   sauf
ελάττωμα, το   défaut (le)
ελαττώνω   diminuer, réduir
ελαφρύς (-ιά -ύ)   léger
ελέγχω   contrôler, vérifier, examiner
ελιά, η   olive (la), olivier (le)
ελικόπτερο, το   hélicoptère (le)
ελπίζω   espérer
έμβασμα, το   remise (d'argent) (la)
έμβρυο, το   fœtus (le)
έμμεσος (-η -ο)   indirect
έμπειρος (-η -ο)   expérimenté, versé dans
εμπόριο, το   commerce (le)

έμπορος, ο marchand, commerçant (le)
ενδιαφέρομαι s' intéresser
ενδιαφέρων (-ουσα -ον) intéressant
ενδοκρινολόγος, ο endocrinologue (le)
ενέργεια, η énergie (la) // action (la)
ενεργητική (φωνή), η voix active (la) *(gr.)*
ενεστώτας, ο présent (le) *(gr.)*
έννοια, η sens (le)
ενοικιάζεται à louer
εννοώ entendre, comprendre
ενοίκιο, το loyer (le)
ένοικος, ο locataire (le)
ενοχλητικός (-ή -ό) gênant
εντατικός (-ή -ό) intensif
εντολή, η commande (la)
ενώ pendant que // tandis que
(ε)ξαδέλφια, τα cousins (les)
εξαιρετικός (-ή -ό) excellent, exceptionnel
εξαφανίζομαι disparaître
εξετάζω examiner
εξέταση, η examen (le)
εξήγηση, η explication (la)
έξοδα, τα frais (les)
έξοδος, η sortie (la)
εξυπηρετώ servir, être utile
έξυπνος (-η -ο) intelligent
εξωτερικό, το l'étranger
εξωτερικός (-ή -ό) extérieur, externe
εξωτικός (-ή -ό) exotique
επανάληψη, η révision (la)
επαρχία, η province (la)
επειδή parce que, car, puisque
επιβατικός (-ή -ό) de passager
επιγραφή, η inscription (la)
Επίδαυρος, η Épidaure
επίθετο, το adjectif (le) *(gr.)*
επιθυμώ désirer
επικίνδυνος (-η -ο) dangereux
επιμένω insister
έπιπλο, το meuble (le)
επίρρημα, το adverbe (le) *(gr.)*
επισκέπτομαι visiter, rendre visite
επιστήμονας, ο homme de science (le)
επίτηδες exprès
επιτρέπω permettre
επόμενος (-η -ο) suivant
επώνυμο, το nom de famille (le)
εργάζομαι travailler
εργαζόμενος travailleur (le)
εργαλείο, το outil (le)
εργασία, η travail (le)
εργάτης, ο ouvrier (le)
εργάτρια, η ouvrière (la)
έργο, το oeuvre (la), pièce de théâtre (la) // film (le)
εργοστάσιο, το usine (la)
Ερμής, ο Hermès, Mercure
Ερυθρός Σταυρός, ο Croix Rouge (la)
έρωτας, ο amour (le)

ερωτευμένος (-η -ο) amoureux
ερωτηματικός (-ή -ό) interrogatif
ερωτηματολόγιο, το questionnaire (le)
Εστία, η Hestia, Vesta
έστω και αν même si
εσωτερικός (-ή -ό) intérieur, interne
εταιρεία, η société (la)
έτος, το an (le), année (la)
ευγενικός (-ή -ό) poli, noble
ευθεία tout droit
ευθύνη, η responsabilité (la)
ευκαιρία, η occasion (la)
ευτυχισμένος (-η -ο) heureux
ευτυχώς heureusement
ευχαριστημένος (-η -ο) content
ευχάριστος (-η -ο) agréable
εφόσον puisque
έχω δίκιο avoir raison

Z ζ

ζακέτα, η jaquette (la), cardigan (le)
ζάχαρη, η sucre (le)
ζαχαροπλαστείο, το pâtisserie (la)
ζεσταίνομαι avoir chaud
ζέστη, η chaleur (la)
ζεστό, το tisane (la)
ζεστός (-ή -ό) chaud
ζευγάρι, το couple (le), paire (la)
ζηλεύω être jaloux
ζητάω (-ώ) demander // réclamer // chercher
ζητείται on demande
ζω vivre
ζωή, η vie (la)
ζώνη, η ceinture (la)

H η

ήδη déjà
ηθοποιός, ο acteur (le)
ηλεκτρικός (-ή -ό) la ligne électrique Pirée-Kifissia
ηλεκτρικός, ο train (le)
ηλεκτρονικός, ο électronicien
ηλεκτρονικός (-ή -ό) électronique
ηλικία, η âge (le)
ηλικιωμένος (-η -ο) agé
(η)μέρα, η jour (le), journée (la)
ημερολόγιο, το calendrier (le)
Ήρα, η Hera
ήρεμος (-η -ο) calme, tranquille
ησυχία, η silence (le)
ήττα, η defaite (la)
Ήφαιστος, ο Héphaïstos, Vulcan

Θ θ

θαλασσινά, τα fruits de mer (les)
θαυμάσιος (-α -ο) merveilleux, admirable
θαυμαστής, ο admirateur (le)
θεά, η déesse (la)
θέμα, το sujet (le), thème (le)
θεολογία, η théologie (la)
θεός, ο dieu (le)
θέση, η place, position (la)
θηλυκός (-ιά -ό) féminin, femelle
θητεία, η service militaire (le)
θόρυβος, ο bruit (le)
θυμωμένος (-η -ο) fâché, en colère
θυμώνω fâcher, mettre en colère // se fâcher, se mettre en colère

I ι

ιατρική, η médecine (la)
ιδέα, η idée (la)
ιδιαίτερα particulièrement
ιδιαίτερος (-η -ο) particulier, spécial
ιδιοκτήτης, ο propriétaire (le)
ιδιοκτήτρια, η propriétaire (la)
ιδίως spécialement
ιδιωτικός (-ή -ό) privé
ικανοποιητικός (-ή -ό) satisfaisant
ιππόδρομος, ο hippodrome (le)
ίσιος (-α -ο) droit, direct
ίσος (-η -ο) égal
ισότητα, η égalité (la)
ιστορία, η histoire (la)
ιστορικός (-ή -ό) historique

K κ

κάβα, η magasin spiritueux (le)
καβγάς, ο bagarre (la)
κάδρο, το portrait (le), cadre (le)
καζανάκι, το chasse d'eau (la)
καημένος (-η -ο) pauvre
καθαρίζω nettoyer
καθαριστικό, το détergent (le)
κάθε chaque
κάθε πότε combien de fois
καθένας (καθεμιά, καθένα) chacun
κάθετος (-η -ο) perpendiculaire
καθημερινός (-ή -ό) quotidien
καθολικός (-ή -ό) catholique
καθόλου du tout
καθρεφτάκι, το petit mirroir (le)
καθρέφτης, ο mirroir (le)
καθυστέρηση, η retard (le)
κακός (-ή -ό) mauvais, méchant
καλεσμένος (-η -ο) invité
καλικάντζαρος, ο diablotin (le)
καλλυντικό, το produit de beauté (le)

καλός (-ή -ό)   bon, gentil
κάλτσα, η   chaussette (la)
καλ(τ)σόν, το   collant (le)
καλύπτω   couvrir
καλώ   appeler // inviter
κανάλι, το   chaîne (la), canal (le)
καναπές, ο   canapé (le)
κανέλα, η   cannelle (la)
κανένας/κανείς (καμιά, κανένα)   aucun, personne
κανόνας, ο   règle (la)
κανονικός (-ή -ό)   régulier
κάνω μπάνιο   prendre une bain
κάνω παρέα   faire de la compagnie
κάπνισμα, το   habitude de fumer (la)
καπνιστής, ο   fumeur (le)
κάποιος (-α -ο)   quelqu'un
κάποτε   quelquefois, parfois
κάπου   quelque part
κάπως   en quelque sorte, d'une certaine manière
καραμπόλα, η   carambolage (le)
καρδιά, η   cœur (le)
καρδιολόγος, ο   cardiologue (le)
καρέκλα, η   chaise (la)
καριέρα, η   carrière (la)
καρκίνος, ο   cancer (le)
κάρτα, η   carte postale (la)
καστανός (-ή -ό)   châtain, brun
κατά   vers
κατάληξη, η   terminaison (la) (gr.)
κατάλληλος (-η -ο)   convenable
κατάλογος, ο   liste (la), catalogue (le)
κατανάλωση, η   consommation (la)
καταπίεση, η   oppression (la)
καταπληκτικός (-ή -ό)   formidable, étonnant
καταραμένος (-η -ο)   damné
κατάσταση, η   situation (la)
κατάστημα, το   magasin (le), boutique (la)
καταφέρνω   arriver à
κατεβαίνω   descendre
κατευθείαν   directement
κατήφορος, ο   descente (la)
κατοικώ   habiter
καφενείο, το   café (le)
κείμενο, το   texte (le)
κενό, το   vide (le)
κεραυνός, ο   foudre (la)
κερδίζω   gagner
κέρδος, το   profit (le) , gain (le)
κεφάλι, το   tête (la)
κέφι, το   (bonne) humeur (la)
κήπος, ο   jardin (le)
κινδυνεύω   être en danger
κίνηση, η   mouvement (le) // circulation (la)
κιόλας   déjà
κλασικός (-ή -ό)   classique

κλέβω   voler
κλειδί, το   clef (la)
κλείνω   fermer // louer, réserver
κλήση, η   contravention (la)
κλίνω   conjuguer, décliner
κ.λπ.   etc.
κόβω   couper // cesser de, arrêter
κοιλιά, η   ventre (le)
κοινότητα, η   communauté (la)
κοινόχρηστα, τα   les charges communes d'un immeuble
κοινωνία, η   société (la)
κοινωνικός (-ή -ό)   social
κολλεγιακό, το   sweatshirt (le)
κολυμπάω (-ώ)   nager
κολόνια, η   eau de toilette, cologne (la)
κόμβος, ο   jonction (la)
κομμάτι, το   pièce (la)
κομμωτήριο, το   salon de coiffure (le)
κομμωτής, ο   coiffeur (le)
κομμώτρια, η   coiffeuse (la)
κομοδίνο, το   table de nuit (la)
κομπολόι, το   chapelet (le)
κονιάκ, το   cognac (le)
κοντινός (-ή -ό)   proche
κοπέλα, η   jeune femme (la) // jeune fille (la)
κόσμημα, το   bijou (le)
κοσμηματοπωλείο, το   joaillerie (la), bijoutier (le)
κόσμος, ο   monde (le)
κοστίζω   coûter
κόστος, το   coût (le)
κοστούμι, το   costume (le)
κουβέντα, η   causerie (la)
κουβεντιάζω   causer, s'éntretenir
κουβεντούλα, η   causerie (la)
κουδούνι, το   sonnette (la)
κουνιάδα, η   belle-soeur (la)
κουνιάδος, ο   beau-frère (le)
κουράζομαι   se fatiguer
κούραση, η   fatigue (la)
κουρασμένος (-η -ο)   fatigué
κουρείο, το   salon de coiffure (le)
κουρτίνα, η   rideau (le)
κουτάλι, το   cuillère (la)
κουταλιά, η   cuillerée (la)
κουτί, το   boîte (la)
κουτσός (-ή -ό)   boiteux
κρατάω (-ώ)   tenir, porter
κράτος, το   état (le)
κρεμμύδι, το   oignon (le)
κρεοπωλείο, το   boucherie (la)
κροκόδειλος, ο   crocodile (le)
κρουαζιέρα, η   croisière (la)
κρυολόγημα, το   rhume (le)
κρυφός (-ή -ό)   secret
κρυωμένος (-η -ο)   enrhumé
κρυώνω   avoir froid
κτητικός (-ή -ό)   posséssif

κτίριο, το   bâtiment (le)
κτλ.   etc.
κυβέρνηση, η   gouvernement (le)
κυβικός (-ή -ό)   cubique
κύκλος, ο   cercle, cycle (le)
κυκλοφοριακός (-ή -ό)   de circulation
κυκλοφορώ   circuler
κυνήγι, το   chasse (la)
κωμωδία, η   comédie (la)

Λ λ

λάδι, το   huile (le)
λάθος, το   erreur (la)
λαϊκός (-ή -ό)   populaire, laïque
λαιμός, ο   gorge (la), cou (le)
λάμπα, η   lampe (la)
λαμπατέρ, το   lampadaire (le)
λαχανικά, τα   légumes (les)
λέγομαι   s'appeler
λείπω   être absent, manquer
λεμόνι, το   citron (le)
λέξη, η   mot (le)
λεξικό, το   dictionnaire (le)
λεπτό, το   minute (la)
λεπτός (-ή -ό)   mince
λεφτά, τα   argent (le)
λεωφόρος, η   avenue (la), boulevard (le)
λήγω   se terminer, finir, expirer
ληστεία, η   cambriolage, hold up (le)
ληστής, ο   cambrioleur (le)
λιγάκι   un (tout) petit peu
λίγο   un peu
λίγοι (-ες -α)   peu
λίγος (-η -ο)   peu
λικέρ, το   liqueur (le)
λιμάνι, το   port (le)
λινός (-ή -ό)   de lin
λιπαρός (-ή -ό)   gras
λίστα, η   liste (la)
λίτρο, το   litre (le)
λόγια, τα   paroles (les)
λογικός (-ή -ό)   raisonnable, logique
λογιστής, ο   comptable (le)
λογίστρια, η   comptable (la)
λόγος, ο   raison (la) // langage (le) // discours (le)
λογοτεχνία, η   littérature (la)
λόγω   en raison de
λοιπόν   alors, donc
λουλούδι, το   fleur (la)
λόφος, ο   colline (la)
λύνω   dénouer // résoudre
λύση, η   solution (la)
λωρίδα, η   bande (la) // voie (d'autoroute) (la)

Μ μ

μαγαζί, το boutique (la), magasin (le)
μάγειρας, ο cuisinier (le)
μαγείρισσα, η cuisinière (la)
μαγείρεμα, το action de faire la cuisine
μαγειρεύω cuisiner
μαγευτικός (-ή -ό) charmant
μαγιονέζα, η mayonnaise (la)
μαθηματικά, τα mathématiques (les)
μαϊντανός, ο persil (le)
μαιτρ, ο maître d' hôtel (le)
μακάρι Dieu veuille
μακιγιάρομαι se maquiller
μακρύς (-ιά -ύ) long
μαλακός (-ιά -ό) tendre // doux
μαλακώνω rendre mou // adoucir // attendrir
μαλλί, το laine (la)
μαλλιά, τα cheveux (les)
μάλλινος (-η -ο) en laine
μάλλον plutôt // davantage
μαλώνω se querreler // gronder
μαμά, η maman (la)
μανάβης, ο marchand de légumes (le)
μανάβικο, το boutique de marchand de légumes (la)
μανιτάρι, το champignon (le)
μαντεύω deviner
μάντρα, η parc d'automobiles d'occasion
μαξιλάρι, το oreiller (le) // coussin (le)
μάρκα, η marque (la)
μάτι, το oeil (le)
ματιά, η regard (le)
μαχαίρι, το couteau (le)
με avec
μέγεθος, το taille (la)
μεθαύριο après-demain
μέθοδος, η méthode (la)
μελετάω (-ώ) étudier
μέλι, το miel (le)
μελιτζάνα, η aubergine (la)
μελιτζανοσαλάτα, η purée d'aubergines (la)
μέλλον, το avenir (le)
μέλλοντας, ο futur (le) (gr.)
μελλοντικός (-ή -ό) futur
μελό, το mélo (le)
μέλος, το membre (le)
(ε)μένα moi (accus.)
μερικοί (-ές -ά) quelques
μέρος, το endroit (le) // part (la)
μέσα dans // dedans
μεσαίος (-α -ο) moyen
μέση, η milieu du corps, reins (les)
Μεσόγειος, η Méditerranée (la)
μέσος όρος, ο moyenne (la)
μετά après
μετάξι, το soie (la)

μεταξύ entre
μεταξωτός (-ή -ό) en soie
μετάφραση, η traduction (la)
μεταχειρίζομαι utiliser, faire usage
μέχρι jusque
μη(ν) ne, ne pas
μήκος, το longueur (la)
μήνας, ο mois (le)
μήνυμα, το message (le)
μήπως est-ce que
Μητρόπολη, η Cathédrale (la)
μηχανάκι, το moto (la)
μηχανή, η machine (la) // moteur (le) // motocyclette (la)
μηχάνημα, το engin (le), appareil (le)
μηχανικός, ο ingénieur (le)
μ.μ. p.m.
μισθός, ο salaire (le)
μισός (-ή -ό) demi
μισώ haïr
μοιράζομαι se partager
μοιράζω diviser, partager
μόλις à peine, aussitôt que, venir de
μολύβι, το crayon (le)
μολυσμένος (-η -ο) pollué, contaminé
μόνο seulement
μονοκατοικία, η maison particulière (la)
μονολεκτικός (-ή -ό) d'un mot
μόνος (-η -ο) seul
μονός (-ή -ό) simple // impair
μόριο, το molécule (la)
μορφή, η forme (la) // figure (la)
μου
μούσι, το barbe (la)
μουσικός, ο musicien (le)
μπαίνω entrer
μπακάλης, ο épicier (le)
μπακάλικο, το épicerie (la)
μπάλα, η ballon (le)
μπαλέτο, το ballet (le)
μπαμπάς, ο papa (le)
μπανιέρα, η baignoire (le)
μπάνιο, το salle de bain (la) // bain (le)
μπάσκετ, το basket - ball (le)
μπλε bleu
μπλέκομαι se mêler
μπλέκω se mêler // être bloqué
μπλέντερ, το blender (le)
μπλοκάκι, το bloc-notes (le)
μπλούζα, η blouse (la)
μπλουτζίν, το jean (le)
μπογιά, η peinture (la), couleur (la)
μπορεί peut- être, il se peut que
μπορντό bordeaux
μπότα, η botte (la)
μπουκάλι, το bouteille (la)
μπουκέτο, το bouquet (le)
μπουφάν, το anorak (le)
μπράβο (σου) bravo
μπράντυ, το brandy (le)

μπροστά devant, en avant
μυρίζω sentir
μωρό, το bébé (le)

Ν ν

να voilà
να que // de
ναός, ο temple (le)
νάτος (-η -ο) le voilà
Ναυτικό, το Marine (la)
Νέα Ζηλανδία, η Nouvelle-Zélande (la)
Νέα Υόρκη, η New York
νέα, τα nouvelles (les) // informations (les)
νέκταρ, το nectar (le)
νέοι, οι jeunes (les)
νέος (-α -ο) jeune
νερό, το eau (la)
νευρολόγος, ο neurologue (le)
νέφος, το smog (le)
νησί, το île (la)
νίκη, η victoire (la)
νοικοκυρά, η maîtresse de maison (la)
νομίζω penser, croire
νόμος, ο loi (la)
νοσοκόμα, η infirmière (la)
νοσοκόμος, ο infirmier (le)
νόστιμος (-η -ο) délicieux, savoureux
νούμερο, το numéro (le), nombre (le)
ντίσκο, η discothèque (la)
ντοκυμαντέρ, το documentaire (le)
ντολμαδάκια, τα feuilles de vigne farcies (les)
ντουλάπα, η penderie (la), placard (le) (pour les vêtements)
ντουλάπι, το placard (le)
ντους, το douche (la)
ντροπαλός (-ή -ό) timide
ντύνομαι s'habiller
ντύνω habiller
νύφη, η mariée (la) // belle-fille, belle-soeur (la)
νωρίς tôt, de bonne heure

Ξ ξ

ξανά de nouveau
ξανθός (-ή -ό) blond
ξαπλώνω se coucher
ξαφνικά soudain
ξεκουράζομαι se reposer, se délasser
ξεκούραση, η repos (le)
ξενόγλωσσος (-η -ο) relatif à une langue étrangère
ξενοδοχείο, το hôtel (le)
ξερός (-ή -ό) sec
ξεσκονίζω épousseter
ξεχνάω (-ώ) oublier
ξοδεύω dépenser

ξύλο, το bois (le)
ξυπνητήρι, το réveil (le)
ξυπόλυτος (-η -ο) aux pieds nus
ξυρίζομαι se raser
ξυρίζω raser

O o

όαση, η oasis (la)
οδήγηση, η conduite (la) (d'un véhicule)
οδηγία, η instruction (la)
οδηγός, ο chauffeur (le) // guide (le)
οδηγώ conduire // guider
οδοντίατρος, ο dentiste (le)
οδός, η rue, route(la)
οικογένεια, η famille (la)
οικογενειακός (-ή -ό) familial, de famille
οικοδέσποινα, η maîtresse de la maison (la)
οικονομικός (-ή -ό) économique, financier
Ολλανδία, η Pays- Bas (les), Hollande (la)
όλοι (-ες -α) tous/toutes
όλος (-η -ο) tout/toute, entier
Ολυμπιακοί Αγώνες, οι jeux olympiques (les)
Όλυμπος, ο Olympe (le)
ομάδα, η groupe (le), ensemble (le), équipe (la)
ομελέτα, η omelette (la)
ομιλία, η discours (le), conférence (la)
ομορφιά, η beauté (la)
όμως mais, pourtant
όνειρο, το rêve (le)
ονομάζω nommer, appeler
ονομαστική, η nominatif (le) *(gr.)*
όπερα, η opéra (la)
ο οποίος (η οποία, το οποίο) lequel/laquelle
οποιοσδήποτε (οποιαδηποτε, οποιοδήποτε) quiconque/quelconque
όποτε quand, lorsque // chaque fois que
όπου (là) où
όπως-όπως tant bien que mal
όπως comme, ainsi que
οπωσδήποτε sans faute, en tout cas
όργανο, το instrument (le), organe (le)
όρεξη, η appétit (le) // envie (la) // goût (le)
ορθογώνιος (-α -ο) rectangulaire
οριζόντιος (-α -ο) horizontal
ορισμένος (-η -ο) certain
ορισμός, ο définition (la)
ορίστε voilà, tenez // oui ?
όροφος, ο étage (le)
ορχήστρα, η orchestre (le)
όσοι (-ες -α) autant de
όσος (-η -ο) autant...que, aussi...que
όταν lorsque, quand
ό,τι tout ce qui/que
ότι que

ουδέτερος (-η -ο) neutre *(gr.)*
ούζο, το ouzo, pastis (le)
ουρανός, ο ciel (le)
ουσιαστικό, το nom (le) *(gr.)*
ούτε ni // non plus
οφθαλμίατρος, ο oculiste (le)
οχτάωρο, το les huit heures

Π π

παγκόσμιος (-α -ο) universel, mondial
παγωτό, το glace (la)
παθαίνω se passer, arriver, subir
παθητική (φωνή), η voix passive (la) *(gr.)*
παθολόγος, ο géneraliste (le)
παιδίατρος, ο pédiatre (le)
παίζω jouer
παίρνω prendre
παίρνω είδηση avoir des nouvelles
πακέτο, το paquet (le)
Πακιστάν, το Pakistan (le)
παλάμη, η paume (la)
πάλι de nouveau, encore
παλιός (-ά -ό) vieux, ancien *(objets)*
παλτό, το manteau (le)
Παναγία, η Notre-Dame, Sainte Vierge (la)
πανεπιστήμιο, το université (la)
πάντα toujours
παντελόνι, το pantalon (le)
παντρεύομαι se marier
πάντως en tout cas
πάνω au dessus, en haut, sur
παπούτσι, το soulier (le)
παππούς, ο grand- père (le)
πάρα moins *(heure)*
παραγγελία, η ordre (le)
παράγραφος, η paragraphe (le)
παράδειγμα, το example (le)
παραδίνω (dé)livrer, remmetre
παραδοσιακός (-ή -ό) traditionnel
παραθετικό, το comparatif (le) *(gr.)*
παράθυρο, το fenêtre (la)
παρακαλώ s'il vous plaît, je vous en prie // prier
παρακάτω plus bas, ci- dessous
παρακείμενος, ο passé composé (le) *(gr.)*
παρακολουθώ poursuivre, suivre
παραλαμβάνω recevoir
παραλία, η bord de la mer (le), plage (la)
παραλιακός (-ή -ό) côtier
παραμένω rester
παραμύθι, το conte (le), fable (la)
παράξενος (-η -ο) étrange
παραπάνω plus haut, au dessus // encore
παρασκευή, η preparation (la)
παρατατικός, ο imparfait (le) *(gr.)*
παρατήρηση, η observation (la)
παρατηρητικός (-ή -ό) observateur
παρέα, η amis (les) // compagnie (la)

παρελθόν, το passé (le)
παρένθεση, η parenthèse (la)
Παρθενώνας, ο Parthénon (le)
Παρίσι, το Paris
παρκάρω garer
πάρκι(ν)γκ, το parking (le)
πάρκο, το parc (le)
πάροδος, η passage (le)
πάρτι, το boom , fête (la)
πασίγνωστος (-η -ο) connu de tout le monde
πάστα, η gâteau (individuel) (le)
Πάσχα, το Pâques
πατάτα, η pomme de terre (la)
πατέρας, ο père (le)
παχύς (-ιά -ύ) gros
πεζός, ο piéton (le)
πεθαίνω mourir
πεθερά, η belle-mère (la)
πεθερικά, τα beaux- parents (les)
πεθερός, ο beau-père (le)
πεινάω (-ώ) avoir faim
πείρα, η expérience (la)
πειράζω déranger, ennuyer
Πειραιάς, ο Pirée (le)
πελάτης, ο client (le)
πενηντάρικο, το pièce ou billet de cinquante drachmes (le)
πεντακοσάρικο, το billet de cinq cent drachmes (le)
πεντοχίλιαρο, το billet de cinq mille drachmes (le)
περασμένος (-η -ο) passé // dernier
περιβάλλον, το environnement, entourage (le)
περιγραφή, η description (la)
περιγράφω décrire
περίεργος (-η -ο) curieux, étrange
περιπολικό, το voiture de police (la)
περίπου environ, à peu près
περιπτεράς, ο propriétaire d' un kiosque
περίπτερο, το kiosque (le)
περίπτωση, η cas (le)
περιττός (-ή -ό) de trop, inutile
περνάω (-ώ) passer
περπατάω (-ώ) marcher
πέρ(υ)σι l' année dernière/passée
πετάω (-ώ) voler // jetter
πετσέτα, η serviette (la), essuie-main (le)
πέφτω tomber
πηδάω (-ώ) sauter
πια plus
πιάνο, το piano (le)
πιάνω tenir, toucher
πιάτο, το assiette (la)
πίεση, η pression (la) // hypertension (la)
πιθανότητα, η possibilité (la)
πικάντικος (-η -ο) piquant
πικάπ, το pick-up (le)

πιλότος, ο pilote (le)
πίνακας, ο tableau (le) // table (la)
πινακοθήκη, η gallerie (la)
πίνω boire
πιο plus
πίπα, η pipe (la)
πιπέρι, το poivre (le)
πιρούνι, το fourchette (la)
πιστεύω croire
πιστόλι, το pistolet, revolver (le)
πίσω derrière, (en) arrière
πιτσαρία, η pizzeria (la)
πλάγια στοιχεία, τα italiques (les)
πλάγιος (-α -ο) oblique
πλαίσιο, το encadrement (le), bordure (la)
πλαστικός (-ή -ό) plastique
πλατεία, η place (la)
πλάτη, η dos (le)
πλάτος, το largeur (la)
πλατύς (-ιά -ύ) large
πλένομαι se laver, être laver
πλένω laver
πληθυντικός, ο pluriel (le) (gr.)
πληθυσμός, ο population (la)
πληροφορία, η information (la), renseignement (le)
πληρώνω payer
πλησιάζω (se) approcher
πλοίο, το bateau (le), navire (le)
Πλούτωνας, ο Pluton
πλυντήριο, το machine à laver (la)
π.μ. a.m.
πνεύμονας, ο poumon (le)
ποδήλατο, το vélo (le), bicyclette (la)
πόδι, το pied (le), jambe (la)
ποιανού (-ής -ού) à qui
ποιος (-α -ο) qui (question)
ποιότητα, η qualité (la)
πόλεμος, ο guerre (la)
πολεμάω (-ώ) combattre, lutter
πόλη, η ville, cité (la)
πολιτική, η politique (la)
πολλοί (-ές -ά) beaucoup de
πολύ très // beaucoup
πολυεθνικός (-ή -ό) multinational
πολυθρόνα, η fauteuil (le)
πολυκατοικία, η immeuble (le)
πολύς (πολλή, πολύ) beaucoup de
πονάω (-ώ) avoir mal
πονοκέφαλος, ο mal à la tête
πόνος, ο douleur (la), mal (le)
ποντίκι, το souris (la)
πορεία, η cours (le) // marche (la)
πόρτα, η porte (la)
πορτατίφ, το lampe de chevet (la)
πορτοκαλάδα, η orangeade (la)
πορτοκάλι, το orange (la)
Ποσειδώνας, ο Poséidon, Néptune
πόσοι (-ες -α) combien de (pl.)

πόσος (-η -ο) combien de (sing.)
ποσοστό, το pourcentage (le)
ποσοτικός (-ή -ό) quantitatif (gr.)
ποτάμι, το rivière (la), fleuve (le)
πότε quand (question)
ποτέ jamais
ποτήρι, το verre (le)
ποτίζω arroser
ποτό, το boisson (la)
που qui, que
πού où
πουθενά quelque part // nulle part
πουκάμισο, το chemise (la)
πουλάω (-ώ) vendre
πουλί, το oiseau (le)
πουλόβερ, το pull-over (le)
πούρο, το cigare (le)
πράγμα, το chose (la)
πραγματικά vraiment
πραγματικότητα, η réalité (la)
πραγματοποιώ réaliser, effectuer
πράξη, η action (la), acte(le)
πράσινος (-η -ο) vert
πρέπει il faut
πριν avant, avant que
προάστιο, το banlieu (la)
πρόβλημα, το problème (le)
πρόγραμμα, το programme (le)
πρόεδρος, ο président (le)
προέρχομαι provenir // dériver // tirer son origine de
προηγούμενος (-η -ο) précédent
πρόθεση, η préposition (la) (gr.)
προίκα, η trousseau (le), dot (la)
προϊστάμενος, ο chef, supérieur (le)
προκαταρκτικός (-ή -ό) préliminaire
πρόκειται για il s' agit de
πρόκειται να il va (+ infinitif)
προλαβαίνω arriver à temps // avoir du temps
προληπτικός (-ή -ό) superstitueux
πρόοδος, η progrès (le)
Προπό, το lotto sportif (le)
προσεκτικός (-ή -ό) attentif
προσέχω faire attention à, se guarder de
προσθέτω ajouter
προσκαλώ inviter
πρόσκληση, η invitation (la)
προσόν, το qualité, capacité (la)
προσπαθώ essayer
προσπερνάω (-ώ) dépasser, doubler
προστακτική, η impératif (le) (gr.)
προστατεύω protéger
προσφέρω offrir
προσωπικό, το personnel (le)
προσωπικός (-ή -ό) personnel
πρόσωπο, το personne (la) // visage (le)
πρόταση, η proposition (la) (gr.)
προτείνω proposer

προτιμάω (-ώ) préférer
προτίμηση, η préférence
προχθές avant-hier
προχωρημένος (-η -ο) avancé
προχωρώ aller en avant, avancer
πρωθυπουργός, ο premier ministre (le)
πρωί, το matin (le), matineé (la)
πρωινό, το petit déjeuner (le)
πρώτα premièrement, d' abord
πρωτεύουσα, η capitale (la)
πρωτοχρονιά, η le jour de l' an
πτήση, η vol (le)
πτυχίο, το diplôme (le)
πτώμα, το cadavre (le)
πυρετός, ο fièvre (la)
πυροβολώ tirer (un coup de fusil)
πυροσβέστης, ο pompier (le)
πυροσβεστική, η les pompiers
π.χ. par exemple
πωλείται à vendre
πωλητής, ο vendeur (le)
πως que
πώς comment, comme // bien sûr

Ρ ρ

ραδιόφωνο, το radio (la)
ραλίστας, ο ralliste (le)
ραντεβού, το rendez-vous (le)
ράφι, το étagère (la)
ρεπόρτερ, ο reporter (le)
ρεσεψιόν, η réception (la)
ρέστα, τα monnaie (la), reste de l'argent
ρετσίνα, η vin resiné (le)
ρήμα, το verbe (le)
ριζικός (-ή -ό) radical
ρίχνω jeter, lancer
ρολόι, το montre , horloge (la)
ρόλος, ο rôle (le)
ρομαντικός (-ή -ό) romantique
ρούχα, τα vêtements (les)
ρύζι, το riz (le)
Ρωμαίος (-α) romain (pers.)
Ρώμη, η Rome
ρωτάω (-ώ) demander

Σ σ

σαββατοκύριακο, το fin de semaine, week-end (le)
σακάκι, το veste (la)
σακούλα, η sachet, sac (le)
σαλιγκάρι, το escargot (le)
σαλόνι, το salon (le)
σάλτσα, η sauce (la)
σαμιώτικος (-η -ο) de l'île de Samos
σαμπουάν, το shampooing (le)
σαν comme
σάντουιτς, το sandwich (le)

σαπούνι, το savon (le)
σγουρός (-ή -ό) frisé, bouclé
σέβομαι respecter
σειρά, η série, suite (la) // rang (le) // suite (la)
σε λίγο bientôt
σελίδα, η page (la)
σερβιτόρα, η serveuse (la) *(rest.)*
σερβιτόρος, ο serveur (le) *(rest.)*
σηκώνομαι se lever, se mettre debout
σηκώνω lever, mettre debout
σήμα, το marque, signe (le)
σημαίνει ça veut dire, cela signifie
σημαντικός (-ή -ό) important
σημασία, η sens (le) // importance (la)
σημείωμα, το note (la)
σημειώνω noter
σημείωση, η note (la)
σήμερα aujourd'hui
σημερινός (-ή -ό) d'aujourd'hui, du jour
σίριαλ, το feuilleton (le)
σιγά bas, à voix basse // lentement
σιγουρεύομαι s'assurer
σίγουρος (-η -ο) sûr, certain
σίδερο, το fer , fer a repasser (le)
σιδερώνω repasser
Σικάγο, το Chicago
Σικελία, η Sicile (la)
σινεμά, το cinéma (le)
σκάλα, η escalier (le), échelle (la)
σκάφος, το vaisseau (le)
σκέφτομαι (σκέπτομαι) penser, réfléchir
σκέψη, η pensée, réflexion (la)
σκηνή, η scène (la) // tente (la)
σκίτσο, το caricature (la), croquis (le)
σκόνη, η poussière (la) // poudre (la)
σκοτώνω tuer
σκουπίδια, τα ordures (les)
σκουπιδιάρικο, το benne (la)
σκουπίζω balayer, essuyer
σκούρος (-α -ο) foncé
σκυλί, το chien (le)
σκύλος, ο chien (le)
σοβαρός (-ή -ό) sérieux
σοκολάτα, η chocolat (le)
σολίστ, ο soliste (le)
σουηδικός (-ή -ό) suédois *(objets)*
σούπα, η soupe (la), potage (le)
σούπερ μάρκετ, το super-marché (le)
σοφία, η sagesse (la)
σπά(ζ)ω casser, briser, rompre
σπάνιος (-α -ο) rare
σπεσιαλιτέ, η spécialité (la)
σπίρτα, τα allumettes (les)
σπορ, το sport (le)
σπορ sport
σπουδάζω étudier, faire des études
σπουδαστής, ο étudiant (le)
σπρώχνω pousser, bousculer

στάδιο, το stade (le) // étape (la)
σταθερός (-ή -ό) stable, fixe
στάθμευση, η stationnement (le)
σταματάω (-ώ) (s') arrêter, cesser
στάση, η arrêt (le) *(bus etc.)*
στατιστικές, οι données statistiques (les)
σταυρόλεξο, το mots croisés (les)
στέκι, το point de rencontre (le)
στέκομαι rester/être debout // s' arrêter
στέλνω envoyer
στενός (-ή -ό) étroit
στενοχωριέμαι se gêner, s' inquièter
στήλη, η colonne (la)
στην υγειά σας! à votre santé!
στιγμή, η moment (le)
στοιχεία, τα élements (les) // données (les)
στολή, η uniforme (le)
στόμα, το bouche (la)
στομάχι, το estomac (le)
στοπ, το stop (le)
στρατηγός, ο général (le)
στρατιώτης, ο soldat (le)
στρατιωτικός, ο militaire (le)
στρατόπεδο, το camp (le)
στρατός, ο armée (la)
στρίβω tourner, changer de direction
στρογγυλός (-ή -ό) rond, arrondi
στρώνω faire (le lit) // mettre (les couverts)
συγγενής, ο parent (le)
συγγραφέας, ο auteur, écrivain (le)
συγκρίνω comparer
συγκριτικός (-ή -ό) comparatif (le) *(gr.)*
συγκρότημα, το groupe (le)
συγγνώμη pardon
σύγχρονος (-η -ο) contemporain, moderne
συγχωρώ excuser, pardonner
συζήτηση, η discussion, conversation (la)
συκώτι, το foie (le)
συλλαβή, η syllabe (la)
σύλλογος, ο association (la)
συμβαίνει arrive, se passe *(impers.)*
συμβουλεύω conseiller
συμβουλή, η conseil (le)
συμμαθητής, ο camarade de classe (le)
συμμαθήτρια, η camarade de classe (la)
συμμετέχω participer, avoir part
συμπληρώνω compléter, remplir
σύμπτωμα, το symptôme, signe (le)
σύμφωνα με conformément à // d' après
συμφωνικός (-ή -ό) symphonique
σύμφωνοι! (nous sommes) d' accord!
συμφωνώ être d' accord, accorder
συναγερμός, ο alarme (la)
συνάλλαγμα, το change (le)
συναντάω (-ώ) rencontrer
συνάντηση, η rencontre (la), rendez-vous (le)
συναντιέμαι se recnontrer
συναρπαστικός (-ή -ό) ravissant

συναυλία, η concert (le)
συνάχι, το rhume (le)
συνδέω joindre, lier ensemble
συνδυασμός, ο combinaison (la)
συνέδριο, το congrès (le), conférence (la)
συνέντευξη, η interview (la)
συνεταίρος, ο associé (le)
συνέχεια (συνεχώς) continuellement, tout le temps
στη συνέχεια ensuite, après
συνεχίζω continuer
συνηθισμένος (-η -ο) habitué // ordinaire
συνήθως habituellement, d' habitude
συνθετικός (-ή -ό) synthétique
συνοδηγός, ο passager (le) // copilote (le)
συνολικά au total
συνταγή, η recette (la) // ordonnance (la)
σύντομα bientôt
σύντομος (-ή -ο) bref, concis
σύντροφος, ο compagnon, camarade (le)
συρτάρι, το tiroir (le)
σύστημα, το système (le)
συστήνω présenter // recommander
συχνός (-ή -ό) fréquent, répété
σφουγγαρίζω nettoyer (le plancher), éponger
σχεδιάγραμμα, το plan, dessin, tracé (le)
σχεδιάζω dessiner, tracer un plan // se proposer, avoir quelque chose en tête
σχέδιο, το dessin, plan (le) // projet (le)
σχεδόν presque
σχέση, η relation (la), rapport (le)
σχετικά με relativement // par rapport à
σχετικός (-ή -ό) relatif // ayant rapport à
σχηματίζω former
σχολείο, το école (la)
σχολή, η école, faculté (la)
σώμα, το corps (le)
σωστός (-ή -ό) juste, correct

Τ τ

ταβερνάκι, το petite taverne (la)
ταινία, η film (le)
ταίρι, το pareil (le), égal (le) // partenaire (le)
ταιριάζω assortir, appareiller
τα καταφέρνω je me débrouille
τάλιρο, το pièce de cinq drachmes (le)
ταμείο, το caisse (la)
ταμίας, ο caissier (le)
ταμπλέτα, η tablette (la)
τάξη, η classe (la) // ordre (la)
ταξί, το taxi (le)
ταξιδεύω voyager
ταξίδι, το voyage (le)
ταξινομώ classifier
ταράτσα, η terasse (la)
τασάκι, το cendrier (le)

ταυτότητα, η identité (la)
τα χάνω perdre contenace
ταχυδρομείο, το poste (la)
ταχυδρόμος, ο facteur (le)
ταχυδρομώ envoyer par la poste
τέλεια parfaitement
τέλειος (-α -ο) parfait
τελειώνω finir, terminer
τελείως complètement
τελευταίος (-α -ο) dernier
τελικός (-ή -ό) final
τέλος, το fin (la)
τέν(ν)ις, το tennis (le)
τεράστιος (-α -ο) énorme
τεστ, το test (le), épreuve (la)
τέταρτο, το quart (le)
τέτοιος (-α -ο) tel, pareil
τετράγωνο, το carré // paté de maison (le)
τετράγωνος (-η -ο) carré, quadrangulaire
τετράδιο, το cahier (le)
τέχνη, η art (le)
τεχνικός, ο technicien (le)
τζαζ, η jazz (le)
τζάμι, το carreau (le), vitre (la)
τζιν, το gin (le)
τζόγκινγκ, το jogging (le)
τηγανητός (-ή -ό) frit
τηλεόραση, η télévision (la)
τηλεφώνημα, το coup de fil (le)
τηλεφωνητής, ο téléphoniste (le)
τηλεφωνήτρια, η téléphoniste (la)
τηλέφωνο, το téléphone (le)
τηλεφωνώ téléphoner
τιμή, η prix (le) // honneur (le
τίποτε quelque chose // rien
τμήμα, το section, division (la)
το μόνο la seule chose
τονίζω accentuer, appuyer sur, souligner
τόνος, ο accent (le) // ton (le)
τόσο tant, autant, tellement
τοστ, το croque monsieur (le)
τοστάδικο, το snack (le)
τότε alors // en ce temps-là
του son/sa/ses *(masc./neut.)*
τουαλέτα, η toilettes (les)
τουλάχιστον au moins
τουρίστας, ο touriste (le)
τουριστικός (-ή -ό) touristique, du tourisme
τραβάω (-ώ) tirer, retirer
τραγουδάω (-ώ) chanter
τραγουδιστής, ο chanteur (le)
τραγωδία, η tragédie (la)
τρακ, το trac (le)
τρακάρω avoir un accident de voiture
τράπεζα, η banque (la)
τραπεζάκι, το petite table (la)
τραπεζαρία, η salle à manger (la)
τραπέζι, το table (la)

τρελός (-ή -ό) fou
τρένο, το train (le)
τρέξιμο, το course à pied (la)
τρέχω courir
τρίγωνο, το triangle (le)
τρόλεϊ, το trolleybus (le)
τρόπος, ο manière (la), façon (la)
τροχαίος (-α -ο) de circulation
τροχαία, η police routière (la)
τρύπα, η trou (le)
τρώω manger
τσάντα, η sac à main (le)
τσάι, το thé (le)
τσέπη, η poche (la)
τσιγάρο, το cigarette (la)
τσίκλα, η chewing-gum (le)
τύπος, ο type, modèle (le), marque (la)
τυρί, το fromage (le)
τυροπιτάκι, το petit pâté au fromage (le)
τυχερός (-ή -ό) chanceux, veinard
τώρα maintenant

Υ υ

υγεία, η santé (la)
υγιής (-ής -ές) sain, en bonne santé
υγρό, το liquide (le)
υδραυλικός, ο plombier (le)
υλικό, το matériel
ύπαιθρος, η campagne (la)
υπάλληλος, ο/η employé(e) (le/la)
υπάρχει il y a
υπάρχω exister
υπεραυτόματος (-η -ο) super automatique
υπερθετικός, ο superlatif (le) *(gr.)*
υπέροχος (-η -ο) superbe
υπερσυντέλικος, ο plus que parfait *(gr.)*
υπερφυσικός (-ή -ό) surnaturel
υπνοδωμάτιο, το chambre à coucher (la)
ύπνος, ο sommeil (le)
υποβοηθητικός (-ή -ό) auxiliaire
υπογραμμίζω souligner
υπογραφή, η signature (la)
υπογράφω signer
υπόθεση, η supposition, hypothèse (la) // affaire (la)
υποθετικός (-ή -ό) hypothétique // conditionnel *(gr.)*
υπολογίζω calculer, compter
υπόλοιπος (-η -ο) qui reste
υπομονετικός (-ή -ό) patient
υπομονή, η patience (la)
ύποπτος (-η -ο) suspect
υπόσχομαι promettre
υποτακτική, η subjonctif (le) *(gr.)*
υποχρεωμένος (-η -ο) obligé
ύστερα après, puis, en suite
υφαντό, το tissage (le)

ύφασμα, το tissu (le), étoffe (le)
ύψος, το hauteur (la)

Φ φ

φαγητό, το manger, repas (le)
φαίνομαι paraître, avoir l' air
φαινόμενο, το phénomène (le)
φάκελος, ο enveloppe (la) // dossier (le)
φακός, ο lentille (la) // torche-électrique (la)
φανάρι, το feu rouge (le)
φαντάζομαι (s') imaginer, se figurer
φαντάρος, ο appelé (le)
φαντασία, η imagination (la)
φανταστικός (-ή -ό) imaginaire, fictif
φαρδύς (-ιά -ύ) large
φαρμακευτικός (-ή -ό) pharmaceutique
φάρμακο, το médicament, remède (le)
φέρνω (ap)porter, amener
φεστιβάλ, το festival (le)
φέτα, η féta (la) *(espèce de fromage blanc)* // tranche (la)
(ε)φέτος cette année
φεύγω partir, s' en aller
φθινόπωρο, το automne (le)
φίδι, το serpent (le)
φιλάω (-ώ) embrasser
φιλειρηνικός (-ή -ό) pacifique, pacifiste
φιλικός (-ή -ό) amical
φιστίκι, το pistache, cacahouète (la)
φλερτ, το flirt (le), amour (le)
φλιτζάνι, το tasse (la)
φλούδι, το écorce, peau (la)
φοιτητής, ο étudiant (le)
φοιτήτρια, η étudiante (la)
φορά, η fois (la)
φοράω (-ώ) porter, mettre
φόρος, ο taxe (la), impôt (le)
φορτηγό, το camion (le)
φορτηγάκι, το camionette (la)
φούρια, η hâte (la), empressement (le)
φούρνος, ο boulangerie (la) // four (le)
φούστα, η jupe (la)
φράγκο, το franc (le)
φράση, η phrase (la)
φρεσκάρω rafraîchir, dérouiller
φρέσκος (-ια -ο) frais
φροντίζω soigner, veiller (à, sur)
φροντιστήριο, το centre éducatif (le)
φρούτο, το fruit (le)
φρυγανιά, η pain grillé (le)
φταίω être coupable, avoir tort
φτάνει ça suffit
φτάνω arriver
φτιάχνω faire, préparer // réparer
φτωχός (-ή -ό) pauvre
φύλακας, ο gardien, garde (le)
φυλακή, η prison (la)
φύλο, το sexe (le)

φυσικός (-ή -ό) naturel
φυσική, η physique (la)
φωνάζω appeler // crier
φωνή, η voix (la)
φωνήεν, το voyelle (la) *(gr.)*
φως, το lumière (la)
φωτεινός (-ή -ό) lumineux, brillant, clair
φωτιά, η feu (le)
φωτιστικό, το lampe (la), lustre (le)
φωτογραφικός (-ή -ό) photographique
φωτογράφος, ο photographe (le)

X χ

χαιρετάω (-ώ) saluer
χαίρομαι se réjouir, avoir du plaisir
χαίρω se réjouir, avoir du plaisir*(idiome épuré)*
χαλάω (-ώ) défaire, détruire // (faire) changer *(argent)*
χαλασμένος (-η -ο) endommagé, gâté
χάλια moche, trés mal
χαμηλός (-ή -ό) bas
χαμομήλι, το camomille (la)
χάνω perdre // manquer
χάπι, το pilule, dragée (la)
χαρά, η joie (la), plaisir (le)
χάρη, η faveur (la) // grâce (la)
χαρίζω donner, faire cadeau
χαρτζιλίκι, το argent de poche (le)
χαρτί, το papier (le)
χαρτιά, τα papiers (les) // cartes à jouer (les)
χαρτοπετσέτα, η serviette à papier (la)
χαρτοπωλείο, το papeterie (la)
χαρτοφύλακας, ο porte-document (le)
χειρούργος, ο chirurgien (le)
χέρι, το main (la), bras (le)
χερούλι, το anse (la)
χημικός, ο chimiste (le)
χήνα, η oie (la)
χήρα, η veuve (la)
χιλιάρικο, το billet de mille drachmes
χιλιόμετρο, το kilomètre (le)
χιόνι, το neige (la)
χοντρός (-ή -ό) gros
χορεύω danser
χορός, ο danse (la)
χρειάζεται il est nécessaire
χρειάζομαι avoir besoin
χρήματα, τα argent (le), monnaie (la)
χρήσιμος (-η -ο) utile
χρησιμοποιώ utiliser
χριστιανή, η chrétienne (la)
χριστιανός, ο chrétien (le)
Χριστούγεννα, τα Noël (le)
χρόνια, τα ans, années (les)
χρόνος, ο an (le), année (la) // temps (le)
χρυσός (-ή -ό) en or, doré

χρώμα, το couleur (la)
χρωστάω (-ώ) devoir
χτένι, το peigne (le)
χτενίζομαι se peigner, se coiffer
χτενίζω peigner, coiffer
χτυπάω (-ώ) battre, frapper // sonner
χυμός, ο jus (le)
χώρα, η pays (le)
χωρίζω séparer
χωρίς sans

Ψ ψ

ψάρι, το poisson (le)
ψάχνω chercher
ψέμα, το mensonge (le)
ψήνω cuir, rôtir
ψιλά, τα petite monnaie (la)
ψιλοκομμένος (-η -ο) hâché/coupé menu
ψυγείο, το réfrigérateur, frigo (le)
ψυχίατρος, ο psychiatre (le)
ψωμί, το pain (le)
ψώνια, τα achats, courses (les)
ψωνίζω faire des achats / des courses

Ω ω

ώμος, ο épaule (la)
ώρα, η heure (la) // temps (le)
ωραία bien, parfaitement
ωραίος (-α -ο) beau
ωραιότητα, η beauté (la)
ώρες αιχμής, οι heures d'affluence (les)
ωστόσο pourtant, tout de même
ωτορινολαρυγγολόγος, ο oto-rhino-laryngologiste

Glossar

A α

άβαφος (-η -ο) ungeschminkt
αβγό, το Ei
αγαπημένος (-η -ο) beliebt, Lieblings-
αγαπητός (-ή -ό) lieb
αγγελία, η Anzeige
αγενής (-ής -ές) unhöflich
αγία, η die Heilige
άγιος, ο der Heilige
άγνωστος (-η -ο) fremd, unbekannt
άγχος, το Angst, Streß
αγώνας, ο Kampf // Wettkampf
άδεια, η Erlaubnis, Lizenz
αδέλφια, τα Geschwister
Άδης, ο Hades, Unterwelt
αδύνατος (-η -ο) dünn // schwach
αεροπειρατής, ο Flugzeugentführer
αεροπορία, η Luftwaffe, Luftfahrt
αθάνατος (-η -ο) unsterblich
Αθηνά, η Athena
Αθήνα, η Athen
αθλητικός (-ή -ό) athletisch, Sport-
αισθάνομαι fühlen
αίτηση, η Antrag
αιτία, η Ursache, Grund
αιτιατική, η Akkusativ (Gramm.)
αιώνας, ο Jahrhundert
ακατάλληλος (-η -ο) ungeeignet
ακολουθώ folgen
ακριβώς teuer
αλάτι, το Salz
αλήθεια, η Wahrheit
αλήθεια Wahrheit // wirklich
αλλάζω wechseln, ändern
αλληλογραφία, η Briefwechsel
αλλιώς sonst
αλουμίνιο, το Aluminium
αμβροσία, η Ambrosia
Άμεση Δράση, η Erste Hilfe
άμεσος (-η -ο) direkt, unmittelbar
αμφιβολία, η Zweifel
αν wenn
αν και obwohl
ανά pro
αναγκάζομαι ich werde gezwungen
ανακαλύπτω entdecken
ανακατεύω mischen
ανακεφαλαίωση, η Rekapitulation
ανακρίνω ausfragen, verhören
ανάλογα entsprechend, analog
ανάλογος (-η -ο) entsprechend
αναπνευστικός (-ή -ό) atmungs-
αναπνοή, η Atem
ανατολή, η der Osten
ανατολικά östlich
ανατομία, η Anatomie
αναφέρομαι sich beziehen auf
αναφέρω erwähnen

αναφορικός (-ή -ό) bezüglich (Gramm.)
αναχώρηση, η Abfahrt
ανέκδοτο, το Anekdote, Witz
άνετος (-η -ο) komfortabel, angenehm
ανήκω gehören
ανθοπωλείο, το Blumenladen
ανθρώπινος (-η -ο) menschlich
άνθρωποι, οι Menschen, Leute
άνθρωπος, ο der Mensch
ανισόπεδος (-η -ο) auf ungleiche Ebene
άνισος (-η -ο) ungleich
ανίψια, τα Neffen und Cousinen
ανιψιά, η Cousine
ανιψιός, ο Neffe
ανόητος (-η -ο) dumm
άνοιξη, η Frühling
άνοστος (-η -ο) geschmacklos
ανταλλάσσ(ζ)ω austauschen
αντί (an)statt
αντιβιοτικό, το Antibiotikum
αντίθετος (-η -ο) entgegengesetzt, widrig,
  konträr
αντικαθιστώ ersetzen
αντικείμενο, το Gegenstand, Objekt
αντίρρηση, η Einwand, Einspruch
αντίστοιχος (-η -ο) entsprechend
αντωνυμία, η Pronomen (Gramm.)
ανώμαλος (-η -ο) unregelmäßig, irregulär,
  uneben
ανώτερος, ο "höher"
αξία, η Wert
αόριστος, ο der Aorist (Gramm.)
απαγορεύεται es ist verboten
απαγορεύω verbieten
απαραίτητος (-η -ο) nötig
απασχολημένος (-η -ο) beschäftigt
απατάω (-ώ) betrügen, untreu sein
απέναντι gegenüber
απεργία, η Streik
απεχθάνομαι nicht ausstehen können
απέχω entfernt sein
απλώνω (Wäsche)aufhängen
απόδειξη, η Quittung
αποθετικό ρήμα, το deponent (Verb)
αποθήκη, η Abstellraum
αποκτάω (-ώ) erwerben
Απόλλωνας, ο Apollo
απόλυτος (-η -ο) absolut
απορρυπαντικό, το Waschmittel
αποτέλεσμα, το Ergebnis
αποτελούμαι bestehen aus
αποφασίζω entscheiden, beschließen
αργά spät // langsam
αργότερα später
αργώ spät sein, sich verspäten
Άρης, ο Mars
αριστερός (-η -ο) linke
αριστοκρατικός (-η -ο) aristokratisch
αρκετά genug // ziemlich

αρκετοί (-ες -ά) einige, genug
αρκετός (-ή- ό) ausreichend, genug
αρνιέμαι (αρνούμαι) ablehnen, sich
  weigern
αρρωσταίνω krank werden
άρρωστος (-η -ο) krank
αρσενικός (-ή -ό) maskulin
Άρτεμις, η Artemis (Diana)
αρχαιολογικός (-ή -ό) archäologisch
αρχάριος (-α -ο) Anfänger
αρχή, η Anfang, Beginn
αρχηγός, ο Führer
ασημικά, τα Silberware
ασθενικός (-ή -ό) kränklich
ασθενοφόρο, το Krankenwagen
άσθμα, το Asthma
άσκηση, η Übung
ασπιρίνη, η Aspirin
αστειεύομαι Spaß machen
αστέρι, το Stern, Star
αστυνομία, η Polizei
αστυνομικός, ο Polizist
αστυνομικός (-ή -ό) Polizei-, polizeilich
αστυνόμος, ο Polizeikommissar
αστυφύλακας, ο Schutzpolizist
ασφαλώς sicherlich
άτομο, το Person, Individuum
ατύχημα, το Unfall
άτυχος (-η -ο) jemand der Pech hat
αύξηση, η Erhöhung
αυτί, το Ohr
αυτοκτονώ Selbstmord begehen
αυτός (-ή -ό) er // dieser
αυτοσχεδιάζω improvisieren
αφαιρώ substrahieren, wegnehmen
αφεντικό, το Chef
αφήνω verlassen, lassen
αφορά betrifft
αφρικανικός (-ή -ό) afrikanisch
Αφροδίτη, η Aphrodite (Venus)
αχτένιστος (-η -ο) ungekämmt

B β

βάζο, το Vase
βάζω legen, stellen, setzen
βαθμολογία, η Benotung
βαθμός, ο Note, Grad
βάθος, το Tiefe
βαθύς (-ιά -ύ) tief
βαλίτσα, η Koffer
βαλς, το Walzer
Βαλτιμόρη, η Baltimore
βαμβακερός (-ή -ό) aus Baumwolle
βαμβάκι, το Baumwolle
βάρδια, η Schicht
βαρετός (-ή -ό) langweilig
βαριέμαι sich langweilen
βάρος, το Gewicht

βαρύς (-ιά- ύ) schwer
βασικός (-ή -ό) Grund-
βασιλιάς, ο König
βατ, το Watt
βέβαια (βεβαίως) sicherlich
Βέλγος (-ίδα) Belgier, Belgierin
βενζινάδικο, το Tankstelle
βενζίνη, η Benzin
βεράντα, η Veranda
βία, η Gewalt, Zwang
βιάζομαι in Eile sein
βιαστικά eilig
βιντεοκασέτα, η Videokassette
βιοτεχνία, η Kleinbetrieb
βιταμίνη, η Vitamin
βλάπτω schaden
βοηθάω (-ώ) helfen
βοήθεια, η Hilfe
βόλεϊ, το Volley-Ball
βόλτα, η Spaziergang // Spazierfahrt
βουλιάζω untergehen
βουνό, το Berg
βούτυρο, το Butter
βραβείο, το Preis
(βραβείο) Νόμπελ, το Nobelpreis
βρίσκομαι ich befinde mich
βρίσκω finden
βροχή, η Regen
βρώμικος (-η -ο) schmutzig

Γ γ

γάμος, ο Hochzeit, Heirat, Ehe
γαμπρός, ο Bräutigam // Schwiegersohn
γαρνίρω dekorieren, garnieren
γείτονας, ο Nachbar
γειτονιά, η Nachbarschaft
γειτόνισσα, η Nachbarin
γελάω (-ώ) lachen
γεμάτος (-η -ο) voll
γενέθλια, τα Geburtstag
γενική, η Genitiv
γεννιέμαι geboren werden
γένος, το Geschlecht
γερός (ή- ό) stabil, kräftig
γεύση, η Geschmack
γεωργία, η Landwirtschaft
γη, η Erde
γήπεδο, το Sportplatz
γιαγιά, Großmutter
για να um...zu
γιαούρτι, το Joghurt
γίνομαι werden // stattfinden
γιορτάζω feiern
γιορτή, η Fest // Feier
γκάλοπ, το Umfrage
γκρουπ, το Gruppe
γλυκό, το Süßigkeit
γλυκός (ιά- ό) süß

γλώσσα, η Sprache, Zunge
γνώμη, η Meinung
γνωρίζω kennen, wissen
γνωστός (-ή -ό) bekannt
γόνατο, το Knie
γραμμή, η Linie
γρήγορος (-η -ο) schnell
γρίπη, η Grippe
γυαλί, το Glas
γυαλιά, τα Brille
γυναικολόγος, ο Frauenarzt
γύρω um..herum // gegen
γωνία, η Ecke

Δ δ

δαγκώνω beißen
δάσος, το Wald
δεκάρικο, το Zehn-Drachmen-Stück
δεκοχίλιαρο, το Zehntausend-Drachmen-
  Schein
δέμα, το Paket
δέντρο, το Baum
δεξιός (-ιά- ιό) recht
δεξίωση, η Empfang
δέρμα, το Leder
δερμάτινος (-η -ο) aus Leder
δέρνω schlagen, prügeln
δέχομαι akzeptieren
δηλαδή nämlich
δηλώνω aussagen
Δήμητρα, η Demeter
δημοκρατία, η Demoktatie // Republik
δημοσιογράφος, ο/η Journalist
διάβασμα, το das Lesen, Lernen
διαγώνιος (-α -ο) diagonal
δίαιτα, η Diät
διακοπές, οι Ferien
διακοπή, η Unterbrechung
διαλέγω aussuchen
διάλεξη, η Vortrag
διάμετρος, η Durchmesser
διάρκεια, η Dauer
διαρκής (-ής -ές) dauernd (Adj.)
διαρκώς dauernd (Adv.)
διαρρήκτης, ο Einbrecher
διάρρηξη, η Einbruch
Δίας, ο Zeus
διασκεδαστικός (ή -ό) unterhaltsam,
  amüsant
(χρονικό) διάστημα, το Zeitspanne
διαφορά, η Unterschied
διαφορετικός (ή -ό) verschieden
διαφωνώ anderer Meinung sein
δίδακτρα, τα Unterrichtsgebühren
διεθνής (-ής -ές) international
διευθυντής, ο Leiter
δικηγορικός (-ή -ό) rechtsanwältlich
δικτάτορας, ο Diktator

Διόνυσος, ο Dionysos
διορθώνω verbessern
διπλός (-ή -ό) doppelt
διπλωματικός (-ή -ό) diplomatisch
δισύλλαβος (-η -ο) zweisilbig
δίφραγκο, το Zwei-Drachmen-Stück
δοκιμάζω ausprobieren, probieren //
  versuchen
δόντι, το Zahn
δύναμη, η Kraft, Macht
δυνατός (-ή -ό) stark
δυσκολεύομαι mir fällt etwas schwer
δυσκολία, η Schwierigkeit
δυστυχώς leider
δωμάτιο, το Zimmer
δώρο, το Geschenk

Ε ε

εβδομαδιαίος (-α -ο) wöchentlich
εγγονή, η Enkelin
εγγόνια, τα Enkelkinder
εγγονός, ο Enkel
εγγύηση, η Garantie
εγκαίρως (έγκαιρα) rechtzeitig
έγκυος schwanger
έθιμο, το Sitte
εθνικός (-ή -ό) national
ειδικός, ο Spezialist
ειδικότητα, η Spezialität
είδος, το Art, Typ
εικόνα, η Bild, Ikone
εικοσάρικο, το Zwanzig-Drachmen-Stück
εικοσιτετράωρο, το 24 Stunden
ειλικρινής (-ής -ές) ehrlich, aufrichtig
είμαι πτώμα ich bin kaputt, fertig
είσοδος, η Eingang
(ε)κατοστάρικο, το Hundert-Drachmen-
  Münze
έκθεση, η Ausstellung, Messe
εκκλησία, η Kirche
εκπαιδευτικός (-ή -ό) Bildungs-,
  Ausbildungs-
εκτός από außer
ελάττωμα, το Defekt, Fehler
ελαττώνω reduzieren
ελαφρύς (-ιά -ύ) leicht
ελέγχω prüfen, kontrollieren
ελιά, η Olive
ελικόπτερο, το Hubschrauber
ελπίζω hoffen
έμβασμα, το Geldüberweisung
έμβρυο, το Fötus
έμμεσος (-η -ο) indirekt
έμπειρος (-η -ο) erfahren
εμπόριο, το Handel
έμπορος, ο Händler, Kaufmann
ενδιαφέρομαι interessiert sein
ενδιαφέρων (-ουσα -ον) interessant

ενδοκρινολόγος, ο Drüsenspezialist
ενέργεια, η Aktion // Energie
ενεργητική (φωνή), η Aktiv (Gramm.)
ενεστώτας, ο Präsens (Gramm.)
έννοια, η Bedeutung
ενοικιάζεται zu vermieten
εννοώ meinen
ενοίκιο, το Miete
ένοικος, ο Bewohner
ενοχλητικός (-ή -ό) störend
εντατικός (-ή -ό) intensif
εντολή, η Anordnung, Auftrag
ενώ während
(ε)ξαδέλφια, τα Vettern und Cousinen
εξαιρετικός (-ή -ό) exzellent,
    ausgezeichnet
εξαφανίζομαι verschwinden
εξετάζω prüfen
εξέταση, η Prüfung
εξήγηση, η Erklärung
έξοδα, τα Ausgaben
έξοδος, η Ausgang
εξυπηρετώ bedienen
έξυπνος (-η -ο) klug
εξωτερικό, το Ausland
εξωτερικός (-ή -ό) extern, ausländisch
εξωτικός (-ή -ό) exotisch
επανάληψη, η Wiederholung,
    Wiederaufnahme
επαρχία, η Provinz
επειδή weil
επιβατικός (-ή -ό) Passagier-
επιγραφή, η Aufschrift, Überschrift
Επίδαυρος, η Epidaurus
επίθετο, το Adjektiv (Gramm.) //
    Familienname
επιθυμώ (sich) wünschen
επικίνδυνος (-η -ο) gefährlich
επιμένω bestehen auf
έπιπλο, το Möbelstück
επίρρημα, το Adverb (Gramm.)
επισκέπτομαι besuchen
επιστήμονας, ο Wissenschaftler
επίτηδες absichtlich
επιτρέπω erlauben, gestatten
επόμενος (-η -ο) nächst-
επώνυμο, το Nachname
εργάζομαι arbeiten
εργαζόμενος berufstätig
εργαλείο, το Werkzeug
εργασία, η Arbeit
εργάτης, ο Arbeiter
εργάτρια, η Arbeiterin
έργο, το Stück (Theater-, Kino-)
εργοστάσιο, το Fabrik
Ερμής, ο Hermes
Ερυθρός Σταυρός, ο Rotes Kreuz
έρωτας, ο Liebe
ερωτευμένος (-η -ο) verliebt

ερωτηματικός (-ή -ό) fragend (Gramm.)
ερωτηματολόγιο, το Fragebogen
Εστία, η Hestia, Herd
έστω και αν auch wenn
εσωτερικός (-ή -ό) Innen-, intern
εταιρεία, η Gesellschaft, Firma
έτος, το Jahr
ευγενικός (-ή -ό) höflich
ευθεία geradeaus
ευθύνη, η Verantwortung
ευκαιρία, η Gelegenheit
ευτυχισμένος (-η -ο) glücklich
ευτυχώς glücklicherweise
ευχαριστημένος (-η -ο) zufrieden
ευχάριστος (-η -ο) angenehm
εφόσον vorausgesetzt, daß
έχω δίκιο ich habe Recht

Z ζ

ζακέτα, η Jacke
ζάχαρη, η Zucker
ζαχαροπλαστείο, το Konditorei
ζεσταίνομαι mir ist warm
ζέστη, η Hitze
ζεστό, το warmes Getränk
ζεστός (-ή -ό) warm
ζευγάρι, το das Paar
ζηλεύω eifersüchtig sein
ζητάω (-ώ) verlangen // bitten
ζητείται wird gesucht
ζω leben
ζωή, η Leben
ζώνη, η Gürtel

H η

ήδη schon
ηθοποιός, ο/η Schauspieler
ηλεκτρικός (-ή -ό) elektrisch
ηλεκτρικός, ο elektrische Eisenbahn
ηλεκτρονικός, ο Elektrotechniker
ηλεκτρονικός (-ή -ό) elektronisch
ηλικία, η Alter
ηλικιωμένος (-η -ο) bejahrt, alt
(η)μέρα, η Tag
ημερολόγιο, το Kalender
ήρεμος (-η -ο) ruhig
ησυχία, η Ruhe
ήττα, η Niederlage
Ήφαιστος, ο Hephaist

Θ θ

θαλασσινά, τα Meeresfrüchte
θαυμάσιος (-α -ο) wunderbar
θαυμαστής, ο Bewunderer
θεά, η Göttin

θέμα, το Thema
θεολογία, η Theologie
θεός, ο Gott
θέση, η Platz // Position
θηλυκός (-ιά -ό) weiblich
θητεία, η Militärdienst
θόρυβος, ο Lärm
θυμωμένος (-η -ο) böse
θυμώνω böse weden

I ι

ιατρική, η Medizin
ιδέα, η Idee
ιδιαίτερα besonders
ιδιαίτερος (-η -ο) der besondere // privat
ιδιοκτήτης, ο Eigentümer, Besitzer
ιδίως besonders, gerade
ιδιωτικός (-ή -ό) privat
ικανοποιητικός (-ή -ό) befriedigend
ιππόδρομος, ο Pferderennbahn
ίσιος (-α -ο) gerade
ίσος (-η -ο) gleich
ισότητα, η Gleichheit
ιστορία, η Geschichte
ιστορικός (-ή -ό) historisch, geschichtlich

K κ

κάβα, η Weinladen
καβγάς, ο Streit
κάδρο, το Wandbild
καζανάκι, το Spülkasten
καημένος (-η -ο) arm, unglücklich
καθαρίζω sauber machen
καθαριστικό, το Reinigungsmittel
κάθε jeder/jede/jedes
κάθε πότε wie oft?
καθένας (καθεμιά, καθένα) jeder
κάθετος (-η -ο) vertikal
καθημερινός (-ή -ό) täglich
καθολικός (-ή -ό) Katholisch
καθόλου gar nicht
καθρεφτάκι, το Spiegelchen
καθρέφτης, ο Spiegel
καθυστέρηση, η Verspätung
κακός (-ή -ό) schlecht, böse
καλεσμένος (-η -ο) eingeladen
καλεσμένος, ο Gast
καλικάντζαρος, ο Gnom
καλλυντικό, το Kosmetikmittel
καλός (-ή -ό) gut, nett (Adj.)
κάλτσα, η Socke, Strumpf
καλ(τ)σόν, το Strumpfhose
καλύπτω decken
καλώ rufen, anrufen
κανάλι, το Kanal (Fernsehen)
καναπές, ο Sofa, Couch

κανέλα, η Zimt
κανένας (καμιά/κανένα) keiner
κανόνας, ο Regel
κανονικός (-ή -ό) regulär
κάνω μπάνιο ein Bad nehmen, baden
κάνω παρέα Gesellschaft leisten
κάπνισμα, το das Rauchen
καπνιστής, ο Raucher
κάποιος (-α -ο) jemand
κάποτε einst in der Vergangenheit
κάπου irgendwo
κάπως irgendwie
καραμπόλα, η Karambolage
καρδιά, η Herz
καρδιολόγος, ο Herzspezialist
καρέκλα, η Stuhl
καριέρα, η Karriere
κάρτα, η Karte, Postkarte
καστανός (-ή -ό) brünett
κατά gegen (zeitlich)
κατάληξη, η Endung (Gramm.)
κατάλληλος (-η -ο) passend, geeignet
κατάλογος, ο Liste, Menü
κατανάλωση, η Konsum
καταπίεση, η Unterdrückung
καταπληκτικός (-ή -ό) phantastisch
καταραμένος (-η -ο) verdammt
καρκίνος, ο Krebs
κατάσταση, η Situation, Lage
κατάστημα, το Laden
καταφέρνω etwas gelingt mir
κατεβαίνω herunterkommen,
  hinuntergehen
κατευθείαν direkt, geradeaus
κατήφορος, ο Abhang
κατοικώ wohnen
κατσαρίδα, η Kakerlake
καφενείο, το Café
κείμενο, το Text
κενό, το leer
κεραυνός, ο Donner
κερδίζω verdienen // gewinnen
κέρδος, το Gewinn
κεφάλι, το Kopf
κέφι, το gute Laune // Lust
κήπος, ο Garten
κινδυνεύω in Gefahr sein
κίνηση, η Bewegung // Verkehr
κιόλας schon
κλασικός (-ή -ό) klassisch
κλέβω stehlen
κλειδί, το Schlüssel
κλείνω schließen // buchen
κλήση, η Strafzettel
κλίνω deklinieren (Gramm.)
κ.λπ. etc.
κόβω schneiden // aufhören zu rauchen
  oder zu trinken
κοιλιά, η Bauch

κοινότητα, η Gemeinde
κοινόχρηστα, τα Umlagen
κοινωνία, η Gesellschaft
κοινωνικός (-ή -ό) sozial
κολυμπάω (-ώ) schwimmen
κολόνια, η Kölnisch Wasser (μόνο αυτό;)
κόμβος, ο Knotenpunkt, Kreisverkehr
κομμάτι, το Stück
κομμωτήριο, το Friseur-laden
κομμωτής, ο Friseur
κομμώτρια, η Friseuse
κομοδίνο, το Nachttisch
κομπολόι, το Rosenkranz (zum Spielen)
κονιάκ, το Kognak
κοντινός (-ή -ό) nah
κοπέλα, η Mädchen
κόσμημα, το Juwel, Schmuck
κοσμηματοπωλείο, το Schmuckgeschäft
κόσμος, ο Welt // Leute
κοστίζω kosten
κόστος, το Kosten
κοστούμι, το Kostüm, Anzug
κουβέντα, η Gespräch
κουβεντιάζω plaudern
κουβεντούλα, η Plauderei
κουδούνι, το Klingel
κουνιάδα, η Schwägerin
κουνιάδος, ο Schwager
κουράζομαι müde werden
κούραση, η Müdigkeit
κουρασμένος (-η -ο) müde
κουρείο, το Friseurladen
κουρτίνα, η Gardine
κουτάλι, το Löffel
κουταλιά, η einen Löffel voll
κουτί, το Schachtel
κουτσός (-ή -ό) Krüppel
κρατάω (ώ) halten // dauern
κράτος, το Staat
κρεμμύδι, το Zwiebel
κρεοπωλείο, το Metzger
κροκόδειλος, ο Krokodil
κρουαζιέρα, η Kreuzfahrt
κρυολόγημα, το Erkältung
κρυφός (-ή -ό) geheim
κρυωμένος (-η -ο) erkältet sein
κρυώνω ich friere
κτητικός (-ή -ό) possessiv
κτίριο, το Gebäude
κτλ. etc.
κυβέρνηση, η Regierung
κυβικός (-ή -ό) würfelförmig
κύκλος, ο Kreis
κυκλοφοριακός (-ή -ό) Verkehrs-
κυκλοφορώ zirkulieren
κυνήγι, το Jagd
κωμωδία, η Komödie

Λ λ

λάδι, το Öl
λάθος, το Fehler
(είναι) λάθος es ist falsch
λαϊκός (-ή -ό) volks-
λαιμός, ο Hals
λάμπα, η Lampe
λαμπατέρ, το Stehlampe
λαχανικά, τα Gemüse
λέγομαι ich heiße
λείπω fehlen, abwesend sein
λεμόνι, το Zitrone
λέξη, η Wort
λεξικό, το Wörterbuch
λεπτό, το Minute
λεπτός (-ή -ό) schlank, dünn
λεφτά, τα Geld
λεωφόρος, η Allee, Avenue
λήγω enden, ablaufen
ληστεία, η Raub
ληστής, ο Räuber
λιγάκι ein bißchen
λίγο etwas, ein bißchen
λίγοι (-ες -α) einige, weinige
λίγος (-η -ο) wenig
λικέρ, το Likör
λιμάνι, το Hafen
λινός (-ή -ό) aus Leinen
λιπαρός (-ή -ό) ölig, fettig
λίστα, η Liste
λίτρο, το Liter
λόγια, τα Worte
λογικός (-ή -ό) logisch
λογιστής, ο Buchhalter
λόγος, ο Grund
λογοτεχνία, η Literatur
λόγω wegen
λοιπόν also
λουλούδι, το Blume
λόφος, ο Hügel
λύνω lösen
λύση, η Lösung
λωρίδα, η Fahrbahn

Μ μ

μαγαζί, το Laden
μάγειρας, ο Koch
μαγείρισσα, η Köchin
μαγείρεμα, το Kochen
μαγειρεύω kochen
μαγευτικός (-ή -ό) zauberhaft
μαγιονέζα, η Mayonnaise
μαθηματικά, τα Mathematik
μαϊντανός, ο Petersilie
μαιτρ, ο Ober
μακάρι hoffentlich
μακιγιάρομαι sich schminken

μακρύς (-ιά -ύ) lang
μαλακός (-ιά -ό) weich
μαλακώνω weich machen
μαλλί, το Wolle
μαλλιά, τα Haar
μάλλινος (-η -ο) aus Wolle
μάλλον wahrscheinlich
μαλώνω schelten // sich streiten
μαμά, η Mutter, Mama
μανάβης, ο Gemüseman, Obstman
μανάβικο, το Gemüseladen, Obstladen
μανιτάρι, το Pilz
μαντεύω raten
μάντρα, η Gehege
μαξιλάρι, το Kissen
μάρκα, η Marke
μάτι, το Auge
ματιά, η Blick
μαχαίρι, το Messer
με mit // mich
μέγεθος, το Größe
μεθαύριο übermorgen
μέθοδος, η Methode
μελετάω (-ώ) studieren
μέλι, το Honig
μελιτζάνα, η Aubergine
μελιτζανοσαλάτα, η Auberginensalat
μέλλον, το Zukunft
μέλλοντας, ο Futur (Gramm.)
μελλοντικός (-ή -ό) Zukunfts-
μελό melodramatisch
μέλος, το Glied, Mitglied
(ε)μένα mich
μερικοί (-ές -ά) einige
μέρος, το Ort // Platz
μέσα innen, in
μεσαίος (-α -ο) mittlere(r)
μέση, η Taille // Mitte
Μεσόγειος, η Mittelmeer
μέσος όρος, ο Durchschnitt
μετά dann, danach
μετάξι, το Seide
μεταξύ zwischen, unter
μεταξωτός (-ή -ό) seiden
μετάφραση, η Übersetzung
μεταχειρίζομαι benutzen
μέχρι bis
μη(ν) nicht
μήκος, το Länge
μήνας, ο Monat
μήνυμα, το Nachricht, Botschaft
μήπως vielleicht (nur bei Fragen)
Μητρόπολη, η Kathedrale
μηχανάκι, το Moped, Motorrad
μηχανή, η Maschine // Fotoapparat //
   Motor
μηχάνημα, το Apparat
μηχανικός, ο/η Mechaniker
μ.μ. p.m.

μισθός, ο Gehalt
μισός (-ή -ό) halb
μισώ hassen
μοιράζομαι teilen
μοιράζω verteilen
μόλις kaum, gerade
μολύβι, το Bleistift
μολυσμένος (-η -ο) vergiftet
μόνο nur
μονοκατοικία, η Einfamilienhaus
μονολεκτικός (-ή -ό) einsilbig
μόνος (-η -ο) allein
μονός (-ή -ό) gerade // Zahlen
μόριο, το Molekül, Teilchen
μορφή, η Form
μούσι, το Bart
μουσικός (-ή -ό) musikalisch
μπαίνω eintreten, hineingehen
μπακάλης, ο Krämer
μπακάλικο, το Krämerladen
μπάλα, η Ball
μπαλέτο, το Ballett
μπαμπάς, ο Vater, Papa
μπανιέρα, η Badewanne
μπάνιο, το Bad
μπλε blau
μπλέκομαι hineingezogen werden
μπλέντερ, το Mixer
μπλοκάκι, το Notizbüchlein
μπλούζα, η Bluse
μπλουτζίν, το Blue Jeans
μπογιά, η Malfarbe
μπορεί es kann sein
μπορντό weinrot
μπότα, η Stiefel
μπουκάλι, το Flasche
μπουκέτο, το Blumenstrauß
μπουφάν, το Anorak
μπράβο! Gut gemacht! Bravo!
μπράντυ, το Brandy
μπροστά vorne, vorwärts
μυρίζω riechen
μωρό, το Baby

N ν

να um ... zu
να da, dort
ναός, ο Tempel
νάτος (-η -ο) da ist er/sie/es
Ναυτικό, το Marine
Νέα Ζηλανδία, η Neuseeland
Νέα Υόρκη, η New York
νέα, τα Nachrichten
νέκταρ, το Nektar
νέοι, οι die Jugend
νέος (-α -ο) jung
νερό, το Wasser

νευρολόγος, ο Neurologe
νέφος, το Smog
νησί, το Insel
νίκη, η Sieg
νοικοκυρά, η Hausfrau, Vermieterin
νομίζω glauben, schätzen
νόμος, ο Gesetz
νοσοκόμα, η Krankenschwester
νοσοκόμος, ο Krankenpfleger
νοσοκομείο, το Krankenhaus
νόστιμος (-η -ο) schmackhaft // hübsch
νούμερο, το Nummer
ντίσκο, η Disco
ντοκυμαντέρ, το Documentarfilm
ντολμαδάκια, τα gefüllte Weinblätter
ντουλάπα, η Kleiderschrank
ντουλάπι, το Schrank
ντους, το Dusche
ντροπαλός (-ή -ό) scheu
ντύνομαι sich anziehen
ντύνω kleiden
νύφη, η Braut // Schwägerin
νωρίς früh
νωρίτερα früher, vorher

Ξ ξ

ξανά wieder
ξανθός (-ή -ό) blond
ξαπλώνω sich hinlegen
ξαφνικά plötzlich
ξεκουράζομαι sich ausruhen
ξεκούραση, η das Ausruhen
ξενόγλωσσος (-η -ο) fremdsprachlich
ξενοδοχείο, το Hotel
ξερός (-ή -ό) trocken
ξεσκονίζω abstauben
ξεχνάω (-ώ) vergessen
ξοδεύω ausgeben
ξύλο, το Holz
ξυπνητήρι, το Wecker
ξυπόλυτος (-η -ο) barfuß
ξυρίζομαι sich rasieren
ξυρίζω rasieren

Ο ο

όαση, η Oase
οδήγηση, η das Autofahren
οδηγία, η Anweisung, Anleitung
οδηγός, ο Fahrer // Führer
οδηγώ fahren
οδοντίατρος, ο Zahnarzt
οδός, η Straße
οικογένεια, η Familie
οικογενειακός (-ή -ό) Familien-
οικοδέσποινα, η Hausherrin
οικονομικός (-ή -ό) ökonomisch, preiswert

// wirtschaftlich, finanziell
Ολλανδία, η Holland
όλοι (-ες -α) alle
όλος (-η -ο) der ganze
Ολυμπιακοί Αγώνες, οι Olympische Spiele
Όλυμπος, ο Olymp
ομάδα, η Gruppe
ομελέτα, η Omelett
ομιλία, η Vortrag
ομορφιά, η Schönheit
όμως aber
όνειρο, το Traum
ονομάζω nennen
ονομαστική, η Nominativ (Gramm.)
όπερα, η Oper
ο οποίος (η οποία, το οποίο) der, die, das
οποιοσδήποτε (οποιαδήποτε, οποιοδήποτε) irgendeiner
όποτε irgendwann
όπου wo auch immer
όπως-όπως auf die Schnelle
όπως wie
οπωσδήποτε auf jeden Fall, sicher
όργανο, το Instrument // Organ
όρεξη, η Appetit // Lust
ορθογώνιος (-α -ο) rechteckig
οριζόντιος (-α -ο) horizontal
ορισμένος (-η -ο) ein gewisser
ορισμός, ο Definition
ορίστε bitte sehr
όροφος, ο Stockwerk
ορχήστρα, η Orchester
όσοι (-ες -α) diejenigen, die
όσος (-η -ο) soviel wie
όταν wenn
ό,τι was, was auch immer
ότι daß
ουδέτερος (-η -ο) Neutrum (Gramm.) // neutral
ούζο, το Ouzo (Annisschnaps)
ουρανός, ο Himmel
ουσιαστικό, το Nomen (Gramm.)
ούτε nicht einmal
οφθαλμίατρος, ο Augenarzt
οχτάωρο, το Achtstundentag

Π π

παγκόσμιος (-α -ο) Welt-, universell
παγωτό, το Speiseeis
παθαίνω erleiden
παθητική (φωνή), η Passiv (Gramm.)
παθολόγος, ο Internist, Arzt für Allgemeinmedizin
παιδίατρος, ο Kinderarzt
παίζω spielen
παίρνω nehmen

παίρνω είδηση erfahren
πακετάκι, το Päckchen
πακέτο, το Paket
Πακιστάν, το Pakistan
παλάμη, η Handfläche
πάλι wieder
παλιός (-ά -ó) alt
παλτό, το Mantel
Παναγία, η Jungfrau Maria
πανεπιστήμιο, το Universität
πάντα immer
παντελόνι, το Hose
παντρεύομαι heiraten
πάντως wie dem auch sei
πάνω oben
παπούτσι, το Schuh
παππούς, ο Großvater
πάρα sehr
παραγγελία, η Bestellung
παράγραφος, η Absatz, Paragraph
παράδειγμα, το Beispiel
παραδίνω liefern
παραδοσιακός (-ή -ó) traditionell
παραθετικά, τα Komparationsstufen
παράθυρο, το Fenster
παρακαλώ bitte // bitten
παρακάτω unten (Text)
παρακείμενος, ο Perfekt (Gramm.)
παρακολουθώ beobachten, teilnehmen
παραλαμβάνω in Empfang nehmen
παραλία, η Strand
παραλιακός (-ή -ó) au der Küste
παραμένω bleiben
παραμύθι, το Märchen
παράξενος (-η -ο) eigenartig
παραπάνω über, oben // mehr
παρασκευή, η Vorbereitung (älteres Griechisch)
παρατατικός, ο Imperfekt (Gramm.)
παρατήρηση, η Bemerkung
παρατηρητικός (-ή -ó) aufmerksam, achtsam
παρέα, η Gesellschaft (Freunde)
παρελθόν, το Vergangenheit
παρένθεση, η Klammer, Parenthese
Παρθενώνας, ο Parthenon
Παρίσι, το Paris
παρκάρω parken
πάρκι(ν)γκ, το Parkplatz
πάρκο, το Park
πάροδος, η Seitenstraße
πάρτι, το Party
πασίγνωστος (-η -ο) allbekannt
πάστα, η Tortenstück
Πάσχα, το Ostern
πατάτα, η Kartoffel
πατέρας, ο Vater
παχύς (-ιά -ύ) dick
πεζός, ο Fußgänger

πεθαίνω sterben
πεθερά, η Schwiegermutter
πεθερικά, τα Schwiegereltern
πεθερός, ο Schwiegervater
πεινάω (-ώ) Hunger haben
πείρα, η Erfahrung
πειράζει es macht was aus, schadet
πειράζω necken
Πειραιάς, ο Piräus
πελάτης, ο Kunde
πενηντάρικο, το 50-Drachmen-Stück
πεντακοσάρικο, το 500-Drachmen-Schein
πεντοχίλιαρο, το 5000-Drachmen-Schein
περασμένος (-η -ο) vergangen
περιβάλλον, το Umwelt
περιγραφή, η Beschreibung
περιγράφω beschreiben
περίεργος (-η -ο) neugierig, merkwürdig
περιπολικό, το Streifenwagen
περίπου ungefähr
περιττός (-ή -ó) unnötig
περιπτεράς, ο Kioskbesitzer
περίπτερο, το Kiosk
περίπτωση, η Fall, Situation, Lage
περνάω (-ώ) vorbeigehen // (Zeit) verbringen
περπατάω (-ώ) spazierengehen
πέρ(υ)σι letztes Jahr
πετάω (-ώ) fliegen // wegwerfen
πετσέτα, η Handtuch // Serviette
πέφτω fallen
πηδάω (-ώ) springen
πια schon // nicht mehr
πιάνο, το Klavier
πιάνω ergreifen
πιάτο, το Teller
πίεση, η Druck
πιθανότητα, η Wahrscheinlichkeit
πικάντικος (-η -ο) pikant
πικάπ, το Plattenspieler
πιλότος, ο Pilot
πίνακας, ο Bild // Tafel // Schaubild
πινακοθήκη, η Pinakothek
πίνω trinken
πιο mehr
πίπα, η Pfeife (zum Rauchen)
πιπέρι, το Pfeffer
πιρούνι, το Gabel
πιστεύω glauben
πιστόλι, το Pistole
πίσω hinten
πιτσαρία, η Pizzaladen
πλάγια (στοιχεία), τα schräggeschrieben
πλάγιος (-α -ο) seitlich, schräg
πλαίσιο, το Rahmen
πλαστικός (-ή -ó) Plastik-
πλατεία, η Platz
πλάτη, η Rücken
πλάτος, το Breite

πλατύς (-ιά -ύ) breit
πλένομαι sich waschen
πλένω waschen
πληθυντικός, ο Plural (Gramm.)
πληθυσμός, ο Bevölkerung
πληροφορίες, οι Information, Auskunft
πληρώνω zahlen
πλησιάζω sich nähern
πλοίο, το Schiff
Πλούτωνας, ο Pluto
πλυντήριο, το Waschmaschine
π.μ. a.m.
πνεύμονας, ο Lunge
ποδήλατο, το Fahrrad
πόδι, το Fuß
ποιανού (-ής -ού) wessen
ποιος (-α -ο) wer (Frage)
ποιότητα, η Qualität
πόλεμος, ο Krieg
πολεμάω (-ώ) Krieg führen
πόλη, η Stadt
πολιτική, η Politik
πολλοί (-ές -ά) viele
πολύ sehr
πολυεθνικός (-ή -ό) multinational
πολυθρόνα, η Sessel
πολυκατοικία, η Hochhaus,
  Mehrfamilienhaus
πολύς (πολλή, πολύ) viel
πονάω (-ώ) Schmerzen haben
πονοκέφαλος, ο Kopfschmerzen
πόνος, ο Schmerz
ποντίκι, το Maus
πορεία, η Marsch, Gang (der Dinge))
πόρτα, η Tür
πορτατίφ, το Tischlampe
πορτοκαλάδα, η Orangensaft
πορτοκάλι, το Orange
Ποσειδώνας, ο Poseidon
πόσοι (-ες -α) wie viele
πόσος (-η -ο) wie viel
ποσοστό, το Prozentsatz
ποσοτικός (-ή -ό) quantitativ
ποτάμι, το Fluß
πότε wann (frage)
ποτέ jemals // niemals
ποτήρι, το Glas
ποτίζω gießen (Blumen)
ποτό, το Getränk
που der, das
πού wo (frage)
πουθενά irgendwo // nirgends
πουκάμισο, το Hemd
πουλάω (-ώ) verkaufen
πουλί, το Vogel
πουλόβερ, το Pullover
πούρο, το Zigarre
πράγμα, το Ding
πραγματικά wirklich

πραγματικότητα, η Realität
πραγματοποιώ verwirklichen
πράξη, η Tat, Akt
πράσινος (-η -ο) grün
πρέπει man muß, es ist notwendig
πριν bevor
προάστιο, το Vorort
πρόβλημα, το Problem
πρόγραμμα, το Programm
πρόεδρος, ο Präsident
προέρχομαι kommen von, aus
προηγούμενος (-η -ο) vorherig
πρόθεση, η Präposition (Gramm.)
προίκα, η Mitgift
προϊστάμενος, ο Vorgesetzter
προκαταρκτικός (-ή -ό) Vorbereitungs-
πρόκειται (για) es geht um
πρόκειται να es wird ...
προλαβαίνω genug Zeit haben //
  es zeitlich schaffen
προληπτικός (-ή -ό) abergläubisch
πρόοδος, η Fortschritt
Προπό, το Fußballtoto
προσεκτικός (-ή -ό) vorsichtig
προσέχω achten
προσθέτω addieren, hinzufügen
προσκαλώ einladen
πρόσκληση, η Einladung
προσόν, το Qualifikation
προσπαθώ versuchen
προσπερνάω (-ώ) überholen
προστακτική, η Imperativ (Gramm.)
προστατεύω schützen
προσφέρω anbieten
προσωπικό, το Personal
προσωπικός (-ή -ό) personal
πρόσωπο, το Person // Gesicht
πρόταση, η Satz
προτείνω vorschlagen
προτιμάω (-ώ) vorziehen
προτίμηση, η Vorzug
προχθές (προχτές) vorgestern
προχωρημένος (-η -ο) fortgeschritten
προχωρώ weitergehen, fortschreiten
πρωθυπουργός, ο Ministerpräsident
πρωί, το Morgen
πρωί πρωί am frühen Morgen
πρωινό, το Frühstück
πρώτα erst
πρωτεύουσα, η Hauptstadt
Πρωτοχρονιά, η Neujahr
πτήση, η Flug
πτυχίο, το Diplom (Universität)
πτώμα, το Leiche
πυρετός, ο Fieber
πυροβολώ schießen
πυροσβέστης, ο Feuerwehrmann
πυροσβεστική, η Feuerwehr
π.χ. z.B.

πωλείται zu verkaufen
πωλητής, ο Verkäufer
πως daß
πώς wie (Frage) // natürlich

Ρ ρ

ραδιόφωνο, το Radio
ραλίστας, ο Rallyfahrer
ραντεβού, το Verabredung
ράφι, το Regal
ρεπόρτερ, ο Reporter
ρεσεψιόν, η Rezeption
ρέστα, τα Wechselgeld
ρετσίνα, η Retsina
ρήμα, το Verb (Gramm.)
ριζικός (-ή -ό) radikal
ρίχνω werfen
ρολόι, το Uhr
ρόλος, ο Role
ρομαντικός (-ή -ό) romantisch
ρούχα, τα Kleidung, Wäsche
ρύζι, το Reis
Ρωμαίος (-α) Römer
Ρώμη, η Rom
ρωτάω (-ώ) fragen

Σ σ

σαββατοκύριακο, το Wochenende
σακ(κ)άκι, το Jacke
σακούλα, η Tüte
σαλιγκάρι, το Schnecke
σαλόνι, το Wohnzimmer
σάλτσα, η Sauce
σαμιώτικος (-η -ο) aus der Insel Samos
σαμπουάν, το Shampoo
σαν wie
σάντουϊτς, το Sandwich
σαπούνι, το Seife
σγουρός (-ή -ό) kraus
σέβομαι respektieren
σειρά, η Reihe
σε λίγο bald
σελίδα, η Seite
σερβιτόρα, η Kellnerin
σερβιτόρος, ο Kellner
σηκώνομαι aufstehen
σηκώνω hochheben
σήμα, το Zeichen
σημαίνει es bedeutet
σημαντικός (-ή -ό) wichtig
σημασία, η Bedeutung // Wichtigkeit
σημείωμα, το Notiz
σημειώνω notieren
σημείωση, η Notiz
σήμερα heute
σημερινός (-ή -ό) heutig

σίριαλ, το TV-Serie
σιγά langsam // behutsam
σιγουρεύομαι sicherstellen
σίγουρος (-η -ο) sicher
σίδερο, το Bügeleisen
σιδερώνω bügeln
Σικάγο, το Chicago
Σικελία, η Sizilien
σινεμά, το Kino
σκάλα, η Leiter // Treppe
σκάφος, το Boot
σκέφτομαι (σκέπτομαι) denken
σκέψη, η Gedanke
σκηνή, η Bühne // Szene
σκίτσο, το Skizze
σκόνη, η Staub, Puder
σκοτώνω töten
σκουπίδια, τα Abfall
σκουπιδιάρικο, το Müllwagen
σκουπίζω schrubben, fegen
σκούρος (-α -ο) dunkel
σκυλί, το Hund
σκύλος, ο Hund
σοβαρός (-ή -ό) ernst
σοκολάτα, η Schokolade
σολίστ, ο Solist
σουηδικός (-ή -ό) schwedisch
σούπα, η Suppe
σουπερμάρκετ, το Supermarkt
σοφία, η Weisheit
σπάζω kaputtmachen
σπάνιος (-α -ο) selten
σπεσιαλιτέ, η Spezialität
σπίρτο, το Streichholz
σπιτάκι, το Häuschen
σπορ, το Sport
σπορ Sport- , sportlich
σπουδάζω studieren
σπουδαστής, ο Student
σπρώχνω schieben
στάδιο, το Stadium
σταθερός (-ή -ό) fest // konstant
στάθμευση, η Parken
σταματάω (-ώ) halten
στάση, η Haltestelle
στατιστικές, οι Statistik
στέκι, το Treffpunkt
στέκομαι stehen
στέλνω senden
στενός (-ή -ό) eng
στενοχωριέμαι traurig // böse sein
στήλη, η Kolumne, Säule
στην υγειά σας! Auf Ihr Wohl!
στιγμή, η Moment
στοιχεία, τα Daten, Elemente
στολή, η Uniform
στόμα, το Mund
στομάχι, το Magen
στοπ, το Stopschild

στρατηγός, ο General
στρατιώτης, ο Soldat
στρατιωτικός, ο Militär
στρατόπεδο, το Militärlager
στρατός, ο Armee
στρίβω biegen, abbiegen
στρογγυλός (-ή -ό) rund
στρώνω den Tisch decken // das Bett
  machen
συγγενής, ο Verwandte
συγγραφέας, ο Schriftsteller, Verfasser
συγκρίνω vergleichen
συγκριτικός, ο vergleichend (Gramm.)
συγκρότημα, το Gruppe, Komplex
συγνώμη Verzeihung
σύγχρονος (-η -ο) modern, zeitgenössisch
συγχωρώ verzeihen
συζήτηση, η Diskussion
συκώτι, το Leber
συλλαβή, η Silbe
σύλλογος, ο Club, Verein
συμβαίνει geschehen, passieren
συμβουλεύω beraten
συμβουλή, η Rat
συμμαθητής, ο Schulkamerade
συμμαθήτρια, η Schulkameradin
συμμετέχω teilnehmen
συμπληρώνω ausfüllen
σύμπτωμα, το Symptom
σύμφωνα με gemäß
συμφωνικός (-ή -ό) symphonisch
σύμφωνοι einverstanden
συμφωνώ bin einverstanden
συναγερμός, ο Alarm (anlage)
συνάλλαγμα, το Devisen
συναντάω (-ώ) treffen
συνάντηση, η Treffen
συναντιέμαι sich treffen mit
συναρπαστικός (-ή -ό) hinreißend
συναυλία, η Konzert
συνάχι, το Erkältung
συνδέω verbinden, kombinieren
συνδυασμός, ο Kombination
συνέδριο, το Kongreß
συνέντευξη, η Interview
συνεταίρος, ο Partner
συνέχεια (συνεχώς) andauernd
στη συνέχεια danach
συνεχίζω fortfahren, weitermachen
συνηθισμένος (-η -ο) geläufig, gewöhnlich
συνήθως meistens
συνθετικός (-ή -ό) synthetisch
συνοδηγός, ο Beifahrer
συνολικά insgesamt
συνταγή, η Rezept
σύντομα bald
σύντομος (-η -ο) kurz
σύντροφος, ο Gefährte, Genosse
συρτάρι, το Schublade

σύστημα, το System
συστήνω vorstellen // empfehlen
συχνός (-ή -ό) oft
σφουγγαρίζω abwaschen, scheuern
σχεδιάγραμμα, το Zeichnung
σχεδιάζω zeichnen // planen
σχέδιο, το Zeichnung // Plan
σχεδόν fast
σχέση, η Beziehung
σχετικά με in Beziehung zu
σχετικός (-ή -ό) hinsichtlich, bezüglich
σχηματίζω formen
σχολείο, το Schule
σχολή, η Schule, Fakultät
σώμα, το Körper
σωστός (-ή -ό) richtig

T τ

ταβερνάκι, το kleine Taverne
ταινία, η Film, Kinofilm
ταίρι, το (Ehe-)partner
ταιριάζω passen
τα καταφέρνω fertig bringen
τάλιρο, το Fünf-Drachmen-Stück
ταμείο, το Kasse
ταμίας, ο Kassierer
τάξη, η Klasse, Klassenzimmer
ταξί, το Taxi
ταξιδεύω reisen
ταξίδι, το Reise
ταξινομώ ordnen
ταράτσα, η Terrasse
τασάκι, το Aschenbecher
ταυτότητα, η Personalausweis // Identität
τα χάνω ich gerate aus der Fassung
ταχυδρομείο, το Post
ταχυδρόμος, ο Briefträger
ταχυδρομώ per Post schicken
τέλεια perfekt (Adv.)
τέλειος (-α -ο) perfekt (Adj.)
τελειώνω beenden
τελείως völlig
τελευταίος (-α -ο) letzter
τελικός (-ή -ό) endlich
τέλος, το Ende
τέν(ν)ις, το Tennis
τεράστιος (-α -ο) groß, enorm
τεστ, το Test
τέταρτο, το Viertel
τέτοιος (-α -ο) solch
τετράγωνο, το Quadrat, Viereck //
  Wohnblock
τετράγωνος (-η -ο) viereckig
τετράδιο, το Heft
τέχνη, η Kunst
τεχνικός, ο Techniker
τζαζ, η Jazz
τζάμι, το Fensterglas

τζιν, το Jeans // Gin
τζόγκινγκ, το Jogging
τηγανιτός (-ή -ό) frittiert
τηλεόραση, η Fernsehen
τηλεφώνημα, το Telephonanruf
τηλεφωνητής, ο Telephonist
τηλέφωνο, το Telephon
τηλεφωνώ telephonieren
τιμή, η Preis
τίποτε anything ???? // nichts
τμήμα, το Abteilung
το μόνο das Einzige
τονίζω betonen
τόνος, ο Akzent
τόσο soviel, so sehr
τοστ, το Toast
τοστάδικο, το Toast-Laden
τότε dann, damals
τουαλέτα, η Toilette
τουλάχιστον wenigstens
τουρίστας, ο Tourist
τουρίστρια, η Touristin
τουριστικός (-ή -ό) touristisch
τραβάω (-ώ) ziehen
τραγουδάω (-ώ) singen
τραγουδιστής, ο Sänger
τραγωδία, η Tragödie
τρακ, το Lampenfieber
τρακάρω zusammenstoßen
τράπεζα, η Bank
τραπεζάκι, το Tischchen
τραπεζαρία, η Eßzimmer
τραπέζι, το Tisch
τρελός (-ή -ό) verrückt
τρένο, το Zug
τρέξιμο, το Rennen
τρέχω rennen
τρίγωνο, το Dreieck
τρόλεϊ, το Trolley-Bus
τρόπος, ο Art und Weise, Benehmen
τροχαίος (-α -ο) Verkehrs-
τροχαία, η Verkehrspolizei
τρύπα, η Loch
τρώω essen
τσάι, το Tee
τσάντα, η Tasche
τσέπη, η Hosentasche
τσιγάρο, το Zigarette
τσίκλα, η Kaugummi
τύπος, ο Typ // Charakter
τυρί, το Käse
τυροπιτάκι, το Käsegebäck
τυχερός (-ή -ό) Glück haben
τώρα jetzt

Υ υ

υγεία, η Gesundheit
υγιής (-ής -ές) gesund

υγρό, το Flüssigkeit
υδραυλικός, ο Installateur
υλικό, το Material // Zutat
υπάλληλος, ο Angestellter
υπάρχει es gibt
υπάρχω existieren
υπεραυτόματος (-η -ο) superautomatisch
υπερθετικός, ο Superlativ (Gramm.)
υπέροχος (-η -ο) wunderbar
υπερσυντέλικος, ο Plusquamperfekt
  (Gramm.)
υπερφυσικός (-ή -ό) übernatürlich
υπνοδωμάτιο, το Schlafzimmer
ύπνος, ο Schlaf
υποβοηθητικός (-ή -ό) unterstützend
υπογραμμίζω unterstreichen
υπογραφή, η Unterschrift
υπογράφω unterschreiben
υπόθεση, η Fall // Annahme
υποθετικός (-ή -ό) konditional //
  hypothetisch
υπολογίζω schätzen, vermuten
υπόλοιπος (-η -ο) übrig
υπομονετικός (-ή -ό) geduldig
υπομονή, η Geduld
ύποπτος (-η -ο) verdächtig
υπόσχομαι versprechen
υποτακτική, η Konjunktiv (Gramm.)
υποχρεωμένος (-η -ο) verpflichtet
ύστερα später
υφαντό, το handgewebter Stoff
ύφασμα, το Stoff
ύψος, το Höhe

Φ φ

φαγητό, το Essen
φαίνομαι aussehen
φαινόμενο, το Phänomen
φάκελος, ο Umschlag // Akte
φακός, ο Linse
φανάρι, το Verkehrsampel
φαντάζομαι sich vorstellen
φαντάρος, ο Soldat
φαντασία, η Phantasie
φανταστικός (-ή -ό) imaginär, eingebildet
φαρδύς (-ιά -ύ) breit
φαρμακευτικός (-ή -ό) pharmazeutisch
  (Adj.), medikamentös
φάρμακο, το Medikament
φέρνω bringen
φεστιβάλ, το Festival
φέτα, η "Feta", Weißkäse // Scheibe
(ε)φέτος dieses Jahr
φεύγω fortgehen
φθινόπωρο, το Herbst
φίδι, το Schlange
φιλάω (-ώ) küssen
φιλειρηνικός (-ή -ό) den Frieden liebend

φιλικός (-ή -ό) freundschaftlich
φιστίκι, το Pistazie
φλερτ, το Flirt
φλιτζάνι, το Tasse
φλούδι, το Schale (Obst)
φοιτητής, ο Student
φοιτήτρια, η Studentin
φορά, η Mal, Gelegenheit
φοράω (-ώ) anziehen, tragen
φόρος, ο Steuer
φορτηγό, το Lastwagen
φορτηγάκι, το kleiner Lastwagen
φούρια, η Eile
φούρνος, ο Bäckerei // Backofen
φούστα, η Rock
φράγκο, το Franc (französ. Währung)
φράση, η Satz
φρεσκάρω auffrischen
φρέσκος (-ια -ο) frisch
φροντίζω sorgen für
φροντιστήριο, το Vorbereitungskurse
φρούτο, το Frucht
φρυγανιά, η Toast, Zwieback
φταίω schuld sein
φτάνει es ist genug
φτάνω ankommen
φτιάχνω machen
φτωχός (-ή -ό) arm
φύλακας, ο Wächter
φυλακή, η Gefängnis
φύλο, το Geschlecht
φυσικός (-ή -ό) natürlich
φυσική, η Physik
φωνάζω schreien // rufen
φωνή, η Stimme
φωνήεν, το Vokal (Gramm.)
φως, το Licht
φωτεινός (-ή -ό) hell
φωτιά, η Feuer
φωτιστικό, το Lampe
φωτογραφικός (-ή -ό) photographisch
φωτογράφος, ο Photograph

Χ χ

χαιρετάω (-ώ) grüßen
χαίρομαι ich freue mich
χαίρω ich freue mich (ältere Form)
χαλάω (-ώ) Kaputt machen // Geld
  wechseln
χαλασμένος (-η -ο) kaputt
χάλια elend
χαμηλός (-ή -ό) niedrig
χαμομήλι, το Kamillen (tee)
χάνω verlieren // verpassen
χάπι, το Pille
χαρά, η Freude
χάρη, η Gefallen
χαρίζω schenken

χαρτζιλίκι, το   Taschengeld
χαρτιά, τα   Papiere // Spielkarten
χαρτοπετσέτα, η   Papierserviette
χαρτοπωλείο, το   Papierladen
χαρτοφύλακας, ο   Brieftasche
χειρούργος, ο   Chirurg
χέρι, το   Hand
χερούλι, το   Griff
χημικός, ο   Chemiker
χήνα, η   Gans
χήρα, η   Witwe
χιλιάρικο, το   1000-Drachmen-Schein
χιλιόμετρο, το   Kilometer
χιόνι, το   Schnee
χοντρός (-ή -ό)   fett, dick
χορεύω   tanzen
χορός, ο   Tanz
χρειάζεται   es ist nötig
χρειάζομαι   brauchen
χρήματα, τα   Geld
χρήσιμος (-η -ο)   nützlich
χρησιμοποιώ   benutzen
χριστιανή, η   Christ *(weiblich)*
χριστιανός, ο   Christ *(männlich)*
Χριστούγεννα, τα   Weihnachten
χρόνια, τα   die Jahre
χρόνος, ο   Zeit // Jahr
χρυσός, ο   Gold
χρώμα, το   Farbe
χρωστάω (-ώ)   schulden
χτένι, το   Kamm
χτενίζομαι   sich kämmen
χτενίζω   kämmen
χτυπάω (-ώ)   schlagen // klingeln
χυμός, ο   Saft
χώρα, η   Land
χωρίζω   trennen
χωρίς   ohne

Ψ ψ

ψάρι, το   Fisch
ψάχνω   suchen
ψέμα, το   Lüge
ψήνω   braten
ψιλά, τα   Kleingeld
ψιλοκομμένος (-η -ο)   klein geschnitten
ψυγείο, το   Kühlschrank
ψυχίατρος, ο   Psychiater
ψωμί, το   Brot
ψώνια, τα   Einkäufe
ψωνίζω   einkaufen

Ω ω

ώμος, ο   Schulter
ώρα, η   Zeit // Stunde
ωραία   schön, gut *(Adv.)*

ωραίος (-α -ο)   schön (Adj.), gutaussehend
    fine
ωραιότητα, η   Schönheit
ώρες αιχμής, οι   Hauptverkehrszeiten
ωστόσο   allerdings
ωτορινολαρυγγολόγος, ο   Hals-Nasen-
    Ohren-Arzt

Vocabulario

A α

άβαφος (-η -ο) (estar) sin maquillaje
αβγό (αυγό), το huevo (el)
αγαπημένος (-η -ο) querido, amado //
  favorito, preferido
αγαπητός (-ή -ό) querido
αγγελία, η anuncio (el)
αγενής (-ής -ές) maleducado, descortés
αγία, η santa (la)
άγιος, ο santo (el)
άγνωστος, ο desconocido (el)
άγνωστος (-η -ο) desconocido
άγχος, το angustia, ansiedad (la)
αγώνας, ο lucha (la) // competición (la),
  partido (el)
άδεια, η permiso (el), licencia (la)
αδέλφια, τα hermanos (los) (gen.)
Άδης, ο Hades (el)
αδύνατος (-η -ο) delgado, flaco
αεροπειρατής, ο pirata aéreo (el)
αεροπορία, η aviación (la)
αθάνατος (-η -ο) inmortal
Αθηνά, η Atenea
Αθήνα, η Atenas
αθλητικός (-ή -ό) atlético, deportivo
αισθάνομαι sentir(se)
αίτηση, η solicitud, petición (la)
αιτία, η causa, razón (la)
αιτιατική, η acusativo (el)
αιώνας, ο siglo (el)
ακατάλληλος (-η -ο) inadecuado, impropio
ακολουθώ seguir
ακριβώς exactamente
αλάτι, το sal (la)
αλήθεια, η verdad (la)
αλήθεια verdaderamente, de verdad //
  por cierto
αλλάζω cambiar
αλληλογραφία, η correspondencia (la)
αλλιώς de otro modo, de otra manera, sino
αλουμίνιο, το aluminio (el)
αμβροσία, η ambrosía (la)
Άμεση Δράση, η Respuesta Inmediata
  (Policía de)
άμεσος (-η -ο) directo, inmediato
αμφιβολία, η duda (la)
αν si
αν και aunque, si bien
ανά por
αναγκάζομαι obligarse, verse obligado
ανακαλύπτω descubrir
ανακατεύω mezclar // remover
ανακεφαλαίωση, η recapitulación (la)
ανακρίνω interrogar
ανάλογα según, conforme
ανάλογος (-η -ο) respectivo, análogo,
  correspondiente
αναπνευστικός (-ή -ό) respiratorio
αναπνοή, η respiración (la), aliento (el)

ανατολή, η este (el) // amanecer (el)
ανατολικός (-ή -ό) del Este, oriental
ανατομία, η anatomía (la)
αναφέρομαι referirse
αναφέρω mencionar, citar // informar
αναφορικός (-ή -ό) relativo (gr.)
αναχώρηση, η salida, partida (la)
ανέκδοτο, το chiste (el)
άνετος (-η -ο) cómodo, confortable
ανήκω pertenecer
ανθοπωλείο, το floristería (la)
ανθρώπινος (-η -ο) humano
άνθρωποι, οι gente (la) (col.)
άνθρωπος, ο hombre (el), persona (la)
ανισόπεδος (-η -ο) (terreno) desigual,
  desnivelado
ανισόπεδος κόμβος, ο paso elevado
άνισος (-η -ο) desigual
ανίψια, τα sobrinos (los) (gen.)
ανιψιά, η sobrina (la)
ανιψιός, ο sobrino (el)
ανόητος (-η -ο) tonto, estúpido
άνοιξη, η primavera (la)
άνοστος (-η -ο) insípido, soso
ανταλλάζω intercambiar
αντί en lugar de
αντιβιοτικό, το antibiótico (el)
αντίθετος (-η -ο) contrario, opuesto
αντικαθιστώ reemplazar, sustituir
αντικείμενο, το objeto, artículo (el)
αντίρρηση, η objeción (la)
αντίστοιχος (-η -ο) equivalente,
  correspondiente
αντωνυμία, η pronombre (el)
ανώμαλος (-η -ο) irregular, anormal //
  anómalo
ανώτερος, ο superior (el)
αξία, η valor (el)
αόριστος, ο pretérito indefinido (el) (gr.)
απαγορεύεται estar prohibido, prohibirse
απαγορεύω prohibir
απαραίτητος (-η -ο) necesario,
  imprescindible, indispensable
απασχολημένος (-η -ο) ocupado
απατάω (-ώ) engañar, defraudar
απέναντι enfrente, frente a
απεχθάνομαι detestar, aborrecer
απέχω distar
απλώνω tender (ropa)
απόδειξη, η recibo (el) // prueba (la)
αποθετικό ρήμα verbo deponente (gr.)
αποθήκη, η almacén (el)
αποκτάω (-ώ) adquirir, obtener
Απόλλωνας, ο Apolo
απόλυτος (-η -ο) absoluto
απολύτως absolutamente, en absoluto
αποτέλεσμα, το resultado (el)
αποτελούμαι consistir, ser constituido
αποφασίζω decidir

αργά tarde // lentamente
αργότερα más tarde, luego
αργώ tardar, llegar tarde
Άρης, ο Marte (el)
αριστερός (-ή -ό) izquierdo
αριστοκρατικός (-ή -ό) aristocrático
αρκετά bastante
αρκετοί (-ές -ά) bastantes, suficientes
αρκετός (-ή -ό) bastante, suficiente
αρνιέμαι (αρνούμαι) negar(se), denegar,
  rehusar
αρρωσταίνω enfermarse, ponerse enfermo
άρρωστος (-η -ο) enfermo
αρσενικός (-ή -ό) masculino
Άρτεμις, η Artemisa (Diana)
αρχαιολογικός (-ή -ό) arqueológico
αρχάριος (-α -ο) principiante
αρχή, η comienzo, principio (el)
αρχηγός, ο jefe, líder (el)
ασημικά, τα vajilla de plata (la)
ασθενικός (-ή -ό) enfermizo, delicado
ασθενοφόρο, το ambulancia (la)
άσθμα, το asma (el) (f.)
άσκηση, η ejercicio (el)
ασπιρίνη, η aspirina (la)
αστειεύομαι bromearse
αστέρι, το estrella (la)
αστυνομία, η policía (la)
αστυνομικός, ο policía (el)
αστυνομικός (-ή -ό) policíaco, policial
αστυνόμος, ο oficial de policía (el)
αστυφύλακας, ο guardia civil
ασφαλώς por supuesto, ciertamente
άτομο, το individuo (el), persona (la)
ατύχημα, το accidente (el)
άτυχος (-η -ο) desafortunado, desdichado
αύξηση, η aumento, crecimiento (el)
αυτί, το oreja (la), oído (el)
αυτοκτονώ suicidarse
αυτός (-ή -ό) él // és(t)e // es(t)e
αυτοσχεδιάζω improvisar
αφαιρώ sustraer, quitar, restar
αφεντικό, το jefe (el)
αφήνω dejar
αφορά concernir, tener que ver (imp.)
αφρικανικός (-ή -ό) africano
Αφροδίτη, η Afrodita (Venus)
αχτένιστος (-η -ο) despeinado

B β

βάζο, το jarrón, florero (el)
βάζω poner, colocar, meter
βαθμολογία, η calificación, puntuación (la)
βαθμός, ο grado (el)
βάθος, το profundidad (la), fondo (el)
βαθύς (-ιά -ύ) profundo
βαλίτσα, η maleta (la)
βαλς, το vals (el)
Βαλτιμόρη, η Baltimore

βαμβακερός (-ή -ό) de algodón
βαμβάκι, το algodón (el)
βάρδια, η guardia (la), turno (el)
βαρετός (-ή -ό) aburrido, pesado
βαριέμαι aburrirse, hartarse
βάρος, το peso (el)
βαρύς (-ιά -ύ) pesado (que pesa)
βασικός (-ή -ό) básico, fundamental
βασιλιάς, ο rey (el)
βατ, το vatio (el)
βέβαια (βεβαίως) por supuesto, naturalmente
Βέλγος (-ίδα) belga (pers.)
βενζινάδικο, το gasolinera (la)
βενζίνη, η gasolina (la)
βεράντα, η terraza (la)
βία, η violencia, fuerza (la)
βιάζομαι tener prisa, apresurarse
βιαστικά deprisa, apresuradamente
βιντεοκασέτα, η videocasete, casete de vídeo (la)
βιοτεχνία, η pequeña industria, artesanía (la)
βιταμίνη, η vitamina (la)
βλάπτω dañar, perjudicar
βοηθάω (ώ) ayudar
βοήθεια, η ayuda (la) // socorro (el)
βόλεϊ, το voleibol (el)
βόλτα, η paseo (el), vuelta (la)
βουλιάζω hundir(se), sumergir(se)
βουνό, το montaña (la), monte (el)
βούτυρο, το mantequilla (la)
βραβείο, το premio (el)
(βραβείο) Νόμπελ, το premio Nobel (el)
βρίσκεται se encuentra, está ubicado / situado
βρίσκω encontrar
βροχή, η lluvia (la)
βρώμικος (-η -ο) sucio

Γ γ

γάμος, ο boda (la)
γαμπρός, ο yerno, hijo político (el)
γαρνίρω guarnecer
γείτονας, ο vecino (el)
γειτονιά, η vecindad (la), barrio (el)
γειτόνισσα, η vecina (la)
γελάω (ώ) reír
γεμάτος (-η -ο) lleno
γενέθλια, τα cumpleaños (el)
γενική, η genitivo (el) (gr.)
γεννιέμαι nacer
γένος, το género (el) (gr.)
γερός (-ή -ό) fuerte, robusto
γεύση, η sabor (el)
γεωργία, η agricultura (la)
γη, η tierra (la)
γήπεδο, το estadio, campo (el)
γιαγιά, η abuela (la)

για να para, a fin de
γιαούρτι, το yogur (el)
γίνομαι hacerse, convertirse
γιορτάζω celebrar, festejar // celebrar una persona su santo
γιορτή, η fiesta, festividad (la) // onomástica (la), día del santo
γκάλοπ, το sondeo (el)
γκρουπ, το grupo (el)
γλυκό, το dulce (el)
γλυκός (-ιά -ό) dulce
γλώσσα, η lengua (la) // idioma (el), lengua (la)
γνώμη, η opinión (la)
γνωρίζω conocer
γνωστός (-ή -ό) conocido
γόνατο, το rodilla (la)
γραμμή, η línea (la)
γρήγορος (-η -ο) rápido
γρίπη, η gripe (la)
γυαλί, το vidrio, cristal (el)
γυαλιά, τα gafas (las)
γυναικολόγος, ο ginecólogo (el)
γύρω alrededor
γωνία, η esquina (la), rincón (el) // ángulo (el)

Δ δ

δαγκώνω morder
δάσος, το bosque (el)
δεκάρικο, το moneda de diez dracmas
δεκοχίλιαρο, το billete de diez mil drs.
δέμα, το paquete (el)
δέντρο, το árbol (el)
δεξιός (-ιά -ιό) derecho
δεξίωση, η recepción (la)
δέρμα, το piel (la), cuero (el)
δερμάτινος (-η -ο) de piel, de cuero
δέρνω pegar, golpear
δέχομαι aceptar, admitir // recibir
δηλαδή es decir, o sea
δηλώνω declarar
Δήμητρα, η Deméter (Ceres)
δημοκρατία, η democracia (la) // república (la)
δημοσιογράφος, ο periodista (el)
διάβασμα, το lectura (la), estudio (el)
διαγώνιος (-α -ο) diagonal
δίαιτα, η régimen (el), dieta (la)
διακοπές, οι vacaciones (las)
διακοπή, η interrupción, suspensión (la)
διαλέγω elegir, escoger
διάλεξη, η conferencia (la)
διάμετρος, η diámetro (el)
διάρκεια, η duración (la)
διαρκής (-ής -ές) duradero, perenne, continuo
διαρκώς constantemente, continuamente
διαρρήκτης, ο ladrón (el)

διάρρηξη, η robo (el)
Δίας, ο Zeus (Jupiter)
διασκεδαστικός (-ή -ό) ameno, divertido, entretenido
(χρονικό) διάστημα, το trecho, lapso, período (el)
διαφορά, η diferencia (la)
διαφορετικός (-ή -ό) diferente
διαφωνώ disentir, discrepar
δίδακτρα, τα gastos de matrícula (los)
διεθνής (-ής -ές) internacional
διευθυντής, ο director (el)
δικηγορικός (-ή -ό) de abogado
δικτάτορας, ο dictador (el)
Διόνυσος, ο Dioniso (Baco)
διορθώνω corregir
διπλός (-ή -ό) doble
διπλωματικός (-ή -ό) diplomático
δισύλλαβος (-η -ο) bisílabo
δίφραγκο, το moneda de dos dracmas
δοκιμάζω probar // intentar
δόντι, το diente (el)
δύναμη, η fuerza (la), poder (el)
δυνατός (-ή -ό) fuerte, robusto // potente, poderoso
δυσκολεύομαι tener dificultad
δυσκολία, η dificultad (la)
δυστυχώς desafortunadamente, desgraciadamente
δωμάτιο, το habitación (la), cuarto (el)
δώρο, το regalo, obsequio (el)

Ε ε

εβδομαδιαίος (-α -ο) semanal
εγγονή, η nieta (la)
εγγόνια, τα nietos (los) (gen.)
εγγονός, ο nieto (el)
εγγύηση, η garantía (la)
εγκαίρως (έγκαιρα) a tiempo, con tiempo
έγκυος embarazada, encinta
έθιμο, το costumbre (la)
εθνικός (-ή -ό) nacional
ειδικός, ο especialista (el)
ειδικότητα, η especialidad (la)
είδος, το tipo (el), especie, clase, suerte (la)
εικόνα, η imagen (la) // icono (el)
εικοσάρικο, το moneda de veinte dracmas
εικοσιτετράωρο, το jornada de 24 horas
ειλικρινής (-ής -ές) sincero, franco
είμαι πτώμα estar muerto (de cansancio), estar hecho polvo
είσοδος, η entrada (la)
(ε)κατοστάρικο, το moneda/billete de cien dracmas
έκθεση, η exposición, feria (la)
εκκλησία, η iglesia (la)
εκπαιδευτικός (-ή -ό) educativo, educacional
εκτός από salvo, excepto, menos, fuera de

ελάττωμα, το defecto, fallo (el)

ελαττώνω disminuir, reducir, aminorar, achicar

ελαφρύς (-ιά ύ) ligero, leve

ελέγχω controlar

ελιά, η aceituna (la)

ελικόπτερο, το helicóptero (el)

ελπίζω esperar

έμβασμα, το transferencia bancaria

έμβρυο, το feto, embrión (el)

έμμεσος (-η -ο) indirecto

έμπειρος (-η -ο) experto

εμπόριο, το comercio (el)

έμπορος, ο comerciante (el)

ενδιαφέρομαι interesarse, estar interesado

ενδιαφέρων (-ουσα -ον) interesante

ενδοκρινολόγος, ο endocrino, endocrinólogo (el)

ενέργεια, η acción (la) // energía (la) // trámite (el)

ενεργητική (φωνή), η (voz) activa (gr.)

ενεστώτας, ο presente (el) (gr.)

έννοια, η significado, sentido (el)

εννοώ querer decir

ενοικιάζεται se alquila

ένοικος, ο inquilino (el)

ενοχλητικός (-ή -ό) molesto, fastidioso, incordiante, pesado

εντατικός (-ή -ό) intensivo

εντολή, η orden (la), mandato (el)

ενώ mientras // mientras que, al tiempo que

(ε)ξαδέλφια, τα primos (los)

εξαιρετικός (-ή -ό) excepcional, excelente

εξαφανίζομαι desaparecer

εξετάζω examinar, considerar

εξέταση, η examen (el), prueba (la) // revisión (médica)

εξήγηση, η explicación (la)

έξοδα, τα gastos (los)

έξοδος, η salida (la)

εξυπηρετώ atender, servir

έξυπνος (-η -ο) inteligente, listo

εξωτερικό, το extranjero (el) (vivir en, ir al, etc.)

εξωτερικός (-ή -ό) exterior, externo

εξωτικός (-ή -ό) exótico

επανάληψη, η repetición, reiteración (la) // repaso (el)

επαρχία, η provincia(s) (la-s)

επειδή porque

επιβατικός (-ή -ό) de pasajeros

επιγραφή, η letrero, rótulo, cartel (el)

Επίδαυρος, η Epidauro

επίθετο, το adjetivo (el) (gr.) // apellido (el)

επιθυμώ desear

επικίνδυνος (-η -ο) peligroso

επιμένω insistir, persistir

έπιπλο, το mueble (el)

επίρρημα, το adverbio (el) (gr.)

επισκέπτομαι visitar

επιστήμονας, ο científico (el)

επίτηδες adrede, a posta, a propósito

επιτρέπω permitir

επόμενος (-η -ο) siguiente

επώνυμο, το apellido (el)

εργάζομαι trabajar

εργαζόμενος, ο trabajador (el)

εργαλείο, το herramienta (la), instrumento (el)

εργασία, η trabajo (el), labor (la)

εργάτης, ο obrero (el)

εργάτρια, η obrera (la)

έργο, το obra de teatro (la) // película (la)

εργοστάσιο, το fábrica (la)

Ερμής, ο Hermes (Mercurio)

Ερυθρός Σταυρός, ο Cruz Roja

έρωτας, ο amor (el)

ερωτευμένος (-η -ο) enamorado

ερωτηματικός (-ή -ό) interrogativo (gr.)

ερωτηματολόγιο, το cuestionario (el)

Εστία, η ?????

έστω και αν incluso si, aun cuando

εσωτερικός (-ή -ό) interior, interno

εταιρεία, η sociedad, compañía (la)

έτος, το año (el)

ευγενικός (-ή -ό) cortés, amable, educado

ευθεία recto (adv.)

ευθύνη, η responsabilidad (la)

ευκαιρία, η oportunidad, ocasión (la)

ευτυχισμένος (-η -ο) feliz

ευτυχώς afortunadamente, por fortuna // menos mal

ευχαριστημένος (-η -ο) contento, complacido

ευχάριστος (-η -ο) agradable, ameno

εφόσον dado que // con tal de (que), siempre que

έχω δίκιο tener razón

Ζ ζ

ζακέτα, η chaqueta (la)

ζάχαρη, η azúcar (el)

ζαχαροπλαστείο, το pastelería, confitería (la)

ζεσταίνομαι tener calor

ζέστη, η calor (el)

ζεστό, το infusión (la), cocimiento (el)

ζεστός (-ή -ό) caliente, cálido

ζευγάρι, το par (el) // pareja (la)

ζηλεύω envidiar, tener celos/envidia

ζητάω (-ώ) pedir // buscar

ζητείται se busca

ζω vivir, estar vivo

ζωή, η vida (la)

ζώνη, η cinturón (el)

Η η

ήδη ya

ηθοποιός, ο actor (el)

ηλεκτρικός, ο tren eléctrico

ηλεκτρικός (-ή -ό) eléctrico

ηλεκτρονικός, ο ingeniero de electrónica

ηλεκτρονικός (-ή -ό) electrónico

ηλικία, η edad (la)

ηλικιωμένος (-η -ο) anciano

(η)μέρα, η día (el)

ημερολόγιο, το diario, calendario (el)

ήρεμος (-η -ο) tranquilo, sereno

ησυχία, η calma, tranquilidad (la)

ήττα, η derrota (la)

Ήφαιστος, ο Hefesto (Vulcano)

Θ θ

θαλασσινά, τα mariscos (los)

θαυμάσιος (-α -ο) maravilloso, espléndido

θαυμαστής, ο admirador (el)

θεά, η diosa (la)

θέμα, το tema, asunto (el) // raíz (la) (gr.)

θεολογία, η teología (la)

θεός, ο dios (el)

θέση, η sitio, asiento (el) // posición (la)

θηλυκός (-ή -ό) femenino

θητεία, η servicio militar (el)

θόρυβος, ο ruido (el)

θυμωμένος (-η -ο) enfadado, enojado

θυμώνω enfadarse, enojarse

Ι ι

ιατρική, η medicina (la)

ιδέα, η idea (la)

ιδιαίτερα particularmente, peculiarmente

ιδιαίτερος (-η -ο) particular, peculiar

ιδιοκτήτης, ο propietario, dueño (el)

ιδίως sobre todo

ιδιωτικός (-ή -ό) privado; particular

ικανοποιητικός (-ή -ό) satisfactorio

ιππόδρομος, ο hipódromo (el)

ίσιος (-α -ο) recto, derecho

ίσος (-η -ο) igual

ισότητα, η igualdad (la)

ιστορία, η historia (la) // relato (el), historia (la)

ιστορικός (-ή -ό) histórico

Κ κ

κάβα, η bodega, cava (la)

καβγάς, ο riña, bronca (la)

κάδρο, το cuadro (el)

καζανάκι, το cisterna (la)

καημένος (-η -ο) pobre, infeliz, desdichado

καθαρίζω limpiar

καθαριστικό, το líquido para limpiar (el)

κάθε cada
κάθε πότε ¿cada cuándo?
καθένας (καθεμιά, καθένα) cada uno
κάθετος (-η -ο) vertical
καθημερινός (-ή -ό) diario, cotidiano
καθολικός (-ή -ό) católico
καθόλου nada, en absoluto
καθρεφτάκι, το pequeño espejo, espejito (el)
καθρέφτης, ο espejo (el)
καθυστέρηση, η retraso (el), demora (la)
κακός (-ή -ό) mal(-o)
καλεσμένος (-η -ο) invitado
καλικάντζαρος, ο gnomo, geniecillo, duende (el)
καλλυντικό, το cosmético (el)
καλός (-ή -ό) bueno
κάλτσα, η calcetín (el), media (la)
καλ(τ)σόν, το leotardos, pantis (los)
καλύπτω cubrir
καλώ llamar // invitar // convocar
κανάλι, το canal (el), cadena (la)
καναπές, ο sofá (el)
κανέλα, η canela (la)
κανένας/κανείς (καμιά, κανένα) nadie, ningún(-uno)
κανόνας, ο regla, norma (la)
κανονικός (-ή -ό) regular, normal
κάνω μπάνιο bañarse
κάνω παρέα acompañar, hacer compañía
κάπνισμα, το acción de fumar
καπνιστής, ο fumador (el)
κάποιος (-α -ο) alguien, algún(-uno)
κάποτε antaño, antiguamente, antes
κάπου en alguna parte, en algún lugar
κάπως en cierto modo, más bien
καραμπόλα, η choque en cadena
καρδιά, η corazón (el)
καρδιολόγος, ο cardiólogo (el)
καρέκλα, η silla (la)
καριέρα, η carrera (profesional) (la)
καρκίνος, ο cáncer (el)
κάρτα, η postal (la) // tarjeta (la)
καστανός (-ή -ό) castaño
κατά sobre, alrededor
κατάληξη, η sufijo (el), terminación, desinencia (la) *(gr.)*
κατάλληλος (-η -ο) adecuado
κατάλογος, ο lista, relación (la) // carta (la)
κατανάλωση, η consumo (el)
καταπίεση, η opresión (la)
καταπληκτικός (-ή -ό) sorprendente, asombroso
καταραμένος (-η -ο) maldito
κατάσταση, η situación (la)
κατάστημα, το tienda (la), almacén (el)
καταφέρνω lograr, conseguir
κατεβαίνω bajar(se)
κατευθείαν directamente, derecho

κατήφορος, ο bajada, cuesta (la)
κατοικώ vivir, residir, habitar
κατσαρίδα, η cucaracha (la)
καφενείο, το café (el)
κείμενο, το texto (el)
κενό, το vacío, hueco (el)
κεραυνός, ο rayo (el)
κερδίζω ganar
κέρδος, το ganancia (la), beneficio (el)
κεφάλι, το cabeza (la)
κέφι, το buen humor (el), gana(s) (las) // regocijo, júbilo (el)
κήπος, ο jardín (el)
κινδυνεύω correr peligro, peligrar, arriesgarse
κίνηση, η movimiento (el) // tráfico (el)
κιόλας ya
κλασικός (-ή -ό) clásico
κλέβω robar // timar, estafar
κλειδί, το llave (la)
κλείνω cerrar // reservar
κλήση, η multa (la)
κλίνω declinar, conjugar *(gr.)*
κ.λπ. etc.
κόβω cortar // dejar de hacer algo
κοιλιά, η vientre (el)
κοινότητα, η comunidad (la)
κοινόχρηστα, τα gastos de comunidad (los)
κοινωνία, η sociedad (la)
κοινωνικός (-ή -ό) social // sociable
κολυμπάω (-ώ) nadar
κολόνια, η (agua de) colonia (la)
κομμάτι, το pieza (la), trozo (el)
κόμβος, ο cruce, nudo, empalme (el)
κομμωτήριο, το peluquería (la)
κομμωτής, ο peluquero (el)
κομοδίνο, το mesilla (de noche) (la)
κομπολόι, το rosario de cuentas de uso laico
κονιάκ, το coñac (el)
κοντινός (-ή -ό) cercano, próximo
κοπέλα, η muchacha, moza (la)
κόσμημα, το joya (la)
κοσμηματοπωλείο, το joyería (la)
κόσμος, ο mundo (el) // gente (la)
κοστίζω valer, costar
κόστος, το coste, importe (el)
κοστούμι, το traje (el)
κουβέντα, η charla (la), palique (el)
κουβεντιάζω charlar
κουβεντούλα, η cháchara (la)
κουδούνι, το timbre (el)
κουνιάδα, η cuñada (la)
κουνιάδος, ο cuñado (el)
κουράζομαι cansarse, fatigarse
κούραση, η cansancio (el), fatiga (la)
κουρασμένος (-η -ο) cansado, fatigado
κουρείο, το barbería (la)
κουρτίνα, η cortina (la), visillo (el)

κουτάλι, το cuchara (la)
κουταλιά, η cucharada (la)
κουτί, το caja (la)
κουτσός (-ή -ό) cojo
κρατάω (-ώ) sujetar, agarrar // durar
κράτος, το estado (el)
κρεμμύδι, το cebolla (la)
κρεοπωλείο, το carnicería (la)
κροκόδειλος, ο cocodrilo (el)
κρουαζιέρα, η crucero (el)
κρυολόγημα, το resfriado, constipado (el)
κρυφός (-ή -ό) oculto, secreto
κρυωμένος (-η -ο) resfriado, constipado
κρυώνω tener frío
κτητικός (-ή -ό) posesivo *(gr.)*
κτίριο, το edificio (el)
κτλ. etc.
κυβέρνηση, η gobierno (el)
κυβικός (-ή -ό) cúbico
κύκλος, ο círculo, ciclo (el)
κυκλοφοριακός (-ή -ό) de tráfico
κυκλοφορώ circular
κυνήγι, το caza (la)
κωμωδία, η comedia (la)

Λ λ

λάδι, το aceite (el)
λάθος, το error (el), falta, equivocación (la)
λαϊκός (-ή -ό) popular
λαιμός, ο garganta (la)
λάμπα, η bombilla (la)
λαμπατέρ, το lámpara de pie (la)
λαχανικά, τα verduras (las)
λέγομαι llamarse
λείπω ausentarse, faltar
λεμόνι, το limón (el)
λέξη, η palabra (la)
λεξικό, το diccionario (el)
λεπτό, το minuto (el)
λεπτός (-ή -ό) delgado, flaco
λεφτά, τα dinero (el)
λεωφόρος, η avenida (la)
λήγω caducar, expirar
ληστεία, η asalto, atraco (el)
ληστής, ο asaltante, atracador (el)
λιγάκι (un) poquito
λίγο (un) poco
λίγοι (-ες -α) pocos, unos (cuantos/pocos)
λίγος (-η -ο) poco *(adj.)*
λικέρ, το licor (el)
λιμάνι, το puerto (el)
λινός (-ή -ό) de lino
λιπαρός (-ή -ό) grasiento, graso
λίστα, η lista (la)
λίτρο, το litro (el)
λόγια, τα palabras (las)
λογικός (-ή -ό) razonable, lógico
λογιστής, ο contable (el)
λόγος, ο razón (la), motivo (el)

λογοτεχνία, η literatura (la)
λόγω a causa de, debido a
λοιπόν pues, entonces
λουλούδι, το flor (la)
λόφος, ο colina (la)
λύνω solucionar, resolver // desatar
λύση, η solución (la)
λωρίδα, η carril (de carretera) (el)

Μ μ

μαγαζί, το tienda (la)
μάγειρας, ο cocinero (el)
μαγείρισσα, η cocinera (la)
μαγείρεμα, το acción de cocinar
μαγειρεύω cocinar
μαγευτικός (-ή -ό) fascinante, encantador
μαγιονέζα, η mayonesa (la)
μαθηματικά, τα matemáticas (las)
μαϊντανός, ο perejil (el)
μαιτρ, ο maître (el)
μακάρι ¡ojalá!
μακιγιάρομαι maquillarse
μακρύς (-ιά -ύ) largo, alargado
μαλακός (-ή -ό) blando, suave
μαλακώνω ablandar, suavizar
μαλλί, το lana (la)
μαλλιά, τα cabello, pelo (el)
μάλλινος (-η -ο) de lana
μάλλον más bien, mejor dicho // seguramente
μαλώνω reñir, pelearse // regañar
μαμά, η mamá (la)
μανάβης, ο verdulero (el)
μανάβικο, το verdulería (la)
μανιτάρι, το champiñón (el)
μαντεύω adivinar
μάντρα, η solar donde se practica la compraventa de distintas mercancías
μαξιλάρι, το almohada (la), cojín (el)
μάρκα, η marca (la)
μάτι, το ojo (el)
ματιά, η ojeada, mirada (la), vistazo (el)
μαχαίρι, το cuchillo (el)
με con // me (forma átona)
μέγεθος, το talla (la) // tamaño (el)
μεθαύριο pasado mañana
μέθοδος, η método (el)
μελετάω (-ώ) estudiar
μέλι, το miel (la)
μελιτζάνα, η berenjena (la)
μελιτζανοσαλάτα, η ensalada de berenjenas
μέλλον, το futuro (el)
μέλλοντας, ο futuro imperfecto (gr.)
μελλοντικός (-ή -ό) futuro
μελό, το sensiblero, cursi (película, obra teatral, etc.)
μέλος, το miembro, vocal (el)
(ε)μένα (prepos. +) mí, conmigo

(forma tónica)
μερικοί (-ές -ά) algunos, unos
μέρος, το lugar, sitio (el), parte (la) // parte (la)
μέσα en, dentro
μεσαίος (-α -ο) mediano, (inter)medio
μέση, η cintura (la) // medio, centro (el)
Μεσόγειος, η Mediterráneo (el)
μέσος όρος, ο promedio (el), media (la)
μετά después, luego
μετάξι, το seda (la)
μεταξύ entre
μεταξωτός (-ή -ό) de seda
μετάφραση, η traducción (la)
μεταχειρίζομαι utilizar, usar
μέχρι hasta
μη(ν) no (+ verbo en subjuntivo)
μήκος, το longitud (la), largo (el)
μήνας, ο mes (el)
μήνυμα, το mensaje (el)
μήπως; ¿acaso?
Μητρόπολη, η Catedral (la)
μηχανάκι, το velomotor, ciclomotor (el)
μηχανή, η máquina (la) // moto (la) // cámara (la) // motor (el)
μηχάνημα, το máquina (la), aparato (el)
μηχανικός, ο/η ingeniero, mecánico (el)
μ.μ. p.m.
μισθός, ο sueldo, salario (el)
μισός (-ή -ό) medio
μισώ odiar
μοιράζομαι compartir
μοιράζω repartir, distribuir
μόλις apenas // nada más + verbo, en cuanto, apenas
μολύβι, το lápiz (el)
μολυσμένος (-η -ο) contaminado, poluto
μόνο sólo, solamente
μονοκατοικία, η casa (la)
μονολεκτικός (-ή -ό) de una sola palabra
μόνος (-η -ο) solo
μονός (-ή -ό) individual (habitación) // impar
μόριο, το partícula (la) (gr.) // molécula (la)
μορφή, η forma, figura (la)
μούσι, το barba (la)
μουσικός (-ή -ό) musical
μπαίνω entrar
μπακάλης, ο tendero (el)
μπακάλικο, το (tienda de) ultramarinos
μπάλα, η pelota (la)
μπαλέτο, το ballet (el)
μπαμπάς, ο papá (el)
μπανιέρα, η bañera (la)
μπάνιο, το baño, (cuarto de) baño (el)
μπάσκετ, το baloncesto (el)
μπλε azul
μπλέκομαι implicarse, involucrarse, meterse, liarse
μπλέκω liar(se), enredar(se), meter(se)
μπλέντερ, το batidora (la)

μπλοκάκι, το pequeño bloc, libreta (la)
μπλούζα, η blusa (el)
μπλουτζίν, το vaqueros, tejanos (los)
μπογιά, η pintura (la)
μπορεί puede, tal vez
μπορντό burdeos (color)
μπότα, η bota (la)
μπουκάλι, το botella (la)
μπουκέτο, το ramo (el)
μπουφάν, το cazadora (la)
μπράβο (σου) ¡bravo!, ¡muy bien!
μπράντυ, το brandy (el)
μπροστά delante, por delante
μυρίζω oler
μωρό, το bebé (el)

Ν ν

να para (que), que, a
να que (+ subjuntivo) // aquí, ahí (tiene)
ναός, ο templo (el)
νάτος (-η -ο) ¡aquí está!, ¡aquí tiene!
Ναυτικό, το Marina (la)
Νέα Ζηλανδία, η Nueva Zelanda
Νέα Υόρκη, η Nueva York
νέα, τα noticias, novedades (las)
νέκταρ, το néctar (el)
νέοι, οι jóvenes (los)
νέος (-α -ο) joven, nuevo
νερό, το agua (el) (f.)
νευρολόγος, ο neurólogo (el)
νέφος, το espesa niebla producida por la contaminación
νησί, το isla (la)
νίκη, η victoria (la)
νοικοκυρά, η ama de casa (la)
νομίζω creer, considerar
νόμος, ο ley (el)
νοσοκόμα, η enfermera (la)
νοσοκόμος, ο enfermero (el)
νόστιμος (-η -ο) sabroso // mono, salado, saleroso
νούμερο, το número (el)
ντίσκο, η discoteca (la)
ντοκυμαντέρ, το documental (el)
ντολμαδάκια, τα arroz (y carne picada) envuelto(s) en hojas de parra
ντουλάπα, η armario, ropero (el)
ντουλάπι, το armario (el)
ντους, το ducha (la)
ντροπαλός (-ή -ό) vergonzoso, cortado
ντύνομαι vestirse
ντύνω vestir
νύφη, η nuera (la)
νωρίς temprano, pronto
νωρίτερα antes de (que) // más temprano

Ξ ξ

ξανά de nuevo
ξανθός (-ή -ό) rubio
ξαπλώνω acostarse, tumbarse, echarse
ξαφνικά de repente
ξεκουράζομαι descansar, reposar
ξεκούραση, η descanso, reposo (el)
ξενόγλωσσος (-η -ο) de lengua extranjera
ξενοδοχείο, το hotel (el)
ξερός (-ή -ό) seco
ξεσκονίζω quitar el polvo
ξεχνάω (-ώ) olvidar
ξοδεύω gastar
ξύλο, το madera (la)
ξυπνητήρι, το despertador (el)
ξυπόλυτος (-η -ο) descalzo
ξυρίζομαι afeitarse
ξυρίζω afeitar

Ο ο

όαση, η oasis (el)
οδήγηση, η conducción (la)
οδηγία, η instrucción, directiva (la)
οδηγός, ο conductor, chófer (el)
οδοντίατρος, ο dentista (el)
οικογενειακός (-ή -ό) familiar
οικοδέσποινα, η anfitriona (la)
οικονομικός (-ή -ό) económico, módico
Ολυμπιακοί Αγώνες, οι Juegos Olímpicos
Όλυμπος, ο Olimpo
ομελέτα, η tortilla (la)
ομορφιά, η belleza (la)
όνειρο, το sueño (el)
ονομάζω llamar, nombrar, denominar
όπερα, η ópera (la)
ο οποίος (η οποία, το οποίο) quien, el/ la/ lo que, (el/ la) cual, que
οποιοσδήποτε (οποιαδήποτε, οποιοδήποτε) quienquiera, cualquier(a)
όποτε siempre que, cuando quiera que
όπως-όπως descuidadamente, con descuido, de prisa y corriendo
όργανο, το instrumento (el) // órgano (el)
ορθογώνιος (-α -ο) rectangular
ορισμός, ο definición (la)
ορχήστρα, η orquesta (la)
όσοι (-ες -α) cuantos
όσος (-η -ο) cuanto *(adj.)*
ουρανός, ο cielo (el)
οφθαλμίατρος, ο oculista, oftalmólogo (el)
οχτάωρο, το jornada laboral de ocho horas

Π π

παγκόσμιος (-α -ο) mundial, universal
παγωτό, το helado (el)
παθαίνω padecer, sufrir
παθητική (φωνή), η (voz) pasiva

παθολόγος, ο médico general, médico de cabecera (el)
παιδίατρος, ο pediatra (el)
παίζω jugar // actuar
παίρνω tomar, coger
παίρνω είδηση enterarse, darse cuenta
πακετάκι, το paquetito (el)
πακέτο, το paquete (el)
Πακιστάν, το Pakistán
παλάμη, η palma (la)
πάλι de nuevo, otra vez
παλιός (-ά -ό) viejo, antiguo
παλτό, το abrigo (el)
Παναγία, η Virgen
πανεπιστήμιο, το universidad (la)
πάντα siempre
παντελόνι, το pantalón (el)
παντρεύομαι casarse
πάντως de todas maneras/formas, en todo caso
πάνω sobre, encima, arriba
παπούτσι, το zapato (el)
παππούς, ο abuelo (el)
πάρα requete-
παραγγελία, η pedido, encargo (el), orden (la)
παράγραφος, η párrafo (el)
παράδειγμα, το ejemplo (el)
παραδίνω entregar // impartir
παραδοσιακός (-ή -ό) tradicional
παραθετικά, τα grados de comparación *(gr.)*
παράθυρο, το ventana (la)
παρακαλώ rogar, pedir por favor
παρακάτω más adelante, más allá
παρακείμενος, ο pretérito perfecto *(gr.)*
παρακολουθώ seguir, asistir
παραλαμβάνω recoger, recibir
παραλία, η playa (la)
παραλιακός (-ή -ό) litoral, marítimo
παραμένω permanecer
παραμύθι, το cuento (el)
παράξενος (-η -ο) curioso, extraño
παραπάνω más arriba // más, de más
παρασκευή, η preparación (la)
παρατατικός, ο pretérito imperfecto *(gr.)*
παρατήρηση, η observación (la)
παρατηρητικός (-ή -ό) observador
παρέα, η compañía (la), grupo (el) // pandilla (la)
παρελθόν, το pasado (el)
παρένθεση, η paréntesis (el)
Παρθενώνας, ο Partenón (el)
Παρίσι, το París
παρκάρω aparcar
πάρκι(ν)γκ, το aparcamiento (el)
πάρκο, το parque (el)
πάροδος, η bocacalle (la)
πάρτι, το guateque (el), fiesta (la)

πασίγνωστος (-η -ο) conocidísimo, celebérrimo
πάστα, η pasta (la), dulce (el)
Πάσχα, το Pascua (la)
πατάτα, η patata (la)
πατέρας, ο padre (el)
παχύς (-ιά -ύ) gordo
πεζός, ο peatón (el)
πεθαίνω morir(se)
πεθερά, η suegra (la)
πεθερικά, τα suegros (los)
πεθερός, ο suegro (el)
πεινάω (-ώ) tener hambre
πείρα, η experiencia (la)
πειράζει importa *(impers.)*
πειράζω molestar, fastidiar
Πειραιάς, ο El Pireo
πελάτης, ο cliente (el)
πενηντάρικο, το moneda/billete de cincuenta dracmas
πεντακοσάρικο, το billete de quinientos dracmas
πεντοχίλιαρο, το billete de cinco mil dracmas
περασμένος (-η -ο) pasado
περιβάλλον, το ambiente, contorno (el) // medio ambiente (el)
περιγραφή, η descripción (la)
περιγράφω describir
περίεργος (-η -ο) curioso, extraño
περιπολικό, το coche policía (el)
περίπου aproximadamente, más o menos
περιπτεράς, ο quiosquero (el)
περίπτερο, το quiosco (el)
περίπτωση, η caso (el), ocasión (la)
περιττός (-ή -ό) innecesario, prescindible, dispensable
περνάω (-ώ) pasar // transcurrir (tiempo) // cruzar (calle)
περπατάω (-ώ) caminar, andar // pasear
πέρ(υ)σι el año pasado
πετάω (-ώ) volar // tirar, echar, arrojar
πετσέτα, η toalla (la)
πέφτω caer(se), tirarse
πηδάω (-ώ) saltar // saltarse
πια ya
πιάνο, το piano (el)
πιάνω tocar, coger, agarrar
πιάτο, το plato (el)
πίεση, η presión, tensión (la)
πιθανότητα, η probabilidad (la)
πικάντικος (-η -ο) picante
πικάπ, το tocadiscos (el)
πιλότος, ο piloto (el)
πίνακας, ο cuadro (el) // pizarra (la) // tablón (el), lista (la)
πινακοθήκη, η pinacoteca, galería de arte (la)
πίνω beber

πιο más
πίπα, η pipa (la)
πιπέρι, το pimienta (la)
πιρούνι, το tenedor (el)
πιστεύω creer
πιστόλι, το pistola (la)
πίσω detrás, atrás
πιτσαρία, η pizzería (la)
πλάγια (στοιχεία) (letra) cursiva, letra itálica
πλάγιος (-α -ο) lateral, oblicuo, inclinado
πλαίσιο, το marco (el) // marco (el), moldura (la)
πλαστικός (-ή -ό) plástico
πλατεία, η plaza (la)
πλάτη, η espalda (la) // respaldo (el)
πλάτος, το ancho (el), anchura (la)
πλατύς (-ιά -ύ) ancho, amplio, vasto
πλένομαι lavarse
πλένω lavar
πληθυντικός, ο plural (el) (gr.)
πληθυσμός, ο población (la)
πληροφορία, η información (la)
πληρώνω pagar
πλησιάζω acercar(se), aproximar(se)
πλοίο, το barco, buque (el), nave (la)
Πλούτωνας, ο Pluto
πλυντήριο, το lavadora (la)
π.μ. a.m.
πνεύμονας, ο pulmón (el)
ποδήλατο, το bicicleta (la)
πόδι, το pierna (la) // pata (la)
ποιανού (-ής -ού) ¿de quién?
ποιος (-α -ο) quién, cuál
ποιότητα, η calidad (la)
πόλεμος, ο guerra (la)
πολεμάω (-ώ) guerrear, hacer la guerra, luchar
πόλη, η ciudad (la)
πολιτική, η política (la)
πολλοί (-ές -ά) muchos
πολύ mucho, muy
πολυεθνικός (-ή -ό) multinacional
πολυθρόνα, η sillón (el), butaca (la)
πολυκατοικία, η casa de vecinos (la)
πολύς (πολλή/πολύ) mucho
πονάω (-ώ) sentir dolor (intrans.)
πονοκέφαλος, ο dolor de cabeza (el), jaqueca (la)
πόνος, ο dolor (el) // pena (la)
ποντίκι, το ratón (el)
πορεία, η curso, proceso, rumbo (el) // marcha (la)
πόρτα, η puerta (la)
πορτατίφ, το lámpara de mesa (la)
πορτοκαλάδα, η zumo de naranja (el), naranjada
πορτοκάλι, το naranja (la)
Ποσειδώνας, ο Poseidón (Neptuno)

πόσοι (-ες -α) ¿cuántos-as?
πόσος (-η -ο) ¿cuánto-a?
ποσοστό, το porcentaje (el)
ποσοτικός (-ή -ό) cuantitativo
ποτάμι, το río (el)
πότε ¿cuándo?
ποτέ jamás, nunca
ποτήρι, το vaso (el)
ποτίζω regar
ποτό, το bebida (la)
που quien, que
πού ¿dónde?
πουθενά en/a ninguna parte, en/a ningún lugar
πουκάμισο, το camisa (la)
πουλάω (-ώ) vender
πουλί, το pájaro (el)
πουλόβερ, το jersey (el)
πούρο, το cigarro, puro (el)
πράγμα, το cosa (la)
πραγματικά realmente, efectivamente
πραγματικότητα, η realidad (la)
πραγματοποιώ realizar, efectuar
πράξη, η acción (la), acto (el)
πράσινος (-η -ο) verde
πρέπει haber que, tener que, deber (impers.)
πριν antes (de)
προάστιο, το suburbio, barrio (el)
πρόβλημα, το problema (el)
πρόγραμμα, το programa (el)
πρόεδρος, ο presidente (el)
προέρχομαι proceder, provenir, derivar, originar
προηγούμενος (-η -ο) anterior, previo, precedente
πρόθεση, η preposición (la) (gr.)
προίκα, η dote (la)
προϊστάμενος, ο superior, jefe (el)
προκαταρκτικός (-ή -ό) preliminar
πρόκειται για tratarse de (imp.)
πρόκειται να ir(se) a (imp.)
προλαβαίνω llegar a tiempo // anticipar
προληπτικός (-ή -ό) supersticioso
πρόοδος, η progreso (el)
Προπό, το quiniela (la)
προσεκτικός (-ή -ό) cuidadoso, cauteloso // atento
προσέχω cuidar, tener cuidado // atender // prestar atención
προσθέτω añadir, agregar
προσκαλώ invitar
πρόσκληση, η invitación (la)
προσόν, το cualidad (la), atributo, mérito (el)
προσπαθώ intentar, esforzarse
προσπερνάω (-ώ) adelantar(se)
προστακτική, η imperativo (el) (gr.)
προστατεύω proteger
προσφέρω ofrecer

προσωπικό, το personal (el), plantilla (la)
προσωπικός (-ή -ό) personal
πρόσωπο, το persona (la) // cara (la), rostro (el)
πρόταση, η oración, proposición (la)
προτείνω proponer, sugerir
προτιμάω (-ώ) preferir
προτίμηση, η preferencia, predilección (la)
προχθές (προχτές) anteayer
προχωρημένος (-η -ο) avanzado
προχωρώ proceder // avanzar
πρωθυπουργός, ο primer ministro (el)
πρωί, το mañana (la)
πρωινό, το desayuno (el)
πρώτα primero (adv.)
πρωτεύουσα, η capital (la)
Πρωτοχρονιά, η Nochevieja (la)
πτήση, η vuelo (el)
πτυχίο, το título (universitario)
πτώμα, το cadáver (el)
πυρετός, ο fiebre (la)
πυροβολώ disparar
πυροσβέστης, ο bombero (el)
πυροσβεστική, η cuerpo de bomberos (el)
π.χ. p. ej.
πωλείται se vende
πωλητής, ο vendedor (el)
πως que
πώς ¿cómo? // ¿cómo nó?

Ρ ρ

ραδιόφωνο, το radio (la)
ραλίστας, ο ralista, corredor de rally (el)
ραντεβού, το cita (la)
ράφι, το estante (el), repisa (la)
ρεπόρτερ, ο reportero (el)
ρεσεψιόν, η recepción (la)
ρέστα, τα vuelta (la)
ρετσίνα, η vino resinado
ρήμα, το verbo (el) (gr.)
ριζικός (-ή -ό) radical
ρίχνω lanzar, tirar, echar, arrojar
ρολόι, το reloj (el)
ρόλος, ο rol, papel (el)
ρομαντικός (-ή -ό) romántico
ρούχα, τα ropa (la)
ρύζι, το arroz (el)
Ρωμαίος (-α) romano
Ρώμη, η Roma
ρωτάω (-ώ) preguntar

Σ σ

σαββατοκύριακο, το fin de semana (el)
σακ(κ)άκι, το chaqueta (la)
σακούλα, η bolsa (la)
σαλιγκάρι, το caracol (el)
σαλόνι, το salón (el)
σάλτσα, η salsa (la)

σαμιώτικος (-η -ο) de (la isla de) Samos (cosas)
σαμπουάν, το champú (el)
σαν como
σάντουϊτς, το bocadillo (el)
σαπούνι, το jabón (el)
σγουρός (-ή -ό) rizado, ensortijado
σέβομαι respetar
σειρά, η fila (la) // turno (el)
σε λίγο dentro de poco, dentro de un rato
σελίδα, η página (la)
σερβιτόρος, ο camarero (el)
σηκώνομαι levantarse
σηκώνω levantar, alzar, elevar
σήμα, το señal (la)
σημαίνει significa (impers.)
σημαντικός (-ή -ό) importante, significativo
σημασία, η significado (el) // significación, importancia, trascedencia (la)
σημείωμα, το nota (la)
σημειώνω apuntar
σημείωση, η nota (la), apunte (el)
σήμερα hoy
σημερινός (-ή -ό) actual, de hoy
σίριαλ, το serial (el)
σιγά lentamente, despacio // suavemente // en voz baja
σιγουρεύομαι asegurarse
σίγουρος (-η -ο) seguro
σίδερο, το plancha (la) // hierro (el)
σιδερώνω planchar
Σικάγο, το Chicago
Σικελία, η Sicilia
σινεμά, το cine (el)
σκάλα, η escalera (la)
σκάφος, το nave, embarcación (la)
σκέφτομαι (σκέπτομαι) pensar
σκέψη, η pensamiento (el), reflexión (la)
σκηνή, η escenario (el), escena (la) // escena, secuencia (la)
σκίτσο, το dibujo, esbozo (el)
σκόνη, η polvo (el)
σκοτώνω matar
σκουπίδια, τα basura (la)
σκουπιδιάρικο, το camión de basura (el)
σκουπίζω barrer // secar(se), enjugar(se)
σκούρος (-α -ο) oscuro
σκυλί, το perro (el)
σκύλος, ο perro (el)
σοβαρός (-ή -ό) serio, grave
σοκολάτα, η chocolate (el)
σολίστ, ο solista (el)
σουηδικός (-ή -ό) sueco (cosas)
σούπα, η sopa (la)
σούπερ μάρκετ, το supermercado (el)
σοφία, η sabiduría, sapiencia (la)
σπάζω romper
σπάνιος (-α -ο) raro
σπεσιαλιτέ, η especialidad (la)

σπίρτο, το cerilla (la) ·
σπιτάκι, το casita (la)
σπορ, το deporte (el)
σπορ deportivo, desenfadado
σπουδάζω estudiar
σπουδαστής, ο estudiante (el)
σπρώχνω empujar
στάδιο, το estadio (el)
σταθερός (-ή -ό) estable, constante, firme
στάθμευση, η estacionamiento, aparcamiento (el)
σταματάω (-ώ) parar(se), detenerse(se)
στάση, η parada (la)
στατιστικές, οι estadísticas (las)
στέκι, το nidal (el), guarida (la)
στέκομαι estar de pie/ parado/derecho, ponerse de pie
στέλνω enviar, mandar
στενός (-ή -ό) estrecho // ajustado
στενοχωριέμαι apenarse, abrumarse, apesadumbrarse
στήλη, η columna (la)
στην υγειά σας! ¡a su/vuestra salud!
στη συνέχεια a continuación, acto seguido
στιγμή, η momento (el)
στοιχεία, τα datos (los) // letras (las)
στολή, η uniforme (el)
στόμα, το boca (la)
στομάχι, το estómago (el)
στοπ, το stop (el)
στρατηγός, ο general (el)
στρατιώτης, ο soldado (el)
στρατιωτικός (-ή -ό) militar
στρατόπεδο, το cuartel, campamento (el)
στρατός, ο ejército (el)
στρίβω girar, doblar // torcer
στρογγυλός (-ή -ό) redondo
στρώνω poner la mesa // hacer la cama
συγγενής, ο pariente (el)
συγγραφέας, ο escritor, autor (el)
συγκρίνω comparar
συγκριτικός (-ή -ό) comparativo
συγκρότημα, το grupo, conjunto (musical) // conjunto, complejo (el)
συγνώμη (pedir) perdón / permiso
σύγχρονος (-η -ο) contemporáneo, moderno, actual
συγχωρώ perdonar, disculpar
συζήτηση, η conversación, charla (la)
συκώτι, το hígado (el)
συλλαβή, η sílaba (la)
σύλλογος, ο asociación, sociedad (la), club (el)
συμβαίνει pasa, ocurre, sucede (imp.)
συμβουλεύω aconsejar, asesorar
συμβουλή, η consejo (el)
συμμαθητής, ο compañero de clase (el)
συμμετέχω participar, integrar, formar parte
συμπληρώνω completar, rellenar

σύμπτωμα, το síntoma (el)
σύμφωνα με de acuerdo con, conforme, según
συμφωνικός (-ή -ό) sinfónico
σύμφωνοι de acuerdo, conforme
συμφωνώ estar de acuerdo/conforme, ponerse de acuerdo, acordar
συναγερμός, ο alarma (la)
συνάλλαγμα, το cambio (de divisas) (el)
συναντάω (-ώ) encontrar
συνάντηση, η encuentro (el)
συναντιέμαι encontrarse con
συναρπαστικός (-ή -ό) apasionante, fascinante
συναυλία, η concierto (el)
συνάχι, το catarro (el)
συνδέω conectar, juntar, acoplar // asociar
συνδυασμός, ο combinación, conexión (la), acoplamiento (el)
συνέδριο, το congreso (el)
συνέντευξη, η entrevista (la)
συνεταίρος, ο socio (el)
συνέχεια (συνεχώς) continuamente, todo el tiempo/rato
συνεχίζω continuar, seguir
συνηθισμένος (-η -ο) habitual, corriente
συνήθως normalmente, habitualmente
συνθετικός (-ή -ό) sintético
συνοδηγός, ο copiloto (el)
συνολικά en total
συνταγή, η receta (méd., comida), prescripción (la)
σύντομα pronto, brevemente
σύντομος (-η -ο) breve, corto
σύντροφος, ο compañero, camarada (el)
συρτάρι, το cajón (el)
σύστημα, το sistema (el)
συστήνω presentar // recomendar
συχνός (-ή -ό) frecuente
σφουγγαρίζω fregar
σχεδιάγραμμα, το plano, esbozo, esquema (el)
σχεδιάζω dibujar, diseñar // planear, planificar
σχέδιο, το dibujo, diseño (el) // plan (el)
σχεδόν casi
σχέση, η relación (la)
σχετικά με en relación con
σχετικός (-ή -ό) relativo, respectivo
σχηματίζω formar
σχολείο, το escuela (la), colegio (el)
σχολή, η escuela (la)
σώμα, το cuerpo (el)
σωστός (-ή -ό) correcto

Τ τ

ταβερνάκι, το tabernita (la)
ταινία, η película (la), film (el)
ταίρι, το pareja (la), compañero (el)

ταιριάζω acoplar, emparejar, hacer juego
τα καταφέρνω lograr, conseguir // salir de un apuro
τάλιρο, το moneda de cinco dracmas
ταμείο, το caja (la)
ταμίας, ο cajero (el)
ταμπλέτα, η tableta (la)
τάξη, η clase (la), curso (el)
ταξί, το taxi (el)
ταξιδεύω viajar
ταξίδι, το viaje (el)
ταξινομώ clasificar
ταράτσα, η terraza, azotea (la)
τασάκι, το cenicero (el)
ταυτότητα, η identidad (la) // carné de identidad (el)
τα χάνω desconcertarse, desasosegarse
ταχυδρομείο, το correo(s) (el)
ταχυδρόμος, ο cartero (el)
ταχυδρομώ enviar/mandar por correo
τέλεια perfecto, perfectamente
τέλειος (-α -ο) perfecto
τελειώνω terminar, acabar, finalizar
τελείως completamente, totalmente
τελευταίος (-α -ο) último, reciente
τελικά finalmente, al final
τελικός (-ή -ό) final
τέλος, το final (el)
τέν(ν)ις, το tenis (el)
τεράστιος (-α -ο) enorme
τεστ, το prueba (la), test (el)
τέταρτο, το cuarto (el) *(hora, medida)*
τέτοιος (-α -ο) tal
τετράγωνο, το cuadrado (el) // manzana (la)
τετράγωνος (-η -ο) cuadrado
τετράδιο, το cuaderno (el)
τέχνη, η arte (el)
τεχνικός (-ή -ό) técnico (el)
τζαζ, η jazz (el)
τζάμι, το cristal (el)
τζιν, το vaqueros, tejanos (los)
τζόγκινγκ, το jogging, footing (el)
τηγανητός (-ή -ό) frito
τηλεόραση, η televisión (la), televisor (el)
τηλεφώνημα, το llamada (telefónica)
τηλεφωνητής, ο telefonista, operador (el)
τηλεφωνήτρια, η telefonista, operadora (la)
τηλέφωνο, το teléfono (el)
τηλεφωνώ telefonear, llamar (por teléfono)
τιμή, η precio (el)
τίποτε nada
τμήμα, το departamento (el), sección (la) // parte (la)
το μόνο lo único
τονίζω acentuar // señalar, hacer hincapié, destacar
τόνος, ο acento (el)
τόσο tan(to)

τοστ, το sandwich (el), tostada (la)
τοστάδικο, το tienda de bocadillos y sandwiches
τότε entonces, en aquel entonces
τουαλέτα, η aseo, lavabo (el) // tocador (el)
τουλάχιστον por lo/al menos
τουρίστας, ο turista (el)
τουριστικός (-ή -ό) turístico
τραβάω (-ώ) tirar, arrastrar
τραγουδάω (-ώ) cantar
τραγουδιστής, ο cantante (el)
τραγωδία, η tragedia (la)
τρακ, το canguelo, miedo escénico (el)
τρακάρω chocar, colisionar
τράπεζα, η banco (el)
τραπεζάκι, το mesita (la)
τραπεζαρία, η comedor (el)
τραπέζι, το mesa (la)
τρελός (-ή -ό) loco
τρένο, το tren (el)
τρέξιμο, το carrera (la), acción de correr
τρέχω correr
τρίγωνο, το triángulo (el)
τρόλεϊ, το trolebús (el)
τρόπος, ο modo (el), manera, forma (la)
τροχαίος (-α -ο) de tráfico
τροχαία, η policía de tráfico (la)
τρύπα, η agujero (el)
τρώω comer
τσάι, το té (el)
τσάντα, η bolso (el)
τσέπη, η bolsillo (el)
τσιγάρο, το cigarrillo (el)
τσίκλα, η chicle (el)
τύπος, ο tipo (el)
τυρί, το queso (el)
τυροπιτάκι, το empanadita de queso (la)
τυχερός (-ή -ό) afortunado, el que tiene suerte
τώρα ahora

Υ u

υγεία, η salud (la)
υγιής (-ής -ές) sano
υγρό, το líquido (el)
υδραυλικός, ο fontanero (el)
υλικό, το material (el) // ingrediente (el)
υπάλληλος, ο empleado, funcionario (el)
υπάρχει hay *(imp.)*
υπάρχω existir
υπεραυτόματος (-η -ο) superautomático
υπερθετικός, ο superlativo (el) *(gr.)*
υπέροχος (-η -ο) excelente, superior
υπερσυντέλικος, ο pretérito pluscuamperfecto *(gr.)*
υπερφυσικός (-ή -ό) sobrenatural
υπνοδωμάτιο, το dormitorio (el)
ύπνος, ο sueño (el)
υποβοηθητικός (-ή -ό) accesorio, auxiliar

υπογραμμίζω subrayar // señalar
υπογραφή, η firma (la)
υπογράφω firmar
υπόθεση, η asunto, caso (el) // hipótesis, suposición (la), supuesto (el)
υποθετικός (-ή -ό) condicional *(gr.)* // hipotético, supuesto
υπολογίζω calcular
υπόλοιπος (-η -ο) restante, sobrante
υπομονετικός (-ή -ό) paciente
υπομονή, η paciencia (la)
ύποπτος (-η -ο) sospechoso
υπόσχομαι prometer, comprometerse
υποτακτική, η subjuntivo (el) *(gr.)*
υποχρεωμένος (-η -ο) obligado
ύστερα después, luego
υφαντό, το prenda/objeto de lana tejida a mano
ύφασμα, το tela (la), tejido (el)
ύψος, το altura (la)

Φ φ

φαγητό, το comida (la)
φαίνομαι parecer, aparecer
φαινόμενο, το fenómeno (el)
φάκελος, ο sobre (el) // expediente (el)
φακός, ο lente, lentilla (la) // lupa (la) // linterna (la)
φανάρι, το semáforo (el)
φαντάζομαι imaginarse
φαντάρος, ο soldado (el)
φαντασία, η imaginación (la)
φανταστικός (-ή -ό) imaginario
φαρδύς (-ιά -ύ) ancho
φαρμακευτικός (-ή -ό) farmacéutico
φάρμακο, το medicamento (el), medicina (la)
φέρνω traer, llevar
φεστιβάλ, το festival (el)
φέτα, η queso blanco fresco // rebanada, loncha (la)
(ε)φέτος este año
φεύγω irse, marcharse
φθινόπωρο, το otoño (el)
φίδι, το serpiente (la)
φιλάω (-ώ) besar
φιλειρηνικός (-ή -ό) pacifista
φιλικός (-ή -ό) amistoso
φιστίκι, το pistacho (el) // cacahuete (el)
φλερτ, το flirteo, ligue (el)
φλιτζάνι, το taza (la)
φλούδι, το corteza, cáscara, piel (la)
φοιτητής, ο estudiante (el)
φοιτήτρια, η estudiante (la)
φορά, η vez (la)
φοράω (-ώ) vestir, llevar, ponerse
φόρος, ο impuesto (el)
φορτηγό, το camión (el)
φορτηγάκι, το camioneta, furgoneta (la)

φούρια, η apresuramiento (el), prisa, celeridad (la)
φούρνος, ο horno (el) // panadería (la)
φούστα, η falda (la)
φράγκο, το franco (el) *(moneda)*
φράση, η frase, oración (la)
φρεσκάρω refrescar
φρέσκος (-ια -ο) fresco
φροντίζω cuidar
φροντιστήριο, το academia privada (la)
φρούτο, το fruta (la), fruto (el)
φρυγανιά, η tostada (la)
φταίω tener la culpa
φτάνει ¡basta! *(imp.)*
φτάνω llegar, arribar
φτιάχνω hacer, preparar, arreglar
φτωχός (-ή -ό) pobre
φύλακας, ο guardia, guardián (el)
φυλακή, η cárcel, prisión (la)
φύλο, το sexo (el)
φυσικός (-ή -ό) natural
φυσική, η física (la)
φωνάζω gritar, llamar
φωνή, η voz (la)
φωνήεν, το vocal (la)
φως, το luz (la)
φωτεινός (-ή -ό) luminoso, claro, brillante
φωτιά, η fuego (el)
φωτιστικό, το lámpara (la)
φωτογραφικός (-ή -ό) fotográfico
φωτογράφος, ο fotógrafo (el)

Χ χ

χαιρετάω (-ώ) saludar
χαίρομαι alegrarse, estar encantado
χαίρω alegrarse, estar encantado *(gr. purista)*
χαλάω (-ώ) estropear, destrozar // cambiar (dinero)
χαλασμένος (-η -ο) averiado, estropeado
χάλια, τα porquería, birria (la), bodrio (el) // (estar) fatal
χαμηλός (-ή -ό) bajo
χαμομήλι, το manzanilla, camomila (la)
χάνω perder
χάπι, το pastilla, píldora (la)
χαρά, η alegría (la)
χάρη, η favor (el) // gracia (la), encanto (el)
χαρίζω regalar, obsequiar
χαρτζιλίκι, το dinerillo, dinero de bolsillo (el)
χαρτί, το papel (el)
χαρτιά, τα papeles, documentos (los) // cartas (de naipe)
χαρτοπετσέτα, η servilleta (la)
χαρτοπωλείο, το papelería (la)
χαρτοφύλακας, ο cartera (la)
χειρούργος, ο cirujano (el)
χέρι, το mano (la)
χερούλι, το asa (la), mango (el)

χημικός, ο químico (el)
χήνα, η oca, gansa (la)
χήρα, η viuda (la)
χιλιάρικο, το billete de mil dracmas
χιλιόμετρο, το kilómetro (el)
χιόνι, το nieve (la)
χοντρός (-ή -ό) gordo, grueso
χορεύω bailar, danzar
χορός, ο danza (la), baile (el)
χρειάζεται hacer falta *(imp.)*
χρειάζομαι necesitar, hacer falta a algn. algo
χρήματα, τα dinero (el)
χρήσιμος (-η -ο) útil
χρησιμοποιώ utilizar, usar
χριστιανός, ο cristiano
Χριστούγεννα, τα Navidad (la)
χρόνια, τα años (los)
χρόνος, ο tiempo (el) // año (el)
χρυσός (ή -ό) dorado, de oro
χρώμα, το color (el)
χρωστάω (-ώ) deber *(+sust.)*
χτένι, το peine (el)
χτενίζομαι peinarse
χτενίζω peinar
χτυπάω (-ώ) tocar, golpear // sonar (teléfono)
χυμός, ο zumo, jugo (el)
χώρα, η país (el)
χωρίζω separar // separarse, romper (una relación)
χωρίς sin

Ψ ψ

ψάρι, το pez, pescado (el)
ψάχνω buscar
ψέμα, το mentira (la)
ψήνω asar, tostar
ψιλά, τα calderilla (la), (dinero) suelto
ψιλοκομμένος (-η -ο) picadillo (el), picadito
ψυγείο, το nevera (la), frigorífico (el)
ψυχίατρος, ο psiquiatra (el)
ψωμί, το pan (el)
ψώνια, τα compra(s) (la-s)
ψωνίζω comprar

Ω ω

ώμος, ο hombro (el)
ώρα, η hora (la) // tiempo, rato (el)
ωραία bien
ωραίος (-α -ο) bonito, hermoso
ωραιότητα, η belleza, hermosura (la)
ώρες αιχμής, οι horas punta
ωτορινολαρυγγολόγος, ο otorrino(laringólogo) (el)

Vocabolario

A α

άβαφος (-η -ο) non truccato
αβγό (αυγό), το l'uovo
αγαπημένος (-η -ο) amato, preferito
αγαπητός (-ή -ό) caro
αγγελία, η l'annuncio, l'inserzione
αγενής (-ής -ές) scortese
αγία, η la santa
άγιος, ο il santo
άγνωστος (-η -ο) sconosciuto, ignoto
άγχος, το l'ansia, l'angoscia, lo stress
αγώνας, ο la lotta // la gara, la partita
άδεια, η il permesso, la licenza
αδέλφια, τα i fratelli
Άδης, ο l'Ade
αδύνατος (-η -ο) magro // debole
αεροπειρατής, ο il pirata dell'aria,
  il dirottatore
αεροπορία, η l'aviazione
αθάνατος (-η -ο) immortale
Αθηνά, η Atena (Minerva)
Αθήνα, η Atene
αθλητικός (-ή -ό) atletico, sportivo
αισθάνομαι sentire, provare, sentirsi
αίτηση, η la domanda
αιτία, η la causa, la ragione
αιτιατική, η l'accusativo (gr.)
αιώνας, ο il secolo
ακατάλληλος (-η -ο) inadatto
ακολουθώ seguire
ακριβώς esattamente, proprio
αλάτι, το il sale
αλήθεια, η la verità
αλήθεια veramente, davvero // a proposito
αλλάζω cambiare
αλληλογραφία, η la corrispondenza
αλλιώς altrimenti
αλουμίνιο, το l'alluminio
αμβροσία, η l'ambrosia
Άμεση Δράση, η il Pronto Intervento
άμεσος (-η -ο) diretto
αμφιβολία, η il dubbio, l'incertezza
αν se
αν και benché, anche se
ανά per, a
αναγκάζομαι essere costretto
ανακαλύπτω scoprire
ανακατεύω mescolare, mischiare
ανακεφαλαίωση, η la ricapitolazione
ανακρίνω interrogare
ανάλογα a seconda, in modo adeguato
ανάλογος (-η -ο) corrispondente, analogo
αναπνευστικός (-ή -ό) respiratorio
αναπνοή, η il respiro, la respirazione
ανατολή, η l'est
ανατολικός (-ή -ό) orientale, dell'est
ανατομία, η l'anatomia
αναφέρομαι riferirsi

αναφέρω riferire, menzionare // riportare
αναφορικός (-ή -ό) relativo (gr.)
αναχώρηση, η la partenza
ανέκδοτο, το l'aneddoto, la barzelletta
άνετος (-η -ο) comodo // disinvolto
ανήκω appartenere
ανθοπωλείο, το il negozio di fiori
ανθρώπινος (-η -ο) umano
άνθρωποι, οι la gente, le persone
άνθρωπος, ο l'uomo, l'essere umano
ανισόπεδος (-η -ο) di diverso livello
ανισόπεδος κόμβος, ο il cavalcavia
άνισος (-η -ο) disuguale
ανίψια, τα i nipoti
ανιψιά, η la nipote
ανιψιός, ο il nipote
ανόητος (-η -ο) sciocco, stupido
άνοιξη, η la primavera
άνοστος (-η -ο) insipido
ανταλλάσσω (-ζω) scambiare
αντί invece di
αντιβιοτικό, το l'antibiotico
αντίθετος (-η -ο) opposto
αντικαθιστώ sostituire, rimpiazzare
αντικείμενο, το l'oggetto
αντίρρηση, η l'obiezione
αντίστοιχος (-η -ο) corrispondente
αντωνυμία, η il pronome (gr.)
ανώμαλος (-η -ο) irregolare, anormale
ανώτερος, ο il superiore
αξία, η il valore
αόριστος, ο il passato remoto (gr.)
απαγορεύεται è vietato, è proibito
απαγορεύω vietare, proibire
απαραίτητος (-η -ο) indispensabile,
  necessario
απασχολημένος (-η -ο) occupato,
  impegnato
απατάω (-ώ) tradire, essere infedele
απέναντι di fronte, dirimpetto
απεργία, η lo sciopero
απεχθάνομαι detestare, odiare
απέχω distare
απίθανος (-η -ο) incredibile
απλώνω stendere
απόδειξη, η la ricevuta
αποθετικό ρήμα, το il verbo deponente
  (gr.)
αποθήκη, η il magazzino
αποκτάω (-ώ) acquisire, ottenere
Απόλλωνας, ο Apollo
απόλυτος (-η -ο) assoluto
απολύτως assolutamente
απορρυπαντικό, το il detersivo
αποτέλεσμα, το il risultato, l' esito
αποτελούμαι consistere
αποφασίζω decidere
αργά tardi // lentamente
αργότερα più tardi

αργώ ritardare, fare tardi
Άρης, ο Marte
αριστερός (-η -ο) sinistro, di sinistra
αριστοκρατικός (-η -ο) aristocratico
αρκετά abbastanza, sufficientemente
αρκετοί (-ες -ά) svariati, parecchi
αρκετός (-ή- ό) sufficiente, bastante
αρνιέμαι (αρνούμαι) rifiutare // negare
αρρωσταίνω ammalarsi
άρρωστος (-η -ο) malato
αρσενικός (-ή -ό) maschile
Άρτεμις, η Artemide (Diana)
αρχαιολογικός (-ή -ό) archeologico
αρχάριος (-α -ο) principiante
αρχή, η l'inizio // il principio
αρχηγός, ο il capo, la guida
ασημικά, τα l'argenteria
ασθενικός (-ή -ό) malaticcio
ασθενοφόρο, το l'ambulanza
άσθμα, το l'asma
άσκηση, η l'esercizio
ασπιρίνη, η l'aspirina
αστειεύομαι scherzare
αστέρι, το la stella
αστυνομία, η la polizia
αστυνομικός, ο il poliziotto
αστυνομικός (-ή -ό) di polizia, poliziesco
αστυνόμος, ο il commissario di polizia
αστυφύλακας, ο l'agente di polizia
ασφαλώς certamente, sicuramente
άτομο, το la persona, l'individuo
ατύχημα, το l'incidente
άτυχος (-η -ο) sfortunato
αύξηση, η l'aumento
αυτί, το l'orecchio
αυτοκτονώ suicidarsi
αυτός (-ή -ό) egli, lui // questo
αυτοσχεδιάζω improvvisare
αφαιρώ togliere, sottrarre
αφεντικό, το il capo, il boss
αφήνω lasciare
αφορά riguarda, concerne
αφρικανικός (-ή -ό) africano (di cose)
Αφροδίτη, η Afrodite (Venere)
αχτένιστος (-η -ο) spettinato

B β

βάζο, το il vaso
βάζω mettere
βαθμολογία, η la votazione
βαθμός, ο il voto, il grado
βάθος, το la profondità
βαθύς (-ιά -ύ) profondo
βαλίτσα, η la valigia
βαλς, το il valzer
Βαλτιμόρη, η Baltimora
βαμβακερός (-ή -ό) di cotone
βαμβάκι, το il cotone

βάρδια, η   il turno
βαρετός (-ή -ό)   noioso
βαριέμαι   annoiarsi
βάρος, το   il peso
βαρύς (-ιά- ύ)   pesante, forte
βασικός (-ή -ό)   basilare, fondamentale
βασιλιάς, ο   il re
βατ, το   il watt
βέβαια (βεβαίως)   sicuramente, certamente
Βέλγος (-ίδα)   Belga
βενζινάδικο, το   il distributore di benzina
βενζίνη, η   la benzina
βεράντα, η   la veranda
βία, η   la violenza, la forza
βιάζομαι   andare di fretta, avere fretta
βιαστικά   di fretta, frettolosamente
βιντεοκασέτα, η   la videocassetta
βιοτεχνία, η   la piccola industria
βιταμίνη, η   la vitamina
βλάπτω   danneggiare
βοηθάω (-ώ)   aiutare, assistere
βοήθεια, η   l'aiuto
βόλεϊ, το   la pallavolo
βόλτα, η   il giro, la passeggiata
βουλιάζω   affondare
βουνό, το   la montagna, il monte
βούτυρο, το   il burro
βραβείο, το   il premio
(βραβείο) Νόμπελ, το   il premio Nobel
βρίσκομαι   trovarsi, essere situato
βρίσκω   trovare
βροχή, η   la pioggia
βρώμικος (-η -ο)   sporco

Γ γ

γάμος, ο   il matrimonio, le nozze
γαμπρός, ο   il genero, il cognato
γαρνίρω   guarnire
γείτονας, ο   il vicino
γειτονιά, η   il vicinato // il rione
γειτόνισσα, η   la vicina
γελάω (-ώ)   ridere
γεμάτος (-η -ο)   pieno
γενέθλια, τα   il compleanno
γενική, η   il genitivo (gr.)
γεννιέμαι   nascere
γένος, το   il genere (gr.)
γερός (-ή- ό)   forte
γεύση, η   il gusto, il sapore
γεωργία, η   l'agricoltura
γη, η   la terra
γήπεδο, το   il campo sportivo
για να   per, allo scopo di
γιαγιά, η   la nonna
γιαούρτι, το   lo yoghurt
γίνομαι   diventare // succedere, avvenire
γιορτάζω   celebrare, festeggiare

γιορτή, η   il giorno festivo // la festa
γκάλοπ, το   il sondaggio
γκρουπ, το   il gruppo
γλυκό, το   il dolce
γλυκός (ιά- ό)   dolce
γλώσσα, η   la lingua
γνώμη, η   l'opinione
γνωρίζω   conoscere, sapere
γνωστός (-ή -ό)   conosciuto, noto
γόνατο, το   il ginocchio
γραμμή, η   la linea
γρήγορος (-η -ο)   veloce, rapido
γρίπη, η   l'influenza
γυαλί, το   il vetro
γυαλιά, τα   gli occhiali
γυναικολόγος, ο   il ginecologo
γύρω   intorno, attorno
γωνία, η   l'angolo

Δ δ

δαγκώνω   mordere
δάσος, το   il bosco, la foresta
δεκάρικο, το   la moneta da dieci dracme
δεκοχίλιαρο, το   la moneta da diecimila dracme
δέμα, το   il pacco
δέντρο, το   l' albero
δεξιός (-ιά- ιό)   destro
δεξίωση, η   il ricevimento
δέρμα, το   la pelle
δερμάτινος (-η -ο)   di pelle
δέρνω   picchiare
δέχομαι   accettare
δηλαδή   cioè, vale a dire
δηλώνω   dichiarare
Δήμητρα, η   Demetra (Cerere)
δημοκρατία, η   la democrazia // la repubblica
δημοσιογράφος, ο/η   il/la giornalista
διάβασμα, το   la lettura, lo studio
διαγώνιος (-α -ο)   diagonale
δίαιτα, η   la dieta
διακοπές, οι   le vacanze
διακοπή, η   l'interruzione
διαλέγω   scegliere
διάλεξη, η   la conferenza
διάμετρος, η   il diametro
διάρκεια, η   la durata
διαρκής (-ής -ές)   continuo
διαρκώς   continuamente
διαρρήκτης, ο   lo scassinatore
διάρρηξη, η   lo scasso, il furto con scasso
Δίας, ο   Zeus, (Giove)
διασκεδαστικός (ή -ό)   divertente
(χρονικό) διάστημα, το   il periodo (di tempo)
διαφορά, η   la differenza
διαφορετικός (ή -ό)   differente, diverso

διαφωνώ   dissentire, non essere d'accordo
δίδακτρα, τα   le tasse scolastiche
διεθνής (-ής -ές)   internazionale
διευθυντής, ο   il direttore,, il dirigente
δικηγορικός (-ή -ό)   legale
δικτάτορας, ο   il dittatore
Διόνυσος, ο   Dioniso (Bacco)
διορθώνω   correggere
διπλός (-ή -ό)   doppio
διπλωματικός (-ή -ό)   diplomatico
δισύλλαβος (-η -ο)   bisillabo
δίφραγκο, το   la moneta da due dracme
δοκιμάζω   provare // assaggiare
δόντι, το   il dente
δύναμη, η   la forza, il potere
δυνατός (-ή -ό)   forte, potente
δυσκολεύομαι   avere difficoltà
δυσκολία, η   la difficoltà
δυστυχώς   sfortunatamente, purtroppo
δωμάτιο, το   la stanza, la camera
δώρο, το   il regalo, il dono

Ε ε

εβδομαδιαίος (-α -ο)   settimanale
εγγονή, η   la nipote
εγγόνια, τα   i nipoti
εγγονός, ο   il nipote
εγγύηση, η   la garanzia
εγκαίρως (έγκαιρα)   in tempo
έγκυος   in stato interessante, incinta
έθιμο, το   il costume, l'usanza
εθνικός (-ή -ό)   nazionale
ειδικός, ο   lo specialista, l'esperto
ειδικότητα, η   la specializzazione
είδος, το   il genere, il tipo // l'articolo
εικόνα, η   la pittura, l'immagine // l'icona
εικοσάρικο, το   la moneta da venti dracme
εικοσιτετράωρο, το   le ventiquattro ore
ειλικρινής (-ής -ές)   sincero
είμαι πτώμα   essere stanco morto
είσοδος, η   l'ingresso, l'entrata
(ε)κατοστάρικο, το   la moneta da cento dracme
έκθεση, η   la mostra, la fiera, l'esposizione // il rapporto
εκκλησία, η   la chiesa
εκπαιδευτικός (-ή -ό)   d'insegnamento, d'istruzione
εκτός από   tranne, eccetto
ελάττωμα, το   il difetto
ελαττώνω   diminuire, ridurre
ελαφρύς (-ιά -ύ)   leggero
ελέγχω   controllare
ελιά, η   l'olivo // l'oliva
ελικόπτερο, το   l'elicottero
ελπίζω   sperare
έμβασμα, το   la rimessa (di denaro)
έμβρυο, το   il feto

έμμεσος (-η -ο) indiretto
έμπειρος (-η -ο) esperto
εμπόριο, το il commercio
έμπορος, ο il commerciante
ενδιαφέρομαι essere interessato, interessarsi
ενδιαφέρων (-ουσα -ον) interessante
ενδοκρινολόγος, ο l'endocrinologo
ενέργεια, η l'azione, l'atto // l'energia
ενεργητική (φωνή), η la voce attiva (gr.)
ενεστώτας, ο il presente indicativo (gr.)
έννοια, η il significato
ενοικιάζεται si affitta, in affitto
εννοώ intendere, voler dire
ενοίκιο, το l'affitto
ένοικος, ο l'inquilino
ενοχλητικός (-ή -ό) fastidioso, importuno
εντατικός (-ή -ό) intensivo
εντολή, η l'ordine, il commando
ενώ mentre // malgadro
(ε)ξαδέλφια, τα i cugini
εξαιρετικός (-ή -ό) eccellente, eccezionale
εξαφανίζομαι sparire
εξετάζω esaminare
εξέταση, η l'esame, l'interrogazione
εξήγηση, η la spiegazione
έξοδα, τα le spese
έξοδος, η l'uscita
εξυπηρετώ servire // essere conveniente, agevolare
έξυπνος (-η -ο) intelligente, sveglio
εξωτερικό, το l'estero
εξωτερικός (-ή -ό) esterno, esteriore // estero
εξωτικός (-ή -ό) esotico
επανάληψη, η il ripasso, la ripetizione
επαρχία, η la provincia
επειδή poiché
επιβατικός (-ή -ό) per/di passeggeri
επιγραφή, η l'epigrafe // l'insegna
Επίδαυρος, η Epidauro
επίθετο, το l'aggettivo (gr.) // il cognome
επιθυμώ desiderare
επικίνδυνος (-η -ο) pericoloso
επιμένω insistere, persistere
έπιπλο, το il mobile
επίρρημα, το l'avverbio (gr.)
επισκέπτομαι visitare
επιστήμονας, ο lo scienziato
επίτηδες intenzionalmente, apposta
επιτρέπω permettere, lasciare
επόμενος (-η -ο) seguente, successivo
επώνυμο, το il cognome
εργάζομαι lavorare
εργαζόμενος (-η -ο) il lavoratore
εργαλείο, το l'attrezzo
εργασία, η il lavoro, l'opera
εργάτης, ο l'operaio
εργάτρια, η l'operaia

έργο, το l'opera // il film
εργοστάσιο, το la fabbrica
Ερμής, ο Ermete (Mercurio)
Ερυθρός Σταυρός, ο la Croce Rossa
έρωτας, ο l'amore
ερωτευμένος (-η -ο) innamorato
ερωτηματικός (-ή -ό) interrogativo (gr.)
ερωτηματολόγιο, το il questionario
Εστία, η Estia (Vesta)
έστω και αν anche se, persino se
εσωτερικός (-ή -ό) interno, interiore
εταιρεία, η la compagnia, la ditta
έτος, το l'anno
ευγενικός (-ή -ό) gentile, cortese
ευθεία diritto
ευθύνη, η la responsabilità
ευκαιρία, η l'occasione, l'opportunità
ευτυχισμένος (-η -ο) felice
ευτυχώς fortunatamente, per fortuna
ευχαριστημένος (-η -ο) contento, soddisfatto
ευχάριστος (-η -ο) piacevole
εφόσον visto che, dato che
έχω δίκιο avere ragione

Ζ ζ

ζακέτα, η la giacchetta, il cardigan
ζάχαρη, η lo zucchero
ζαχαροπλαστείο, το la pasticceria, il bar-pasticceria
ζεσταίνομαι avere/sentire caldo
ζέστη, η il caldo, il calore
ζεστό, το la bevanda calda
ζεστός (-ή -ό) caldo
ζευγάρι, το la coppia // il paio
ζηλεύω essere geloso, invidiare
ζητάω (-ώ) chiedere // domandare
ζητείται cercasi
ζω vivere, essere in vita
ζωή, η la vita
ζώνη, η la cintura

Η η

ήδη già
ηθοποιός, ο l'attore
ηλεκτρικός (-ή -ό) elettrico
ηλεκτρικός, ο la metropolitana
ηλεκτρονικός, ο l'ingegnere elettronico
ηλεκτρονικός (-ή -ό) elettronico
ηλικία, η l'età
ηλικιωμένος (-η -ο) anziano, vecchio
(η)μέρα, η il giorno
ημερολόγιο, το il calendario // il diario
ήρεμος (-η -ο) calmo, quieto
ησυχία, η la quiete
ήττα, η la sconfitta
Ήφαιστος, ο Efesto (Vulcano)

Θ θ

θαλασσινά, τα i frutti di mare
θαυμάσιος (-α -ο) meraviglioso, splendido
θαυμαστής, ο l'ammiratore, il fan
θεά, η la dea
θέμα, το il tema, l'argomento
θεολογία, η la teologia
θεός, ο il dio
θέση, η il posto // la posizione
θηλυκός (-ιά -ό) femminile
θητεία, η il servizio militare
θόρυβος, ο il rumore
θυμωμένος (-η -ο) arrabbiato
θυμώνω arrabbiarsi

Ι ι

ιατρική, η la medicina
ιδέα, η l'idea
ιδιαίτερα specialmente
ιδιαίτερος (-η -ο) speciale, particolare // privato (p.e. lezione)
ιδιοκτήτης, ο il proprietario
ιδιοκτήτρια, η la proprietaria
ιδίως specialmente
ιδιωτικός (-ή -ό) privato
ικανοποιητικός (-ή -ό) soddisfacente
ιππόδρομος, ο l'ippodromo
ίσιος (-α -ο) diritto, piano
ίσος (-η -ο) pari, eguale
ισότητα, η la parità, l'eguaglianza
ιστορία, η la storia
ιστορικός (-ή -ό) storico

Κ κ

κάβα, η l'enoteca
καβγάς, ο il litigio, la lite
κάδρο, το il quadro
καζανάκι, το lo sciacquone
καημένος (-η -ο) disgraziato, poveretto
καθαρίζω pulire
καθαριστικό, το il detergente
κάθε ogni
κάθε πότε ogni quanto (interr.)
καθένας (καθεμιά, καθένα) ognuno, ciascuno, chiunque
κάθετος (-η -ο) verticale, perpendicolare
καθημερινός (-ή -ό) quotidiano, giornaliero
καθολικός (-ή -ό) cattolico
καθόλου affatto
καθρεφτάκι, το lo specchietto
καθρέφτης, ο lo specchio
καθυστέρηση, η il ritardo
κακός (-ή -ό) cattivo
καλεσμένος (-η -ο) invitato
καλεσμένος, ο l'invitato, l'ospite
καλικάντζαρος, ο il folletto, lo spiritello

καλλυντικό, το il cosmetico
καλός (-ή -ό) buono, bravo
κάλτσα, η la calza
καλ(τ)σόν, το il collant
καλύπτω coprire
καλώ chiamare, invitare
κανάλι, το il canale
καναπές, ο il divano, il sofà
κανέλα, η la cannella
κανένας (καμιά, κανένα) qualche, qualcuno (interr.) // nessuno
κανόνας, ο la regola
κανονικός (-ή -ό) regolare, normale
κάνω μπάνιο fare il bagno
κάνω παρέα fare compagnia // frequentare
κάπνισμα, το il fumo
καπνιστής, ο il fumatore
κάποιος (-α -ο) qualcuno
κάποτε un tempo, una volta
κάπου da qualche parte, in qualche posto
κάπως un poco, piuttosto
καραμπόλα, η la carambola, il tamponamento a catena
καρδιά, η il cuore
καρδιολόγος, ο il cardiologo
καρέκλα, η la sedia
καριέρα, η la carriera
κάρτα, η la cartolina postale
καστανός (-ή -ό) castano
κατά verso
κατάληξη, η la desinenza
κατάλληλος (-η -ο) adatto, idoneo
κατάλογος, ο la lista, il menú
κατανάλωση, η il consumo
καταπίεση, η l'oppressione
καταπληκτικός (-ή -ό) fantastico, favoloso
καταραμένος (-η -ο) maledetto
καρκίνος, ο il cancro
κατάσταση, η la situazione
κατάστημα, το il negozio
καταφέρνω riuscire, riuscirci, farcela
κατεβαίνω scendere
κατευθείαν direttamente
κατήφορος, ο la discesa, il pendio
κατοικώ abitare, vivere
κατσαρίδα, η lo scarafaggio
καφενείο, το il caffè (il locale)
κείμενο, το il testo, il brano
κενό, το il vuoto // la lacuna
κεραυνός, ο il fulmine
κερδίζω vincere // guadagnare
κέρδος, το il guadagno, il profitto
κεφάλι, το la testa
κέφι, το il buonumore, l'allegria // la voglia
κήπος, ο il giardino
κινδυνεύω essere in pericolo
κίνηση, η il movimento // il traffico
κιόλας di già
κλασικός (-ή -ό) classico

κλέβω rubare
κλειδί, το la chiave
κλείνω chiudere // prenotare
κλήση, η la multa
κλίνω declinare, coniugare (gr.)
κ.λπ. ecc.
κόβω tagliare // smettere (di fumo o alcol)
κοιλιά, η la pancia, il ventre
κοινότητα, η la comunità
κοινόχρηστα, τα le spese di condominio
κοινωνία, η la società
κοινωνικός (-ή -ό) sociale // socievole
κολλεγιακό, το la felpa
κολυμπάω (-ώ) nuotare
κολόνια, η l'acqua di colonia
ο κόμβος il nodo
κομμάτι, το il pezzo
κομμωτήριο, το il negozio di parrucchiere
κομμωτής, ο il parrucchiere
κομμώτρια, η la parruchiera
κομοδίνο, το il comodino
κομπολόι, το la coroncina di grani
κονιάκ, το il cognac
κοντινός (-ή -ό) vicino, prossimo
κοπέλα, η la ragazza
κόσμημα, το il gioiello
κοσμηματοπωλείο, το la gioielleria
κόσμος, ο la gente // il mondo
κοστίζω costare
κόστος, το il costo
κοστούμι, το l'abito a giacca (da uomo)
κουβέντα, η la chiacchiera
κουβεντιάζω chiacchierare
κουβεντούλα, η la chiacchierata
κουδούνι, το il campanello
κουνιάδα, η la cognata
κουνιάδος, ο il cognato
κουράζομαι stancarsi
κούραση, η la stanchezza
κουρασμένος (-η -ο) stanco
κουρείο, το il negozio di barbiere
κουρτίνα, η la tenda
κουτάλι, το il cucchiaio
κουταλιά, η la cucchiaiata
κουτί, το la scatola
κουτσός (-ή -ό) zoppo
κρατάω (ώ) tenere, reggere // durare
κράτος, το lo stato
κρεμμύδι, το la cipolla
κρεοπωλείο, το la macelleria
κροκόδειλος, ο il coccodrillo
κρουαζιέρα, η la crociera
κρυολόγημα, το il raffreddore, l'infreddatura
κρυφός (-ή -ό) segreto, nascosto
κρυωμένος (-η -ο) raffreddato
κρυώνω avere/sentire freddo
κτητικός (-ή -ό) possessivo (gr.)
κτίριο, το l'edificio

κτλ. ecc.
κυβέρνηση, η il governo
κυβικός (-ή -ό) cubico
κύκλος, ο il circolo, il ciclo
κυκλοφοριακός (-ή -ό) del traffico
κυκλοφορώ circolare
κυνήγι, το la caccia
κωμωδία, η la commedia

Λ λ

λάδι, το l'olio
λάθος, το l'errore, lo sbaglio
λαϊκός (-ή -ό) popolare, del popolo
λαιμός, ο la gola
λάμπα, η la lampada, la lampadina
λαμπατέρ, το l'abat-jour, il paralume
λαχανικά, τα le verdure, gli ortaggi
λέγομαι chiamarsi
λείπω mancare, essere assente
λειτουργία, η la funzione, il funzionamento
λεμόνι, το il limone
λέξη, η la parola
λεξικό, το il dizionario
λεπτό, το il minuto
λεπτός (-ή -ό) sottile, magro
λεφτά, τα i soldi
λεωφόρος, η il viale
λήγω finire, scadere
ληστεία, η la rapina
ληστής, ο il rapinatore
λιγάκι un pochino
λίγο poco, un po'
λίγοι (-ες -α) pochi
λίγος (-η -ο) poco (agg.)
λικέρ, το il liquore
λιμάνι, το il porto
λινός (-ή -ό) di lino
λιπαρός (-ή -ό) grasso, unto
λίστα, η la lista
λίτρο, το il litro
λόγια, τα le parole
λογικός (-ή -ό) logico, ragionevole
λογιστής, ο il contabile
λόγος, ο la ragione, la causa
λογοτεχνία, η la letteratura
λόγω a causa di, per via di
λοιπόν quindi, dunque, allora
λουλούδι, το il fiore
λόφος, ο il colle, la collina
λύνω risolvere // sciogliere
λύση, η la soluzione
λωρίδα, η la corsia (di strada)

Μ μ

μαγαζί, το il negozio
μάγειρας, ο il cuoco
μαγείρισσα, η la cuoca**

μαγείρεμα, το il cucinare
μαγειρεύω cucinare
μαγευτικός (-ή -ό) incantevole, delizioso
μαγιονέζα, η la maionese
μαθηματικά, τα la matematica
μαϊντανός, ο il prezzemolo
μαιτρ, ο il maitre
μακάρι magari
μακιγιάρομαι truccarsi
μακρύς (-ιά -ύ) lungo
μαλακός (-ή -ό) morbido // mite
μαλακώνω ammorbidire
μαλλί, το la lana
μαλλιά, τα i capelli
μάλλινος (-η -ο) di lana
μάλλον piuttosto // probabilmente
μαλώνω litigare // sgridare, rimproverare
μαμά, η la mamma
μανάβης, ο il fruttivendolo
μανάβικο, το il negozio di frutta e verdura
μανιτάρι, το il fungo
μαντεύω indovinare
μάντρα, η luogo all'aperto per la
  compravendita di automobili usate
μαξιλάρι, το il cuscino
μάρκα, η la marca, il marchio di fabbrica
μάτι, το l'occhio
ματιά, η lo sguardo
μαχαίρι, το il coltello
με con // mi (pr. dir. accus.)
μέγεθος, το la grandezza // la taglia
μεθαύριο dopodomani
μέθοδος, η il metodo
μελετάω (-ώ) sudiare, fare uno studio
μέλι, το il miele
μελιτζάνα, η la melanzana
μελιτζανοσαλάτα, η la purea di melanzane
μέλλον, το il futuro, l'avvenire
μέλλοντας, ο il futuro indicativo (gr.)
μελλοντικός (-ή -ό) futuro
μελό, το l'opera melodrammatica
μέλος, το il membro, il socio
(ε)μένα me (forma tonica)
μερικοί (-ές -ά) alcuni
μέρος, το il posto // la parte
μέσα in, dentro
μεσαίος (-α -ο) medio, mediano
μέση, η la parte centrale // il mezzo
Μεσόγειος, η il Mediterraneo
μέσος όρος, ο la media
μετά dopo
μετάξι, το la seta
μεταξύ tra (fra)
μεταξωτός (-ή -ό) di seta
μετάφραση, η la traduzione
μεταχειρίζομαι usare, adoperare // trattare
μέχρι fino a
μη(ν) non
μήκος, το la lunghezza

μήνας, ο il mese
μήνυμα, το il messaggio
μήπως forse, forse che (solo interr.)
Μητρόπολη, η la Cattedrale
μηχανάκι, το il motorino
μηχανή, η la macchina // il motore //
  la motocicletta // la macchina fotografica
μηχάνημα, το il macchinario, la macchina
μηχανικός, ο/η l'ingegnere
μ.μ. p.m.
μισθός, ο lo stipendio
μισός (-ή -ό) mezzo
μισώ odiare
μοιράζομαι dividere, dividersi
μοιράζω distribuire, dividere
μόλις già, appena, non appena
μολύβι, το la matita
μολυσμένος (-η -ο) inquinato, contaminato
μόνο solo, soltanto
μονοκατοικία, η la casa unifamiliare,
  la villetta
μονολεκτικός (-ή -ό) costituito da una sola
  parola
μόνος (-η -ο) solo
μονός (-ή -ό) singolo // dispari
μόριο, το la particella
μορφή, η la forma, la figura
μούσι, το il pizzetto, la barba
μουσικός (-ή -ό) musicale
μπαίνω entrare
μπακάλης, ο il droghiere, il salumiere
μπακάλικο, το la salumeria, la drogheria
μπάλα, η la palla
μπαλέτο, το il balletto
μπαμπάς, ο il papà
μπανιέρα, η la vasca da bagno
μπάνιο, το il bagno
μπάσκετ, το la pallacanestro
μπλε blu
μπλέκομαι rimanere coinvolto, immischiarsi
μπλέκω coinvolgere, immischiare
μπλέντερ, το il frullatore
μπλοκάκι, το il blocchetto
μπλούζα, η la blusa
μπλουτζίν, το i blue jeans
μπογιά, η la tinta, il colore
μπορεί può darsi
μπορντό bordò
μπότα, η lo stivale
μπουκάλι, το la bottiglia
μπουκέτο, το il mazzetto di fiori, il bouquet
μπουφάν, το il giubbotto
μπράβο (σου κτλ.) bravo/a , complimenti
μπράντυ, το il brandy
μπροστά davanti, di fronte
μυρίζω odorare, annusare
μωρό, το il bambino piccolo

N ν

να (particella tra due verbi)
να ecco, qui
ναός, ο il tempio
νάτος (-η -ο) eccolo
Ναυτικό, το la Marina Militare
Νέα Ζηλανδία, η la Nuova Zelanda
Νέα Υόρκη, η New York
νέα, τα le notizie
νέκταρ, το il nettare
νέοι, οι i giovani
νέος (-α -ο) giovane // nuovo
νερό, το l'acqua
νευρολόγος, ο il neurologo
νέφος, το il smog, la nube tossica
νησί, το l'isola
νίκη, η la vittoria
νοικοκυρά, η la casalinga
νομίζω credere, pensare
νόμος, ο la legge
νοσοκόμα, η l'infermiera
νοσοκόμος, ο l'infermiere
νόστιμος (-η -ο) saporito, gustoso // carino
νούμερο, το il numero
ντίσκο, η il disco
ντοκυμαντέρ, το il documentario
ντολμαδάκια, τα involtini di foglie di vite
ντουλάπα, η l'armadio
ντουλάπι, το l'armadietto
ντους, το la doccia
ντροπαλός (-ή -ό) timido, vergognoso
ντύνομαι vestirsi
ντύνω vestire
νύφη, η la sposa, la nuora, la cognata
νωρίς presto, di buon'ora
νωρίτερα piú

Ξ ξ

ξανά di nuovo, ancora una volta
ξανθός (-ή -ό) biondo
ξαπλώνω stendersi, coricarsi
ξαφνικά improvvisamente
ξεκουράζομαι riposarsi
ξεκούραση, η il riposo
ξενόγλωσσος (-η -ο) relativo ad una lingua
  straniera
ξενοδοχείο, το l'albergo
ξερός (-ή -ό) secco
ξεσκονίζω spolverare
ξεχνάω (-ώ) dimenticare, dimenticarsi
ξοδεύω spendere
ξύλο, το il legno
ξυπνητήρι, το la sveglia
ξυπόλυτος (-η -ο) scalzo
ξυρίζομαι radersi, rasarsi
ξυρίζω radere, rasare

O o

όαση, η l'oasi
οδήγηση, η la guida
οδηγία, η l'istruzione, la direttiva
οδηγός, ο l'autista, il conducente //
  la guida
οδηγώ guidare
οδοντίατρος, ο il dentista
οδός, η via, strada
οικογένεια, η la famiglia
οικογενειακός (-ή -ό) familiare
οικοδέσποινα, η la padrona di casa
οικονομικός (-ή -ό) economico, a buon
  mercato // economico, finanziario
Ολλανδία, η l'Olanda
όλοι (-ες -α) tutti
όλος (-η -ο) tutto, intero
Ολυμπιακοί Αγώνες, οι i Giochi Olimpici
Όλυμπος, ο l'Olimpo
ομάδα, η il gruppo, la squadra
ομελέτα, η l'omeletta
ομιλία, η la conferenza, il discorso
ομορφιά, η la bellezza
όμως comunque, tuttavia
όνειρο, το il sogno
ονομάζω chiamare, dare il nome
ονομαστική, η il nominativo (gr.)
όπερα, η l'opera
ο οποίος (η οποία, το οποίο) il quale
οποιοσδήποτε (οποιαδήποτε,
οποιοδήποτε) qualsiasi, qualunque
όποτε ogni volta che, in qualsiasi momento
όπου dove, dovunque, ovunque
όπως come
όπως-όπως alla bell'e meglio
οπωσδήποτε senz'altro, assolutamente
όργανο, το lo strumento // l'organo
όρεξη, η l'appetito // la voglia
ορθογώνιος (-α -ο) rettangolare
οριζόντιος (-α -ο) orizzontale
ορισμένος (-η -ο) certo, alcuno //
  deteminato
ορίστε ecco // si?, prego?
όροφος, ο il piano
ορχήστρα, η l'orchestra
όσοι (-ες -α) quanti // coloro che
όσος (-η -ο) quanto
όταν quando
ό,τι tutto quello che, qualsiasi cosa
ότι che (cong.)
ουδέτερος (-η -ο) neutro (gr.) // neutrale
ούζο, το l'ouzo (liquore all'anice)
ουρανός, ο il cielo
ουσιαστικό, το Il sostantivo (gr.)
ούτε né // neanche, neppure
οφθαλμίατρος, ο l'oculista
οχτάωρο, το le otto ore

Π π

παγκόσμιος (-α -ο) mondiale, universale
παγωτό, το il gelato
παθαίνω soffrire, subire
παθητική (φωνή), η la voce passiva (gr.)
παθολόγος, ο il patologo
παιδίατρος, ο il pediatra
παίζω giocare // recitare // suonare
παίρνω prendere
παίρνω είδηση accorgersi
πακετάκι, το il piccolo pacchetto
πακέτο, το il pacchetto
Πακιστάν, το il Pakistan
παλάμη, η il palmo
πάλι di nuovo, nuovamente
παλιός (-ά -ό) vecchio
παλτό, το il cappotto
Παναγία, η la Madonna
πανεπιστήμιο, το l'università
πάντα sempre
παντελόνι, το (un paio di) pantaloni
παντρεύομαι sposare, sposarsi
πάντως comunque, ad ogni modo
πάνω su, sopra, di sopra
παπούτσι, το la scarpa
παππούς, ο il nonno
πάρα πολύ moltissimo
παραγγελία, η l'ordine, l'ordinazione
παράγραφος, η il paragrafo
παράδειγμα, το l'esempio
παραδίνω consegnare
παραδοσιακός (-ή -ό) tradizionale
παραθετικά, τα i gradi di comparazione (gr.)
παράθυρο, το la finestra
παρακαλώ per favore, prego // pregare
παρακάτω più in giù, più avanti //
  di seguito
παρακείμενος, ο il passato prossimo (gr.)
παρακολουθώ assistere, seguire
παραλαμβάνω ricevere
παραλία, η la spiaggia, la costa
παραλιακός (-ή -ό) costiero
παραμένω rimanere, restare
παραμύθι, το la fiaba, la favola
παράξενος (-η -ο) strano, insolito
παραπάνω più su, di sopra // in più, di più
παρασκευή, η la preparazione (arc.)
παρατατικός, ο l'imperfetto indicativo (gr.)
παρατήρηση, η l'osservazione,
  il rimprovero
παρατηρητικός (-ή -ό) dotato di spirito di
  osservazione
παρέα, η la compagnia
παρελθόν, το il passato
παρένθεση, η la parentesi
Παρθενώνας, ο il Partenone
Παρίσι, το Parigi
παρκάρω parcheggiare
πάρκι(ν)γκ, το il parcheggio, il posteggio

πάρκο, το il parco
πάροδος, η la traversa
πάρτι, το la festa, il party
πασίγνωστος (-η -ο) conosciutissimo,
  molto noto
πάστα, η la pasta (dolce)
Πάσχα, το la Pasqua
πατάτα, η la patata
πατέρας, ο il padre
παχύς (-ιά -ύ) grasso
πεζός, ο il pedone
πεθαίνω morire
πεθερά, η la suocera
πεθερικά, τα i suoceri
πεθερός, ο il suocero
πεινάω (-ώ) avere fame
πείρα, η l'esperienza
πειράζει importa, ha importanza
πειράζω dare noia, dare fastidio
Πειραιάς, ο il Pireo
πελάτης, ο il cliente
πενηντάρικο, το la moneta da cinquanta
  dracme
πεντακοσάρικο, το la banconota da
  cinquecento dracme
πεντοχίλιαρο, το la banconota da
  cinquemila dracme
περασμένος (-η -ο) passato, scorso
περιβάλλον, το l'ambiente
περιγραφή, η la descrizione
περιγράφω descrivere
περίεργος (-η -ο) curioso
περιπολικό, το la volante, la celere
περίπου circa, approssimativamente
περιπτεράς, ο il gestore di chiosco,
  l'edicolante
περίπτερο, το il chiosco, l'edicola
περίπτωση, η il caso, la situazione
περιττός (-ή -ό) superfluo
περνάω (-ώ) passare // trascorrere
περπατάω (-ώ) camminare
πέρ(υ)σι l'anno passato/scorso
πετάω (-ώ) volare // gettare via
πετσέτα, η l'asciugamano // il tovagliolo
πέφτω cadere
πηδάω (-ώ) saltare
πια ormai // più
πιάνο, το il piano
πιάνω prendere, pigliare
πιάτο, το il piatto
πίεση, η la pressione
πιθανότητα, η la probabilità
πικάντικος (-η -ο) piccante
πικάπ, το il giradischi
πιλότος, ο il pilota
πίνακας, ο la pittura // la lavagna //
  il tabellone, il quadro
πινακοθήκη, η la pinacoteca
πίνω bere

πιο più
πίπα, η la pipa
πιπέρι, το il pepe
πιρούνι, το la forchetta
πιστεύω credere
πιστόλι, το la pistola
πίσω dietro
πιτσαρία, η la pizzeria
πλάγια (γράμματα), τα lettere in corsivo
πλάγιος (-α -ο) obliquo
πλαίσιο, το la cornice, il quadro
πλαστικός (-ή -ό) di plastica
πλατεία, η la piazza
πλάτη, η la schiena (anat.)
πλάτος, το l'ampiezza, la larghezza
πλατύς (-ιά -ύ) ampio, largo
πλένομαι lavarsi
πλένω lavare
πληθυντικός, ο plurale (gr.)
πληθυσμός, ο la popolazione
πληροφορία, η l'informazione
πληρώνω pagare
πλησιάζω avvicinare, avvicinarsi
πλοίο, το la nave
Πλούτωνας, ο Plutone
πλυντήριο, το la lavatrice, la lavabiancheria
π.μ. a.m.
πνεύμονας, ο il polmone
ποδήλατο, το la bicicletta
πόδι, το il piede
ποιανού (-ής -ού) di chi (interr.)
ποιος (-α -ο) quale, chi (interr.)
ποιότητα, η la qualità
πόλεμος, ο la guerra
πολεμάω (-ώ) fare la guerra, combattere
πόλη, η la città
πολιτική, η la politica, la tattica // la politica
πολλοί (-ές -ά) molti
πολύ molto
πολυεθνικός (-ή -ό) multinazionale
πολυθρόνα, η la poltrona
πολυκατοικία, η il palazzo, il condominio
πολύς (πολλή, πολύ) molto
πονάω (-ώ) far male // provare dolore
πονοκέφαλος, ο il mal di testa
πόνος, ο il dolore
ποντίκι, το il topo
πορεία, η il cammino, il corso (degli eventi) // il corteo, la marcia
πόρτα, η la porta
πορτατίφ, το la lampada da tavolo
πορτοκαλάδα, η l'aranciata
πορτοκάλι, το l'arancia
Ποσειδώνας, ο Poseidone (Nettuno)
πόσοι (-ες -α) quanti
πόσος (-η -ο) quanto
ποσοστό, το la percentuale
ποσοτικός (-ή -ό) quantitativo
ποτάμι, το il fiume

πότε quando (interr.)
ποτέ mai
ποτήρι, το il bicchiere
ποτίζω innaffiare, bagnare
ποτό, το la bevanda, il liquore
που che (pron. rel.)
πού dove (interr.)
πουθενά da qualche parte (interr.) // da nessuna parte
πουκάμισο, το la camicia
πουλάω (-ώ) vendere
πουλί, το l'uccello
πουλόβερ, το il maglione, il pullover
πούρο, το il sigaro
πράγμα, το la cosa
πραγματικά veramente
πραγματικότητα, η la realtà
πραγματοποιώ realizzare
πράξη, η l'azione, l'atto
πράσινος (-η -ο) verde
πρέπει bisogna, è necessario
πριν prima
προάστιο, το il sobborgo
πρόβλημα, το il problema
πρόγραμμα, το il programma
πρόεδρος, ο il presidente
προέρχομαι provenire, avere origine
προηγούμενος (-η -ο) precedente
πρόθεση, η la preposizione (gr.)
προίκα, η la dote
προϊστάμενος, ο il superiore, il capufficio
προκαταρκτικός (-ή -ό) preliminare
πρόκειται για si tratta di
πρόκειται να essere in procinto di, stare per
προλαβαίνω fare in tempo (a), avere abbastanza tempo
προληπτικός (-ή -ό) superstizioso
πρόοδος, η il progresso
Προπό, το il Totocalcio
προσεκτικός (-ή -ό) attento
προσέχω fare attenzione, stare attento
προσθέτω aggiungere
προσκαλώ invitare
πρόσκληση, η l'invito
προσόν, το il requisito, la qualifica, la qualità
προσπαθώ tentare, provare, sforzarsi
προσπερνάω (-ώ) superare
προστακτική, η l'imperativo (gr.)
προστατεύω proteggere
προσφέρω offrire
προσωπικό, το il personale
προσωπικός (-ή -ό) personale
πρόσωπο, το la persona // il volto, il viso
πρόταση, η la proposizione (gr.), la frase // la proposta
προτείνω proporre
προτιμάω (-ώ) preferire

προτίμηση, η la preferenza
προχθές (προχτές) l'altroieri, avantieri
προχωρημένος (-η -ο) avanzato
προχωρώ avanzare, procedere
πρωθυπουργός, ο il primo ministro
πρωί, το il mattino
πρωινό, το la colazione
πρώτα prima, per prima cosa
πρωτεύουσα, η la capitale
Πρωτοχρονιά, η il Capodanno
πτήση, η il volo
πτυχίο, το la laurea
πτώμα, το il corpo, il cadavere
πυρετός, ο la febbre
πυροβολώ sparare
πυροσβέστης, ο il vigile del fuoco, il pompiere
πυροσβεστική, η il corpo dei vigili del fuoco
π.χ. p.e. (per esempio)
πωλείται in vendita, vendesi
πωλητής, ο il venditore, il commesso
πωλήτρια, η la venditrice, la commessa
πως che (cong.), di
πώς come (interr.) // certamente

Ρ ρ

ραδιόφωνο, το la radio
ραλίστας, ο il rallista
ραντεβού, το l'appuntamento
ράφι, το lo scaffale
ρεπόρτερ, ο il reporter, il cronista
ρεσεψιόν, η la reception
ρέστα, τα il resto (di soldi)
ρετσίνα, η il vino resinato
ρήμα, το il verbo (gr.)
ριζικός (-ή -ό) radicale
ρίχνω gettare, buttare
ρολόι, το l'orologio
ρόλος, ο il ruolo, la parte
ρομαντικός (-ή -ό) romantico
ρούχα, τα gli abiti, i vestiti
ρύζι, το il riso
Ρωμαίος (-α) Romano
Ρώμη, η Roma
ρωτάω (-ώ) chiedere, domandare

Σ σ

σαββατοκύριακο, το il fine settimana
σακάκι, το la giacca
σακούλα, η il sacchetto
σαλιγκάρι, το la lumaca, la chiocciola
σαλόνι, το il salotto, il salone
σάλτσα, η la salsa, il sugo
σαμιώτικος (-η -ο) dell'isola di Samos
σαμπουάν, το lo shampoo
σαν come

σάντουϊτς, το il panino imbottito, il sandwich
σαπούνι, το il sapone
σγουρός (-ή -ό) riccio, ricciuto
σέβομαι rispettare
σειρά, η la serie, il turno
σε λίγο tra poco, in breve tempo
σελίδα, η la pagina
σερβιτόρα, η la cameriera
σερβιτόρος, ο il cameriere
σηκώνομαι alzarsi // svegliarsi
σηκώνω alzare, sollevare
σήμα, το il segnale
σημαίνει significa
σημαντικός (-ή -ό) importante
σημασία, η il significato // l'importanza
σημείωμα, το la nota, l'appunto // il biglietto
σημειώνω annotare, segnare
σημείωση, η la nota, l'appunto
σήμερα oggi
σημερινός (-ή -ό) di oggi
σίριαλ, το il serial televisivo
σιγά lentamente, piano
σιγουρεύομαι assicurarsi
σίγουρος (-η -ο) sicuro
σίδερο, το il ferro
σιδερώνω stirare
Σικάγο, το Chicago
Σικελία, η la Sicilia
σινεμά, το il cinema
σκάλα, η la scala
σκάφος, το lo scafo, l'imbarcazione
σκέφτομαι (σκέπτομαι) pensare
σκέψη, η il pensiero
σκηνή, η la scena, il palcoscenico // la scenata, la scena
σκίτσο, το lo schizzo, la bozza
σκόνη, η la polvere
σκοτώνω uccidere, ammazzare
σκουπίδια, τα i rifiuti, la spazzatura
σκουπιδιάρικο, το l'autocarro della nettezza urbana
σκουπίζω scopare, spazzare // pulire
σκούρος (-α -ο) scuro
σκυλί, το il cane
σκύλος, ο il cane
σοβαρός (-ή -ό) serio
σοκολάτα, η la cioccolata, il cioccolato
σολίστ, ο il solista
σουηδικός (-ή -ό) svedese (di cose)
σούπα, η la zuppa
σούπερ μάρκετ, το il supermercato
σοφία, η la saggezza, la sapienza
σπάζω rompere
σπάνιος (-α -ο) raro
σπεσιαλιτέ, η la specialità
σπίρτο, το il fiammifero
σπιτάκι, το la casetta

σπορ, το lo sport
σπορ sportivo
σπουδάζω studiare, frequentare una scuola
σπουδαστής, ο lo studente
σπουδάστρια, η la studentessa
σπρώχνω spingere
στάδιο, το lo stadio
σταθερός (-ή -ό) stabile // costante
στάθμευση, η la sosta
σταματάω (-ώ) fermare, fermarsi
στάση, η la fermata
στατιστικές, οι le statistiche
σταυρόλεξο, το il cruciverba
στέκι, το il ritrovo, il punto d'incontro
στέκομαι stare, stare in piedi
στέλνω mandare, inviare, spedire
στενός (-ή -ό) stretto // caro, intimo
στενοχωριέμαι affliggersi, provar dispiacere // preoccuparsi, stare in pena
στήλη, η la colonna, la rubrica
στην υγειά σας! alla vostra salute!
στιγμή, η il momento, l'attimo
στοιχεία, τα gli elementi // i dati
στολή, η l'uniforme
στόμα, το la bocca
στομάχι, το lo stomaco
στοπ, το lo stop
στρατηγός, ο il generale
στρατιώτης, ο il soldato
στρατιωτικός, ο il militare
στρατόπεδο, το la caserma, il campo militare
στρατός, ο l'esercito
στρίβω girare
στρογγυλός (-ή -ό) rotondo, tondo
στρώνω apparecchiare // fare il letto
συγγενής, ο il parente
συγγραφέας, ο lo scrittore, l'autore
συγκρίνω paragonare, comparare
συγκριτικός, ο il comparativo (gr.)
συγκρότημα, το il gruppo, il complesso
συγνώμη scusa, scusi
σύγχρονος (-η -ο) contemporaneo, moderno
συγχωρώ perdonare, scusare
συζήτηση, η la conversazione, la discussione, il dibattito
συκώτι, το il fegato
συλλαβή, η la sillaba
σύλλογος, ο l'associazione, il circolo
συμβαίνει succede, accade
συμβουλεύω consigliare
συμβουλή, η il consiglio
συμμαθητής, ο il compagno di classe
συμμαθήτρια, η la compagna di classe
συμμετέχω partecipare, prendere parte
συμπληρώνω completare
σύμπτωμα, το il sintomo

σύμφωνα με secondo, conformemente a
συμφωνικός (-ή -ό) sinfonico
σύμφωνοι d'accordo
συμφωνώ essere d'accordo, concordare
συναγερμός, ο il sistema d'allarme, l'antifurto
συνάλλαγμα, το la valuta estera
συναντάω (-ώ) incontrare
συνάντηση, η l'incontro
συναντιέμαι incontrarsi
συναρπαστικός (-ή -ό) avvincente, eccitante
συναυλία, η il concerto
συνάχι, το il raffredore
συνδέω collegare, unire
συνδυασμός, ο la combinazione
συνέδριο. το il convegno, il congresso
συνέντευξη, η l'intervista
συνεταίρος, ο il socio (d'affari)
συνέχεια (συνεχώς) continuamente, di continuo
στη συνέχεια in seguito, dopo
συνεχίζω continuare
συνηθισμένος (-η -ο) usuale, comune // abituato, avvezzo
συνήθως di solito, solitamente
συνθετικός (-ή -ό) sintetico
συνοδηγός, ο il navigatore
συνολικά in totale
συνταγή, η la ricetta // la prescrizione
σύντομα presto
σύντομος (-η -ο) breve
σύντροφος, ο il compagno
συρτάρι, το il cassetto
σύστημα, το il sistema
συστήνω presentare // raccomandare
συχνός (-ή -ό) frequente
σφουγγαρίζω pulire/lavare il pavimento
σχεδιάγραμμα, το la pianta, il disegno
σχεδιάζω disegnare // progettare
σχέδιο, το il disegno // il progetto
σχεδόν quasi
σχέση, η il rapporto // la relazione
σχετικά με in relazione a
σχετικός (-ή -ό) relativo, attinente
σχηματίζω formare
σχολείο, το la scuola
σχολή, η la scuola, la facoltà
σώμα, το il corpo
σωστός (-ή -ό) giusto, corretto

Τ τ

ταβερνάκι, το la tavernetta
ταινία, η Il fIlm
ταίρι, το il compagno
ταιριάζω accoppiare, abbinare
τα καταφέρνω farcela, riuscirci
τάλιρο, το la moneta da cinque dracme

ταμείο, το la cassa
ταμίας, ο il cassiere
ταμπλέτα, η la compressa, la pastiglia
τάξη, η la classe, l'aula
ταξί, το il taxi
ταξιδεύω viaggiare
ταξίδι, το il viaggio
ταξινομώ classificare
ταράτσα, η la terrazza
τασάκι, το il portacenere
ταυτότητα, η l'identità // la carta d'identità
τα χάνω rimanere confuso, rimanere a bocca aperta
ταχυδρομείο, το la Posta
ταχυδρόμος, ο il postino
ταχυδρομώ imbucare, impostare
τέλειος (-α -ο) perfetto
τελειώνω finire, terminare
τελείως completamente
τελευταίος (-α -ο) ultimo
τελικά infine, dopo tutto
τελικός (-ή -ό) finale
τέλος, το la fine
τέν(ν)ις, το il tennis
τεράστιος (-α -ο) enorme
τεστ, το il test, il compito in classe, la prova d'esame
τέταρτο, το il quarto
τέτοιος (-α -ο) tale
τετράγωνο, το il quadrato // l'isolato
τετράγωνος (-η -ο) quadrato, quadro
τετράδιο, το il quaderno
τέχνη, η l'arte, l'abilità
τεχνικός, ο il tecnico
τζαζ, η il jazz
τζάμι, το il vetro (della finestra)
τζιν, το la tela jeans
τζόγκινγκ, το lo jogging
τηγανητός (-ή -ό) fritto
τηλεόραση, η la televisione, il televisore
τηλεφώνημα, το la telefonata
τηλεφωνητής, ο il centralinista
τηλέφωνο, το il telefono
τηλεφωνώ telefonare
τιμή, η il prezzo
τίποτε qualcosa (interr.) // niente
τμήμα, το il dipartimento, la sezione
το μόνο l'unica cosa
τονίζω accentuare, sottolineare
τόνος, ο l'accento
το πολύ al massimo
τόσο tanto, così tanto
τοστ, το il toast
τοστάδικο, το la paninoteca
τότε allora // in quel tempo
τουαλέτα, η la toilette
τουλάχιστον almeno
τουρίστας, ο il turista
τουριστικός (-ή -ό) turistico

τραβάω (-ώ) tirare
τραγουδάω (-ώ) cantare
τραγουδιστής, ο il cantante
τραγωδία, η la tragedia
τρακ, το il trac, l'emozione
τρακάρω urtare, sbattere
τράπεζα, η la banca
τραπεζάκι, το il tavolino
τραπεζαρία, η la sala da pranzo
τραπέζι, το il tavolo
τρελός (-ή -ό) pazzo, matto
τρένο, το il treno
τρέξιμο, το la corsa
τρέχω correre
τρίγωνο, το il triangolo
τρόλεϊ, το il filobus
τρόπος, ο il modo, la maniera
τροχαίος (-α -ο) stradale, automobilistico
τροχαία, η la polizia stradale
τρύπα, η il buco
τρώω mangiare
τσάι, το il thè
τσάντα, η la borsa
τσέπη, η la tasca
τσιγάρο, το la sigaretta
τσίκλα, η la gomma americana
τύπος, ο il tipo // il carattere
τυρί, το il formaggio
τυροπιτάκι, το la tortina al formaggio
τυχερός (-ή -ό) fortunato, beato
τώρα ora, adesso

Υ υ

υγεία, η la salute
υγιής (-ής -ές) sano
υγρό, το il liquido
υδραυλικός, ο l'idraulico
υλικό, το il materiale // l'ingrediente
υπάλληλος, ο l'impiegato
υπάρχει c'è, esiste
υπάρχω esistere
υπεραυτόματος (-η -ο) superautomatico
υπερθετικός, ο il superlativo (gr.)
υπέροχος (-η -ο) meraviglioso, superbo
υπερσυντέλικος, ο il trapassato prossimo (gr.)
υπερφυσικός (-ή -ό) sovrannaturale
υπνοδωμάτιο, το la camera da letto
ύπνος, ο il sonno
υποβοηθητικός (-ή -ό) coadiuvante
υπογραμμίζω sottolineare
υπογραφή, η la firma
υπογράφω firmare
υπόθεση, η il caso // l'ipotesi, la supposizione
υποθετικός (-ή -ό) condizionale (gr.) // ipotetico
υπολογίζω stimare, valutare, calcolare

υπόλοιπος (-η -ο) rimanente
υπομονετικός (-ή -ό) paziente
υπομονή, η la pazienza
ύποπτος (-η -ο) sospetto
υπόσχομαι promettere
υποτακτική, η il congiuntivo (gr.)
υποχρεωμένος (-η -ο) obbligato, costretto
ύστερα dopo, in seguito
υφαντό, το il tessuto fatto al telaio
ύφασμα, το il tessuto, la stoffa
ύψος, το l'altezza

Φ φ

φαγητό, το il cibo
φαίνομαι apparire, sembrare
φαινόμενο, το il fenomeno
φάκελος, ο la busta // il fascicolo
φακός, ο la lente
φανάρι, το il semaforo
φαντάζομαι immaginare
φαντάρος, ο il soldato di fanteria
φαντασία, η la fantasia, l'immaginazione
φανταστικός (-ή -ό) fantastico, immaginario
φαρδύς (-ιά -ύ) largo, ampio
φαρμακευτικός (-ή -ό) farmaceutico
φάρμακο, το la medicina, il farmaco
φέρνω portare
φεστιβάλ, το il festival
φέτα, η "feta" (tipo di formaggio bianco) // la fetta
(ε)φέτος quest'anno
φεύγω partire, andare via
φθινόπωρο, το l'autunno
φίδι, το il serpente
φιλάω (-ώ) baciare
φιλειρηνικός (-ή -ό) pacifista
φιλικός (-ή -ό) amichevole
φιστίκι, το il pistacchio
φλερτ, το il flirt, il corteggiamento
φλιτζάνι, το la tazza
φλούδι, το la buccia
φοβερός (-ή -ό) spaventevole, terribile // tremendo, eccezionale
φοιτητής, ο lo studente universitario
φορά, η la volta, l'occasione
φοράω (-ώ) indossare, portare
φόρος, ο la tassa
φορτηγό, το il camion
φορτηγάκι, το il camioncino
φούρια, η la fretta, la furia
φούρνος, ο il forno, la panetteria // il forno
φούστα, η la gonna
φράγκο, το il franco
φράση, η la frase
φρεσκάρω rinfrescare
φρέσκος (-ια -ο) fresco
φροντίζω curare, badare

φροντιστήριο, το l'istituto privato
φρούτο, το il frutto
φρυγανιά, η la fetta biscottata
φταίω avere colpa
φτάνει bastare, essere sufficiente
φτάνω arrivare, giungere
φτιάχνω fare, sistemare // riparare
φτωχός (-ή -ό) povero
φύλακας, ο la guardia, il custode
φυλακή, η la prigione, il carcere
φύλο, το il sesso, il genere
φυσικός (-ή -ό) naturale
φυσική, η la fisica
φωνάζω chiamare, gridare
φωνή, η la voce
φωνήεν, το la vocale (gr.)
φως, το la luce
φωτεινός (-ή -ό) luminoso
φωτιά, η il fuoco
φωτιστικό, το la lampada, il lampadario
φωτογραφικός (-ή -ό) fotografico
φωτογράφος, ο il fotografo

Χ χ

χαιρετάω (-ώ) salutare
χαίρομαι essere contento, rallègrarsi
χαίρω essere contento, rallegrarsi (arc.)
χαλάω (-ώ) rovinare, sciupare // cambiare (di soldi)
χαλασμένος (-η -ο) guasto, rotto// rovinato, sciupato
χάλια in uno stato pietoso
χαμηλός (-ή -ό) basso
χαμομήλι, το la camonilla
χάνω perdere
χάπι, το la pillola
χαρά, η la gioia
χάρη, η il favore
χαρίζω regalare, donare
χαρτζιλίκι, το la paghetta
χαρτί, το la carta
χαρτιά, τα le carte (da gioco)
χαρτοπετσέτα, η il tovagliolo di carta
χαρτοπωλείο, το la cartoleria
χαρτοφύλακας, ο la cartella
χειρούργος, ο il chirurgo
χέρι, το la mano
χερούλι, το il manico, la maniglia
χημικός, ο il chimico
χήνα, η l'oca
χήρα, η la vedova
χιλιάρικο, το la banconota da mille dracme
χιλιόμετρο, το il chilometro
χιόνι, το la neve
χοντρός (-ή -ό) grasso, grosso
χορεύω danzare, ballare
χορός, ο la danza, il ballo
χρειάζεται è necessario, bisogna, occorre

χρειάζομαι avere bisogno
χρήματα, τα i soldi
χρήσιμος (-η -ο) utile
χρησιμοποιώ usare, utilizzare
χριστιανός, ο il cristiano
Χριστούγεννα, τα il Natale
χρόνια, τα gli anni
χρόνος, ο il tempo // l'anno
χρυσός, ο l'oro
χρώμα, το il colore
χρωστάω (-ώ) essere debitore, dovere
χτένι, το il pettine
χτενίζομαι pettinarsi
χτενίζω pettinare
χτυπάω (-ώ) battere, bussare // suonare
χυμός, ο il succo di frutta
χώρα, η il paese
χωρίζω separare // separarsi
χωρίς senza

Ψ ψ

ψάρι, το il pesce
ψάχνω cercare
ψέμα, το la bugia
ψήνω cuocere, arrostire
ψιλά, τα gli spiccioli
ψιλοκομμένος (-η -ο) tagliuzzato
ψυγείο, το il frigorifero
ψυχίατρος, ο lo psichiatra
ψωμί, το il pane
ψώνια, τα gli acquisti, le spese
ψωνίζω comprare

Ω ω

ώμος, ο la spalla
ώρα, η l'ora // il tempo
ωραία bene
ωραίος (-α -ο) bello, di bell'aspetto
ωραιότητα, η la bellezza
ώρες αιχμής, οι le ore di punta
ωστόσο tuttavia, nondimeno
ωτορινολαρυγγολόγος, ο l'otorinolaringoiatra

Λύσεις Ασκήσεων

Προκαταρκτικό Μάθημα

1

1ζ 2θ 3κ 4α 5β 6ε 7ι 8δ 9στ 10λ 11γ 12η

Μάθημα 1

4

1. πόσες 2. πόσα 3. πόσοι 4. πόσες 5. πόσοι 6. πόσες 7. πόσους 8. πόσα 9. πόσοι 10. πόσα
11. πόσους

10

1. γράψε 2. Ακούστε, απαντήστε 3. ελάτε 4. Πήγαινε 5. Φάτε 6. Κάτσε 7. Περιμένετε 8. Δείτε, πείτε
9. Βγες 10. Πιες 11. πάρε

11

1. Γράψτε 2. Πιείτε (Πιέστε) 3. Αγόρασε 4. Πείτε (Πέστε) 5. Φάε 6. Άκουσε 7. Ανοίξτε 8. Παίξτε 9. Έλα
10. Πηγαίνετε 11. Δώστε 12. Πάρε

Μάθημα 2

2

1. πήγε 2. φάγαμε 3. ξυπνήσανε (ξύπνησαν) 4. κάπνισα 5. έπαιξες 6. αγοράσανε (αγόρασαν) 7. πήγαμε
8. έφαγες 9. ξύπνησε 10. παίξατε 11. καπνίσανε (κάπνισαν) 12. αγόρασα 13. μείναμε 14. άκουσε

5

1. πήρε, έδωσε 2. Περίμενα, ήρθε 3. αγοράσατε, αγοράσαμε 4. άκουσα 5. είδες, είδα 6. ήρθα, ήρθαν(ε)
7. πήρες, πήρα 8. Έδωσες, έδωσα 9. ήρθατε, είχαμε 10. πήγαν(ε) 11. Ακούσαμε, καταλάβαμε 12. έφαγε, έφαγα

7

το - μεσημέρι/απόγευμα - έπαιξε - στο - πήγατε - σινεμά/θέατρο - σπίτι - παίξαμε - τηλεόραση - πού - μερικά/(πέντε) -
πήγαμε - στην - ήρθαν(ε) - από - ξέρω - Ελλάδα

8

1. ήπιες 2. περιμέναμε 3. καπνίσατε 4. ήρθαν(ε) 5. αγόρασε 6. ξύπνησα

10

1. Με 2. την 3. σας 4. τον 5. Τα 6. Σας 7. Τους 8. τις

Μάθημα 3

3

1. της Μαρίας 2. του καθηγητή 3. της Ελένης 4. του κύριου Κανάκη 5. της Μάρως 6. του φοιτητή
7. της κυρίας Μανούσου 8. του φίλου μου 9. της εξαδέλφης της

4

1. (α) 2. (β) 3. (γ) 4. (β) 5. (α)

Μάθημα 4

5

ήμουν(α) / έρθεις / θα / τις / πιο / είναι / την / πας / περάσεις / στρίψεις / υπάρχει / χέρι

9

1. εμένα 2. αυτό 3. αυτούς 4. σάς 5. αυτήν 6. Αυτές 7. μένα 8. εμάς, αυτούς 9. Εμένα 10. Εσένα
11. Εσάς

10

1. (γ)   2. (α)   3. (α)   4. (β)   5. (α)   6 (β)

Μάθημα 5

4

1. Θα της πάρει ένα μπουκέτο λουλούδια.   2. Δεν θέλω να σου δώσω τη γραφομηχανή μου.
3. Μπορείτε να της ανοίξετε την πόρτα;   4. Τους είπατε πού είναι τα γλυκά;
5. Ποιος σας έγραψε αυτό το γράμμα;   6. Εσείς του αγοράσατε αυτό το βιβλίο;
7. Θα μου αγοράσεις αυτό τον δίσκο;   8. Εσύ τους τηλεφώνησες;

Μάθημα 6

2

1. Ο Παύλος θα με δει την Τρίτη.   2. Τι θα τους πεις;   3. Ο διευθυντής τις θέλει αμέσως.
4. Πότε θέλετε να την πιείτε;   5. Για ποιο πράγμα σάς μίλησε;   6. Του διάβασες την ιστορία;
7. Δεν σε βλέπω συχνά στο σχολείο.   8. Τους έστειλε τα δώρα.   9. Δεν μας είδε στο σινεμά χθες το βράδυ.
10. Μπορεί να το φάει τώρα.   11. Γιατί δεν την πήρες τηλέφωνο σήμερα;   12. Θα μας προσφέρει τους δίσκους.
13. Θα σας δώσουν τα πακέτα;   14. Τον προτιμάει από τον άλλο.   15. Τους είπε να πάρουν τον πατέρα τους ...

5

Οριζόντια : 1. παπούτσια   2. κάλτσες   3. κοστούμια
Κάθετα : 1. πουκάμισα   2. γραβάτες   3. παντόφλες

7

1. αυτά τα   2. αυτή(ν) την   3. αυτές τις   4. αυτό(ν) τον   5. αυτή η   6. αυτές οι   7. αυτούς τους   8. αυτή(ν) την
9. αυτοί οι   10. αυτή η

8

1. Γράψτε, γράψω   2. Αγόρασε, αγοράσω   3. Ακούστε, ακούσω   4. Άνοιξε, ανοίξω   5. Πηγαίνετε, πάω
6. Πιείτε (πιέστε), πιω   7. Διάβασε, διαβάσω   8. Κλείστε, κλείσω   9. Περίμενε, περιμένω   10. Μιλήστε, μιλήσω

10

ήμουνα	καπαπληκτικός	εσένα	κάτω	κρεβάτι	πάνε
φάγαμε	βαρετό	αυτούς	μπροστά	τραπέζι	πίνετε
ήρθανε	ωραίο	αυτή	πίσω	συρτάρι	ερχόμαστε
πήγε	θαυμάσιος	εμένα	πάνω	ντουλάπα	ανοίγεις
έστειλες	ενδιαφέρουσα	εμάς	μέσα	πολυθρόνα	ξυπνάω

11

1. πήγαμε   2. φάγανε (έφαγαν)   3. θα φύγω   4. έρθει   5. ξυπνήσεις   6. θα παίξουν(ε)   7. πήρε   8. γράψετε
9. καπνίσω   10. ακούσετε   11. ήπιες   12. δω

12

1. κοντός   2. πλούσια   3. κάτω   4. (ε)φέτος / του χρόνου   5. αριστερό   6. μπροστά   7. αργά   8. ξέρω καλά
9. ενδιαφέρον   10. την περασμένη εβδομάδα

13

1. Το βάζο είναι πάνω στο τραπέζι.   2. Χθες τα παιδιά πήγαν(ε) στο σινεμά.
3. Το βιβλίο αυτό είναι του Κώστα.   4. Αυτές οι εφημερίδες είναι δικές μου.
5. Αυτό το βιβλίο είναι από (ε)μάς για (ε)σάς.   6. Αυτή η τσάντα είναι της κυρίας Σταματάκη.
7. Θα της τηλεφωνήσω αύριο το πρωί.   8. Τον ξέρεις καλά;

14

1. δικό   2. δική (δικιά)   3. δικός   4. Δικές   5. δικοί   6. δικά   7. δική (δικιά)   8. δικό   9. Δικός

15

1. (α)   2. (β)   3. (β)   4. (α)   5. (β)   6. (α)

18

1γ   2ζ   3δ   4α   5η   6θ   7β   8ε   9στ

Μάθημα 7

7

1. σας   2. της   3. σου   4. τους   5. μας   6. του   7. της   8. σας   9. μας

13

1. Νάτος   2. Νάτη   3. Νάτοι   4. Νάτα   5. Νάτες   6. Νάτο

Μάθημα 8

3

μένουμε / είναι / πάει / είμαι / δουλεύω / σηκώνομαι / πάω / πλένομαι / ξυρίζομαι / ντύνομαι / ετοιμάζω / σηκώνεται / πάει / πλένεται / ξυρίζεται / ντύνεται / τρώμε / πίνουμε / φεύγω / πλένει / σκουπίζει / ξεσκονίζει / στρώνει / σηκωνόμαστε

7

1. Θέλω να σου πω για τον φίλο που θα δω απόψε.
2. Μ' αρέσει το φαγητό που τρώμε σ' εκείνη την ταβέρνα.
3. Ο άνθρωπος που έχει το μπλε Φίατ είναι ηθοποιός του θεάτρου.
4. Τα παπούτσια που αγόρασα από αυτό το μαγαζί είναι ελληνικά.
5. Η ανιψιά μου που ήρθε από το Τορόντο είναι κόρη του μικρού μου αδελφού.
6. Οι τρεις δίσκοι που πήρα για τη Στέλα είναι κλασικοί.
7. Οι μπίρες που ήπιαμε δεν ήταν κρύες.
8. Ο κύριος που μένει στον τρίτο όροφο είναι διπλωμάτης.
9. Ξέρεις ποια είναι η δημοσιογράφος που περιμένω σήμερα;

9

1. σκουπίζει   2. ξυρίζεται   3. ντύνεται   4. πλένεται   5. ετοιμάζει   6. σηκώνεται

Μάθημα 9

1

1. παλιότερο/φτηνότερο   2. πιο καινούριο / ακριβότερο   3. το ακριβότερο   4. πιο καινούριο / ακριβότερο
5. περισσότερα χιλιόμετρα

2

1. "Β"   2. "Γ"   3. "Δ"   4. "Α"   5. "Δ"

7

1. λέξεις   2. γραφομηχανές   3. ζώνες   4. πόλεις   5. συνεντεύξεις   6. εξετάσεων   7. προτάσεις   8. στάσεις
9. νίκες

12

1. (α)   2. (γ)   3. (α)   4. (β)

Μάθημα 10

4

1. Πόση, αρκετή   2. Πόσο, λίγο   3. Πόσο, αρκετό   4. Πόση, πολλή   5. Πόσος, πολύς   6. Πόσο, λίγο   7. Πόσον, λίγο

9

λάδι / πιπέρι / αλάτι / σκόρδο / ντομάτες / μαϊντανό / ζάχαρη / γάλα / καφέ

Μάθημα 11

7

1. φτάσεις, δεις   2. αγοράσω, πάρω   3. είναι, πάμε   4. έρθουν, παίξουν   5. ξυπνήσουν, είναι   6. μείνουμε, ακούσουμε
7. φας, πιεις, έχεις

8

1. δεις   2. περάσεις   3. θα φας   4. ανοίξεις   5. θα φύγουν   6. θα πάρεις

Μάθημα 12

1

1. Πόσοι φοιτητές ήταν στο πάρτι;   2. Πόση ζάχαρη θέλεις;   3. Πόσα μολύβια χρειάζονται οι μαθήτριες;
4. Πόσος καφές υπάρχει στο βάζο;   5. Πόσα δολάρια αγοράσανε στην τράπεζα;
6. Πόσους Ιταλούς ξέρει ο κ. Ανδρεάδης;   7. Πόσες μπλούζες έχει η Σοφία;   8. Πόσο αλάτι βάζετε στη σαλάτα;
9. Πόσες γλώσσες μιλάει ο Γιώργος;   10. Πόσο λάδι ήταν στο μπουκάλι;

5

1. πόσον   2. γιατί   3. πόση   4. ποιο   5. τι   6. πώς   7. πόσοι   8. πόσα   9. πού

6

1. Αγοράστε το ...   2. Διάβασέ τους ...   3. Βάλ(ε) την ...   4. Δώστε μου ...   5. Βγάλ(ε) τα ...   6. Δώστε τους ...
7. Φτιάξ(ε) την ...   8. Γράψτε του ...

7

(Πιθανές ερωτήσεις)
1. Ποιος πλένει τα πιάτα;   2. Πόσον καιρό έχεις στην Ελλάδα;   3. Έχω πονοκέφαλο.
4. Δώστε μου το αλάτι, σας παρακαλώ.   5. Υπάρχει (καθόλου) ζάχαρη στο ντουλάπι;
6. Τι θα κάνεις αν κερδίσεις το λαχείο;   7. Πού είναι ο κανούριος καθηγητής;   8. Πόση ώρα έχεις εδώ;

8

1. μπορούμε, περιμένουμε   2. κατάλαβε, είπε   3. ήταν, είναι   4. αισθάνονται   5. ξαπλώσετε, ξυπνήσετε
6. ξυρίζεται   7. κάνεις, έρθει   8. χρειαζόμαστε, χρειάζεστε   9. σηκώνομαι, σηκώνεσαι   10. πλύνει
11. στρώσανε (έστρωσαν), σκουπίσανε (σκούπισαν)   12. δουλέψουμε, δουλέψετε

10

1. Η δουλειά που έδωσε στην Ελένη ήταν πολλή.   2. Η κολόνια που αγοράσανε στη μαμά τους ήταν γαλλική.
3. Το παραμύθι που διάβασε στα παιδιά ήταν ωραίο.   4. Το δώρο που θα πάρει στη γραμματέα του (θα) είναι ακριβό.
5. Το δέμα που στείλαμε στον αδερφό μας ήταν μικρό.   6. Τα λεφτά που μου έδωσε ο πατέρας του ήταν λίγα.
7. Ο υπολογιστής που θέλω να σου πάρω είναι ο καλύτερος.

11

1γ   2δ   3ε   4στ   5β   6α   7ζ

12

1. γίνεται   2. συμμετέχουν   3. αρχαία   4. απέχει   5. παρακολουθούν   6. τραγωδίες, κωμωδίες

13

1. τραγωδίες, κωμωδίες   2. ορχήστρες   3. συμμετέχει   4. αρχαία   5. παρακολουθούν   6. απέχει

Μάθημα 13

11

1. Αυτά τα παπούτσια είναι του άλλου παιδιού.   2. Ο αδερφός μου είναι διευθυντής του καταστήματος.
3. Η λύση του πρώτου προβλήματος είναι μόνο μία.   4. Η μεγάλη πετσέτα είναι του αγοριού.
5. Θέλω ένα φλιτζάνι του τσαγιού.   6. Ο αριθμός του τηλεφώνου είναι 745764.
7. Η τιμή του γαλλικού μολυβιού είναι καλή.   8. Το όνομα εκείνου του εστιατορίου είναι "Μπαρμπούνι".

15

1. Μου δίνετε ...;   2. Μας λέτε ...;   3. Μου γράφεις ...;   4. Της βάζετε ...;   5. Μου βάζεις ...;   6. Του δίνεις ...;
7. Μας διαβάζετε ...;

16

1. (β)   2. (α)   3. (γ)   4. (α)

17

Οριζόντια : 1. απαγορεύεται   2. υποχρεωμένη   3. δεξιά
Κάθετα : 1. παρκάρετε   2. επιτρέπεται   3. ευθεία

Μάθημα 14

2

σηκωθώ / πλυθώ / ξυριστώ / ντυθώ / σηκωθεί / ετοιμαστεί / έρθει / καθίσει / κοιμηθούμε

6

1. θα σηκωθεί   2. θα κοιμηθούμε   3. θα πλυθούν(ε)   4. θα χτενιστείς   5. θα γυμναστώ   6. θα ετοιμαστείτε
7. θα ντυθεί   8. θα πλυθείς   9. θα κοιμηθείτε

9

1. μακριές   2. φαρδύ   3. πλατύς   4. μακρύ   5. παχιοί   6. φαρδιές   7. φαρδιά   8. βαθιά   9. βαρύ

Μάθημα 15

2

πίνω, έπινα / παίζουμε, παίζαμε / βλέπετε, βλέπατε / μιλάς, μιλούσες / πάτε, πηγαίνατε / λες, έλεγες / διαβάζει, διάβαζε

3

1. πίναμε   2. έτρωγε   3. πηγαίνανε (πήγαιναν), διαβάζανε (διάβαζαν)   4. μιλούσα   5. ξυπνούσε   6. μένατε
7. δούλευες   8. λέγατε

8

1. πίστευαν   2. μορφή   3. αθάνατοι   4. υπέροχο   5. κατοικούσαν   6. ουρανός   7. της ομορφιάς   8. κουτσός

10

αδύνατοι / κοντότερη / ασχημότερος / ειρήνη / μισούσαν / καλούς / καμιά φορά

11

1. οι θεοί   2. ο ουρανός   3. οι άνθρωποι   4. η γη   5. η σοφία   6. το κυνήγι   7. ο κεραυνός   8. ο πόλεμος
9. το κρασί

12

1. αρχαίοι   2. Πιστεύεις   3. βασιλιάς   4. σημαντικό   5. ζηλεύει   6. οικογενειακή   7. υπέροχος

Μάθημα 16

5

1. Η καθηγήτρια μάς τις δίνει.   2. Της την έδωσα.   3. Τους τα είπατε;   4. Σας την διάβασαν;   5. Θα του το πάρω;
6. Η Ελένη θα μου τις δώσει .   7. Σου την αγοράζει κάθε μέρα.   8. Του το έγραψα.   9. Θα της τα στείλω.
10. Ο διευθυντής της τον έδωσε.

8

1δ   2ε   3ζ   4β   5η   6α   7στ   8γ

Μάθημα 17

4

σηκώθηκα / πλύθηκα / ξυρίστηκα / ντύθηκα / πήγα / σηκώθηκε / ετοιμάστηκε / φάγαμε / κουβεντιάσαμε / έφυγα / κάθισε / διάβασε / κοιμηθήκαμε

7

1. μιας   2. ενός   3. ενός   4. ενός   5. μιας   6. ενός

8

1. ακριβά   2. ωραία   3. γρήγορα   4. διαρκώς   5. βέβαια (βεβαίως)   6. προσεκτικά   7. ακριβώς   8. άσχημα
9. συχνά, σπάνια

13

Οριζόντια : 1. χτενίστηκε   2. πλύθηκε   3. κοιμήθηκε
Κάθετα : 1. σηκώθηκε   2. ξυρίστηκε   3. ντύθηκε

Μάθημα 18

2

1γ   2α   3ζ   4στ   5β   6ε   7δ

3

1. φαρδύ   2. θα σκουπίσεις   3. πιρούνι   4. πάνω   5. γρίπη   6. δουλεύω   7. με   8. οικονομικός   9. απαγορεύεται
10. δέρμα

4

1. μίλησε   2. σηκωθούμε, καθαρίσουμε   3. σκούπισες, πλύνω   4. άρεσε, είδατε   5. έπρεπε, πάνε, μείνανε (έμειναν)
6. φτιάξω, θέλεις   7. φάω, πλυθώ, ντυθώ, φύγω

6

1. κόσμο   2. πληθυσμός   3. ποσοστό   4. συνολικό

7

1. σηκώθηκε   2. θα κοιμηθούν(ε)   3. θα ξυριστώ   4. θυμήθηκα   5. ετοιμαστήκαμε   6. θα θυμηθείς / θυμήθηκες
7. χτενιστήκατε   8. θα ντυθεί   9. κοιμηθήκατε

8

1. με το   2. του   3. Νάτες   4. τους τις   5. σου   6. τοις/τα   7. Σας   8. Μην   9. πίσω από   10. ώρα   11. πριν

9

1δ   2η   3ζ   4β   5ε   6γ   7στ   8α   9θ

10

1. (γ)   2. (β)   3. (α)   4. (α)   5. (γ)

11

1. πήγαμε, μείναμε   2. πλυθείς   3. παίζαμε   4. λέτε   5. ξυπνήσει   6. πόση ώρα   7. μακριά   8. άρεσε   9. έρθω

14

1ε   2δ   3β   4στ   5θ   6α   7ζ   8γ   9η

15

1. καραμπόλα, τρακάρανε   2. κυκλοφοριακό   3. Άργησα   4. αιχμής   5. λειτουργίας   6. αυξάνεται (αυξάνει)

19

1. τράκαρε   2. μέτρα   3. αργήσατε   4. λύση   5. μποτιλιάρισμα   6. λειτουργίας   7. θα αυξηθεί

Μάθημα 19

5

1. Θα ήθελα / μικρό / Δώστε μου   2. Μπορώ να ρίξω μια ματιά;   3. Σας εξυπηρετούν;
4. Ορίστε, παρακαλώ / Πόσων χρονών   5. Έχετε κάποια ιδιαίτερη προτίμηση; / εγγύηση / παραδώσετε

9

σιδερώνω/3 - ράφι/1 - καζανάκι/4 - πλυντήριο/2 - μηχανή/6 - κουβέντα/5

11

1. κοιμόντουσαν   2. χτενιζόταν   3. μιλούσε   4. πλενόταν   5. παίζανε (έπαιζαν)   6. προσπαθούσα   7. περιμέναμε
8. ξυριζόταν   9. μαγείρευε

14

1. ελαφριά   2. συνέχεια   3. πλυντήριο   4. ταράτσα   5. καμιά ωρίτσα   6. σιδέρωσα   7. όλο το σαββατοκύριακο
8. απλώσει

15

1. Όλα τα   2. Εκείνος ο   3. Όλες οι   4. αυτή η   5. όλους τους   6. Αυτές τις   7. όλο το   8. Εκείνος ο   9. όλες τις
10. Εκείνα τα   11. Όλοι οι   12. αυτόν τον

Μάθημα 20

1

1. (β)   2. (α)   3. (γ)   4. (β)   5. (γ)   6. (α)

3

1. Την έχω ήδη διαβάσει   2. Έχω ήδη κάνει   3. Έχουν ήδη γυρίσει   4. Έχουμε ήδη δώσει   5. Έχουν ήδη έρθει
6. Την έχω ήδη δοκιμάσει   7. Την έχω ήδη πάρει   8. Έχω ήδη ξεκουραστεί

9

1γ   2ε   3α   4β   5στ   6δ

10

1. πλήρωνες, θα... έκανε / έκαναν   2. ήμασταν, θα τρώγαμε   3. θα έπινε, ήταν   4. έπλεναν, θα χρειαζόντουσαν
5. θα... έδινε, ζητούσατε   6. έμεναν, θα περνούσαν   7. θα... έφερνα, θυμόμουν

11

1. Εγώ στη θέση σου θα έβρισκα μια άλλη.   2. Εγώ στη θέση σου θα έκαναν το ίδιο.
3. Εγώ στη θέση σου θα το έκοβα τελείως.   4. Εγώ στη θέση σου θα προσπαθούσα να είμαι φιλικός/ή.
5. Εγώ στη θέση σου δεν θα έκανα τίποτε.   6. Εγώ στη θέση σου θα αγόραζα καινούριο.
7. Εγώ ση θέση σου δεν θα εργαζόμουν και τα σαββατοκύριακα.

14

1. ξένων γλωσσών   2. αυτών των βιβλίων   3. των νέων εντατικών τμημάτων   4. των ξενόγλωσσων μαθητών
5. των ελληνικών νησιών   6. όλων των ευρωπαϊκών χωρών   7. των καινούριων τηλεφώνων   8. των δύο φύλων
9. εκείνων των ασκήσεων   10. των τελευταίων δύο κυβερνήσεων   11. εκείνων των διαμερισμάτων
12. των πολυεθνικών εταιρειών

15

1. Η τιμή αυτών των βιβλίων είναι πολύ υψηλή.   2. Το ενοίκιο αυτών των δύο μονοκατοικιών είναι χαμηλό.
3. Δεν ξέρω τα ονόματα εκείνων των καθηγητών.   4. Η ποιότητα αυτών των ντουλαπιών είναι εξαιρετική.
5. Η τιμή των δωματίων σ' αυτό το ξενοδοχείο είναι μάλλον υψηλή.   6. Ο μισθός όλων των υπάλληλων δεν είναι ο ίδιος.
7. Η γεύση πολλών ελληνικών κρασιών είναι εξαιρετική.   8. Το συνέδριο των ελλήνων καρδιολόγων είναι τον άλλο μήνα.

Μάθημα 21

2

1γ   2δ   3α   4ε   5β   6ζ   7στ

8

1. διάρρηξη   2. έμπορος   3. τον πήρε είδηση   4. ύποπτος   5. υπομονετικός   6. συνάλλαγμα   7. απόδειξη
8. υπογραφή

11

1. αυτές οι μέθοδοι   2. στη δεύτερη πάροδο   3. της άλλης δικηγόρου   4. την τελευταία παράγραφο
5. οι μεγάλες ηθοποιοί   6. τις μεγαλύτερες λεωφόρους   7. της γερμανίδας συνεταίρου
8. ίσες διαμέτρους   9. κύριες είσοδοι

12

το περιπολικό / 2 - είχαν χτυπήσει / 1 - το ασθενοφόρο / 5 - το φορτηγάκι / 4 - ο ληστής / 6 - είχαν πυροβολήσει / 3 -
ο συνοδηγός / 7

15

1. Όταν έφτασαν στο αεροδρόμιο, το αεροπλάνο μόλις είχε φύγει.
2. Όταν ήρθε η Ματίλντα στην τάξη, το μάθημα είχε ήδη αρχίσει.
3. Όταν έφτασε το ελικόπτερο, το πλοίο είχε ήδη βουλιάξει.
4. Όταν βγήκε στον δρόμο, η βροχή μόλις είχε σταματήσει.
5. Όταν βγήκε για να φάει, το εστιατόριο είχε ήδη κλείσει.
6. Όταν την πήρα τηλέφωνο, η Πέρσα είχε ήδη κοιμηθεί.
7. Όταν άνοιξαν την τηλεόραση, το πρόγραμμα μόλις είχε τελειώσει.
8. Όταν πήγα να του μιλήσω, του είχε ήδη μιλήσει η καθηγήτρια.

16

1. ζήτησα, είχε βρει   2. έφτασε, είχαν πηδήξει   3. πήρα, είχες γυρίσει   4. αποφάσισες, είχε αγοράσει
5. είχαμε κοιμηθεί, τελείωσε   6. είχα φτιάξει, χάλασε   7. γυρίσαμε, είχαν έρθει

Μάθημα 22

3

1. θα βγω   2. θα μαγειρεύει   3. θα ξεκουραστώ   4. θα δουλεύουν(ε)   5. θα πηγαίνω   6. θα πουλήσετε
7. θα φάμε   8. θα πληρώνω   9. θα μείνουν(ε)

8

1. έρθει   2. ξοδεύετε   3. αλλάξω   4. τρώω   5. φεύγετε   6. κοιμηθεί   7. βάζουμε   8. μπαίνουν(ε)   9. καπνίζει

Μάθημα 23

1

1στ   2α   3δ   4ε   5β   6γ

5

1. ενώ   2. επειδή   3. επίσης   4. Αν και   5. ωστόσο   6. Εκτός από   7. έτσι

10

1. μόνος του   2. μόνα τους   3. μόνη σου   4. μόνο του   5. μόνος μου   6. μόνες τους   7. μόνος σου   8. μόνο του

13

1. δάση   2. μέρη   3. κράτη   4. λάθη   5. βάρη   6. μέλη   7. γένη

14

1. κάποιος   2. κάποια   3. κάποιοι   4. κάποια   5. κάποιους   6. κάποιος   7. κάποιες

15

Οριζόντια : 1. γαμπρός   2. ζούνε   3. θείος   4. προίκα
Κάθετα : 1. πεθερά   2. μητέρα   3. σύζυγος   4. εγγόνια

Μάθημα 24

1

1. κοιμηθήκατε   2. θυμηθείς   3. πλένεται   4. χτενίζομαι   5. έδινα   6. φτάσω   7. ξυρίστηκα   8. είχε έρθει
9. κάθεται   10. θα έρθει   11. έχω τελειώσει   12. ακούσω   13. έρθουμε   14. θα σηκωθείτε   15. χτενιζόταν
16. περπατάει   17. έπαιρνα   18. πάμε, δούμε   19. έχω τελειώσει   20. τηλεφωνεί, τηλεφωνεί

2

1. όλοι οι καθηγητές   2. πολλούς ελληνικούς χορούς   3. των καινούριων υπαλλήλων   4. του ελληνικού κράτους
5. αυτής της αφρικανικής ερήμου   6. μικρές προτάσεις   7. τις ... πράσινες μπλούζες   8. αυτών των προβλημάτων
9. Οι περισσότεροι φοιτητές   10. των ξένων δημοσιογράφων   11. της οδού   12. έλληνες, γάλλοι ... ιταλοί αθλητές
13. Τα κλειδιά των αυτοκινήτων   15. πολλές μικρές ταβέρνες

5

1ι   2η   3β   4θ   5στ   6ε   7α   8δ   9γ   10ζ

6

1. αν και   2. επειδή   3. αν και   4. αν και   5. επειδή   6. αν και   7. επειδή   8. επειδή   9. αν και

7

γνωρίζουν - για - σώματος - μπορούμε - μας - εύκολα - χρήματα - χειρότερα - πεθάνει - εμβρύου - της - επομένως - αρχίζετε - άλλων

10

1. έχεις κλέψει   2. είχε τελειώσει   3. είχαν βγάλει   4. έχουμε ζήσει   5. έχει ξυριστεί   6. έχεις καπνίσει
7. είχαμε κλείσει   8. έχω πει   9. είχα σκεφτεί

13

1. Ο Σωκράτης   2. Ο Τσάρλι Τσάπλιν   3. Ο Έρνεστ Χέμινγκουεϊ   4. Ο Αρχιμήδης

14

1. να κυκλοφορούν   2. αχτένιστες   3. βρίσκεται   4. συνεχίζεται   5. άνισες

16

1. πλένουν   2. έρευνα, ανάμεσα   3. δείχνουν   4. ευκαιρίες   5. δουλεύει (εργάζεται), άντρα

19

1. κυκλοφορούν   2. έρευνα   3. ίσοι, ίσοι   4. δέρνουν   5. συνεχίζεται   6. ευθύνη

20

1. του πράσινου αυτοκινήτου   2. του καινούριου σπιτιού   3. εκείνου του ξενοδοχείου   4. του πρωινού μαθήματος
5. του δεύτερου τηλεφώνου   6. του μεγαλύτερου παιδιού